DESAGREGAÇÃO

 A marca FSC® é a garantia de que a madeira utilizada na fabricação do papel deste livro provém de florestas que foram gerenciadas de maneira ambientalmente correta, socialmente justa e economicamente viável, além de outras fontes de origem controlada.

GEORGE PACKER

Desagregação
Por dentro de uma nova América

Tradução
Pedro Maia Soares

Companhia Das Letras

Copyright © 2013 by George Packer

Algumas partes desta obra foram publicadas originalmente, em diferentes formas, na revista *The New Yorker.*

Grafia atualizada segundo o Acordo Ortográfico da Língua Portuguesa de 1990, que entrou em vigor no Brasil em 2009.

Título original
The Unwinding: An Inner History of the New America

Capa
Alceu Chiesorin Nunes

Foto de capa
© Eggleston Artistic Trust. Cortesia de Cheim & Read, Nova York.
Reprodução permitida. Todos os direitos reservados.

Preparação
Alexandre Boide

Revisão
Jane Pessoa
Ana Maria Barbosa

Dados Internacionais de Catalogação na Publicação (CIP)
(Câmara Brasileira do Livro, SP, Brasil)

Packer, George
    Desagregação : Por dentro de uma nova América / George Packer ; tradução Pedro Maia Soares. — 1ª ed. — São Paulo : Companhia das Letras, 2014.

    Título original: The Unwinding : An Inner History of the New America.
    ISBN 978-85-359-2458-9

    1. Celebridades – Estados Unidos – Biografia 2. Crises – Estados Unidos 3. Políticos – Estados Unidos – Biografia 4. Problemas sociais – Estados Unidos 5. Estados Unidos – Biografia 6. Estados Unidos – História 1969 7. Estados Unidos – Condições sociais – 1980. I. - Título.

14-04354	CDD-973

Índice para catálogo sistemático:
1. Estados Unidos : História 973

[2014]
Todos os direitos desta edição reservados à
EDITORA SCHWARCZ S.A.
Rua Bandeira Paulista, 702, cj. 32
04532-002 — São Paulo — SP
Telefone: (11) 3707-3500
Fax: (11) 3707-3501
www.companhiadasletras.com.br
www.blogdacompanhia.com.br

Para Laura, Charlie e Julia

Sumário

Prólogo 9

PARTE I

1978 15
    Dean Price 17
    Guerra total: Newt Gingrich 27
    Jeff Connaughton 36

1984 47
    Tammy Thomas 49
    Dona do seu nariz: Oprah Winfrey 71
    Jeff Connaughton 77

1987 85
    Artesão: Raymond Carver 87
    Dean Price 93
    Tammy Thomas 106
    Mr. Sam: Sam Walton 118

1994 125
    Jeff Connaughton 127
    Vale do Silício 139

1999 157
    Dean Price 159
    Tammy Thomas 170

2003 177
    Homem instituição (1): Colin Powell 179
    Jeff Connaughton 185

PARTE II

    Dean Price 197
    A rainha do rabanete: Alice Waters 208
    Tampa 214
    Vale do Silício 236

2008 245
    Homem instituição (2): Robert Rubin 247
    Jeff Connaughton 256
    Tammy Thomas 261
    Dean Price 271
    Apenas negócios: Jay-Z 285
    Tampa 294

PARTE III

    Jeff Connaughton 317

2010 337
    Jornalista cidadão: Andrew Breitbart 339
    Tampa 346
    Dean Price 359
    Tammy Thomas 371
    Tampa 379
    Populista da pradaria: Elizabeth Warren 391
    Wall Street 398

2012 429
    Vale do Silício 431
    Jeff Connaughton 450
    Tampa 452
    Tammy Thomas 461
    Dean Price 468

Uma nota sobre as fontes 487
Agradecimentos 493

Prólogo

Ninguém é capaz de dizer quando começou a desagregação — quando a cola que mantinha os americanos em sua unidade segura, e às vezes sufocante, cedeu pela primeira vez. Como qualquer grande mudança, a desagregação começou inúmeras vezes, de inúmeras maneiras — e, em algum momento, o país, o mesmo país de sempre, cruzou a linha da história e tornou-se irremediavelmente diferente.

Se você é um americano que nasceu por volta de 1960 ou depois, passou toda a vida adulta na vertigem dessa desagregação. Viu estruturas que estavam em vigor antes de seu nascimento despencarem como colunas de sal por toda a vasta paisagem visível — as fazendas da região do Piedmont, na Carolina, as fábricas do vale do Mahoning, os loteamentos da Flórida, as escolas da Califórnia. E outras coisas, mais difíceis de ver, mas não menos vitais para a sustentação da ordem da vida cotidiana, mudaram a ponto de ficar irreconhecíveis — as práticas e os métodos nos gabinetes dos políticos de Washington, os tabus nas mesas da Bolsa de Nova York, a moral e os costumes em todos os lugares. Quando as normas que garantiam a utilidade das velhas instituições começaram a se desagregar e os líderes abandonaram seus postos, a República de Roosevelt, que reinara durante quase meio século, se desfez. O vazio foi preenchido por aquela força sempre presente na vida americana: o dinheiro organizado.

A desagregação não é nada de novo. Houve desagregações a cada geração ou duas: a transformação da República mítica dos Fundadores num mercado barulhento de facções em briga; a guerra que dilacerou os Estados Unidos e os transformou de plural em singular; o crash que devastou os negócios do país, abrindo caminho para uma democracia de burocratas e homens comuns. Cada declínio trouxe uma renovação, cada implosão liberou energia, de cada desagregação veio uma nova coesão.

A desagregação traz liberdade, mais do que o mundo jamais concedeu, e para mais gente do que nunca — liberdade de ir embora, liberdade de voltar, liberdade de mudar sua história, rever conceitos, ser contratado, ser demitido, puxar fumo, casar-se, divorciar-se, ir à falência, começar de novo, abrir um negócio, levar vantagem, ir aos extremos, sair das ruínas, conseguir um sucesso além do imaginado e se vangloriar disso, fracassar de forma abjeta e tentar de novo. E, com a liberdade, a desagregação traz suas ilusões, pois tudo isso é frágil como balões de pensamento estourando contra as circunstâncias. Ganhar e perder são jogos tipicamente americanos, e os vencedores da desagregação ganham mais do que nunca, flutuando como dirigíveis inflados, e os perdedores têm uma longa queda antes de atingir o fundo do poço, e às vezes nunca chegam lá.

Toda essa liberdade deixa as pessoas por sua própria conta. Mais americanos do que nunca moram sozinhos, mas mesmo uma família pode existir em isolamento, conseguindo sobreviver à sombra de uma enorme base militar sem uma alma com quem contar. Uma nova e reluzente comunidade pode surgir da noite para o dia em qualquer lugar, e depois desaparecer com a mesma rapidez. Uma velha cidade pode perder seu alicerce industrial e dois terços de sua população, enquanto todos os seus pilares — igrejas, governo, empresas, instituições de caridade, sindicatos — desabam como edifícios sob um vento forte, de forma quase inaudível.

Sozinhos em uma paisagem sem estruturas sólidas, os americanos têm de improvisar seus próprios destinos, traçar suas próprias histórias de sucesso e salvação. Um menino da Carolina do Norte com uma Bíblia nas mãos sob a luz do sol anos depois tem uma nova visão de como a zona rural pode ser ressuscitada. Um jovem vai para Washington e passa o resto de sua carreira tentando se lembrar da ideia que o atraiu para lá. Uma garota de Ohio precisa manter-se firme enquanto tudo à sua volta desmorona, até que, na meia-idade, finalmente aproveita a chance de fazer mais do que sobreviver.

Enquanto encontram seu caminho na desagregação, esses americanos obscuros passam ao lado de novos monumentos onde outrora estavam as velhas instituições — as vidas exageradas de seus compatriotas mais famosos, celebridades que são ainda mais exaltadas quando as outras coisas entram em decadência. Esses ícones ocupam, às vezes, o lugar de deuses do lar, e se oferecem como respostas ao enigma de como levar uma vida boa ou melhor.

Na desagregação, tudo muda e nada permanece, exceto as vozes, vozes americanas, sinceras, sentimentais, iradas, prosaicas; contaminadas por ideias emprestadas, Deus, a TV e o quase esquecido passado — contando uma piada acima do barulho da linha de montagem, queixando-se do mundo por trás de persianas fechadas, pregando justiça em altos brados para um parque lotado ou um quarto vazio, fechando um negócio ao telefone, sonhando em voz alta até tarde da noite na varanda da frente enquanto caminhões passam na escuridão.

PARTE I

1978*

Quero ter uma conversa franca com vocês esta noite sobre o nosso mais grave problema nacional. Esse problema é a inflação... *vinte-vinte-vinte e quatro horas para passar/ eu quero ser sedado...* Devemos encarar um tempo de austeridade nacional. Escolhas difíceis são necessárias se quisermos evitar consequências que são ainda piores. Pretendo fazer essas escolhas difíceis... *nada para fazer nenhum lugar para ir ôô/ eu quero ser sedado...* Sete anos de faculdade pelo ralo. Poderia muito bem entrar para a porra dos Peace Corps... **CARTER SOFRE GRANDE DERROTA NAS LEIS DO CONSUMIDOR...** Não sei se o povo do vale do Mahoning percebe que o fechamento da usina Campbell Works, da Youngstown Sheet and Tube, afeta não somente os metalúrgicos e suas famílias, mas também a comunidade... **O PODER DE ATRAÇÃO DE NOSSAS MUITAS SEITAS...** Os membros da comunidade, a maioria deles com mais de cinquenta anos, sobreviviam com uma dieta escassa de arroz e feijão. Trabalhavam nos campos do amanhecer ao anoitecer, enquanto Jones pregava para eles, com palestras e sermões transmitidos por um sistema de alto-falantes... Que

---

* Este capítulo, assim como todos os referentes a datas, é uma colagem de citações. No final do livro, em "Uma nota sobre as fontes", o autor indica um site que traz a origem das citações. (N. T.)

homem poderia pagar por todas as coisas que uma mulher faz, quando ela é cozinheira, amante, motorista, enfermeira, babá? Mas, por causa de tudo isso, acho que as mulheres devem ter direitos iguais... **Infelizmente, a maioria dos cigarros com baixo teor de alcatrão não tinha gosto de nada. Então experimentei Vantage. Vantage me oferece o sabor que eu aprecio. E o baixo teor de alcatrão que eu estava procurando... OBSTRUÇÃO DERROTA LEI DE ORGANIZAÇÃO DOS SINDICATOS...** Os líderes da indústria, do comércio e das finanças dos Estados Unidos romperam e descartaram o frágil pacto tácito que existiu durante um período anterior de crescimento e progresso... **CARTAS DE AMOR A ELVIS Fãs abrem seus corações; Especial em cores: o dia em que a casa de Elvis tornou-se um santuário...** Poluição sonora numa favela de Nova York! Pessoas estão sendo assaltadas a torto e a direito, crianças estão sendo mordidas por ratos, drogados estão arrancando o encanamento de cortiços caindo aos pedaços — e a Agência de Proteção Ambiental está preocupada com a poluição sonora! Esses mesmos funcionários da agência, é claro, vão para casa à noite e observam tranquilamente seus filhos fazendo a lição de casa enquanto ouvem uma música ensurdecedora... **ELEITORES DA CALIFÓRNIA APROVAM UM PLANO PARA CORTAR 7 BILHÕES DO IMPOSTO SOBRE PROPRIEDADE** "Os funcionários públicos que vão para o inferno", disse um homem quando saía de um local de votação num subúrbio de Los Angeles.

Dean Price

Na virada do milênio, quando estava com trinta e tantos anos, Dean Price teve um sonho. Estava indo para a casa de seu pastor, caminhando por uma estrada pavimentada, e depois de uma curva ela virou uma estrada de terra, e com mais uma guinada se transformou em outra estrada de terra, uma trilha percorrida por rodas de carroções, mas o capim entre as trilhas ia até a altura do peito, como se ninguém passasse por ali fazia muito tempo. Dean caminhou por uma das trilhas com os braços abertos e sentiu o mato de ambos os lados batendo embaixo dos braços. Então ouviu uma voz que vinha de dentro, como um pensamento: "Quero que você volte para casa, e quero que pegue seu trator, e quero que volte aqui e limpe esta estrada, para que outros possam seguir por ela como antes. Você vai mostrar o caminho aos outros. Mas ele precisa ser limpo de novo". Dean acordou às lágrimas. Durante toda a vida, vinha se perguntando por que fora posto no mundo, andando em círculos, como uma embarcação sem leme. Ele não sabia o que o sonho significava, mas acreditava que continha sua vocação, seu destino.

Na época, Dean havia acabado de entrar no negócio de lojas de conveniência, o que não era vocação nenhuma. Ainda demoraria cinco anos para que ele a encontrasse. Tinha a pele pálida e sardenta, cabelos pretos e olhos escuros que se estreitavam quando ele sorria ou soltava sua risada estridente. A cor de pele era a mesma do pai, e a boa aparência foi herdada da mãe. Mascava tabaco Levi Garrett desde os doze anos de idade, e falava com a intensidade comedida de um defensor de uma causa que nunca deixou de ser um menino do campo. Seus modos eram gentis, respeitosos, com um refinamento que fazia os homens que bebiam vodca em copos de plástico no Moose Lodge local questionar se Dean podia ser chamado de caipira. Desde a infância, seu versículo favorito da Bíblia era Mateus 7,7: "Pedi e vos será dado; buscai e achareis; batei e vos será aberto". O que ele procurou durante toda a vida foi independência — sobretudo financeira. Seus maiores temores, que o assombraram a vida toda, eram a pobreza e o fracasso, que vieram até ele, naturalmente.

Seus avós de ambos os lados da família tinham sido produtores de tabaco, assim como os avós deles e seus bisavós desde o século XVIII, todos nos mesmos poucos quilômetros quadrados do condado de Rockingham, na Carolina do Norte. Todos tinham nomes escoceses-irlandeses que se encaixavam sem dificuldades numa lápide: Price, Neal, Hall. E eram todos pobres. "Se eu preciso descer até o riacho, vou por uma trilha", explicou Dean. "E todos os dias vou pelo mesmo caminho. Foi assim que, na prática, as estradas deste país foram construídas. As pessoas que construíram as estradas seguiam as trilhas dos animais. E, depois que a trilha está definida, é preciso uma grande quantidade de esforço e energia para tomar outro caminho. Você entra num padrão estabelecido de pensamento, e ele é transmitido de geração em geração em geração."

Quando Dean era menino, o tabaco crescia de mourão a mourão. De abril a outubro, seu cheiro se espalhava por todo o condado de Rockingham. Ele foi criado em Madison, distante quarenta minutos de carro de Greensboro pela rodovia 220, e embora a família morasse na cidade, o menino passava a maior parte do tempo na fazenda de tabaco do avô, que se chamava Norfleet Price. Ele ganhou esse nome quando seu pai, o bisavô de Dean, levou uma carga de tabaco numa carroça puxada por dois cavalos até Winston-Salem, onde um homem com esse sobrenome ofereceu-lhe um preço muito bom. O pai de Dean nasceu nas terras da família, em um barracão de madeira com uma varanda na frente, na beira de uma clareira num bosque de árvores de madeira de lei. A poucos metros de distância ficava o celeiro do tabaco, uma cabana de troncos de carvalho ensamblados, que Norfleet construiu usando um machado. Durante a infância, nos últimos dias de verão, quando as folhas de tabaco eram cortadas e penduradas no celeiro para a cura em estufa, Dean implorava para ficar lá durante a noite com o avô e acordar a cada uma ou duas horas para verificar se alguma folha tinha caído no fogo. O corte era um trabalho árduo, mas ele adorava o cheiro do tabaco, as grandes folhas amareladas que ficavam pesadas como couro em talos de mais de metro de altura, a maneira como suas mãos ficavam manchadas de preto com alcatrão pegajoso durante o corte, o ritmo de amarrar as folhas em feixes e pendurá-las, como linguado seco, pelos talos de tabaco em todo o teto do celeiro, a união da família. Os Price criavam o próprio gado de corte, cultivavam as verduras e os legumes que consumiam e conseguiam leitelho de uma vizinha que tinha uma vaca leiteira. A escola adiava o começo das aulas se a safra atrasava e, no início do outono, as casas de leilão de Madison se enchiam de vida com a festa da colheita e os desfiles de bandas, uma celebração para as famílias que ganharam o sustento para o ano, precedendo as festas de fim de ano. Dean pensava que quando crescesse se tornaria um plantador de tabaco e criaria os filhos da mesma maneira.

O melhor amigo de Dean era seu avô. Norfleet Price cortou lenha até o outono anterior à sua morte, aos 89 anos, em 2001. Perto do fim, Dean visitou-o na casa de repouso e o encontrou amarrado a uma cadeira de rodas. "Garoto, você tem um canivete?", perguntou o avô.

"Vô, não posso fazer isso."

Norfleet queria ser solto da cadeira de rodas. Ele durou apenas um mês e meio na casa de repouso. Foi enterrado no jazigo da família Price, numa elevação suave nos campos de barro vermelho. Norfleet sempre mantivera dois ou três empregos ao mesmo tempo para ficar longe da esposa, mas o nome de Ruth foi esculpido ao lado do dele na mesma lápide, esperando pelo corpo e pela data da morte.

O pai de Dean teve uma chance de quebrar o feitiço da mentalidade de pobreza da família. Harold Dean Price, apelidado de Pete, era inteligente e gostava de ler. Três páginas em branco no final de seu dicionário *Merriam-Webster* estavam cheias de anotações com a definição de palavras como "obtuso", "obviar", "transpontino", "miscigenação", "simulacro", "pejorativo". Era bom de papo, um fervoroso batista ortodoxo e um racista encarniçado. Certa vez, Dean visitou o museu dos direitos civis no antigo prédio da Woolworth, no centro de Greensboro, onde ocorreram os primeiros *sit-ins* no balcão da lanchonete, em 1960. Havia uma foto ampliada dos quatro estudantes negros da North Carolina A&T saindo para a rua e passando por uma multidão de jovens brancos que os encaravam — entusiastas de carros envenenados com as mãos nos bolsos, camisetas e jeans com a barra dobrada para cima, cabelo penteado para trás, cigarros pendurados em bocas iradas. Aquilo era o pai de Dean. Ele odiava a atitude de desacato do pessoal dos direitos civis, embora nunca tenha se sentido assim em relação a Charlie e Adele Smith, os arrendatários negros das terras dos Price, que cuidavam dele quando a avó de Dean estava trabalhando no moinho. Eram bondosos e bem-humorados, e sabiam qual era o lugar deles no esquema das coisas.

Pete Price conheceu Barbara Neal em um salão de dança da cidade e se casou com ela em 1961, ano em que se formou no Western Carolina College, sendo a primeira pessoa da família a chegar tão longe. Harold Dean Price ii nasceu em 1963, seguido por três irmãs. A família se mudou para uma pequena casa de alvenaria em Madison, perto do depósito de tabaco Sharp and Smith. Madison e sua vizinha Mayodan eram cidades têxteis e, nos anos 1960 e 1970, as fábricas ofereciam emprego para qualquer jovem que saísse do ensino médio e quisesse trabalhar, e se tivesse um diploma universitário, podia escolher o que quisesse fazer. As lojas da Main Street — farmácias, armarinhos, lojas de móveis e lanchonetes — estavam sempre cheias de clientes, especialmente nos dias em que os empórios de tecidos faziam suas liquidações. "Acho que nosso país prosperou naquela época como nunca mais vai prosperar", disse Dean. "Eles tinham energia barata, tinham petróleo no chão, tinham fazendas funcionando no campo, tinham gente que gostava de trabalhar, que sabia o significado do trabalho. Havia dinheiro para ganhar."

O pai de Dean foi trabalhar na grande fábrica de nylon da DuPont, em Martinsville, do outro lado da fronteira estadual com a Virgínia. No final dos anos 1960, ele caiu na versão da época do conto do vendedor de óleo de cobra, difundida por Glenn W. Turner, o filho semianalfabeto de um meeiro da Carolina do Sul, que usava ternos reluzentes de três peças e botas de pelica e falava com o ceceio de um lábio leporino. Em 1967, Turner abriu uma empresa, a Koscot Interplanetary, que vendia concessões de distribuição de cosméticos a 5 mil dólares cada, com a promessa de taxa de corretagem para cada novo subfranqueado que o distribuidor conseguisse. Seus seguidores também foram convencidos a comprar uma pasta preta cheia de fitas cassete motivacionais de Glenn W. Turner, intituladas Ouse Ser Grande, que custavam até 5 mil dólares, com a promessa semelhante de enriquecer comercializando os direitos de vender o programa. Price pagou por uma franquia e promovia festanças com o tema Ouse Ser Grande em sua casa em Madison: projetava um filme sobre a história de vida de Turner, uma narrativa do tipo "dos trapos à riqueza", e depois distribuía folhetos que proclamavam frases de Turner sobre ficar na ponta dos pés e buscar as estrelas. Em 1971, o programa Ouse Ser Grande já havia invadido os bairros operários de todo o país, e a revista *Life* publicou o perfil de Turner. Depois disso, ele foi investigado por montar um esquema de pirâmide financeira e acabou cumprindo cinco anos de prisão — e os Price perderam seu dinheiro.

No início da década de 1970, Pete Price conseguiu um emprego de supervisor na central elétrica Duke Energy, em Belews Creek. Em seguida, foi vice-presidente da Gem-Dandy, em Madison, que produzia acessórios masculinos, como suspensórios para meias. Mais tarde, foi supervisor de turno na olaria Pine Hall, junto ao rio Dan, perto de Mayodan. No entanto, sempre acabava demitido por um chefe que considerava menos inteligente do que ele, ou, o que acontecia com mais frequência, pedia demissão. Largar o emprego tornou-se um hábito, "como um vinco em suas calças", contou Dean. "Depois que o vinco está lá, é praticamente impossível tirá-lo. Assim era o fracasso para ele, e não havia como se livrar disso. Ele pensava, respirava, vivia o fracasso." O vinco começou na fazenda de tabaco dos Price, onde o pai de Dean recebeu uma porção de terra que não tinha acesso para a estrada. Os tios de Dean acabaram se saindo muito melhor na agricultura. Além disso, seu porte físico não era dos mais imponentes — tinha 1,70 metro de altura —, e o fato de ter perdido os cabelos muito cedo também não ajudava. Mas o maior fracasso aconteceu no trabalho, que tanto significava para Pete Price.

Décadas mais tarde, Dean ainda tinha uma foto em preto e branco emoldurada sobre a cornija da lareira. Um menino de cabelo preto e brilhante cortado em forma de tigela acima dos olhos, vestido com um terno escuro de calças estreitas, curtas demais para ele, apertando os olhos por causa da luz do sol e abraçando uma Bíblia contra o peito, como se quisesse se proteger. Ao lado dele está uma menina com um vestido de gola rendada. A foto datava de 6 de abril de 1971. Faltavam poucas semanas para Dean completar oito anos, e ele estava prestes a oferecer sua vida a Jesus e ser salvo. Durante a década de 1970, o pai de Dean teve uma série de pequenas igrejas em cidadezinhas do interior, mas seu dogmatismo e sua rigidez sempre provocavam um racha na congregação. Em todas as ocasiões, os membros da igreja votavam para saber se o manteriam como seu pregador; às vezes votavam a seu favor, às vezes contra, mas ele sempre acabava indo embora (pois ficava inquieto, queria ser um Jerry Falwell e liderar uma igreja que tivesse milhares de membros), carregando consigo todo tipo de ressentimentos. Por fim, passou a ter dificuldades para conseguir outra igreja. Visitava uma nova cidade, se candidatava ao posto pregando um sermão, sempre fogo e enxofre, e era rejeitado. Havia uma congregação em particular, a Igreja Batista Davidson Memorial, no condado de Cleveland, que ele queria muito, e depois de não conseguir aquele púlpito nunca mais se recuperou.

Do pai, Dean herdou a ambição e o amor pela leitura. Leu de cabo a rabo a coleção de enciclopédias World Book da família. Uma noite, durante o jantar, quando tinha cerca de nove ou dez anos, surgiu o tema de suas ambições para o futuro. "Bem, o que você quer ser?", o pai perguntou, com um sorriso de escárnio.

"Eu gostaria de ser um neurocirurgião, um neurologista", disse Dean. Era uma palavra que ele havia aprendido na enciclopédia. "Isso é realmente o que eu acho que gostaria de fazer."

O pai riu na cara dele. "Você tem tanta chance de ser um neurologista quanto eu tenho de ir à Lua."

O pai de Dean era capaz de ser engraçado e bondoso, mas não com o filho, que o detestava por não ser persistente e por ser cruel. Ele ouviu seu pai pregar muitos sermões, até mesmo nas esquinas de Madison, porém no fundo não acreditava neles, porque a maldade e as surras em casa faziam do pai um hipócrita no púlpito. Quando menino, Dean adorava beisebol mais do que qualquer outra coisa. Na sétima série, sentia-se intimidado pelas meninas e, com apenas quarenta quilos, era magro demais para jogar futebol americano, mas foi um bom interbases na Madison-Mayodan Middle School. Em 1976, havia meninos negros e brancos no time de beisebol, e seu pai não o queria misturado com os negros. Para afastá-lo deles, e para ganhar pontos com sua congregação do momento, o pai o tirou da escola pública (apesar de Dean ter implorado que não fizesse isso) e o mandou para a Gospel Light Christian, uma escola batista fundamentalista independente, só para brancos, em Walkertown, distante duas horas de ônibus do presbitério de Mayodan Mountain, onde a família morava na época. Foi o fim da carreira de Dean no beisebol e de suas amizades com negros. Quando Dean estava no primeiro ano do ensino médio, seu pai começou a lecionar história americana e bíblica na Gospel Light, e não teria sido um problema para ele deixar Dean jogar beisebol depois das aulas e levar o menino de carro para casa no fim do dia, mas Pete fazia questão de sair da escola às três horas e ir para casa ler em seu escritório. Era como se Dean fosse um rival dentro da família, e seu pai estava no controle e não cederia um centímetro.

Quando Dean estava com dezessete anos, o pai largou a igreja de Mayodan Mountain e levou a família para a parte leste do estado, perto de Greenville, onde assumiu o púlpito de uma pequena igreja na cidade de Ayden. Foi a última. Depois de quatro meses por lá, o pastor Price foi mandado embora e a família voltou para o condado de Rockingham. Estavam com pouquíssimo dinheiro e se mudaram para a casa da família da mãe de Dean, na rodovia 220, nos arredores da pequena cidade de Stokesdale, a poucos quilômetros ao sul de Madison. Ollie Neal, a avó de Dean, morava em um apartamento construído nos fundos, e atrás da casa ficava a fazenda de tabaco que seu avô, Birch Neal, ganhara em um jogo de cartas em 1932, quando a rodovia 220 era uma estrada de terra.

Àquela altura, a única coisa que Dean queria era escapar do domínio do pai. Quando completou dezoito anos, foi a Winston-Salem e se encontrou com um recrutador da Marinha. Deveria voltar na manhã seguinte para se alistar, mas durante a noite mudou de ideia. Queria ver o mundo e viver a vida em sua plenitude, porém faria isso por conta própria.

Em 1981, quando Dean se formou no ensino médio, o melhor emprego na região era fazer cigarros nas enormes fábricas da R. J. Reynolds, em Winston-Salem. Quem conseguisse emprego lá estava feito para o resto da vida, com um bom salário, benefícios e mais dois pacotes de cigarros por semana. Era onde iam parar os alunos nota B. Os alunos nota C e D iam trabalhar nas indústrias têxteis, onde o salário era inferior — DuPont e Tultex em Martinsville, Dan River em Danville, Cone em Greensboro, ou uma das menores, nos arredores de Madison —, ou nas fábricas de móveis em High Point, Martinsville e Bassett, na Virgínia. Os alunos nota A — três em sua turma — iam para a faculdade. (Trinta anos mais tarde, num encontro de ex-alunos de sua escola, Dean descobriu que seus colegas estavam gordos, trabalhando no controle de pragas ou vendendo camisetas em parques de diversões. Um deles, funcionário de carreira na R. J. Reynolds, perdera um emprego que julgava seguro e nunca superou o trauma.)

Dean nunca foi um aluno aplicado e, no verão seguinte à formatura, conseguiu um emprego no departamento de expedição de uma fábrica de tubos de cobre em Madison. Ganhava um dinheiro muito bom para 1981, mas era o tipo de trabalho em que ele sempre temera acabar — cercado de infelizes sem ambição, que passavam os dias falando de bebidas, corridas e trepadas. Dean odiava tanto aquilo que decidiu ir para a faculdade.

O pai só o ajudaria a pagar os estudos se ele fosse para a Bob Jones University, uma instituição de ensino de orientação bíblica na Carolina do Sul. A Bob Jones proibia o namoro e o casamento inter-racial, e no início de 1982, poucos meses depois que Dean se matriculou, tornou-se notícia nacional quando o governo Reagan desafiou uma decisão do fisco que havia negado isenção fiscal à universidade. Após uma tempestade de críticas, Reagan recuou. De acordo com Dean, a Bob Jones era a única faculdade do mundo em que o arame farpado ao redor do campus estava voltado para dentro, não para fora, como numa prisão. Os garotos tinham de manter os cabelos acima das orelhas, e a comunicação com as meninas do outro lado do campus só era possível por meio de bilhetes. Eles deviam ser depositados em uma caixa que um mensageiro levava de dormitório em dormitório. A única coisa de que Dean gostava na Bob Jones era cantar hinos antigos de manhã na capela, como "Louvado seja Deus, de quem vêm todas as bênçãos". Ele parou de frequentar as aulas e foi reprovado em todos os cursos no primeiro semestre.

No Natal, voltou e disse ao pai que estava largando a faculdade e ia sair de casa. Pete deu-lhe um tremendo tapa que o derrubou no chão. Dean levantou-se e disse: "Se encostar em mim de novo, eu juro que te mato". Foi a última vez que morou sob o mesmo teto que o pai.

Depois que Dean se mudou, seu pai entrou numa espiral descendente. Tomava analgésicos opiáceos aos montes, para dor nas costas, dores de cabeça e outros males reais ou inventados, receitados por uma dúzia de médicos diferentes que não sabiam que ele já tinha outras receitas. A mãe de Dean achava comprimidos escondidos nos bolsos do terno, guardados em sacos de lixo. Eles renderam a seu pai um olhar vago e um desgaste nas paredes do estômago. Ele se enfiava no escritório como se fosse ler um de seus livros religiosos, mas tomava seus comprimidos e se desligava. Pete foi internado como dependente químico várias vezes.

Sozinho no mundo, Dean desvairou-se. Logo descobriu os prazeres do álcool, dos jogos de azar, da maconha, das brigas, das mulheres. Sua primeira garota era filha de um pastor, e ele perdeu a virgindade embaixo do piano da igreja. Estava todo rebelde e não queria saber do Deus de seu pai. "Eu era um merdinha", disse Dean. "Não tinha respeito por ninguém." Mudou-se para Greensboro e dividia uma casa com um maconheiro. Durante algum tempo, foi instrutor assistente de golfe no Country Club de Greensboro, ganhando 120 dólares por semana. Em 1983, com vinte anos, decidiu voltar para a faculdade e se matriculou na universidade estadual de Greensboro. Foram seis anos trabalhando como barman até se formar — a certa altura, interrompeu os estudos a fim de fazer uma viagem de cinco meses com seu melhor amigo, Chris, para a Califórnia, onde moravam numa Kombi e passavam o tempo todo atrás de garotas e diversão —, mas em 1989 ele finalmente obteve seu diploma em ciência política.

Dean era republicano de carteirinha, e Reagan era seu ídolo. Para ele, Reagan equivalia à figura tranquilizadora de um avô: tinha a habilidade de se comunicar e inspirar as pessoas, como quando mencionou "uma cidade edificada sobre um monte". Era uma coisa que Dean achava que também poderia fazer, já que era um bom orador e vinha de uma família de pastores. Quando Reagan falava, despertava confiança, transmitia a esperança de que os Estados Unidos poderiam ser grandes outra vez. Foi o único político que fez Dean querer se tornar um — ideia abandonada quando foi detido por fumar maconha na escadaria de um prédio do campus e preso poucos dias depois por dirigir sob efeito da erva.

Ele prometera a si mesmo que viajaria pelo mundo e, depois de formado, vagou pela Europa por alguns meses, dormindo em albergues e, às vezes, em bancos de praça. Mas ainda era ambicioso — "insanamente ambicioso", como gostava de dizer. Quando voltou para casa, decidiu procurar o melhor emprego na melhor empresa que pudesse encontrar.

Em sua cabeça, essa empresa sempre tinha sido a Johnson & Johnson, em Nova Jersey. Os empregados da Johnson & Johnson usavam ternos azuis, eram limpos, articulados, bem pagos, andavam em carros da empresa e tinham seguro-saúde. Dean mudou-se para a Filadélfia com uma namorada e tratou de encontrar alguém que trabalhasse na empresa. Seu primeiro contato foi com um sujeito de cabelos loiros perfeitamente penteados, de terno azul de anarruga, sapatos brancos e gravata borboleta — a roupa mais elegante que Dean já tinha visto. Ligou para o escritório da empresa quase todos os dias da semana, fez sete ou oito entrevistas, passou um ano tentando conseguir um emprego e, em 1991, a Johnson & Johnson finalmente cedeu e fez dele representante farmacêutico em Harrisburg. Dean comprou um terno azul, cortou o cabelo bem curto e tentou perder o sotaque sulista, que achava que seria malvisto. Deram-lhe um pager e um computador, e ele circulava com um carro da empresa, indo de consultório em consultório, às vezes oito por dia, com amostras de medicamentos, explicando os benefícios e os efeitos colaterais.

Não demorou muito para perceber que detestava o trabalho. No final do dia, tinha de apresentar um relatório para a firma sobre cada parada que fizera. Ele era um robô, um número, e a empresa era o Big Brother, sempre de olho nele. Qualquer iniciativa pessoal não era vista com bons olhos se não se encaixasse no padrão Johnson & Johnson. Após oito meses, menos tempo do que ele passara tentando obter o cargo, Dean largou o emprego.

Tinha caído num engodo: vá para a faculdade, obtenha uma boa formação, consiga um emprego numa das quinhentas empresas da lista da *Fortune* e será feliz. Ele fizera tudo isso e se sentia infeliz. Saíra da casa do pai e no fim só o que encontrou foi outro tipo de servidão. Decidiu começar tudo de novo e fazer as coisas à sua maneira. Seria um empresário.

Guerra total: Newt Gingrich

O grandalhão Newt McPherson vivia brigando nos bares de Harrisburg, Pensilvânia, durante a Segunda Guerra Mundial. Na terceira manhã depois que se casou com Kit Daugherty, uma faxineira de dezesseis anos de idade, a jovem esposa tentou acordá-lo de uma ressaca e acabou tomando um soco. Foi o fim de um breve casamento, mas que durou tempo suficiente para Kit engravidar. Em 1943, ela deu à luz um menino e, apesar de tudo, batizou-o com o nome daquele que em pouco tempo seria seu ex-marido. Três anos mais tarde, Kit se casou com um oficial do exército chamado Robert Gingrich, e Newt permitiu que ele adotasse o pequeno Newtie, para deixar de pagar pensão alimentícia. "Não é horrível", disse Kit anos mais tarde, "um homem disposto a vender o próprio filho?"

Muito tempo depois de o pequeno Newtie tornar-se político, quando estava com quase setenta anos e lutava pela ambição de sua vida, ele diria: "Eu cresci numa espécie de paraíso para as crianças", mas foi só uma declaração para um vídeo de sua campanha presidencial. Os Gingrich moravam em cima de um posto de gasolina, na praça principal de Hummelstown, um lugarejo de classe média baixa, e sua vida era restrita, dura e implacável. Os parentes do sexo masculino do pequeno Newtie — agricultores, operários industriais, trabalhadores da rodovia — eram homens rijos, fortes. Seu padrasto (também adotado, como o pequeno Newtie, como o grande Newt) era um tirano em casa, silencioso e intimidante. Newtie absorveu o conceito de firmeza de seu padrasto, mas o menino gordinho e tagarela nunca conseguiu conquistar o afeto do tenente-coronel Bob Gingrich, então eles brigavam constantemente. Kit era maníaco-depressiva e passou a maior parte de sua vida sob o efeito de tranquilizantes. Newtie era um garoto míope e esquisito, sem amigos íntimos. Ele procurava as mulheres mais velhas ao seu redor, que lhe davam biscoitos com glacê e o estimulavam a ler. O menino, que aos cinquenta anos pareceria ter nove, aos nove anos parecia ter cinquenta. Ele fugia da realidade com livros e filmes. Adorava animais, dinossauros, história antiga e os heróis encarnados por John Wayne.

Numa tarde ensolarada de verão, quando Newt tinha dez anos, enquanto o padrasto estava alocado na Coreia, a mãe o deixou ir de ônibus sozinho a Harrisburg, onde assistiu a uma sessão dupla de filmes de safáris africanos. Newt saiu para a luz do sol das quatro da tarde sob o feitiço de crocodilos, rinocerontes e aventuras, olhou para cima e percebeu uma placa que apontava para uma aleia: PREFEITURA. Precoce para sua idade, ele sabia da importância da cidadania. Foi encaminhado até o Departamento de Parques e tentou convencer um funcionário de que Harrisburg deveria reservar dinheiro para construir um jardim zoológico. A história foi parar na primeira página do jornal local. Esse foi o momento em que Newt soube que estava destinado à liderança. Foram necessários mais cinco anos para que sua missão ficasse clara. Na Páscoa de 1958, enquanto o padrasto de Newt servia na França, os Gingrich visitaram Verdun — *l'enfer de Verdun*, a guerra total. Quarenta anos após a Primeira Guerra Mundial, a cidade ainda tinha marcas de artilharia. Newt vagou pelo campo de batalha cheio de cicatrizes e pegou um par de capacetes enferrujados que achou no chão e acabou na parede de seu quarto, junto com um fragmento de granada. Ele espiou por uma janela o ossuário, onde havia enormes pilhas com os restos mortais de mais de 100 mil soldados franceses e alemães. Ele viu que a vida era para valer. Viu que as civilizações podiam morrer. Viu o que pode acontecer quando os maus líderes não conseguem manter a segurança de seus países. Percebeu que algumas pessoas tinham de estar dispostas a abrir mão de suas vidas a fim de proteger seu estilo de vida.

Newt leu Toynbee e Asimov, e sua cabeça encheu-se de visões da civilização em decadência. Isso poderia acontecer com os Estados Unidos. Ele decidiu que não seria diretor do zoológico ou paleontólogo. Seu futuro estava na política. Não como funcionário de alto escalão do condado, ou presidente da comissão de transportes, ou secretário de defesa, ou até mesmo como presidente. Ele seria um grande líder de seu povo. Seus modelos eram Lincoln, Roosevelt e Churchill. (Haveria um quarto, mas ele ainda era um ex-ator que apresentava o *General Electric Theater* quando Newt caminhou por Verdun.) Ele resolveu passar a vida tentando descobrir três coisas: do que os Estados Unidos precisavam para sobreviver, como ele poderia persuadir o povo americano a deixá-lo providenciar isso, e como manteria seu país livre.

Décadas mais tarde, Gingrich rabiscou seu destino numa lousa apoiada sobre um cavalete, como hieróglifos antigos em louvor de um guerreiro conquistador:

Gingrich — missão principal
Defensor da civilização
Definidor da civilização
Professor das Regras da Civilização
Despertador daqueles que avivam a Civilização
Organizador dos ativistas pró-civilização
Líder (possivelmente) das forças civilizadoras
Uma missão universal, em vez de ideal

Mas, primeiro, tinha de atravessar os anos 1960.

Quando Bob Gingrich foi mandado para casa, em 1960, Kit e o filho foram morar com ele em Fort Benning, Geórgia, onde Newt fez campanha para Nixon contra Kennedy. Nixon foi o primeiro político a despertar seu interesse, e Gingrich leu tudo o que encontrou sobre ele — afinal, era outro filho da classe média baixa, outro solitário taciturno com um pai linha-dura e mais ressentimentos do que amigos, alimentando sonhos de grandeza. Em novembro, Gingrich passou uma das noites mais longas da sua vida escutando pelo rádio notícias da derrota de Nixon para Kennedy.

No ensino médio, ele namorava em segredo com sua professora de geometria, Jackie Battley, sete anos mais velha — outra adorável mulher madura. Quando Gingrich estava com dezenove anos, eles se casaram (Bob Gingrich se recusou a comparecer), depois tiveram duas filhas.

Por ser pai de família, ele não foi convocado, não se alistou e nunca pôs os pés no Vietnã. Seu padrasto o desprezava por isso: "Ele não conseguia ver nem o que estava do outro lado da sala. Os pés mais chatos que já vi. Ele era fisicamente inapto para o serviço militar".

Enquanto Jackie trabalhava, Gingrich estudou história na Universidade Emory, foi para Tulane a fim de fazer doutorado, tornou-se um ativista no campus. Quando a administração da universidade proibiu a publicação de duas imagens que considerava obscenas no jornal da escola, Gingrich organizou protestos contra a decisão e participou de um *sit-in*. Ainda era republicano, mas tinha opiniões progressistas sobre direitos civis, meio ambiente e ética governamental. Leu os livros de Alvin Toffler e tornou-se um nerd futurista, um entusiasta da revolução da informação. Acima de tudo, gostava de atirar pedras verbais em instituições estabelecidas. Tinha uma expressão predileta, "elite corrupta", que podia ser lançada em qualquer direção, e para o resto de sua vida a manteve em seu bolso. Chegaria ao poder denunciando o lamaçal dos anos 1960 e os liberais que nele nadavam, mas também Gingrich era produto dessa década.

Em 1970, voltou para a Geórgia e começou a lecionar história no West Georgia College, nos arredores de Atlanta. Candidatou-se logo em seguida para a direção da escola: não foi aceito. Em 1974, desafiou o democrata conservador em um distrito eleitoral que nunca mandara um republicano para o Congresso: foi derrotado na ressaca pós-Watergate. Concorreu de novo em 1976 — perdeu outra vez, e um plantador de amendoim de Nebraska (Jimmy Carter) foi eleito presidente. "Gerald Ford, pessoalmente, me custou uma cadeira no Congresso", ele disse, irritado. Mas a ambição de Gingrich permanecia. E ele estava chegando lá. Quando o deputado de seu distrito anunciou sua aposentadoria, 1978 começou a dar indícios de que seria o ano de Gingrich. Ele e 1978 foram feitos um para o outro.

Newt era uma novidade na política — um homem do Novo Sul (de forma alguma, um sulista tradicional), o Sul moderno, de classe média, do programa espacial e dos condomínios fechados. Ele não fazia apelos raciais, nem mesmo parecia muito religioso. Os subúrbios ao norte de Atlanta eram uma mistura de Norman Rockwell e fibra óptica, a encarnação de uma tendência prevista uma década antes, na campanha de Nixon de 1968: uma maioria republicana emergente concentrada no Cinturão do Sol. Gingrich, que adorava porta-aviões, lançamentos de foguetes à Lua e computadores pessoais, entendia essas pessoas.

Em 1978, com o vandalismo nas cidades, a estagflação em todo o país e um moralizador sem graça na Casa Branca pregando sacrifício, o estado de ânimo da opinião pública mostrava-se amargo, frustrado, suspeitoso de burocracias e políticas específicas, antigovernamental, contrário a impostos — em resumo, populista e conservador. A adversária democrata de Gingrich era feita sob medida: uma rica senadora estadual liberal, originária de Nova York. Gingrich sabia exatamente o que fazer. Deu uma guinada à direita e atacou-a nas questões da previdência social e dos impostos. Tinha uma nova pedra no bolso, "o corrupto Estado de bem-estar social liberal", e acertou-a entre os olhos. A Maioria Moral estava prestes a levar Washington de roldão, e Gingrich falava sobre valores da família, dizia que sua oponente desmantelaria sua própria família caso fosse para Washington, e usava Jackie e as filhas em sua propaganda.

Jackie, porém, estava gorda e pouco atraente, e não era segredo nos círculos políticos que Newt a traía. Como a maioria dos Despertadores daqueles que avivam a Civilização, tinha apetites poderosos, mas não era o mais desejável dos homens — cabeça grande sob um grande capacete grisalho, sorriso inteligente e frio, barriga ampliando a linha de cintura — e seus feitos não eram muito notáveis. Ele tentou não ir além do sexo oral para que pudesse afirmar sua fidelidade no sentido estrito do termo se alguém perguntasse, mas em dois anos o casamento estava acabado, e outra mulher adorável estava prestes a se tornar a próxima sra. Gingrich, o Defensor da civilização ao lado da cama de hospital onde Jackie se recuperava de um câncer no útero, com o documento contendo os termos do divórcio na mão. Anos mais tarde, Gingrich atribuiria suas indiscrições ao trabalho duro decorrente do zelo patriótico.

Gingrich venceu com facilidade em 1978, e seu partido conquistou quinze cadeiras na Câmara (em uma turma de calouros que ainda incluía Dick Cheney). Era um sinal do que estava por vir em 1980.

O organizador dos ativistas pró-civilização chegou a Washington com um plano. Ele iria chutar a velha ordem, atemorizar os dirigentes democratas, descrevê-los como a "máquina corrupta de esquerda" (outra pedra — seu bolso não tinha fundo), perseguir os presidentes de comissões, atormentar os presidentes da Câmara até que ficassem vermelhos de raiva. Sacudiria também os republicanos tímidos, envergonharia seus líderes, criaria um grupo de jovens lutadores, ensinaria a eles os caminhos da política (ele gostava de citar Mao: "guerra sem sangue"), lhes daria uma nova linguagem, uma visão extática, até que o partido pedisse ao seu *enfant terrible* a libertação. Então ele salvaria o país: presidente da Câmara, presidente da nação, líder (possivelmente) das forças civilizadoras.

E Gingrich atingiu boa parte desses objetivos.

Ele empunhou todas as armas disponíveis no campo de batalha, algumas nunca antes usadas. Dois meses depois de sua chegada, a rede C-SPAN instalou suas câmeras na Câmara dos Deputados, transmitindo sessões do Congresso para o público pela primeira vez. Gingrich soube imediatamente o que fazer: tomar a palavra depois de terminada a ordem do dia e fazer discursos incendiários para um plenário vazio para chamar a atenção da mídia e aos poucos conquistar um público fiel na TV. (Apesar de também ter lançado uma pedra contra a "mídia liberal elitista", ele sabia que uma boa briga chamava mais a atenção do que qualquer outra coisa.) Em 1984, um discurso em que se referia aos democratas pejorativamente como contemporizadores provocou a ira de Tip O'Neill: "É a coisa mais baixa que vi em meus 32 anos aqui!". Mas os comentários do presidente da casa, por serem pessoais, foram apagados dos registros, e o incidente levou Gingrich para o noticiário noturno. "Sou agora uma pessoa famosa", gabou-se, compreendendo as novas regras da celebridade — que não seria absurdo dizer, por exemplo, "eu tenho uma enorme ambição pessoal, quero mudar o planeta inteiro, e estou fazendo isso".

O velho sistema partidário se tornara obsoleto, liquidado por nobres reformadores que queriam acabar com o clientelismo e os caciques políticos em salas enfumaçadas. Gingrich também viu isso acontecer — os políticos estavam se transformando em empresários que dependiam de Comitês de Ação Política movidos por interesses específicos, de *think tanks*, da mídia e de lobistas, mais do que da hierarquia do partido. Sendo assim, ele deu palestras em Washington, escreveu um livro (financiado por apoiadores) e criou sua própria base de poder, com um aparato de arrecadação de fundos e um comitê de ação política. Recrutou candidatos republicanos em todo o país e lhes apresentou seu linguajar e suas ideias em videoteipes e cassetes, como um orador motivacional, percebendo que a linguagem era a chave para o poder. Seus memorandos continham lições de vocabulário: se discutisse com o adversário usando palavras como "ameaçar", "assistência", "bizarro", "burocracia", "caciques", "cinismo", "corrupto", "crise", "decadência", "desgraça", "desperdício", "destruir", "doente", "eles"/"deles", "estagnação", "impor", "impostos", "incompetente", "liberal", "limite(s)", "mentir", "obsoleto", "patético", "radical", "roubar", "sindicalizados", "status quo", "traidores", "trair", "trapacear", "vergonha", você o punha na defensiva, e se depois se referisse ao seu lado usando "bom senso", "coragem", "cruzada", "dever", "empoderar"/"empoderamento", "escolha"/"escolher", "família", "filhos", "firme", "força", "liberdade", "liderar", "luz", "moral", "mudança", "nós"/"nosso(a)", "oportunidade", "orgulhoso"/"orgulho", "pró-"(questão), "reforma", "sonho", "sucesso", "trabalho duro", "verdade", "visão", a discussão estava ganha. O léxico de Gingrich podia ser organizado em frases de impacto, qualquer que fosse o contexto, ou até mesmo o sentido: "Podemos empoderar nossos filhos e nossas famílias para sonhar com a liderança de uma cruzada moral pela liberdade e pela verdade se formos firmes e tivermos bom senso". "Os caciques liberais corruptos trapaceiam, mentem e roubam para impor seu cinismo patético doente e sua estagnação radical bizarra, a fim de destruir a América." Dessa forma, uma geração inteira de políticos aprendeu a falar como Newt Gingrich.

E ele percebeu que os eleitores já não sentiam muita conexão com os partidos locais ou as instituições nacionais. Eles viam a política pela TV, e não se deixavam convencer por decisões técnicas ou argumentos racionais. Reagiam apenas a símbolos e emoções. Também estavam ficando cada vez mais sectários e moravam em regiões que eram cada vez mais democratas ou republicanas, liberais ou conservadoras. Os doadores se tornavam mais propensos a mandar dinheiro se pudessem ser assustados ou irritados, se as questões fossem mostradas como simples escolhas entre o bem e o mal — o que era fácil para um homem cujo país estava sempre numa encruzilhada histórica, e sua civilização, em perigo perpétuo.

No final dos anos 1980, Gingrich já vinha mudando radicalmente Washington e o Partido Republicano. Talvez mais do que Reagan, talvez mais do que qualquer outra pessoa. Então, a história engatou uma quinta.

Em 1989, ele capturou sua maior presa quando Jim Wright, o presidente democrata da Câmara, renunciou em consequência das incansáveis acusações éticas do deputado Gingrich. Percebendo o que uma guerra total podia conseguir, os republicanos fizeram dele um dos seus líderes, e o Professor das Regras da Civilização não os desapontou. Em 1994, transformou as eleições legislativas em uma questão de política nacional ao fazer com que quase todos os candidatos republicanos assinassem seu contrato com a América em frente ao Capitólio e ao anunciar que se tratava do "primeiro passo para renovar a civilização americana". Em novembro, seu partido tomou as duas casas do Congresso, pela primeira vez em quarenta anos. Era a revolução de Gingrich, e ele se tornou seu Robespierre — presidente da Câmara, monopolizador da mídia, tão poderoso quanto o garoto de bochechas vermelhas do Arkansas que ocupava a Casa Branca, cujas origens e cujos desejos tinham uma semelhança notável com os seus próprios.

Gingrich definiu Clinton como "McGovernik da contracultura" e "inimigo dos americanos normais". Ele achava que poderia dobrar o presidente à sua vontade: Clinton queria ser amado, Gingrich queria ser temido. Eles passaram o ano de 1995 em uma queda de braço pelo orçamento. Quando se encontraram na Casa Branca, Gingrich ditou os termos, e Clinton avaliou Gingrich. Ele notou as inseguranças de um menino de nove anos se contorcendo sob o discurso inflamado. Entendeu por que nenhum dos colegas de Gingrich o suportava. Viu como explorar aquela mania de grandeza. A necessidade de amor de Clinton lhe proporcionou um insight, e ele o usou para seduzir seu adversário enquanto montava armadilhas para ele. E quando, no final do ano, os Estados Unidos da América foram forçados a parar, quem levou a culpa foi Gingrich.

E assim chegou ao fim a missão principal.

Gingrich continuou na presidência da Câmara por mais três anos. Conseguiu coisas pelas quais a mídia jamais lhe atribuiria mérito — quem levou a fama foi o garoto de Arkansas (ele sempre conseguia as mulheres mais sensuais, elas o queriam antes mesmo de ele chegar ao poder). Foi quando a lógica da guerra total enredou os dois homens. Em 1997, Gingrich foi repreendido pela Câmara e multado em 300 mil dólares — um recorde — pela lavagem de dinheiro de contribuições políticas por meio de suas várias organizações sem fins lucrativos (alguns de seus aliados queriam levá-lo à guilhotina). Já em 1998, houve apenas um assunto: Monica. No entanto, quando o sexo oral e a mentira não conseguiram destruir Clinton, e os democratas desafiaram a história ao conquistar cadeiras nas eleições daquele ano, os revolucionários de Gingrich voltaram-se contra seu líder. Ele renunciou à presidência e à sua cadeira, declarando: "Não estou disposto a presidir pessoas que são canibais". Seu último voto foi pelo impeachment do rival. Mais tarde, Gingrich admitiu ter mantido um caso durante todo o seu mandato de presidente da Câmara com uma mulher 23 anos mais jovem. Ele deixou o Congresso depois de duas décadas, mas permaneceu em Washington.

A essa altura, a capital já era a cidade de Newt Gingrich, mais do que de qualquer outra pessoa. Não sabemos se ele alguma vez acreditou de fato na própria retórica, mas a geração que levou ao poder acreditava fervorosamente. Ele lhes deu gás mostarda, e eles o usaram contra todos os inimigos possíveis, inclusive o próprio Gingrich. Na virada do milênio, os dois lados estavam entrincheirados em pontos opostos, com posições fixadas para sempre, corpos se acumulando na lama, cadáveres do ano passado, ossos do ano corrente, uma guerra cujas causas ninguém conseguia explicar e sem um final à vista: *l'enfer de Washington*.

Talvez ele tivesse desejado o tempo todo que fosse assim. Política sem guerra podia ser bem entediante.

A jovem assessora parlamentar que vestia Tiffany, com quem ele vinha traindo a segunda sra. Gingrich, tornou-se a terceira. Os *think tanks* de Washington e a mídia partidária abriram um lugar para Newt, já que ele os havia ajudado a conquistar o deles. Tal como seu rival, ele passava o tempo fora do escritório com pessoas ricas. Sem nunca ter tido dinheiro (esteve endividado durante a maior parte de sua carreira), começou a ganhar muito, vendendo suas conexões e sua influência — afinal, para mudar todo o planeta, era preciso agarrar todas as oportunidades na indústria bipartidária do lobby. Seus livros saíram no ritmo de uma frenética esteira rolante de linha de produção, dezessete em oito anos — pois a deterioração da América se tornava cada vez mais profunda, a mídia liberal de elite, mais destrutiva, sua máquina socialista secular, mais radical, o democrata na Casa Branca, mais alheio, e o desejo de salvar a América continuava intacto, e a necessidade de ser ouvido era insaciável.

Ele só concorreu à presidência do país quando era tarde demais, mas o velho de capacete branco, com o sorriso de menino inteligente e frio ainda encontrava o que queria sempre que enfiava a mão no bolso.

Jeff Connaughton

Jeff Connaughton viu Joe Biden pela primeira vez em 1979. Biden estava com 36 anos e era a sexta pessoa mais jovem a ser eleita para o Senado dos Estados Unidos. Connaughton tinha dezenove anos e uma especialização em administração na Universidade do Alabama. Seus pais moravam em Huntsville, onde por trinta anos seu pai foi engenheiro químico no Comando de Mísseis do Exército, emprego que conseguiu depois de voar em 47 missões sobre a Europa, a China e o Japão com o Corpo Aéreo do Exército, estudar em Tuscaloosa graças à lei que beneficiou os veteranos de guerra, e encarar empregos mal remunerados numa usina siderúrgica de Birmingham, numa fábrica de móveis de Arkansas e na National Gypsum, em Mobile, antes de entrar para a florescente indústria da defesa do pós-guerra. Trabalhar na propulsão de foguetes de pequeno porte era um bom emprego de classe média, chegando a 55 mil dólares por ano, subsidiados pelo governo federal e pela Guerra Fria, mas o casal Connaughton havia crescido na pobreza. O pai de Jeff vira seu pai participar da grande marcha de veteranos de guerra desempregados em Washington em 1932. A mãe de Jeff era de Town Creek, Alabama, e quando criança ela e as irmãs ajudavam nos momentos difíceis colhendo algodão na fazenda da avó. Quando tinha cinco anos, economizou uma moeda de cinco centavos a fim de comprar um presente de aniversário para a mãe. Um dia, a menina caiu doente com uma febre de quarenta graus e, quando o caminhão de gelo passou pela rua e a mãe quis comprar um bloco de gelo para baixar sua temperatura, ela se recusou a dar sua moeda, que era o único dinheiro em casa. Eis uma história que Jeff sempre pensou que contaria se algum dia concorresse a um cargo público.

Os votos da família Connaughton eram divididos. A mãe de Jeff lembrava do dia em que Roosevelt foi a Town Creek para inaugurar a represa Wheeler: todas as crianças correram para a estação e observaram em solene silêncio o presidente ser carregado do trem para um carro. Ela votaria nos democratas durante toda a sua vida. Na primeira vez em que o pai de Jeff foi votar no Alabama, já depois da guerra, ele perguntou como fazê-lo, e o mesário disse: "Simplesmente vote nos nomes que estão abaixo do galo", que era o símbolo do Partido Democrata do Alabama, o único que importava na época. Naquele instante, o sr. Connaughton tornou-se republicano e assim permaneceu nas décadas seguintes, e o resto do Sul branco aos poucos foi fazendo o mesmo. Porém, anos mais tarde, depois que Jeff foi para Washington trabalhar para Biden e virou um autointitulado democrata profissional, seu pai votou em Clinton — e até mesmo em Obama. Àquela altura, a maioria dos moradores de seu bairro já era ferrenhamente republicana, e alguém roubou as placas Obama-Biden do jardim dos Connaughton. O sr. Connaughton estava apenas votando em seu filho.

Jeff Connaughton era baixo e ruivo, inteligente e trabalhador, com o vitalício complexo de inferioridade que é incutido em meninos do Alabama. Na adolescência, ele não tinha opiniões políticas claras. Em 1976, assinou embaixo quando Ronald Reagan falou na convenção republicana sobre "a erosão da liberdade que vem ocorrendo sob o governo democrata neste país"; em 1979, quando Jimmy Carter diagnosticou uma "crise de confiança" nos Estados Unidos, alertando que "muitos de nós agora tendem a idolatrar a autocomplacência e o consumo", Connaughton defendeu o que veio a ser chamado de discurso do "mal-estar" em um artigo para o jornal *The Tuscaloosa News*. Era um eleitor indeciso até se mudar para Washington — ele também reverenciava os Kennedy. Certa vez, em 1994, compareceu a uma festa beneficente em Hickory Hill para Kathleen Kennedy Townsend, quando Ethel e outros Kennedy deram as boas-vindas a todos os convidados no gramado da frente da mansão. Connaughton se infiltrou no escritório, ao qual não poderia ir, e tirou da prateleira um volume encadernado de discursos de Robert F. Kennedy — os originais, com notas manuscritas. Seus olhos caíram sobre uma frase que dizia: "Nós deveríamos fazer melhor". Kennedy tinha riscado "deveríamos" e substituído por "devemos". Connaughton estava com a escritura sagrada em suas mãos. Essa foi sua primeira ideia de política: grandes discursos, eventos históricos (os assassinatos), retratos em preto e branco de JFK no Salão Oval e no Jardim das Rosas. Ele era uma coisa esquecida e necessária nos anais de Washington, não um Hamlet, mas um Rosencrantz, não um líder, mas um seguidor — anos mais tarde, diria: "Eu sou o número dois perfeito" —, atraído pela aventura do serviço público e pelo poder, que acabaram se tornando inextricáveis.

No início de 1979, quando Connaughton estava no segundo ano, um amigo da Universidade da Pensilvânia pediu-lhe para ser o delegado do Alabama na reunião anual do Congresso Nacional dos Estudantes, na Filadélfia. A passagem de avião custaria 150 dólares. Connaughton ganhou 25 dólares do orçamento da entidade estudantil, e o *Tuscaloosa News* ofereceu-lhe 75 dólares por uma matéria baseada na experiência. Os últimos cinquenta dólares saíram da caixa registradora de uma lanchonete Wendy's onde Connaughton comia umas duas vezes por semana: o gerente ficou tocado pela história de um estudante universitário que tentava pagar sua ida a uma assembleia nacional cujo objetivo era combater a apatia nos campi e restaurar a fé na política, ainda na esteira de Watergate e do Vietnã.

Na reunião da Filadélfia, o primeiro orador foi um congressista republicano ultraconservador de Illinois chamado Dan Crane, um dos muitos milhares de homens e mulheres que vão a Washington como representantes eleitos do povo americano e passam o mandato nos corredores do Congresso sem deixar vestígios. O segundo foi Joe Biden. Ele começou dizendo: "Se o deputado Crane tivesse acabado de apresentar-lhes o ponto de vista liberal, este seria o ponto de vista conservador: Vocês estão todos presos". A frase trouxe a casa abaixo. O restante do discurso não deixou marcas na memória do Connaughton, mas o orador sim. Biden era jovem, espirituoso, sabia como falar com estudantes universitários. Connaughton nunca esqueceu aquele momento.

De volta a Tuscaloosa, ele fundou a União Política do Alabama, e para seu primeiro evento, no segundo semestre daquele ano, convidou Biden e o senador Jake Garn, um republicano de Utah, para debater o tratado de controle de armas SALT II. Ambos os senadores aceitaram o convite (em 1979, não havia proibição de receber os honorários de quinhentos dólares que a universidade oferecia, apenas uma restrição que limitava a renda ganha fora do Congresso em 15% do salário de 57 500 dólares por ano de um senador, que havia entrado em vigor em 1º de janeiro), mas Garn acabou desistindo. O debate corria o risco de se reduzir a um mero discurso.

Connaughton então entrou em seu Chevy Nova com um amigo que estudava na Universidade Brigham Young e estava de visita, e que, como Garn, era mórmon. Eles viajaram catorze horas de carro até a capital do país para tentar reverter a decisão do senador. Connaughton nunca estivera em Washington, e o anel viário local não indicava de forma clara as saídas para a cidade — era mais um fosso do que um canal —, e a cúpula do Capitólio aparecia e desaparecia à distância. Por fim, acharam o caminho para ruelas que levavam em direção ao Capitol Hill. Aquela era a Washington pobre, negra, deteriorada, a Washington dos 80% do distrito, bairros que Connaughton raramente tornaria a ver nas duas décadas em que moraria e trabalharia na cidade.

De manhã, os dois encontraram o escritório de Garn no edifício Russell do Senado, em um dos corredores majestosos e imensamente longos, atrás de uma das portas de mogno mais altas e ameaçadoras. Graças ao mórmon de Utah que trouxera consigo, Connaughton pôde ter uma conversa fora da agenda oficial bem ali, na sala de espera, com o próprio senador, mas não conseguiu fazer Garn mudar de ideia — ele tinha outro compromisso no dia do debate. Então Connaughton e o amigo mórmon saíram vagando pelo Russell — dois jovens forasteiros ofuscados pelo mármore branco de Vermont, o granito de Concord, o mogno escuro e a dignidade institucional bipartidária elitista que ainda estava intacta, embora às vésperas de começar a rachar e desmoronar — à procura de um senador republicano a quem convidar para o evento. Mas os corredores estavam quase vazios, num silêncio antidemocrático, e Connaughton não conhecia a cara da maioria dos senadores. Seria capaz de reconhecer apenas Howard Baker, Jacob Javits, Chuck Percy ou Barry Goldwater. Entre os democratas, Hubert Humphrey havia morrido pouco tempo antes, mas Edmund Muskie ainda estava lá, além de Frank Church, Birch Bayh, Gaylord Nelson e George McGovern. Em breve, todos seriam varridos de Washington.

De repente, uma campainha tocou, e do nada o corredor encheu-se de homens altos, de cabelos grisalhos e aparência distinta. Connaughton e seu amigo os seguiram pelo elevador (aquele homenzinho japonês de boina escocesa não era S. I. Hayakawa?) até o porão e os carros elétricos subterrâneos que ligavam em 32 segundos o Russell ao Capitólio. Entre os senadores que caminhavam em direção ao próximo carro estava Ted Kennedy, que sorriu ao ser reconhecido e apertou a mão do amigo mórmon, que dera um passo à frente. Quanto à Connaughton, estava perplexo demais para se mover. (O público não sabia, mas Kennedy se preparava para desafiar o presidente Carter pela indicação democrata em 1980: foi Biden quem primeiro alertou Carter, no início de 1978, de que Kennedy ia concorrer com ele.)

Connaughton voltou para Tuscaloosa sem um republicano para debater o acordo SALT II. Isso não fez diferença. Biden chegou naquele mês de setembro vestindo terno sob medida e gravata elegante, exibindo seu sorriso de dentes brancos, monopolizando a atenção das adoráveis estudantes durante o jantar na Phi Mu, na Sorority Row (a namorada de Connaughton era membro), com Jeff sempre grudado no cotovelo do senador na função de seu cicerone para a noite e passando a considerar seriamente uma carreira política. Duzentas pessoas lotaram o centro estudantil para ouvir o discurso de Biden. Connaughton fez a apresentação, depois ocupou seu lugar na primeira fila enquanto Biden tomava a palavra. "Eu sei que vocês todos estão aqui esta noite porque ouviram falar que sou um grande homem", começou o senador. "Sim, eu sou amplamente conhecido por ter aquilo que chamam de 'qualidade presidencial'." O público soltou um risinho nervoso, desconcertado por seu senso de humor. "Ora, no início desta noite falei a um grupo de estudantes que havia colocado uma grande faixa que dizia 'Bem-vindo, senador Biden'. E depois, quando passei sob a faixa, ouvi alguém dizer: 'Esse deve ser o senador Bidden'."* O riso aumentou. Após conquistar a plateia, Biden voltou-se para seu tema: passou noventa minutos defendendo com lucidez, e sem consultar anotações, a importância de reduzir os arsenais nucleares americano e soviético, ao mesmo tempo que desmontava os argumentos dos adversários do SALT II no Senado. Um dia antes, o tratado havia sofrido um duro golpe com a suposta revelação de uma brigada de tropas soviéticas em Cuba. "Gente, vou

---

* Jogo de palavras envolvendo o nome do senador, cuja pronúncia é "baiden", e o particípio passado do verbo "to bid" — "bidden", cuja pronúncia é "biden" —, que significa, entre outras acepções, "comandado", "ordenado". (N. T.)

contar um segredinho para vocês", Biden sussurrou. Ele pegou o microfone e caminhou em direção à plateia, fazendo um sinal para que se inclinassem para ouvir. "Essas tropas estão em Cuba o tempo todo!", gritou. "E todo mundo sabe disso!" No final da palestra, o aplauso foi forte e longo. Quando se levantou para ir até Biden e agradecer por sua presença, Connaughton iniciou acidentalmente uma ovação de pé.

Um segurança do campus levou Biden de volta ao aeroporto de Birmingham, e Connaughton foi junto. Biden parecia cansado depois do discurso, mas respondeu a todas as perguntas típicas de um leigo feitas pelo guarda ("Qual é a diferença entre um democrata e um republicano?") com a mesma consideração que teria caso fossem formuladas por um jornalista político experiente como David Brinkley. Quando Connaughton lhe perguntou por que ele pegava o trem de Wilmington para Washington todos os dias, o senador lhe contou com toda a calma a história do acidente de carro que quase dizimou toda a sua jovem família em dezembro de 1972, apenas um mês depois de sua eleição para o Senado. "Minha esposa e minha filha pequena morreram, e meus filhos se feriram gravemente. Então, fiquei com meus filhos no hospital. Eu não queria mais ser senador. Mas acabei sendo empossado ao lado da cama do meu filho. E cumpri o mandato, porém ia para casa todas as noites a fim de estar com meus filhos. E, ao longo dos anos, Delaware se acostumou a me ter em casa todos os dias. Portanto, não posso mesmo me mudar para Washington."

Esse foi o momento em que Jeff Connaughton foi fisgado por Joe Biden. Ali estava a tragédia, ali estava a energia, ali estava a oratória — exatamente como os Kennedy. Biden lançava seu carisma sobre todos que cruzavam seu caminho e não desistia enquanto não tivesse estabelecido uma conexão — com as estudantes da agremiação feminina, com a plateia do discurso (muitos dos alunos estavam presentes apenas para ganhar crédito em um curso), com o segurança, com o aluno de administração que o convidara para ir a Tuscaloosa. Esse era o requisito e o motor de um homem que queria ser presidente, e, quando eles chegaram ao aeroporto, Connaughton sacou um caderno espiral no qual Biden assinou: "Para Jeff e a APU, por favor, continuem envolvidos na política. Precisamos de todos vocês" — e ele teve certeza de que acabaria seguindo aquele homem até a Casa Branca. O que faria depois que chegasse lá, não estava claro e, na verdade, não importava. O objetivo era estar presente na cúpula da vida americana.

Antes de se formar no Alabama, Connaughton levou Biden (com dezenas de outras autoridades eleitas) outras duas vezes para palestras pagas, e Biden contou as mesmas piadas antes de cada um de seus discursos, os quais, na terceira visita, já valiam mil dólares. Na última vez em que deixou Biden no aeroporto de Birmingham, Connaughton disse ao senador: "Se alguma vez você concorrer para presidente, estarei lá".

Ele não foi imediatamente para Washington. Primeiro, foi para a Escola de Administração da Universidade de Chicago, com uma carta de recomendação do próprio Biden. Corria o ano de 1981, e a *Time* publicou uma reportagem de capa chamada "The Money Chase" [A caça ao dinheiro], sobre a moda dos MBAs; a imagem da capa mostrava um estudante em traje de formatura, cujo capelo exibia uma borla feita de dólares. Connaughton nunca tivera dinheiro, e a atração magnética de Wall Street era quase tão forte quanto o fascínio da Casa Branca. O objetivo de um MBA era Wall Street. Assim como seria absurdo ir a Washington e acabar no Departamento do Interior, não havia sentido em obter um prestigioso diploma de administração somente para trabalhar para uma empresa como a Procter & Gamble ou a IBM. Entre seus colegas de turma, um emprego numa empresa que de fato fabricava algum produto significava que você estava ficando para trás. Perto do final de seu segundo ano, Connaughton foi a Miami para uma entrevista na Ryder Truck, e o tempo todo pensou que, a não ser pelo dia na praia, não sabia por que estava indo até lá. Ele tivera um emprego de verão na Conoco Oil, em Houston, entre o primeiro e o segundo ano, e foi convidado a voltar e fazer carreira por lá, mas a ideia de começar com 32 mil e a cada seis meses ir de Lake Charles, na Louisiana, a Ponca City, em Oklahoma, era pelo menos tão sombria quanto trabalhar para uma transportadora. Connaughton vinha do interior do país e não queria trabalhar lá. Se não conseguisse um lugar num banco de investimento como Salomon Brothers ou Goldman Sachs, ou então numa firma de consultoria como a McKinsey, se sentiria um fracassado.

Connaughton não se esqueceu de Joe Biden. Estudando até meia-noite na biblioteca da universidade, ele deixava de lado seus livros de finanças, desenterrava velhas edições da *Time* dos anos 1960 e lia novamente sobre os assassinatos, a presidência de Jack, a ascensão de Bobby. Ele ainda queria ver a si próprio naquelas fotos em preto e branco. Mesmo quando pleiteou uma vaga em Wall Street, continuava acompanhando a carreira de Biden de perto e escreveu várias cartas pedindo um emprego — não para o gabinete do senador, nem para o sujeito de sua equipe que chegara a conhecer um pouco, o qual poderia ter respondido, mas ao próprio Biden: "Caro senador Biden, estou em vias de me formar em Chicago e…". Ele não sabia que o gabinete só respondia cartas de Delaware e que as suas iam direto para a lixeira.

Connaughton foi contratado pelo departamento de finanças públicas da Smith Barney, com salário inicial de 48 mil dólares anuais, e se mudou para Nova York no verão de 1983. Era o momento certo para começar em Wall Street e, se Connaughton tivesse ficado, como alguns de seus colegas de Chicago, poderia ter feito uma pequena fortuna. Finanças públicas significavam títulos isentos de impostos para governos estaduais e municipais, o que não rendia muito dinheiro, mas era o bastante para Connaughton, que escrevera em seu pedido de admissão na escola de administração e negócios que queria entender a intersecção entre empresas e governo e ter uma carreira em que pudesse atuar entre os dois polos. A Smith Barney estava subscrevendo títulos públicos de água e esgoto na Flórida, onde cidades grandes e pequenas vinham dobrando de população em poucos anos e precisavam de ajuda para levantar 50 milhões ou 100 milhões de dólares para projetos de infraestrutura.

A firma oferecia luxuosos jantares de 30 mil dólares no Lutèce, em Manhattan, com limusines de plantão, e garantia aos clientes que não custaria nada para seus estados: eles poderiam recuperar as taxas de subscrição (inclusive o preço do jantar) investindo recursos que tivessem levantado no mercado isento de impostos e ganhar 3% a mais em juros do que estavam pagando sobre seus títulos públicos. Connaughton dizia às autoridades estaduais: "Posso conseguir para vocês assentos na primeira fila de *Cats*, é só me avisar, não vai custar um centavo aos seus contribuintes". Eles hesitavam, mas quase sempre havia uma mensagem em sua secretária eletrônica na manhã seguinte: "Mudamos de ideia — gostaríamos de ver *Cats*". Certa vez, um outro funcionário foi ao condado de Jackson, no Tennessee, e explicou ao conselho de comissários que, quanto mais altas as taxas do banco, mais dinheiro o condado acabaria por economizar. Do fundo da sala, um homem disse com fala arrastada: "Papo furado…". Sendo sulista, Connaughton sabia que sempre que um gerente de investimentos de Nova York viesse com a conversa de que "podemos economizar seu dinheiro", era preciso haver alguém na sala para dizer "papo furado...".

Connaughton dividia um apartamento (alugado pela empresa) no Upper East Side. Ele chegava à sede da Smith Barney por volta de 9h30 da manhã, trabalhava o dia todo, saía com os colegas para jantar e voltava para o escritório, onde ficava até a meia-noite. Ele não era tão inteligente como alguns dos nerds que faziam contas em cima de projeções nos computadores ao redor dele, mas, por ser sulista, era mais divertido, e conhecia várias mulheres do Alabama em Manhattan. Nunca usou drogas, nem uma única vez (anos mais tarde, quando foi contratado para trabalhar na Casa Branca no governo Clinton e foi questionado sobre o uso de drogas, Connaughton disse: "Esperei a vida inteira para responder a essa pergunta"). Por outro lado, bebia muito bourbon, e uma vez dançou a noite inteira no Studio 54. De novembro em diante, o único assunto entre seus colegas de trabalho era o tamanho da gratificação de fim de ano.

Após um ano, ele foi transferido para Chicago. Odiando o frio e sentindo falta do Sul, desistiu de uma gratificação de 20 mil dólares e, no início de 1985, foi trabalhar no escritório da E. F. Hutton, em Atlanta. Vários meses depois de sua chegada, a firma se declarou culpada em 2 mil acusações de escuta ilegal e fraude postal, num enorme escândalo de cheques voadores. Ao longo da década de 1980, a firma emitiu cheques de quantias que não poderia cobrir, e transferia o dinheiro entre contas, usando os fundos por um dia ou dois como empréstimos sem juros e ganhando milhões de dólares no prazo de compensação. Em Washington, Joe Biden, da Comissão de Justiça do Senado, estava de olho no caso. Ele foi à televisão para falar sobre a crescente epidemia de crime do colarinho-branco em Wall Street e sobre o fracasso do Departamento de Justiça de Reagan para controlar isso. Em um discurso na Universidade de Nova York, declarou: "As pessoas acreditam que o nosso sistema jurídico e aqueles que o dirigem fracassaram em lidar de maneira efetiva com a má conduta antiética e possivelmente ilegal nas altas esferas — ou talvez nem tenham tentado". Reagan estava em seu senescente segundo mandato, seu governo, saturado de corrupção, e Biden se preparava para ir atrás do grande prêmio.

A confissão de culpa da E. F. Hutton saiu caro para seus clientes e começou a esvaziar a firma, mas Connaughton sobreviveu. Depois que aprendeu como funcionava o negócio, ele ia à Flórida sozinho para encontrar-se com tesoureiros municipais. Chegou até a apresentar uma ideia comercializável: as cidades e os condados tinham enormes passivos com pensões, por que não valer-se de arbitragem? Emitir um título de pensão livre de impostos de 100 milhões de dólares pagando 4%, e investir o dinheiro durante alguns anos a 6% ou 7%? Era uma espécie de golpe no contribuinte americano. Mas uma corretora emitiu um parecer favorável (não era ilegal se você conseguisse que um escritório de advocacia dissesse que era legal — os advogados estavam se tornando mais criativos à medida que as ações se tornavam muitíssimo mais rentáveis), e seu chefe, ele mesmo um ex-advogado financeiro, ficou satisfeito. Connaughton estava descobrindo como levantar um banco de investimentos nos anos 1980. Jogar com as regras fiscais era um tremendo esquema.

Com 27 anos, já era vice-presidente assistente, ganhando mais de 100 mil dólares por ano, e mesmo assim voltava para casa à noite pensando que aquilo não era o que queria fazer de sua vida. No final de 1986, ficou claro que Biden concorreria à presidência. Connaughton nunca o esquecera. Mexeu os pauzinhos com um lobista da E. F. Hutton que tinha ligações com a campanha. Funcionou.

"Biden era uma figura idolatrada por mim", Connaughton contou muito tempo depois. "Ele era o cara de quem eu iria atrás porque era meu cavalo. Eu montaria aquele cavalo e entraria na Casa Branca. Aquela seria minha próxima parada na vida. Eu tinha conquistado Wall Street e ia conquistar a Casa Branca."

1984

Em 24 de janeiro, a Apple Computer vai apresentar o Macintosh. E você verá por que 1984 não será como *1984*... **SETOR DE VALORES MOBILIÁRIOS DOS BANCOS PODE SUBSCREVER TÍTULOS**... A alvorada raiou novamente sobre os Estados Unidos e, sob a liderança do presidente Reagan, nosso país está mais orgulhoso, mais forte e melhor. Por que íamos querer voltar para onde estávamos há menos de quatro anos?... *Eu tinha um emprego, eu tinha uma garota/ Eu tinha alguma coisa bacana neste mundo/ Fui mandado embora da madeireira/ Nosso amor desandou, os tempos ficaram difíceis*... **TAMPA VÊ GANHOS POR SEU ESFORÇO** "Mas esse tipo de coisa não pode fazer por nós, a longo prazo, o que um Super Bowl pode fazer. Esta é uma grande oportunidade para mostrarmos às pessoas como esse lugar é ótimo, mostrar que elas podem vir para cá e saber que não serão exploradas."... **MISS ESTADOS UNIDOS É OBRIGADA A RENUNCIAR POR TER POSADO NUA**... Você é julgado pelo desempenho. Por que dirigir um carro inferior?... No Banco da Nova Inglaterra, o vice-presidente David E. Hersee Jr. saiu em busca de um apartamento para a filha de um cliente da Califórnia, que estava se mudando para Boston. Claro, a procura de apartamento está reservada aos melhores clientes... **O AMOR SECRETO DE LINDA GRAY Exatamente como no papel em *Dallas* — Ela se apaixona por um homem mais moço**... Nos quatro anos anteriores à nossa posse, países caíram um após o outro sob o jugo soviético.

Desde 20 de janeiro de 1981, nem um centímetro de solo caiu para os comunistas... *Estados Unidos! Estados Unidos! Estados Unidos!*... **BIPES CONECTAM LEGIÕES DE WORKAHOLICS DA ÁREA Aparelhos são percebidos agora como tábua de salvação, não mais como uma esquisitice high-tech**... O setor de financiamento habitacional precisa de uma bolsa de hipotecas nacionais que faça pelas hipotecas e pela comercialização de valores mobiliários respaldadas em hipotecas "o que a Bolsa de Nova York faz pelo comércio de ações das empresas", disse David O. Maxwell, presidente da Fannie Mae... **NOVO RELATÓRIO APONTA VÍRUS QUE PODE CAUSAR A AIDS**... Há momentos na vida de todos em que algo construtivo nasce da adversidade. Há momentos em que as coisas parecem tão ruins que você tem de pegar o seu destino pelos ombros e sacudi-lo. Estou convencido de que foi aquela manhã no depósito que me levou a assumir a presidência da Chrysler... **REAGAN REELEITO COM VITÓRIA ESMAGADORA Reeleição mostra amplo apoio ao presidente**... *E me sinto como um passageiro em um trem prestes a cair.*

Tammy Thomas

Tammy Thomas cresceu na zona leste de Youngstown, Ohio. Anos mais tarde, quando as coisas ficaram ruins por lá, ela se mudou para a zona sul, e depois que saiu da zona sul, quando as coisas ficaram ruins por lá, e se mudou para a zona norte, de tempos em tempos pegava seu Pontiac Sunfire 2002 cinza metálico, atravessava a via expressa que separou a cidade quando a construíram no final da década de 1960 e voltava para dar uma olhada em seu antigo bairro.

Quando Tammy era criança, nos anos 1960 e 1970, a zona leste ainda era uma área mista. Ao lado de sua casa, na Charlotte Avenue, morara uma família italiana. Húngaros moravam do outro lado da rua, a casa azul era de porto-riquenhos, e também havia alguns proprietários negros. O descampado na esquina da Charlotte com a Bruce Street fora outrora sua escola primária. Mais adiante, na Bruce, havia uma igreja que depois foi atingida por uma tempestade e ruiu. A poucas ruas de distância, na Shehy, onde agora se viam três cruzes de madeira e a calçada estava pichada com as palavras SANGUE e DE PHILLY PARA OS NEGROS DE YOUNGSTOWN em tinta spray, havia uma loja de bairro, ao lado da casa onde a mãe de Tammy morava antes de ter sido queimada por uma bomba incendiária. A depressão que atravessava a grama de dois lotes fora uma aleia cheia de pessegueiros e macieiras. Naquela época, todos plantavam flores e verduras no quintal — ao redor de sua casa na Charlotte, havia hibiscos, forsítias, tulipas, jacintos. Quando menina, ela costumava sentar-se na varanda da frente, olhar para a rua e ver o topo das chaminés, e se o vento soprasse na direção certa conseguia sentir o cheiro de enxofre. Os homens da zona leste tinham bons empregos, a maioria deles nas usinas. As famílias cuidavam de suas propriedades e se orgulhavam de possuir casas de três andares, com telhados de duas águas, varandas e quintais, todos grandes em comparação com uma casa de classe operária do Nordeste (na primeira vez em que viu casas geminadas na Filadélfia, Tammy pensou "onde estão os quintais, onde estão as entradas de carro?"). Naquela época, as pessoas mantinham as coisas em ordem, por isso não havia um monte de bobagem acontecendo.

Tammy tinha uma amiga, Sybil West, a quem chamava de Miss Sybil porque tinha a idade de sua mãe. Miss Sybil escreveu certa vez em um pequeno caderno espiral todas as coisas de que conseguia se lembrar da época em que cresceu na zona leste, nos anos 1950 e 1960.

salões de bilhar
confeitaria com música para adolescentes
laticínios Isaly's
primeiro shopping center
ônibus ligados a cabos elétricos
Lincoln Park com piscina
amoladores de facas com macacos para entreter as crianças
agricultores que vendiam frutas + legumes em caminhões de bairro
A cidade naquela época era tão segura que as pessoas dormiam com as portas destrancadas. Pessoas muito sociáveis + muita interação ocorriam em escolas, bem como nas vizinhanças.

Ao passar sobre o asfalto esburacado das ruas, Tammy ainda estava espantada com os vazios e os silêncios onde antes havia tanta vida. Era como se esperasse ver as antigas famílias, e a zona leste tivesse acabado de desaparecer. Para onde tudo tinha ido? As coisas que faziam daquilo uma comunidade — lojas, escolas, igrejas, parques infantis, árvores frutíferas — haviam desaparecido, junto com metade das casas e dois terços das pessoas, e quem não conhecesse a história não saberia o que estava faltando. A zona leste nunca havia sido a melhor região de Youngstown, mas tinha o maior número de imóveis cujos proprietários eram negros, e para Tammy fora sempre a mais verde, a menos densa, a mais linda — podia-se colher pêssegos ao redor do Lincoln Park —, e agora porções dela estavam quase sendo retomadas pela natureza, com cervos passeando por lotes cobertos pelo mato, onde as pessoas despejavam lixo.

Ela enlouquecia ao ver como o McGuffey Plaza estava abandonado — um shopping-modelo construído na década de 1950 pela família Cafaro, com uma pista de boliche, uma A&P, um monte de outras lojas e um enorme estacionamento em frente —, agora era apenas um deserto de concreto, com tudo fechado, exceto uma loja de produtos para cabelos de negros. Estava frustrada porque todos haviam se esquecido da zona leste. Não triste, nem sentimental, mas frustrada, porque ela não havia desistido e não cairia na resignação que se abatera sobre Youngstown, porque essa cidade era o lugar onde vivera toda a sua vida, e seu passado ainda era real para ela, ainda havia algo a ser feito.

Era frustrante ver a casa na Charlotte, com o empeno para o lado direito e a chaminé de tijolos nos fundos, onde morara por vinte anos. Estava vazia desde meados da década de 2000, e a tinta amarela das ripas estava se apagando. Teria sido fácil abrir a velha porta da frente com um empurrão, ou entrar por uma janela sem vidro e subir as escadas até o quarto da frente do segundo andar, que tinha sido dela quando pequena, mas Tammy ficou sentada no Pontiac com o motor ligado e olhou através do para-brisa. "Oh, meu Deus", murmurou. Estava com medo de se emocionar se entrasse na casa. Ela sabia que a fiação e o madeiramento haviam sido arrancados, e sua vovó trabalhara tanto por aquela casa.

Vovó era a bisavó de Tammy, a mãe do pai de sua mãe. Vovó criara Tammy desde pequena. Havia muita coisa que Tammy não sabia ao certo a respeito de Vovó. Tinha duas datas de nascimento, uma de 1904 (de acordo com a Seguridade Social) e uma de 1900 (de acordo com ela mesma). A mãe de Vovó, Big Mama, provavelmente nasceu perto de Raleigh, na Carolina do Norte, e foi vendida por sua família para um homem branco de Richmond, na Virgínia, onde Vovó nasceu (ou talvez tenha sido em Winston-Salem, na Carolina do Norte), e ela poderia muito bem ter sido uma mulata — era muito clara, com cabelos lisos e longos. O nome de Vovó era Virginia Miller, mas quando teve um filho foi-lhe dado o sobrenome Thomas, porque então Big Mama já estava casada com Henry Thomas, padrasto de Vovó, e Papa Thomas e Big Mama criaram o menino.

Tammy tentou pesquisar a história da família no Centro da Liberdade, em Cincinnati, mas grande parte dela havia desaparecido. Vovó não constava no censo de 1920 e, em 1930, foi listada como uma "sobrinha" na família Thomas, de dezessete anos, com um filho de cinco anos — portanto, o censo dava sua idade errada, e também seu lugar na família. Quanto mais Tammy avançava, mais mistérios encontrava. Havia outros nomes no censo de 1930, tias-avós e tios-avós listados como filhos de Big Mama que não eram dela, o que era normal em famílias negras. "Você cuidava das crianças", contou Tammy mais tarde, "e as crianças eram criadas ao lado de primos, irmãos e irmãs. Mas isso gera uma grande confusão, porque não se sabe de fato quem é quem, e eles não falam sobre isso." Vovó também nunca falara sobre essas coisas, e agora estava morta.

Uma coisa de que Tammy tinha quase certeza era que Vovó tivera de abandonar a escola perto de Winston-Salem no oitavo ano e ir trabalhar nas plantações de tabaco. Na década de 1920, deixou o Sul e foi para Ohio, onde arrumou um trabalho de faxineira diarista, e depois um emprego no departamento de gravação do jornal *The Vindicator*, de Youngstown. Durante a Grande Depressão, o resto da família Thomas — Papa Thomas, Big Mama, várias tias-avós e tios-avós e o filho da Vovó — seguiu o caminho dela para o Norte e se estabeleceu em Struthers, do outro lado do rio Mahoning, no extremo sudeste de Youngstown, onde havia uma usina de coque com uma chaminé que disparava chamas azuis. Alguns dos parentes de Tammy conseguiram emprego nas usinas de aço, e a família possuía várias casas em Struthers. Papa Thomas continuou com suas atividades agrícolas no Norte e plantava nos quintais. Eles tinham ameixeiras, uma macieira, um pessegueiro, uma castanheira e cinco cerejeiras. Duas das vizinhas faziam geleia e trocavam pelo vinho de ameixa da tia-avó de Tammy. Na infância, Tammy e Vovó iam visitar a família em Struthers nos fins de semana. "Para mim, aquilo era viver no campo", disse ela, "e quando fiquei mais velha percebi que o lado de nossa família que vivia aqui estava até que bem."

Já o lado de Tammy não andava nada bem. Seu avô voltou da Segunda Guerra Mundial viciado em heroína. Sua esposa virou alcoólatra. Em 1966, a filha deles, Vickie, uma garota de dezessete anos, bonita, de traços delicados, deu à luz uma menina, que recebeu o nome de Tammy. O pai era um malandro de quinze anos de idade chamado Gary Sharp e apelidado de Navalha. Ele e Vickie não tinham nada em comum. Ela largou o colégio e, logo depois de ter a filha, começou a se drogar. Vickie e Tammy foram morar com Vovó, que se aproximava dos setenta anos e trabalhava de empregada doméstica, limpando, cozinhando e fazendo companhia para uma viúva rica da zona norte por cerca de cinquenta dólares por semana. E ainda por cima teve de cuidar do bebê.

Eles foram morar na Lane Avenue depois que a via expressa da Interstadual 680 atravessou o antigo apartamento de Vovó — Tammy, Vovó, Vickie, o avô de Tammy com sua esposa e filhos, enquanto outros iam e vinham. Quando Vovó estava no trabalho, praticamente todos na casa usavam drogas. Vickie também fumava e, às vezes, adormecia com um cigarro ainda aceso. Menina pequena, Tammy tentava ficar acordada até depois que sua mãe dormisse, para então tirar o cigarro da mão dela. Desde os três anos de idade precisou cuidar da mãe.

Ela adorava dormir na cama da Vovó, mas de vez em quando dormia com a mãe, e talvez por nunca ter tido o suficiente disso durante a infância, continuou a fazê-lo já adulta, especialmente quando não estava se sentindo bem e precisava de conforto. Arrastava-se para a cama da mãe, até mesmo no hospital, com as enfermeiras lhe dizendo para cair fora.

Era Vovó que levava Tammy à igreja aos domingos, com os outros Thomas, em Struthers, e às compras em Youngstown aos sábados. Elas punham luvas e chapéus, e Tammy usava blusinhas de renda e sapatinhos de verniz, e tomavam o ônibus para a West Federal Street, no centro, paravam na loja de calçados onde Jesse, a irmã de Vovó, trabalhava, depois almoçavam na Woolworth, compravam coisas para a casa na McCrory's Five and Dime e carne na Huge's, olhavam as roupas na Strouss's sem gastar nada e compravam um vestido na Higbee's. Vovó guardava dinheiro na Home Savings and Loan, mas não tinha conta-corrente, então iam ao centro também para pagar as contas, parando na companhia de energia elétrica, na companhia de gás, na companhia de água, na companhia telefônica.

Em casa, na cozinha, Tammy ficava ao pé de Vovó vendo-a cozinhar couves frescas da horta que Thomas cultivava em Struthers. Ela adorava estar perto de mulheres mais velhas, fazer-lhes pequenos favores e ouvi-las. Percebeu desde cedo que tinham sabedoria a transmitir. Queria ser enfermeira quando crescesse para cuidar de pessoas. Vovó trabalhava durante o dia em muitas casas de brancos em Youngstown, mas a família com que estava fazia mais tempo era a Purnell e, no final, ela passava algumas noites da semana lá. Às vezes, Tammy ia com ela para o trabalho e limpava as maçanetas de vidro com algo que Vovó punha em um pano, ou enfiava a roupa limpa em uma cesta, embaixo da tábua de passar roupa. Uma vez, quando Vickie desapareceu por alguns dias, Tammy ficou com Vovó na casa dos Purnell, em seus aposentos no terceiro andar. Ela observou a sra. Purnell alimentar os esquilos na varanda dos fundos, e a sra. Purnell deu-lhe um telefone do Mickey Mouse e, mais tarde, um jogo de lençóis.

Tammy era nova demais para saber, mas os Purnell eram uma das famílias mais ricas e proeminentes de Youngstown. Anne Tod Purnell descendia diretamente de David Tod, dono da primeira mina de carvão de Brier Hill, que em 1844 deu início à fabricação de ferro no vale do Mahoning, a tempo para a Guerra Civil, quando Tod foi eleito governador de Ohio. Seu marido, Frank Purnell, foi presidente do conselho diretor do Dollar Savings Bank e, de 1930 a 1950, presidente da Youngstown Sheet and Tube Company, a quinta maior siderúrgica do país e o maior empregador do vale. Os Purnell moravam no bairro de classe alta em torno de Crandall Park, na zona norte, em uma mansão de alvenaria no número 280 da Tod Lane, com sete quartos, quatro banheiros, várias lareiras, uma biblioteca, um salão de baile, um conservatório e uma cocheira. Pertenciam à elite industrial protestante de Youngstown em meados do século XX, quando a cidade estava em seu auge, uma elite que controlava Youngstown desde a Guerra Civil — de um modo que era incomum até mesmo para uma pequena cidade paroquial do aço — e que já estava desaparecendo quando uma garota negra com raízes na Carolina do Norte nasceu na zona leste, em 1966. Contudo, Tammy tinha uma memória viva disso, na mansão Purnell.

Da década de 1920 até 1977, quarenta quilômetros ininterruptos de siderúrgicas se estendiam de noroeste a sudeste ao longo do rio Mahoning: das usinas da Republic Steel em torno de Warren e Niles, passando pela usina da U.S. Steel em McDonald e pelos altos-fornos da Youngstown Sheet and Tube em Brier Hill, até a U.S. Steel's Ohio Works, bem no meio de Youngstown, e mais adiante, as usinas espalhadas da Sheet and Tube em Campbell e Struthers. Os altos-fornos funcionavam 24 horas por dia, e a parede de calor, o barulho do metal e o silvo do vapor, o cheiro penetrante de dióxido de enxofre, o céu manchado de carvão durante o dia e o clarão vermelho infernal à noite, a fuligem que cobria as casas, o rio morto, os bares lotados, as orações a são José, o Provedor, padroeiro dos trabalhadores, o barulho dos vagões de trem transportando minério de ferro, calcário e carvão pela densa rede de trilhos que atravessava a cidade — tudo isso dizia que Youngstown era aço, nada mais que aço, que todos ali deviam sua vida ao derrame de ferro fundido moldado para fins humanos, que sem ele não existia vida.

As famílias dos industriais da cidade — os Tod, Butler, Stambaugh, Campbell, Wick — asseguravam-se de que as coisas permanecessem assim. Eles eram a única elite que Youngstown produziu, e impediam que outras indústrias se estabelecessem e competissem por sua grande força de trabalho imigrante. Youngstown tinha duas orquestras sinfônicas, uma delas composta inteiramente de metalúrgicos e suas famílias. A cidade era próspera e voltada para si própria, isolada em um vale, a meio caminho entre Cleveland e Pittsburgh. Mesmo os bairros eram isolados uns dos outros — italianos de eslovacos e húngaros, trabalhadores nativos de estrangeiros, operários de gerentes, negros de todos os outros.

A Youngstown Sheet and Tube era a maior siderúrgica da cidade que permanecia independente e de propriedade local, com quatro altos-fornos em Campbell e dois em Brier Hill, logo ao norte do centro da cidade. A Sheet and Tube encarnava a ferocidade do trabalho industrial em Youngstown — crescimento voraz, condições brutais de trabalho, segregação dos empregos por etnia e raça, hostilidade inalterável aos sindicatos, conflito constante. Frank Purnell começou a trabalhar como ajudante no escritório da Sheet and Tube aos quinze anos, em 1902, dois anos depois da fundação da empresa. Em 1911, casou-se com Anne Tod, melhorando consideravelmente sua posição social em Youngstown, e no início da década de 1920 eles construíram um casarão na Tod Lane. Ele subiu na hierarquia da Sheet and Tube e se tornou presidente da empresa em 1930. Em retratos oficiais, usava o colarinho engomado de sua época, com uma corrente de relógio pendurada do colete do terno — um homem de nariz adunco e queixo duplo, cabelos grisalhos despenteados e o leve sorriso de confiança imperturbável que definia uma classe capitalista segura de si.

Na década de 1930, a velha ordem começou a ceder. Em 1936, John L. Lewis, o vulcânico líder do sindicato dos mineiros e do Comitê de Organização Industrial, anunciou a formação do Comitê Organizador dos Operários Siderúrgicos (na sigla em inglês, swoc) em um arranha-céu de Pittsburgh, onde os barões do aço também tinham seus escritórios; ele pôs seu adjunto, um escocês moderado chamado Philip Murray, na chefia. O objetivo de Lewis e Murray era conquistar o que ninguém conseguira até então: enfim sindicalizar os trabalhadores dessa indústria gigantesca. Em pouco tempo, os organizadores começaram a visitar as cidades do aço, como Youngstown, e a conversar com os operários em clubes étnicos, igrejas e auditórios. Mas o pensamento dos novos organizadores industriais era o oposto do paroquial: pregavam a consciência de classe acima de etnia, religião, raça e sexo — não em nome da derrubada do capitalismo, mas a fim de trazer os trabalhadores para a classe média, fazendo deles membros plenos de uma democracia igualitária. As táticas de Lewis eram radicais, porém seus objetivos estavam inteiramente de acordo com o sistema americano.

No primeiro semestre de 1937, 25 mil trabalhadores do vale do Mahoning participaram de uma greve nacional das siderúrgicas. Banidos das rádios, eles montaram alto-falantes em caminhões e passavam de bairro em bairro para anunciar a próxima reunião ou piquete. Também estocaram bastões de beisebol. Quase nenhum dos grevistas era negro. No passado, trabalhadores negros eram trazidos do Sul como fura-greves, e ao longo de décadas foram relegados às tarefas mais sujas e mais braçais das usinas, como a de *scarfer*, o sujeito que elimina os defeitos do aço com um maçarico. Eles compartilhavam com seus colegas brancos uma profunda desconfiança mútua, um problema que até mesmo a retórica idealista do swoc não conseguia superar.

O movimento ficou conhecido como a greve do Pequeno Aço. Os organizadores não tinham por alvo a gigantesca U.S. Steel, que já havia cedido ao poder econômico da classe operária e reconhecido o sindicato em março, tendo entendido apenas um mês antes a lição de uma bem-sucedida greve de braços cruzados dos trabalhadores da General Motors em Flint, em Michigan. Em vez disso, o swoc atacou um grupo de empresas de menor porte, entre elas a Republic Steel, com sede em Chicago, e a Sheet and Tube. Ao contrário da U.S. Steel, que era uma empresa nacional com uma noção mais ampla de seu papel numa sociedade industrial moderna, as empresas do Pequeno Aço tinham visão tacanha e encaravam os sindicatos com um ódio puro e simples. Elas mantiveram as usinas abertas com a formação de grupos de "empregados leais", e montaram milícias fortemente armadas que eram abastecidas por via aérea em pistas de pouso construídas dentro dos portões.

A violência era inevitável. Aconteceu primeiro no sul de Chicago, no Memorial Day, quando a polícia abriu fogo, pelas costas, em uma multidão de simpatizantes do sindicato, matando dez homens e ferindo mulheres e crianças. No mês seguinte, foi a vez de Youngstown, e em 19 de junho dois grevistas foram mortos diante do portão de uma usina da Republic Steel. Frances Perkins, secretário do Trabalho do presidente Roosevelt, determinou a arbitragem do confronto, mas os proprietários pediram que as usinas fossem protegidas por tropas estaduais. O governador de Ohio enviou a Guarda Nacional, a greve foi suprimida e os operários retornaram a seus postos de trabalho. Ao todo, dezessete pessoas foram mortas na greve do Pequeno Aço de 1937. A opinião pública começou a se voltar contra a nova militância dos operários e, no curto prazo, as siderúrgicas ganharam.

Mas a derrota de 1937 levou à vitória em 1942, quando o Conselho Nacional de Relações do Trabalho decidiu que a Republic e a Sheet and Tube haviam usado táticas ilegais para acabar com a greve. As empresas foram forçadas a reconhecer o SWOC e entrar em negociação coletiva. Youngstown se tornou uma sólida cidade sindicalizada, justamente quando a Segunda Guerra Mundial estava começando, trazendo com ela a segurança econômica que os trabalhadores sempre almejaram — até mesmo, com o passar dos anos, para os negros. A usina era quente, suja, esmagadora de corpo e alma, mas seus salários e pensões passaram a representar a idade de ouro da vida econômica americana.

Frank Purnell continuou a dirigir a Youngstown Sheet and Tube depois da guerra, falando a nova linguagem institucional das relações capital-trabalho, enquanto os velhos conflitos de classe permaneciam vivos. Em 1950, deixou o cargo de presidente da empresa e tornou-se presidente do conselho diretor e, em 1953, morreu de hemorragia cerebral. Sua viúva, Anne, ainda viveu por quase duas décadas na mansão da Tod Lane, num período em que a maioria das outras famílias da elite vendeu suas usinas e trocou Youngstown por lugares mais cosmopolitas, de melhor odor. As companhias siderúrgicas continuaram a impedir a entrada de outros setores industriais que poderiam competir pela força de trabalho de Youngstown. Na década de 1950, quando Henry Ford II explorava a possibilidade de abrir uma fábrica de automóveis num terreno que servia de depósito de sucata da ferrovia, ao norte da cidade, os industriais locais e as empresas cujos proprietários não moravam em Youngstown levantaram obstáculos suficientes para matar a ideia. Em 1950, Edward DeBartolo construiu um dos primeiros centros comerciais do país, em Boardman (a sete quilômetros de Youngstown), e o crescimento de shopping centers começou a minar o coração comercial da cidade. Os operários brancos mudaram-se para os subúrbios e foram trabalhar na indústria leve, o que abria pela primeira vez bons empregos nas usinas de aço para os operários negros que ficaram para trás. Com o aumento dos custos de transporte, a geografia da siderurgia americana deslocou-se para portos de águas profundas, como Cleveland, Gary, Baltimore e Chicago, e a indústria do aço de Youngstown estagnou em um momento em que a concorrência estrangeira começava a crescer.

Por fim, em 1969, a Youngstown Sheet and Tube — então a oitava maior produtora de aço do país, e a última da cidade ainda controlada por locais — foi vendida para a Lykes Corporation, um conglomerado de construção naval com sede em New Orleans, que planejava tirar dinheiro de sua nova aquisição e utilizar o fluxo de caixa da empresa para pagar dívidas e expandir outras operações, e que acabou por cortar seus dividendos e eliminar "Youngstown" de seu nome. Assim, no início dos anos 1970, embora ninguém percebesse, a cidade já estava em estado de declínio.

O casal Purnell não tinha filhos, e a viúva morava sozinha, exceto pela presença de sua irmã Lena e de uma empregada negra, idosa, chamada Virginia. Depois que a irmã morreu e a sra. Purnell caiu e quebrou o quadril quando foi cuidar do forno na cocheira, a empregada começou a ficar todas as noites, de segunda a sexta-feira, e se tornou acompanhante da sra. Purnell. Anne Tod Purnell morreu em 1971. Durante os meses em que o futuro do imóvel permaneceu incerto, a empregada morou na mansão como zeladora, com sua neta e sua bisneta, de cinco anos.

Tammy não conseguia lembrar-se de quanto tempo elas moraram na mansão Purnell, mas na época pareceu uma eternidade. Quando se mudaram para lá, as tulipas e as rosas estavam em flor, Tammy começou a frequentar o jardim de infância e elas comemoraram o Natal na casa. No dia em que chegaram, alguns móveis estavam sendo retirados do imóvel, e todos os belos tapetes foram removidos do grande foyer. Logo depois, os móveis da sala desapareceram e, no Natal, a mesa da sala de jantar tinha ido embora, e então alguém arrancou o lustre da sala de jantar, deixando os fios expostos, o que provocou a indignação de Vovó. Peça por peça, a propriedade foi desmantelada antes da venda da casa. O motorista da sra. Purnell ficou com o carro, e o jardineiro e os empregados da casa, inclusive Vovó, receberam 5 mil dólares cada. A mãe de Tammy ficou com o espelho de moldura de prata e a escova de cabelo também de prata da sra. Purnell. No Natal, Tammy ganhou uma bicicleta e aprendeu a andar nela na sala vazia.

A casa era maior e mais luxuosa do que qualquer coisa que ela pudesse imaginar. Havia muitos lugares onde se esconder, flores no jardim que ela nunca tinha visto antes, uma máquina de lavar de carregamento frontal em um dos sete cômodos do porão, balcões niquelados na cozinha e uma campainha no andar da sala de jantar para chamar os criados. Tammy, que não deveria brincar naquela parte da casa, entrou lá uma vez e se apavorou quando a coisa disparou. Seu lugar preferido era o antigo quarto de Lena, no segundo andar, com uma varanda de fundos. Era pintado de verde, como o resto da casa, com exceção do banheiro espaçoso, que tinha azulejos dourados e um boxe com chuveiro cor de âmbar. Elas compartilhavam o banheiro com a mãe de Tammy quando estava presente, mas Vickie não gostava da mansão vazia — achava que era mal-assombrada. Tammy encontrou uma saia-balão em um velho baú, com arcos de arame e babados, e a vestia e rodopiava no salão do terceiro andar da forma como imaginava que as pessoas dançavam em tempos passados. Descia a imponente escadaria como uma princesa e apresentava espetáculos no pátio circular para um público de arbustos. Vovó a mantinha perto da casa, proibindo-a de sair do quintal ou subir na árvore, o que ela fazia de qualquer maneira. Nos fins de semana, caminhavam até Crandall Park e davam comida aos cisnes.

A aventura terminou no início de 1972, perto do aniversário de seis anos de Tammy, quando uma família comprou a mansão. Vovó teve permissão para levar alguns móveis e pratos sobreviventes, além da cama e da penteadeira da sra. Purnell, feitas à mão, brancas com detalhes dourados. Ela e Tammy voltaram para a zona leste e, com o dinheiro que ganhara, Vovó deu entrada numa casa de estrutura de madeira, no número 1319 da Charlotte Avenue, que comprou por 10 mil dólares. E foi lá que Tammy morou, quase ininterruptamente, até os 26 anos de idade.

Ela frequentou uma série de escolas com nomes de presidentes — Lincoln, Madison, Grant, Wilson; nenhuma delas escaparia da demolição. Nas fotos de turma, era a garota magra, de pele clara e tranças, com olhos meigos, cheios de expectativa, como se algo de bom estivesse para acontecer. Ela adorava ir ao velho parque de diversões Idora e andar na montanha-russa de madeira, mas seu lugar predileto da cidade era o parque Mill Creek, com seus trezentos hectares de bosques, lagoas e jardins, na fronteira entre as zonas sul e oeste. Da extremidade norte do parque era possível ver as siderúrgicas e os trilhos de trem, mas também se podia escalar rochas, perder-se nas trilhas e falar sozinha e com Deus. Às vezes, Vovó a levava até lá, ou ela ia com o pessoal da missão religiosa da Pearl Street, para onde era mandada depois da escola. Na missão, que ficava perto de casa, na zona leste, as crianças retiravam o interior das laranjas, enchiam as cascas com manteiga de amendoim, faziam um buraco, passavam um pedaço de barbante por ele e depois penduravam as laranjas nas árvores do parque Mill Creek para as aves, embora Tammy nunca tenha visto um passarinho comendo manteiga de amendoim de uma laranja. Se ela pudesse escolher em que lugar da cidade morar, seria perto do parque.

Na primeira vez em que Vickie foi presa, Tammy estava no segundo ano. A menina foi levada para visitar a mãe na cadeia do condado e lhe disseram que ela estava lá de férias. Um ou dois anos depois, Vickie foi parar na penitenciária, para uma estadia mais longa. Dessa vez, ninguém disse a Tammy onde sua mãe estava, e ela não perguntou, mas um dia, no ônibus escolar, uma menina mais velha do bairro insultou Tammy, dizendo que sua mãe estava na prisão. "Não, ela não está", disse Tammy, "ela está de férias", mas a menina insistiu, até que começaram a brigar e foram tiradas do ônibus. Quando chegou em casa do trabalho, a avó contou para Tammy onde sua mãe estava, e Tammy ficou transtornada. Mas, no dia em que sua mãe voltou da penitenciária, Tammy ficou tão feliz que não deu importância para aquilo. Vickie engordara um pouco na cadeia, e ela tinha pernas bonitas, belos cabelos e um sorriso lindo, e Tammy achou que era a mulher negra mais bonita que já tinha visto.

Durante a infância de Tammy, sua mãe vivia entrando e saindo da prisão por drogas, fraude com cheques, até mesmo roubo qualificado. Quando Vickie tentava largar a heroína, levava Tammy com ela a um prédio de tijolos chamado Buda, na zona sul da cidade, onde tomava metadona num copo pequeno, e

Tammy queria experimentar, mas a mãe nunca permitia. Muitas vezes ela ficava sem comida, e Tammy teve de aprender a fazer compras com cupons e embalar a comida em refeições individuais para a semana. Mais de uma vez Vickie a deixou sozinha em algum lugar e não voltou e, quando Tammy presenciou uma de suas overdoses, se perguntou por que a mãe não a amava o suficiente para parar de se drogar. Ela achava que, se conseguisse fazer a mamãe amá-la um pouco mais, ela pararia. "Minha mãe me pôs em algumas situações terríveis quando eu era criança", disse ela mais tarde. "Houve momentos em que ela simplesmente me abandonou, e passei por algumas coisas que acabei reprimindo, mas no fim das contas nada disso importava, porque ela era a minha mãe. E eu a amava demais. Eu venerava o chão que ela pisava. Ela era a minha mãe."

Mas foi a bisavó que moldou Tammy. Vovó, com seu emprego pouco rentável de empregada, cozinhando e limpando até muito depois da idade de aposentadoria, comprara uma casa — não a melhor das casas, mas era dela. A mãe do pai de Tammy era do mesmo tipo — auxiliar de enfermagem no Hospital St. Elizabeth, sempre voltava para casa exausta com seu uniforme branco engomado, trabalhou até quase morrer de câncer, mas guardou dinheiro suficiente para comprar uma casa e sair do conjunto habitacional.* Essas mulheres fizeram o que precisavam fazer. Tammy também era assim — fazia parte de sua programação mental. Talvez isso viesse de Papa Thomas, que possuíra toda aquela terra em Struthers e dera um pedaço dela para a igreja.

Depois que Vovó parou de trabalhar, elas viviam da Seguridade Social e dos cheques da assistência social de Vickie, e o dinheiro era tão pouco que às vezes cortavam o gás. Na época em que seu pai e sua avó ainda moravam no conjunto habitacional de West Lake, ao norte do centro da cidade, Tammy às vezes os visitava e, quando ficou um pouco mais velha, tinha amigos que moravam nos conjuntos populares da zona leste, dependentes, geração após geração, da assistência social da qual nunca saíam. Eles podiam comprar coisas somente no início do mês, quando as lojas aumentavam os preços para se aproveitar dos cheques da previdência. Mesmo que entrassem num programa

---

* Em inglês, *projects*, abreviação de *housing project*: conjunto habitacional com financiamento público para pessoas de baixa renda, com fama de lugar sujo e perigoso nos Estados Unidos. (N. T.)

para pagar a conta do gás, estavam sempre devendo, e morriam devendo esse dinheiro. Tammy prometeu a si mesma que não cairia na assistência social do governo nem moraria em conjuntos habitacionais. Ela não queria ter apenas o suficiente para levar a vida, que não era o bastante para conseguir fazer alguma coisa. Não queria ficar estagnada.

Quando estava no quinto ano, sua mãe juntou-se com um homem chamado Wilkins, que Tammy via como padrasto. Teve de deixar a casa da Vovó e ir morar com a mãe e o padrasto no Lower South Side, que era a parte negra da região, em uma construção com vários apartamentos onde o primo de seu padrasto morava. O apartamento deles era no sótão e tinha apenas um quarto; o quarto de Tammy era, na verdade, um closet, um espaço onde mal dava para ficar de pé, e eles compartilhavam um banheiro no andar de baixo com vários outros apartamentos. Na Charlotte Avenue, Tammy tinha seu próprio quarto, com duas camas de solteiro da sra. Purnell. Mas estava bem com eles — se sentia bem. Durante esse período, a mãe de Tammy se manteve limpa. Seu padrasto tinha um bom emprego na usina, mas o dinheiro nunca dava, e eles eram pobres como sempre. Tammy tocava flauta na orquestra durante o ensino fundamental, mas, quando sua nova escola começou a cobrar aluguel dos instrumentos musicais, teve de parar. Ela voltava para Vovó todos os fins de semana.

Foi quando Tammy estava morando na zona sul que Youngstown entrou em sua espiral da morte.

Em 19 de setembro de 1977, uma segunda-feira, a Lykes Corporation de New Orleans anunciou que fecharia a usina Campbell Works da Sheet and Tube, a maior usina do vale do Mahoning, no fim daquela semana. Não houve nenhuma notícia prévia — a decisão tinha sido tomada no dia anterior, no aeroporto de Pittsburgh, onde os membros dos conselhos de administração desceram do avião, votaram e, em seguida, tomaram o avião de volta para casa, em New Orleans ou Chicago. Cinco mil pessoas perderiam seus empregos, entre elas a madrinha de Tammy, que tinha apenas nove ou dez anos de empresa — não o suficiente para a aposentadoria —, havia comprado uma casa e estava criando seus filhos sozinha. Em Youngstown, aquele dia ficou conhecido como a Segunda-Feira Negra.

Ninguém percebeu a coisa chegando. Nas lembranças que anotou em um caderno anos mais tarde, Miss Sybil, a amiga de Tammy, escreveu:

Usinas fechadas

A cidade começou a declinar como se um câncer a estivesse matando pouco a pouco.

De início, o declínio foi lento, como se as pessoas estivessem em estado de choque.

Houve sinais de alerta, mas foram ignorados. Os lucros vinham caindo, embora não drasticamente, e as empresas do aço, cujas sedes ficavam longe dali, não tinham reinvestido nas usinas. Em vez disso, canibalizaram máquinas e peças, levando-as de uma usina para outra — tecnologia da Primeira Guerra, nem um único forno novo em Youngstown desde 1921. As siderúrgicas de Youngstown tornaram-se o elo fraco da indústria, as primeiras a fechar e as últimas a reabrir durante as operações tartaruga. O sindicato da classe — United Steel Workers — estava de olho nas disputas de contratos — dissídios, pensões —, e não na saúde geral das empresas. O sistema sindical nas usinas abria espaço para todos e cuidava de todos, contanto que aparecessem para trabalhar e agissem com responsabilidade. Se um trabalhador perdia a mão em um acidente com um guindaste, ele conseguia um emprego de sineiro no carrinho de metal quente. A segurança conquistada a duras penas induziu os trabalhadores a se desmobilizar, mesmo quando entravam em greve. Um mês antes da Segunda-Feira Negra, o gerente distrital do United Steel Workers em Youngstown chamou os líderes sindicais locais em seu escritório forrado de painéis de mogno, perto da Campbell Works, para assegurar-lhes de que tudo ia dar certo.

Um desses líderes era Gerald Dickey. Filho de metalúrgico, em 1968 ele conseguiu um emprego na Sheet and Tube assim que saiu da Força Aérea. Alguns trabalhadores levavam o almoço em marmitas de aço inoxidável e garrafas térmicas Stanley, ou seja, estavam ali para ficar até a aposentadoria, mas Dickey era um cara que carregava a comida em saco de papel, vivia oito horas por vez. "Eu não fui para lá dizendo 'quero fazer isso por trinta anos'. Eu queria ganhar algum dinheiro." Ele começou com 3,25 dólares por hora e em um ano já tinha um carro, e o desejo de ir embora começou a desaparecer. "Uma coisa acontece quando você completa dois anos: seu plano de saúde melhora. Três anos, suas férias aumentam. Esse cobertor de segurança acaba envolvendo a pessoa. É assim que eles prendem você nos empregos industriais." Um sujeito negro da mesma seção do sindicato de Dickey chamado Granison Trimiar afirmou: "Depois de ter aquele holerite da Sheet and Tube, você podia ir ao centro da cidade, comprar uma geladeira, comprar qualquer coisa — seu crédito era bom. E podia entrar em casas noturnas".

Ao longo da década de 1970, indústrias menores do vale — fábricas de vigas, fabricantes de aço estrutural, padarias industriais, os laticínios Isaly's — não paravam de fechar, como tremores que precedem um grande terremoto. Mas ninguém imaginava que a Sheet and Tube iria para o vinagre da noite para o dia. Quando isso aconteceu, não houve um industrial do lugar, um membro da elite de Youngstown ou uma instituição ou organização poderosa que tentasse intervir para impedir o fechamento. Os barões do aço já tinham ido embora havia muito tempo, as empresas locais não tinham influência, os políticos da cidade eram indisciplinados e corruptos, a Defensoria de Youngstown se deixou levar pelo otimismo superficial. A cidade não tinha um núcleo cívico ao redor do qual pudesse se reunir. O único vislumbre de esperança veio poucos dias depois da Segunda-Feira Negra, em um encontro de clérigos locais e metalúrgicos militantes. Gerald Dickey, então secretário da seção 1462 do sindicato, levantou-se e disse: "Vamos comprar a maldita coisa e administrá-la nós mesmos". Ele viu que o vale-refeição e o seguro-desemprego não seriam suficientes para os trabalhadores atravessarem a crise, que sem aqueles empregos a comunidade nunca mais voltaria a ser o que era. Os bispos episcopais e católicos da cidade concordaram, e assim nasceu a Coalizão Ecumênica do Vale do Mahoning.

A cruzada foi batizada de Salvem Nosso Vale, e a ideia era reunir bastante dinheiro das contas de poupança locais, subvenções federais e garantias de empréstimos para que a comunidade comprasse a Campbell Works. Isso era uma coisa nova no mundo industrial do interior do país e, por alguns meses, atiçou a imaginação das pessoas. O vale do Mahoning tornou-se uma *cause célèbre* entre liberais e radicais. Ativistas famosos foram a Youngstown para ajudar, e os meios de comunicação nacionais correram para cobrir a história. Cinco ônibus lotados de operários siderúrgicos se dirigiram a Washington para protestar diante da Casa Branca, e o governo Carter aceitou a reivindicação, designando uma força-tarefa para estudar o caso. Mas a resposta local foi desanimadora: a frequência nas reuniões era baixa, com não mais de uma centena de pessoas aparecendo. As contas abertas pelo Salvem Nosso Vale levantaram apenas alguns milhões de dólares, e tornar as usinas viáveis custaria pelo menos meio bilhão. As companhias siderúrgicas pressionaram ativamente contra a propriedade local, e o United Steel Workers nunca apoiou uma ideia que fosse arriscada demais e cheirasse a socialismo. Até mesmo alguns operários que perderam seus empregos reagiram com frieza. Se tivessem 55 anos e os devidos anos de contribuição, poderiam se aposentar com uma pensão completa, ao passo que os sujeitos mais jovens começaram a deixar a região. Por fim, um estudo feito em Harvard concluiu que nem mesmo 1 bilhão de dólares em subsídios seria suficiente para renovar as usinas e torná-las competitivas. O governo federal — instituição essencial para manter a indústria viva — afastou-se, e o destino das usinas foi selado.

Se as instituições e as pessoas que as dirigiam tivessem entendido o que estava prestes a acontecer a Youngstown, e depois a toda a região, poderiam ter elaborado uma política para gerir a desindustrialização, em vez de simplesmente permitir que ela ocorresse. Nos cinco anos seguintes, todas as usinas siderúrgicas importantes de Youngstown fecharam: a Brier Hill Works, da Sheet and Tube, e a Ohio Works, da U.S. Steel, em 1980, e as usinas McDonald, em 1981, e Republic Steel, em 1982, ambas também da U.S. Steel. E não foram apenas as usinas. A Higbee's e a Strouss's, dois dos pilares do comércio do centro da cidade, fecharam em seguida. Idora, o parque de diversões da zona sul que datava de 1899, entrou em rápido declínio e encerrou suas atividades em 1984, quando a montanha-russa de madeira pegou fogo; seu carrossel espetacular foi leiloado e terminou na zona portuária do Brooklyn. Entre 1979 e 1980, as falências em Youngstown dobraram e, em 1982, o desemprego no Vale do Mahoning chegou a quase 22% — o maior do país. Os trabalhadores negros, que só pouco tempo antes haviam conseguido empregos melhores nas usinas, foram os mais atingidos. Casas da zona leste, de partes da zona sul e até mesmo de Smokey Hollow, bem perto do centro da cidade, esvaziaram com as execuções de hipotecas e a fuga dos brancos. As vacâncias deflagraram uma epidemia de incêndios de casas, dois ou mais incidentes por dia ao longo da década de 1980. Na parede ao lado do telefone público do Cyrak's, um conhecido bar de mafiosos, havia um número que se poderia chamar para ter a casa incendiada por menos da metade do custo da demolição pela prefeitura. No entanto, durante uma década de centenas de incêndios criminosos, apenas duas pessoas foram condenadas por alguma

65

coisa: uma mulher negra que matou seus dois filhos num incêndio para receber o seguro e o funcionário da prefeitura responsável pelas demolições, que usava a máfia para fazer o trabalho. Entre 1970 e 1990, a população da cidade caiu de 140 mil para 95 mil, e a tendência era que caísse ainda mais.

John Russo, um ex-metalúrgico de Michigan e professor de estudos do trabalho, começou a lecionar na Universidade Estadual de Youngstown em 1980. Nessa época, podia ver sem obstruções, através de quase todas as ruas da cidade, uma usina e o fogo de um alto-forno. Ele chegou bem a tempo de assistir ao desaparecimento da indústria siderúrgica bem diante de seus olhos. Russo calculou que, entre 1975 e 1985, foram perdidos 50 mil empregos no vale do Mahoning — uma catástrofe econômica em escala até então inédita. No entanto, segundo ele, "a ideia de que se tratava de algo sistêmico não ocorreu a ninguém". Por ser um especialista residente no local, ele recebia um telefonema da *Time* ou da *Newsweek* de seis em seis meses, sempre perguntando se Youngstown já tinha saído do buraco. Obviamente, era impossível imaginar que tantas máquinas e tanta gente não fossem mais necessárias.

Era o mesmo que estava ocorrendo em Cleveland, Toledo, Akron, Buffalo, Syracuse, Pittsburgh, Bethlehem, Detroit, Flint, Milwaukee, Chicago, Gary, St. Louis e em outras cidades de uma região que, em 1983, ganhou um novo nome: o Cinturão da Ferrugem. Mas aconteceu primeiro em Youngstown, mais rápido e de modo mais abrangente, e uma vez que Youngstown não tinha mais nada, nenhum time de beisebol na liga principal ou orquestra sinfônica de nível internacional, a cidade tornou-se um ícone da desindustrialização, um título de canção, um clichê. "Foi uma das revoluções mais silenciosas que já tivemos", disse Russo. "Se uma praga tivesse levado embora essa quantidade de gente no Meio-Oeste, seria considerada um grande evento histórico." Mas, como foi causada pela perda de empregos de operários, e não por uma infecção bacteriana, a morte de Youngstown foi considerada quase normal.

Tammy tinha onze anos quando as usinas começaram a fechar. Ela era jovem demais para saber ou se importar com a Cidade do Aço, as greves históricas, a desindustrialização ou o fantasma da ruína de uma cidade inteira. Estava totalmente ocupada com a própria sobrevivência. No ano seguinte à Segunda-Feira Negra, ela voltou com a mãe e o padrasto para a zona leste. Em tese, morava com eles numa casa na Bruce Street, mas na verdade ela estava de novo com Vovó na Charlotte Avenue. No verão depois de seu retorno, a porta da frente foi roubada — era uma antiguidade de carvalho maciço, com um vidro oval — junto com as janelas ornamentais de cristal lapidado que a rodeavam. Algumas casas vizinhas também foram atacadas pelos mesmos ladrões. Vovó não tinha condições de substituí-la, então puseram um tapume na porta da frente e, durante vários anos, usaram a porta dos fundos para entrar e sair. Houve momentos em que Tammy sentiu vergonha de receber a visita de amigos.

O roubo da porta significou um marco ao qual ela se referiria com frequência anos mais tarde, um sinal de que as dificuldades da família estavam inseridas em algo maior. A máfia já não tinha o controle das ruas (apesar do Cyrak's não ficar muito longe da Charlotte Avenue), e o bairro estava se tornando um lugar ruim para morar. Em meados dos anos 1970, a maioria das famílias brancas já havia saído da zona leste, e a Segunda-Feira Negra completou esse processo. Quando Miss Sybil se formara na East High School, em 1964, a maioria dos alunos era branca, e depois que sua turma elegeu uma garota negra para rainha do baile, um professor branco anulou a votação, dizendo: "Ainda não é a hora". Mas na década de 1970, a cada ano que passava, a foto da turma de Tammy tinha menos uma ou duas crianças brancas; quando ela entrou no ensino médio, em 1980, a East era quase toda negra e porto-riquenha. A escola ficava a uma distância bem curta da Charlotte, mas no nono ano Tammy teve de começar a ir de ônibus escolar para a Wilson High, na zona sul, por uma questão de equilíbrio racial. Sua melhor amiga, Gwen, era a única outra negra na aula de matemática, e o professor as ignorava por completo quando elas levantavam a mão. Ela sentia falta de estar em uma escola predominantemente negra e por isso, no primeiro ano do ensino médio, se transferiu de volta para a East High.

Ela passou a assumir maiores responsabilidades em casa, aprendeu a fazer reparos, pegar ônibus para fazer compras e pagar contas. Por fim, Vovó passou a propriedade da casa para o nome dela. Os papéis se inverteram: agora ela cuidava de Vovó.

E então, quando estava com quinze anos, Tammy engravidou.

Ela escreveu uma carta para a mãe e a mandou pelo correio, embora Vickie morasse a três quarteirões de distância, porque estava com muito medo de contar pessoalmente. Quando a conversa aconteceu, a mãe ficou irritada e perguntou: "Você quer se livrar dele? Como é que você vai cuidar dele?". Tammy disse que cuidaria de seu bebê e ponto final. O pai era um rapaz de aparência afável, um ano mais velho, chamado Barry. A mãe dele havia sido oficial da condicional de Vickie, e achava que a menina Thomas era tão inadequada para o filho que ligou para a mãe do pai de Tammy e disse que Barry não era o pai. Mas Tammy estava apaixonada por ele e disse isso para sua mãe.

"É só amor de adolescente", disse Vickie.

Tammy insistiu: "Não, mamãe, eu sou apaixonada por ele".

"Isso vai mudar."

Ela e a mãe nunca falavam sobre sexo, embora Vickie estivesse prestes a ter seu terceiro filho em quatro anos com o padrasto de Tammy (o filho de Tammy nasceria cinco meses antes). Quando Vickie estava no sexto ou sétimo ano, Big Mama lhe dissera que os bebês surgiam debaixo de pedras e ela acreditara, e isso era tudo o que sabia sobre o assunto. Vovó também não estava disposta a dar nenhuma informação.

O pior momento foi quando Tammy teve de contar para Vovó. Ela não lembrava de ter visto a bisavó chorar quando Big Mama morreu, mas caiu em prantos quando ouviu a notícia de Tammy, e isso doeu em Tammy até a medula. Anos mais tarde, ela entendeu: ninguém na família jamais completara o ensino médio, Tammy seria a primeira. "Aí está mais uma que não vai se formar", contou Tammy. "Vovó ficou dizendo que trabalhou, esfregou pisos, cozinhou para as pessoas, passou um tempão longe da família, e o que mais importava para ela era que eu me formasse e tivesse uma casa, e isso ainda não tinha acontecido. Tínhamos uma casa, mas ninguém estava estudando." O pai de Tammy apareceu do nada na casa na Charlotte Avenue e lhe disse: "Você nunca vai ser nada além de uma cadela vivendo da assistência social".

Então uma resolução tomou forma na cabeça de Tammy. Ela não iria acabar como aquelas meninas dos conjuntos habitacionais nem como sua mãe. Permaneceria na escola e começaria a levar a sério os estudos — até então tinha sido uma aluna medíocre, mas agora ia se dedicar —, e depois acharia um bom emprego (a enfermagem não era mais uma expectativa realista, não com suas notas em química), porque seu bebê teria uma vida muito melhor do que a dela própria, melhor do que a de seus irmãozinhos, com uma mãe que cuidasse dele. Tammy passou a ter algo a provar, não apenas ao pai e aos outros, mas a si mesma.

A menina nasceu no dia 9 de maio de 1982. Barry não apareceu para assinar a certidão de nascimento, e Tammy soube que ele estava transando com outras garotas. Eles brigaram e ela não quis mais vê-lo. Voltou para a escola a tempo de fazer os exames finais. Alguns meses depois, topou com Barry no conjunto habitacional de West Lake, onde conseguiu um emprego de verão como monitora de acampamento diurno. Ele estava na fila do centro comunitário para receber algum tipo de doação com uma de suas namoradas, que estava grávida. Isso partiu o coração de Tammy, mas tudo bem, ela sabia que ia se recuperar. Deixou de ir à igreja porque sua situação era considerada vergonhosa. Quando Barry tentou reatar o namoro, ela o rechaçou. "Não é trabalho seu", disse a ele. "Ela não é sua. Você não assinou a certidão de nascimento." Tammy não queria que a filha crescesse como ela, em meio a um relacionamento tumultuado com um homem que nunca pareceu se importar com ela. Queria que a filha fosse amada e querida por todos ao redor. Ela e o bebê estavam por conta própria, enquanto tudo na zona leste ia para o inferno.

Tammy saiu da assistência social de sua mãe e se inscreveu para receber seu próprio cheque. Ela odiava depender da assistência — os funcionários da repartição eram desrespeitosos —, mas precisava do dinheiro para pagar a comida e os cuidados com a criança. Terminou o ensino médio dentro do prazo, em 1984, e se tornou a primeira pessoa de sua família a obter um diploma. A moda feminina de seu último ano lembrava a década de 1940: nas fotos do anuário, as garotas usavam os cabelos, o vestido e o batom como Billie Holiday. Tammy posou com um chapéu de feltro cinza com uma fita preta e um véu de malha, mas a expressão em seus olhos não escondia a vida que levara desde que era uma menina de tranças.

Ela fez um curso técnico e trabalhou por dois anos como caixa de supermercado na esperança de que conseguiria um emprego no setor administrativo, mas não apareceu nenhuma vaga. Teve mais dois filhos, ambos de um homem chamado Jordan: um menino, em 1985, e outra menina, em 1987. Sempre foi cuidadosa com o dinheiro; agora que podia dirigir, fazia compras nos subúrbios, onde os preços eram mais baixos, e pagava os presentes de Natal das crianças a prazo, retirando os produtos da loja com um depósito e pagando o restante aos poucos. No entanto, com três filhos, Vovó e a casa na Charlotte para cuidar, ela precisava achar um emprego com mais estabilidade.

No final da década de 1980, Youngstown estava construindo um museu de sua história industrial, projetado pelo arquiteto Michael Graves na forma de uma usina siderúrgica, com chaminés estilizadas. Em Warren, porém, as fábricas da Packard Electric ainda estavam funcionando, com 8 mil empregados que faziam condutores e componentes elétricos para carros da General Motors. Era um trabalho mais leve e mais limpo do que a produção de aço, e dois terços dos funcionários eram mulheres, muitas delas mães solteiras como Tammy. Ela foi entrevistada e contratada para a linha de montagem, por 7,30 dólares por hora. Foi quando, em 1988, saiu da assistência social e tornou-se operária.

Dona do seu nariz: Oprah Winfrey

Ela era tão importante que se tornou dona da letra O. Era a mulher negra mais rica do mundo — *do mundo* —, mas continuava a ser uma mulher comum, e fez disso sua canção-tema. Cinco tardes por semana, 40 milhões de americanos em pelo menos 138 mercados (e mais milhões de telespectadores em 145 países) riam, choravam, ofegavam, fofocavam, desejavam e comemoravam com ela. Ser bilionária só a tornava mais amada. Ela continuava a ser exatamente como eles, ela os conhecia, vinha do meio deles, de ainda mais abaixo que eles, e fazia milhões de mulheres sentirem que não estavam sozinhas. O que elas sentiam, ela sentia, e o que ela sentia, elas sentiam (e como alguém se sentia a respeito de si mesmo era a coisa mais importante). Quando ela aprendeu a seguir seu coração, elas aprenderam a seguir o delas, e quando ela aprendeu a dizer não e não se sentir culpada por isso, mesmo que isso significasse que as pessoas não gostariam dela (o que era a sua maior conquista), elas aprenderam a fazer a mesma coisa. Ela queria que o país inteiro voltasse a ler. Queria destruir o hábito de viver da assistência social e tirar uma centena de famílias dos conjuntos habitacionais de Chicago. Queria liderar um diálogo nacional sobre raça e curar as feridas da escravidão com um filme, porque, segundo ela, "tudo tem a ver com imagens". Queria ajudar as pessoas a viver melhor. Queria que a plateia de seu estúdio ganhasse suas coisas preferidas a cada Natal (TV HD Sony 3D de 52 polegadas, Pontiac G6s, cruzeiros da Royal Caribbean). Queria abrir uma porta para que seus espectadores pudessem se ver com mais clareza, ser a luz que os levaria a Deus, ou como quer que o chamassem. Queria que todos tivessem tudo, como ela.

Ela exaltava a franqueza e a autenticidade, mas só podia tê-las em seus próprios termos. Para estar em sua presença, era preciso esquecer a liberdade de expressão para o resto da vida. Ela comprou os direitos de todas as fotografias de si mesma e ameaçou processar quem infringisse a inviolabilidade de sua imagem. Desistiu de sua autobiografia poucas semanas antes da publicação, depois que amigos advertiram que a obra revelava detalhes demais sobre algumas partes de sua vida, ainda que falsificasse outras. Seu rosto sofreu alterações drásticas ano após ano.

"De acordo com as leis do Universo, não é provável que eu seja assaltada, porque estou ajudando as pessoas a ser tudo o que elas podem ser", disse ela. "Uma pessoa negra tem de se perguntar: 'Se Oprah Winfrey pode fazê-lo, o que isso diz a meu respeito?'. Eles não têm mais desculpa", disse ela. "Harriet Tubman, Sojourner Truth, Fannie Lou Hamer são todas uma parte de mim. Sempre achei que minha vida é a vida delas realizada de maneira plena. Elas nunca sonharam que poderia ser tão bom. Eu ainda sinto que estão todas comigo, dizendo 'vai, garota, vai em frente'", contou ela. "Eu me sinto tremendamente poderosa porque acredito que cheguei a um ponto da minha vida em que minha personalidade está alinhada com o que a minha alma veio fazer", disse. "Sou o tipo de pessoa que pode se dar bem com todo mundo. Tenho medo de que não gostem de mim, até mesmo no caso de pessoas de quem não gosto", disse ela. "Fazer programa de entrevistas é como respirar para mim", afirmou ela. "Parei de querer ser branca quando tinha dez anos e vi Diana Ross e as Supremes se apresentarem no *Ed Sullivan Show*", contou. "Ninguém tinha nenhum indício de que minha vida poderia ser outra coisa a não ser trabalhar em alguma fábrica ou num campo de algodão do Mississippi", disse ela. "Eu era apenas uma crioulinha de carapinha desgrenhada."

A estrada de tijolos amarelos das bênçãos que levou aos campos purpúreos de seu vasto império (Harpo Productions, Harpo Studios, Harpo Films, *The Oprah Winfrey Show*, Oprah Winfrey Network, *O: The Oprah Magazine* — com a foto dela em todas as capas —, *O at Home*, The Oprah Radio Network, Oprah and Friends, Oprah's Studio Merchandise, The Oprah Store,

Oprah Winfrey's Boutique, Oprah's Book Club, Oprah's Favorite Things, Oprah's Big Give, a Oprah Winfrey Leadership Academy for Girls, Oprah's Angel Network, oprah.com) começou em uma fazenda no meio do Mississippi, em 1954. O nome dela tem origem em um erro de ortografia do nome bíblico Orpah. Nos primeiros seis anos, foi criada pela avó, Hattie Mae Lee, uma cozinheira e faxineira que era neta de escravos, e pelo avô, Earlist, de quem ela morria de medo. Eles eram tão pobres que ela nunca usou um vestido comprado em loja, e seus únicos animais de estimação eram duas baratas em um frasco. Pelo menos, é o que ela viria a dizer em entrevistas. Segundo sua família, ela exagerou no relato para poder contar uma história melhor, mas recebia sustento e carinho, e sua autoconfiança vinha daquela época.

Quando Oprah tinha seis anos, sua avó não pôde mais cuidar dela; por isso, foi mandada a Milwaukee, para morar numa pensão com a mãe. Vernita Lee era empregada doméstica, teve mais dois filhos de outros dois pais diferentes e passou a depender da assistência social. Mãe e filha não se davam bem; Oprah tornou-se uma criança rebelde ao som da Motown, roubava dinheiro da mãe, era promíscua aos treze anos, transava com garotos por dinheiro, sua irmã diria mais tarde, enquanto Vernita estava no trabalho. Mas ela também atraiu a atenção de pessoas brancas em posição de autoridade que admiravam seu gosto pela leitura, sua voz teatral e sua energia, e queriam promovê-la. Aos catorze anos, foi mandada a Nashville, para viver sob a disciplina cristã de seu pai, Vernon Winfrey, um barbeiro (descobriu-se que Vernon não poderia ser seu pai — e ela nunca soube quem seria). Em Nashville, tal como em Milwaukee, Oprah tinha relações melhores com os brancos do que com sua própria família; mais tarde, diria que nunca se sentiu oprimida, exceto por pessoas negras que não gostavam de sua pele muito escura ou invejavam seu sucesso.

Oprah largou a Universidade Estadual do Tennessee antes de se formar e passou a trabalhar numa emissora de TV local. Em 1976, quando conseguiu um emprego num noticiário noturno em Baltimore, queria ser a Barbara Walters negra, ou Mary Tyler Moore. Mas era incapaz de escrever uma matéria e era entusiasmada e desinformada demais para o jornalismo, então a mandaram para o programa de entrevistas matinal. Aos seus olhos, foi um revés, mas assim ela se tornou uma estrela local. Era simpática, engraçada, não escondia seus sentimentos e fazia as perguntas que o público queria fazer (Frank Perdue teria ficado incomodado quando as pessoas disseram que ele parecia uma galinha?). No final de 1983, a WLS de Chicago ofereceu-lhe um emprego de 200 mil dólares por ano em sua programação matinal.

Ela era uma figura típica da década de 1980, e Chicago, o centro de uma nova elite negra. Quando chegou, Harold Washington tinha acabado de se eleger prefeito, Jesse Jackson começava sua primeira campanha presidencial e Michael Jordan estava prestes a ser contratado pelos Bulls. Havia uma frase colada no espelho de Oprah que ela atribuía a Jackson: "Se minha mente pode conceber uma coisa e meu coração pode acreditar nela, eu sei que posso alcançá-la". Empoderamento, empreendedorismo, a celebridade que veio de baixo, a riqueza como o emblema final e inevitável do valor — esse era o seu éthos (no início dos anos 1970, ela odiava o Black Power na Universidade Estadual do Tennessee e estava se lixando para a política). Disseram que uma entrevistadora negra com excesso de peso jamais emplacaria na racista Chicago, mas levou exatamente uma semana para que ela desse um chute no traseiro de Phil Donahue nos índices de audiência, e não demorou um ano para que ele mudasse seu programa para Nova York. Ela sabia o que sua audiência, a maioria donas de casa suburbanas e brancas, queria e não tinha medo de ir fundo — "Homens que estupram e tratamento para estupradores", "Prostitutas donas de casa", "Parentes que roubam maridos", "Quero meu filho molestado de volta". Ela não se furtava a mostrar racistas, assassinos de bebês ou gente muito deficiente. Era capaz de fofocar, de sentir empatia, de zombar de si mesma, de dizer pênis no ar (já *vajayjay* [xoxota] ainda levaria mais de duas décadas).

E, na manhã de 5 de dezembro de 1985, durante um programa sobre incesto, ela estava com o microfone quando uma mulher branca, de meia-idade, vestida de maneira conservadora, quase inaudível na plateia, confessou que o filho era filho do pai dela, e a anfitriã jovem, escura, corpulenta, de cabelos armados e brincos gigantescos de bronze pediu de repente um intervalo comercial, escondeu o rosto com a mão, chorou no ombro da mulher, abraçou-a em busca de conforto e disse: "A mesma coisa aconteceu comigo". Ela havia sido molestada por vários parentes do sexo masculino quase continuamente dos nove aos catorze anos. (Cinco anos depois, o mundo soube que, aos catorze anos, Oprah tivera um filho que morreu após cinco semanas. Sua irmã viciada em drogas vendeu a história para um tabloide por 19 mil dólares.)

Houve uma avalanche de cartas, a central telefônica ficou sobrecarregada, os índices de audiência estouraram. Ela havia quebrado o silêncio para milhões de mulheres e, naquele momento, Oprah Winfrey tornou-se Oprah — a mulher comum lutando para superar a condição de vítima, a namorada de todo mundo que assistia ao programa. Fama e dinheiro não eram suficientes: para ser Oprah, ela tinha de achar o caminho secreto para a ferida escondida dentro de cada membro de sua vasta e isolada audiência. Assim, sua grandeza poderia ser a deles também. Seu sucesso material e espiritual não era um privilégio que a diferenciava, mas a marca do triunfo sobre o sofrimento que a conectava com cada um deles. Ela os convidava para sua vida através de suas lutas públicas contra o peso, que aumentava e diminuía sem cessar, como tantas mulheres (ela comia como gastava e dava dinheiro, de forma impulsiva e pródiga), e o casamento com Stedman Graham, adiado ano após ano (mas ele era perfeito para ela: alto, bonito, pele clara, tedioso, um executivo de marketing corporativo, autor de *You Can Make It Happen* e *Build Your Own Life Brand*).

Seu vínculo com as telespectadoras era inquebrantável. Muitas delas nunca tiveram uma pessoa negra em sua sala de estar antes, exceto em seriados de comédia, e Oprah as fez menos solitárias, mais tolerantes e mais abertas, mais curiosas sobre livros e ideias, enquanto se tornava inimaginavelmente rica. Mesmo com sua fortuna crescendo cada vez mais, de 100 milhões de dólares por ano para 260 milhões, de seu patrimônio líquido ir de 725 milhões para 1,5 bilhão, e de episódios como "Atos imperdoáveis entre casais" a "Mulheres que são alérgicas a seus maridos", "Mude sua vida" e "O lugar da alma", de Laurie, vítima de abuso, a Maya Angelou, vítima de abuso, ela nunca perdeu o amor de seu público. Mesmo passando cada vez mais tempo diante da câmera com seus amigos Tom e Julia, Diane e Toni, Maria e Arnold, Barack e Michelle, celebridades celebrando a celebridade, seus amigos mais fiéis ainda eram os 7 milhões de telespectadores diários. Mesmo voando quase todos os dias do Rancho La Puerta para Chicago em seu jatinho particular ("É ótimo ter um jato particular. Quem disser que ter o seu próprio jato particular não é ótimo está mentindo"), para ir ao lançamento do livro de Stedman no piso superior do restaurante de Michael Jordan, chegando com raiva porque o *National Enquirer* acabara de publicar fotos não autorizadas dos móveis de mármore ornamentado, cetim, veludo e seda de seu apartamento à beira do lago, suas mais ardentes defensoras continuavam sendo as mulheres idosas de classe média baixa de Rockford e Eau Claire, que faziam filas durante horas diante dos Harpo Studios, no Near West Side.

Elas tinham coisas que Oprah não tinha: filhos, dívidas, tempo livre. Elas consumiam os produtos que ela anunciava, mas jamais compraria — Maybelline, Jenny Craig, Little Caesar's, Ikea. À medida que os problemas financeiros delas aumentavam, ela as deixaria eletrizadas ao selecionar uma telespectadora para liquidar suas dívidas no ar ou comprar-lhe uma casa, ou redobrar as Coisas Favoritas de Oprah no Natal para doar objetos de luxo, como relógios de diamantes e bolsas Tory Burch de flanela cinza. No entanto, apesar de conhecerem o pensamento mágico de Oprah (vacinas causam autismo; pensamentos positivos levam a riqueza, amor e sucesso), e de verem Oprah sempre fazer mais, possuir mais, nem todas as suas telespectadoras começaram a viver melhor. Elas não tinham nove casas, talvez não tivessem nenhuma; não podiam chamar John Travolta de seu amigo; as leis do universo as deixavam vulneráveis a assaltos; elas nem sempre estavam em sintonia com o seu eu divino; elas nunca eram tudo o que poderiam ser. E, uma vez que não havia sofrimento aleatório na vida, Oprah as deixava sem desculpas.

Jeff Connaughton

Em 1987, a porta giratória cuja função era abrir aos banqueiros de Wall Street cargos de alto nível no Tesouro conduziu Connaughton a um cargo júnior na equipe da campanha presidencial de Biden, a 24 mil dólares por ano. Ele trocou seu novíssimo Peugeot pelo Chevy Malibu 1976 dos pais porque não poderia mais arcar com as prestações do carro. Connaughton não via nenhum problema nisso.

Sua primeira tarefa, antes mesmo de deixar Atlanta, era encontrar vinte pessoas na Geórgia que doassem 250 dólares para a campanha. Fazendo isso em vinte estados, o candidato se qualifica para verbas federais correspondentes. Foi uma das coisas mais difíceis que Connaughton fez na vida, mas o medo de fracassar o estimulou, e ele implorou a todo mundo que conhecia na Geórgia que preenchesse um cheque. Alcançou a meta e, no processo, aprendeu como funcionava a arrecadação de fundos: não era preciso convencer ninguém de que Biden iria vencer, nem mesmo que defendia as posições corretas — bastava dizer que precisava daquilo, como um favor. "Faça isso por mim." O que importava era quem fazia o pedido. Mas quando ele pediu à ex-namorada, que tinha sido membro da Phi Mu e agora morava na Geórgia, ela disse não: tinha ouvido, de terceira mão, que Biden "venderia a própria avó para ser presidente".

Era a primeira eleição pós-Reagan. Como toda campanha, a de Biden era caótica e insone, alimentada por improvisações e sanduíches: não sabemos o que você fará, apenas se apresente em três dias. Em março, Connaughton alugou um quarto nos arredores de Washington, em Alexandria, na Virgínia, na casa de um funcionário do sindicato da indústria de batatas chips, mas ao chegar soube que não iria trabalhar em Washington, mas em Wilmington, em Delaware. A sede da campanha Biden para Presidente ocupava uma loja vazia enorme em um complexo de escritórios na periferia da cidade, com dezenas de mesas sobre um carpete azul. O caminho para a Casa Branca já fora escalado a partir de acampamentos menos glamorosos. O sucesso de Connaughton em obter cheques na Geórgia significava que ele seria um arrecadador de fundos. Aquela, com certeza, não era a atuação política que tinha imaginado na noite do discurso de Biden em Tuscaloosa, mas ele estava decidido a ser um bom soldado. "Só me diga para onde devo ir", disse ele. Deram-lhe uma mesa e ele começou a trabalhar doze horas por dia, viajando diariamente duas horas para ir à Virgínia e duas para voltar, às vezes passando as noites de terça a quinta-feira no Days Inn perto do escritório.

Connaughton trabalhava sob o comando de Ted Kaufman, veterano chefe de gabinete de Biden, um varapau de El Greco, com uma mandíbula alongada e cabelo encaracolado. Kaufman fazia parte do círculo mais íntimo de Biden, e quando Valerie, a irmã do senador, apresentou Kaufman a Jeff, ela disse: "Você tem sorte de trabalhar para Ted, ele é tão próximo de Joe que não precisa nem se preocupar". Connaughton lamentou não ter tido a presença de espírito de perguntar: "As pessoas se preocupam? Você poderia por favor falar mais sobre isso em dois parágrafos?". A implicação estava muito clara: "Você, por outro lado, deve ficar realmente preocupado, porque não tem nenhum tipo de relacionamento com Biden, e a Bidenlândia está repleta de minas, algumas sinalizadas, outras não".

Kaufman e Connaughton se deram bem. Ambos tinham um MBA e decidiram tocar a operação de captação de recursos como uma empresa. Connaughton ajudou a elaborar o plano estratégico, construindo uma pirâmide organizacional dos capitães e subcapitães. Quanto mais dinheiro os subcapitães levantassem, mais acesso a Biden recebia seu capitão. Connaughton controlava a disputa e decidia quem ganharia um alfinete de lapela e quem ganharia um jantar com o candidato. Ele também criou um sistema para os contribuintes. Quem quisesse se encontrar com Biden precisava doar pelo menos mil dólares. Connaughton dizia aos grandes doadores: "Por 50 mil dólares, posso conseguir um jantar com o senador na casa dele. Por 25 mil, posso conseguir um jantar com o senador, mas não na casa dele". E alguns dos doadores soltavam os 25 mil a mais só para poder dizer aos amigos: "Eu jantei com Joe na casa dele em Wilmington".

Depois que Gary Hart foi apanhado se divertindo com Donna Rice a bordo do iate *Monkey Business* e se converteu na primeira vítima de escândalo e do frenesi da mídia no ano, Biden se tornou um forte candidato à indicação. Connaughton trabalhava o dia todo em sua mesa na gigantesca sala acarpetada de azul, não tirava folga, ia de carro para Alexandria à meia-noite, caía na cama exausto, acordava de manhã e voltava a Wilmington para fazer tudo de novo, pensando: "Estou vivendo o meu objetivo agora".

Um dia, no primeiro semestre daquele ano, Biden apareceu no escritório de Wilmington ao melhor estilo, de gola rulê e óculos de aviador. Cumprimentou os trabalhadores da campanha — muitos dos quais estavam com ele desde sua primeira eleição para o Senado, aos 29 anos, em 1972 — e lhes fez uma breve preleção sobre o andamento das ações. Havia seis anos que Connaughton vira pela última vez Biden, no Alabama, com todas as cartas não respondidas no caminho. Se Biden o reconheceu, não deu nenhum indício. Quando o senador virou as costas para ir embora, Connaughton pensou em correr para alcançá-lo, atravessar seu caminho e declarar: "Eu o convidei para ir à Universidade do Alabama três vezes. Na última, prometi que ia ajudá-lo a ser presidente. Aqui estou". Em vez disso, voltou para sua mesa.

Connaughton subiu na hierarquia, organizando eventos que punham captadores de fundos de 50 mil dólares em contato com advogados e com a comunidade judaica em cidades do Sul. Ele começou a viajar com o candidato e, se o avião se atrasava, ou se ao chegar Biden falava demais ou não falava o suficiente, Connaughton ouvia as críticas dos doadores. Ele e Biden nunca conversavam um com o outro.

Um dia, em um voo para uma festa de arrecadação de fundos em Houston, pediram para Connaughton instruir Biden sobre o evento. Ele foi até a cabine de primeira classe onde Biden estava sentado com a esposa, Jill. "Senador, posso falar com o senhor um minutinho?", perguntou Connaughton.

"Diga logo o que você quer", disse Biden, mal levantando a cabeça.

Biden aparentemente não se lembrava do Alabama. Muito tempo depois de Connaughton passar a trabalhar para ele, seu patrão arruinaria a conexão original, dizendo: "Fico contente por ter conhecido você há tanto tempo, quando estava na faculdade de direito". Biden sempre tinha tempo para estranhos, sobretudo se tivessem alguma relação com Delaware. Se você fosse da família, ou fizesse parte de um pequeno círculo de assessores de longa data, como Kaufman, e "sangrasse azul por Biden", como o senador gostava de dizer, a lealdade dele era garantida. Mas, se você apenas ralasse por ele durante alguns anos, ele o ignorava, intimidava, às vezes humilhava, não se interessava por seu progresso e jamais aprendia seu nome. "Ei, chefe", ele dizia, ou "Como vai, capitão", a menos que estivesse irritado com você, caso em que empregaria uma de suas expressões favoritas para subordinados do sexo masculino: "*dumb fuck*".* "O *dumb fuck* aqui não me trouxe os materiais informativos de que eu precisava." Poderia ser substantivo ou adjetivo: "O líder do evento é democrata ou republicano? Ou você é *dumb fuck* demais para saber?". Connaughton executava a difícil, ingrata e essencial tarefa de pedir dinheiro, e por isso estava para sempre estigmatizado, porque Biden odiava arrecadação de fundos, o trabalho penoso e os compromissos que implicava. Alguns de seus colegas pareciam passar a metade da vida fazendo ligações telefônicas em busca de dólares — Alan Cranston, o senador da Califórnia, fazia chamada após chamada solicitando quinhentas pratas enquanto pedalava uma Exercycle na academia, mas Biden raramente ligava para alguém. Sendo senador de um estado do tamanho de alguns condados, ele nunca precisara levantar muito dinheiro, e não se ajustava bem às pressões financeiras de uma campanha presidencial. Não gostava de atender aos pedidos das pessoas que o ajudavam a levantar dinheiro e das pessoas que doavam, como se não suportasse dever a elas. Não andava com a classe permanente de Washington, deixava seu gabinete no Capitólio todas as noites, atravessava a avenida Massachusetts até a Union Station, tomava o trem para casa, em Wilmington. Continuar sendo um pai de família comum tornou-se uma questão de honra, defendida de forma agressiva. Ele era tão incorruptível quanto ingrato.

* Burro pra caralho, besta quadrada. (N. T.)

Em Washington, as autoridades eleitas se consideravam uma raça superior. Eles eram "diretores", tinham tido colhões e suportado a humilhação de se apresentar diante do público e, aos seus olhos, seus funcionários eram seres humanos inferiores — parasitas que se agarravam ao grande homem para viver em função dele. Connaughton sabia que não tinha nada para ensinar a Joe Biden, um político por natureza que fazia aquilo havia quase duas décadas e tinha uma sensibilidade aflorada para entender o que o povo americano queria. Connaughton era totalmente dispensável, a menos que pudesse provar que era um burro de carga.

"Ele viu a incerteza em meus olhos", Connaughton disse mais tarde. "Eu era novo naquilo. Tinha sido treinado em Wall Street e estava entrando num mundo completamente diferente. Tinha uma visão distorcida de nossa relação porque havia esperado demais para trabalhar com ele. Do ponto de vista dele, eu era apenas mais um cara que tinha aparecido para trabalhar em sua campanha. Eu era atraído pelo poder. Não havia muitas questões na minha cabeça. Eu queria fazer parte de um pequeno grupo de pessoas que se muda para a Casa Branca no dia da posse para governar o país. Esse é o objetivo final em Washington. Depois que a campanha dele fracassou, fiquei perdido."

No início de setembro, Connaughton fez uma pausa na campanha para ir ao jogo de futebol americano da Universidade do Alabama contra a Penn State. Estava dirigindo pela zona rural da Pensilvânia quando ouviu uma notícia pelo rádio: Biden, em um debate em Iowa, havia plagiado o discurso de um político trabalhista britânico chamado Neil Kinnock, chegando mesmo a roubar sua identidade de descendente de mineiros de carvão.

Como caso isolado, teria sido uma história sem grandes desdobramentos. Mas, já tendo derrubado Hart, os repórteres — Maureen Dowd e E. J. Dionne no *Times*, Eleanor Clift na *Newsweek* — farejaram um novo escândalo e começaram a competir para desenterrar outros defeitos de Biden: frases tiradas de Hubert Humphrey e Robert Kennedy, um ensaio na faculdade de direito com notas de rodapé malfeitas que resultou em uma reprovação, versões exageradas sobre feitos de seu passado. Foi quando veio à tona um incidente registrado pela c-span numa cozinha de New Hampshire.

Biden havia concordado em usar um microfone durante todo um evento de campanha — era a primeira vez que se fazia isso na história política americana. Ele foi brilhante durante 89 dos noventa minutos, mas durante toda a carreira sempre teve o hábito de falar demais e, pouco antes do final, um eleitor lhe perguntou sobre suas notas na escola de direito. Biden retrucou: "Acho que provavelmente eu tenho um QI muito mais alto que o seu", e depois fez pelo menos três declarações falsas sobre sua educação, enquanto esculhambava o sujeito.

Connaughton não tinha ouvido o discurso de Kinnock nem sabia como Biden o estava usando. Na verdade, ele não gostava da oratória de campanha de Biden, que sempre trazia a casa abaixo com a seguinte frase: "Nossos heróis políticos podem ter sido assassinados, mas isso não significa que o sonho não continue vivo, enterrado no fundo de nossos corações partidos". Connaughton reverenciava os Kennedy tanto quanto qualquer um, mas aquela frase não o entusiasmava: era apelativa e voltada para americanos pelo menos uma década mais velhos. Por que Biden não podia fazer discursos substantivos, com questões, fatos e soluções, como aquele sobre o SALT II, em Tuscaloosa? Ele parecia estar concorrendo à presidência baseado em sua capacidade de mobilizar pessoas — jovens como Jeff Connaughton, que esperou seis anos para participar de sua campanha. Mas mobilizá-las para fazer o quê? Ele tentava soar como os próprios heróis assassinados. Os Kennedy citavam os gregos, diziam os eruditos, e Biden citava os Kennedy. Às vezes, sem mencionar a fonte.

As regras do grande jogo vinham mudando. Em 1968, George Romney disse na TV que tinha sofrido uma lavagem cerebral pelos generais no Vietnã, e sua campanha presidencial acabou. Em 1972, Ed Muskie estava de pé num caminhão plataforma, sob a neve que caía do lado de fora do jornal *Union Leader*, de William Loeb, em Manchester, New Hampshire, e diante das câmeras chorou de raiva do editor que havia caluniado sua mulher, Jane, e isso foi o fim para Ed Muskie. Em 1980, Ronald Reagan inclinou a cabeça e riu: "Lá vem você de novo", e Jimmy Carter não passou de seu primeiro mandato de presidente. Em 1984, Walter Mondale perguntou: "Onde está a substância?", e Gary Hart de repente parecia um jovem enganador sem nada na cabeça além de sua cabeleira. Dez segundos na TV podiam definir um personagem para sempre, podiam coroar ou derrubar uma campanha. Presidentes e candidatos podiam cometer suicídio assistido com a ávida ajuda da mídia.

Mas as novas regras do grande jogo só entraram em foco no ano em que Jeff Connaughton atrelou suas aspirações às de Joe Biden. Em 1987, o que outrora era um espetáculo secundário da política tornou-se o evento principal:

o candidato e sua esposa humilhada sob os holofotes, o indicado a candidato na televisão desmentindo seu próprio passado, os ideólogos e os grupos de interesse de ambos os lados de toda e qualquer questão mobilizando-se para a guerra total, a escavação diária de pecados antigos e recentes na vida de um político, o impulso atingindo um *crescendo*, os repórteres, como uma matilha de cães selvagens, atraídos pelo cheiro de sangue de alguma presa poderosa, mas ferida. Em 1987, aconteceu com Gary Hart, Robert Bork e Joe Biden, e simultaneamente no caso dos dois últimos.

No comitê de campanha, as duas semanas posteriores à história de Kinnock foram um pesadelo frenético, a cada dia vinha uma nova bordoada. Mas, em retrospecto, o desfecho parecia tão mecânico e inevitável como um rito sacrificial antigo de uma cultura tribal. O candidato promete continuar e tenta ignorar o latido dos cães. A mídia segue tirando mais sangue. O candidato recebe manifestações de apoio de seus colegas. As matérias, porém, vão criando uma impressão esmagadora e terrível, que nunca pode ser eliminada. O candidato reúne sua família e seu círculo íntimo e pede o conselho de cada um deles. Alguns querem que ele fique para que possa defender sua honra; outros querem que saia para que possa defender sua honra. Em meio a lágrimas, o candidato decide abandonar a campanha. Ele enfrenta as câmeras de cabeça erguida, com uma raiva contida.

Na manhã de 23 de setembro, Kaufman disse a Connaughton para avisar os capitães de arrecadação de fundos em todo o país que Biden anunciaria sua desistência ao meio-dia. Dois minutos antes da entrevista coletiva, Connaughton ligou para seus pais, no Alabama, e tudo o que conseguiu dizer foi "liguem a TV". Ele chorou no banheiro, enquanto o resto da equipe escutava a declaração de Biden no edifício Russell. "Estou com raiva de mim mesmo por ter sido colocado nessa posição, por ter colocado *a mim mesmo* nessa posição", Biden anunciou para o pelotão de fuzilamento de câmeras. "E, antes que eu diga alguma coisa que possa ser um pouco desagradável, preciso ir para as audiências de Bork." Dito isto, Biden foi para a Caucus Room do Senado, no terceiro andar, e assumiu seu lugar de presidente das audiências da Comissão de Justiça que levariam à derrota da nomeação do juiz Robert Bork para a Suprema Corte e dariam início à sua reabilitação política.

Connaughton estava em estado de choque. Seu herói havia sido denunciado como uma fraude, reduzido de candidato à Casa Branca a piada nacional em duas semanas. "Sua força, alegava ele, era a capacidade de falar e mobilizar pessoas", disse Connaughton. "Então, quando se falou que ele tomava emprestadas palavras de outras pessoas, isso o destruiu completamente." Connaughton não sabia o que fazer: sua vida de repente estava sem rumo. Quando Kaufman lhe pediu para ficar em Wilmington por uns dois meses e ajudar a encerrar a campanha, ele concordou. Aquilo o fez parecer um bom soldado, mas a verdade era que estava paralisado demais para procurar uma opção melhor. Tinha agora o pior trabalho na política: passar horas ao telefone com doadores furiosos que queriam seu dinheiro de volta, ou com funcionários da campanha irados em Iowa e New Hampshire, que haviam tomado os computadores da campanha como garantia para tentar receber o último salário. Quem tinha dado para a campanha até um sanduíche de presunto mandou a conta. E sobrou para Connaughton ajudar a arquivar cada passo da desgraça de Biden, cada notícia e página de opinião anti-Biden que poderia ser usada contra ele em sua próxima campanha para o Senado, em 1990. Havia centenas delas e, até o final dessa provação, nenhum aspecto de Biden deixou de ser vasculhado, nem mesmo seus implantes de cabelo. Era como limpar partes de um corpo após um acidente terrível e preservar os pedaços como prova para o caso de uma ação judicial.

No final de 1987, foi oferecido a Connaughton um emprego de captador de fundos para o Comitê de Campanha Senatorial Democrata. Ele recusou — não queria passar sua carreira controlando cheques e alfinetes de lapela. Ainda queria se envolver com a política de verdade, as grandes questões. Foi quando Kaufman lhe falou de uma vaga na equipe da Comissão de Justiça; o salário, de 48 mil por ano, equivalia ao de um recém-contratado em Wall Street. Mas seria um trabalho interessante sobre lei antitruste, propriedade intelectual, a reforma da justiça civil. Connaughton sentia um forte vínculo com Kaufman e não havia desistido de Biden. De qualquer forma, era improvável que Wall Street o contratasse: o mercado de ações havia despencado em 19 de outubro, a maior queda em um único dia da história, e a lei de reforma dos impostos de 1986 havia acabado com muitas das manobras contábeis que garantiam a prosperidade dos departamentos de finanças públicas. Ele decidiu ficar em Washington.

Todo mundo na capital era de alguém. Connaughton era de Biden.

1987

Os gritos, as imprecações, as gesticulações, a porra do medo e da ganância o envolveram, e ele adorou. Ele era o vendedor de títulos número um, "o maior produtor", como se dizia, na sala de negociação de títulos... **PROMOTOR NO ESCÂNDALO BOESKY PREVÊ UMA MUDANÇA NA ÉTICA DE WALL STREET**... **DONNA RICE — O QUE REALMENTE ACONTECEU Gary Hart me pediu para casar com ele; fotos exclusivas do fim de semana divertido nas Bahamas**... Eu acredito que o fracasso da perspectiva liberal sobre a subclasse do gueto fez do discurso intelectual sobre este tema demasiado unilateral. Tornou mais difícil conseguir... **NOVA TENDÊNCIA CHOCANTE — AMERICANOS COM MEDO DE SAIR DE CASA**... Bem, você está ferrado, está na merda, mas não tem problema, tudo o que você precisa é de uma cocaína de melhor qualidade... O relativismo consegue destruir as alegações universais ou intelectualmente imperialistas do Ocidente, deixando que ele seja apenas uma outra cultura... **A gravidade jamais será a mesma. Air Revolution da Nike**... **GREENSPAN CHAMA AMPLIAÇÃO DO DÉFICIT COMERCIAL DE "UMA ABERRAÇÃO", PREVÊ MELHORIA**... Nos próximos catorze meses, os licitantes que buscam construir o visionário trem-bala da Flórida vão arregaçar as mangas pra valer. Eles começarão a negociar grandes acordos de terra com empreiteiros interessados em construir estações de Tampa até... Secretário-geral Gorbatchóv, se você procura a paz, se quer prosperidade para a União Soviética e a Europa Oriental, se almeja a liberalização, venha até este portão!… **PRESIDENTE ASSUME RESPONSABILIDADE PELO CASO IRÃ-CONTRAS**… Muitos funcionários compartilham o vocabulário tecno-jovem de Gates. "Aleatoriedade" se aplica a qualquer situação confusa ou acidental. "Largura de banda" significa a quantidade de informação que se pode absorver. Coisas que dão certo são "radicais", "cool" ou, a preferida de Gates, "super"… Biden, lutando para salvar sua campanha presidencial, reconheceu hoje "um erro" em sua juventude, quando plagiou… **PÂNICO! DOW DESPENCA — 508 PTS**

Artesão: Raymond Carver

Ray bebia. Ele pegou o hábito de C. R., seu pai. C. R. trabalhava com conserto e manutenção de serras numa serraria do vale do Yakima e era um bom contador de histórias. Ray também herdou essa qualidade. C. R. era capaz de passar meses sem beber uma cerveja; então, desaparecia de casa por um tempo, e Ray, a mãe e o irmão mais novo sentavam-se para jantar em um clima de fatalidade. Era assim que Ray bebia: depois que começava, não conseguia parar.

Ray cresceu nos anos 1940 e 1950. Era um menino alto, corpulento e encurvado, sempre com um braço ou uma perna em um ângulo estranho, e seus olhos eram os de um menino gordo, entrecerrados e de pálpebras caídas, mesmo depois de perder o excesso de peso. Suas calças e camisas pareciam de gabardine, roupas que um desempregado de quarenta anos de idade usaria. Ele falava num débil murmúrio que só era ouvido de perto, mas com frequência descobria-se que havia dito alguma coisa engraçada ou inteligente.

A família Carver morava numa casinha de quatro cômodos e 65 metros quadrados construída sobre uma laje de concreto. Não havia lugar para ficar sozinho, e eles viviam juntos como estranhos.

Ray adorava caçar gansos e pescar trutas no rio Columbia. Gostava de ler ficção barata e revistas sobre a vida ao ar livre. Um dia, disse ao homem que o levava para caçar que mandara um conto para uma das revistas e que tinham devolvido. Era por isso que Ray parecia nervoso durante toda a manhã.

"Bem, o que você escreveu?", perguntou o homem.

"Eu escrevi uma história sobre esta região selvagem", disse Ray, "o voo dos gansos selvagens, e caçar os gansos e tudo nesta região remota aqui. Não é o que atrai o público, eles disseram."

Mas ele não desistiu.

Ray viu na *Writer's Digest* um anúncio do Instituto Palmer de Autoria, em Hollywood. Era um curso por correspondência. C. R. pagou a taxa de inscrição de 25 dólares e Ray começou a fazer as dezesseis aulas, mas eles ficaram sem dinheiro para as mensalidades. Depois que recebeu seu diploma do ensino médio, os pais esperavam que ele fosse trabalhar na serraria. Não foi o que aconteceu.

Ray engravidou uma garota bonita chamada Maryann. Ela ia estudar na Universidade de Washington, mas Ray e Maryann eram loucos um pelo outro, então se casaram e ela largou os estudos. Em 1957, nasceu a filha deles, dois andares abaixo da ala psiquiátrica do hospital, onde C.R. estava sendo tratado de um colapso nervoso. Um ano depois, nasceu um menino. Ray tinha vinte anos e Maryann, dezoito, e essa foi a juventude deles.

Eles começaram uma vida nômade. Tinham grandes sonhos e acreditavam que o esforço faria esses sonhos se tornar realidade. Ray ia ser escritor. Todo o resto viria depois.

Mudaram-se para vários locais do Oeste sem nunca parar. Moraram em Chico, Paradise, Eureka, Arcata, Sacramento, Palo Alto, Missoula, Santa Cruz e Cupertino. Toda vez que começavam a se estabelecer, Ray ficava inquieto e eles mudavam para outro lugar. O ponto de apoio da família era Maryann. Ela embalou frutas, foi garçonete, vendeu enciclopédias de porta em porta. Ray trabalhou numa drogaria, numa serraria, num posto de gasolina, num depósito e foi zelador noturno num hospital. O trabalho não era enobrecedor. Ele chegava em casa exaurido demais para fazer o que quer que fosse.

Ray queria escrever um romance. Mas um homem que tentava lavar seis levas de roupas em uma lavanderia self-service enquanto a esposa servia comida em algum lugar, e as crianças esperavam por ele para ir buscá-las em outro lugar, e estava ficando tarde, e a mulher à sua frente não parava de pôr mais moedas em sua secadora — esse homem jamais poderia escrever um romance. Para isso, precisaria viver em um mundo que fizesse sentido, um mundo que ficasse fixo em um único lugar para que pudesse ser descrito com precisão. Esse não era o mundo de Ray.

No mundo de Ray, as regras mudavam todos os dias, e ele não conseguia ver além do mês seguinte, quando teria de conseguir dinheiro para o aluguel e os uniformes escolares. O fato mais importante de sua vida era que tinha dois filhos, e era impossível se esquivar dessa desastrosa responsabilidade. Trabalhar duro, ter boas intenções, fazer as coisas certas, nada disso seria suficiente, as coisas não iriam melhorar. Ele e Maryann jamais seriam recompensados. Essa foi a outra coisa que ele entendeu na lavanderia. E, em algum lugar pelo caminho, seus sonhos começaram a se desfazer.

Sem ânimo para escrever qualquer coisa longa, o que poderia render algum dinheiro para valer, e com a profunda frustração de se ver sem saída, Ray só conseguia escrever poemas e histórias curtíssimas. Então, ele as reescrevia sem parar, às vezes ao longo de muitos anos.

Eram histórias sobre pessoas que não tiveram sucesso. Essa tinha sido a experiência de Ray, e aquela era a sua gente. Seus personagens eram vendedores desempregados, garçonetes, operários de fábricas. Não moravam em nenhum lugar em particular, apenas em quartos, salas e quintais onde não conseguiam se afastar uns dos outros ou de si mesmos, e todo mundo estava sozinho e sem rumo. Seus nomes não eram sofisticados — Earl, Arlene, L. D., Rae — e raramente tinham mais que o prenome, se tanto. Nada parecido com religião, política ou comunidade os rodeava, exceto o supermercado e o salão de bingo. Nada estava acontecendo em lugar nenhum do mundo, havia apenas um menino lutando contra um peixe, uma esposa vendendo um carro usado, dois casais falando demais. Ray deixava quase tudo de fora.

Em um conto, uma mulher descobre que seu marido, que acaba de voltar de uma pescaria com amigos, deixou no rio o cadáver brutalizado de uma menina durante três dias antes de avisar a polícia.

Meu marido come com bom apetite, mas parece cansado, irritado. Masca devagar, os braços em cima da mesa, e fica olhando para alguma coisa do outro lado da sala. Olha para mim e olha de novo para longe, esfrega a boca com o guardanapo. Encolhe os ombros e continua a comer. Alguma coisa surgiu entre nós, ainda que ele prefira pensar que não.

"Por que fica olhando para mim?", pergunta ele. "O que é?", pergunta e baixa o garfo sobre a mesa.

"Eu estava olhando?", pergunto e balanço a cabeça de um jeito estúpido, estúpido mesmo.*

Seus personagens falavam uma língua que parecia comum, mas cada palavra ecoava algo estranho, e nos silêncios entre elas surgia uma espécie de pânico. Eram vidas que tremiam sobre um vazio.

"A maioria de meus personagens gostaria que suas atitudes fizessem alguma diferença", Ray disse certa vez. "Mas, ao mesmo tempo, chegaram a um ponto — como acontece com muitas pessoas — em que sabem que não é assim. Não faz mais sentido. As coisas que pensavam ser importantes, pelas quais achavam que valia a pena até morrer, não valem um centavo agora. É com a vida deles que se sentem desconfortáveis, vidas que veem se destruir. Eles gostariam de acertar as coisas, mas não conseguem."

Ray estava fazendo as coisas da maneira mais difícil, indo contra todas as tendências da época. Naqueles anos, o conto era uma forma literária menor. O realismo parecia esgotado. O escritor a que Ray imediatamente remetia, Hemingway, estava no início de um eclipse póstumo. Nas décadas de 1960 e 1970, os escritores mais discutidos — Mailer, Bellow, Roth, Updike, Barth, Wolfe, Pynchon — buscavam o exagero, não a contenção, escrevendo romances caudalosos de excessos intelectuais, linguísticos ou eróticos e jornalismo de alta octanagem. Havia uma espécie de competição para engolir toda a vida americana, para espelhar e distorcer em prosa os fatos sociais de um país que tinha uma capacidade ilimitada para se transformar e chocar.

Ray, cujo ídolo era Tchékhov, andava na direção oposta das tendências literárias e mantinha a fé numa tarefa mais silenciosa, seguindo a máxima de Ezra Pound de que "a exatidão fundamental da afirmação é a única moralidade da escrita". Ao prestar a máxima atenção às vidas das pessoas marginais, perdidas, gente que mal aparecia e raramente era levada a sério na ficção americana contemporânea (se figuravam em algum lugar, era nas pinturas de Edward Hopper), Ray punha seus dedos no pulso de uma solidão mais profunda. Ele parecia saber, da forma não intencional de um escritor de ficção, que o

---

* Início do conto "Tanta água tão perto de casa", publicado em *Iniciantes* (São Paulo: Companhia das Letras, 2009. Trad. de Rubens Figueiredo). (N. T.)

futuro do país seria mais assustador na sua própria mediocridade, na ida de fim de noite ao supermercado, o bazar de garagem no fim da linha. Ele sentia que, sob a superfície da vida, não havia nada para sustentá-la.

No início dos anos 1970, Maryann formou-se e tornou-se uma professora de inglês de ensino médio. Isso liberou Ray para concentrar seus esforços em escrever e encontrar um emprego de professor universitário. Começou a publicar contos em grandes revistas da Costa Leste. Eles compraram sua primeira casa, no futuro Vale do Silício. Havia um cenário de festas contínuas com outros escritores da classe trabalhadora e suas esposas da região. As coisas estavam melhorando para os Carver. Foi quando tudo se despedaçou.

As crianças viraram adolescentes, e Ray achou que tinha as rédeas da vida na mão. Ray e Maryann tiveram cada um seu caso. Eles foram à falência duas vezes. Ele foi condenado por mentir para o estado da Califórnia em seu pedido de seguro-desemprego e quase foi parar na prisão. Em vez disso, passou a entrar e sair da desintoxicação. Seu hábito de beber tornou-se venenoso, com longos apagões. Maryann tentava manter-se de pé para não perdê-lo. Ray era um homem tranquilo, de olhar assustado, mas o uísque o fazia ameaçador e, uma noite, depois que Maryann flertou com um amigo, Ray bateu nela com uma garrafa de vinho. Ela perdeu 60% do sangue do corpo pela artéria cortada junto à orelha e foi levada para o pronto-socorro enquanto Ray se escondia na cozinha.

Alguns meses mais tarde, em 1976, seu primeiro livro de contos, *Você poderia ficar quieta, por favor?* — escrito ao longo de quase duas décadas —, foi publicado em Nova York. A página de dedicatória dizia: ESTE LIVRO É PARA MARYANN.

Ray era um alcoólatra e um escritor. Os dois sempre andaram por caminhos separados. Aquilo de que o primeiro ou fugia ou destruía, lamentava ou ressentia, o segundo transformava em grande arte. Mas àquela altura sua escrita reduzia-se a nada.

"Chegou um tempo em que tudo o que minha esposa e eu considerávamos sagrado ou digno de respeito — todos os valores espirituais — desmoronou", escreveu ele mais tarde. "Uma coisa terrível havia acontecido conosco." Ele nunca teve a intenção de se tornar um alcoólatra, um falido, uma fraude, um ladrão e um mentiroso. Mas era tudo aquilo. Era a década de 1970, e muita gente estava se divertindo, mas Ray sabia de antemão que a vida de festas e bebidas era uma estrada que desembocava nas trevas.

Em meados de 1977, ele foi morar sozinho na remota costa norte da Califórnia, perto do Oregon. Foi o medo por sua escrita, não por sua vida ou pela vida de sua família, que o fez tomar lá seu último drinque. Sóbrio, começou a escrever de novo. Em 1978, ele e Maryann se separaram.

Esse foi o fim do Ray Mau e o começo do Raymond Bom. Ele viveu mais dez anos, até que uma vida inteira de fumante finalmente cobrou seu preço, provocando sua morte aos cinquenta anos, em 1988. Durante essa década, encontrou a felicidade com uma poeta. Escreveu alguns de seus melhores contos e escapou da armadilha da paródia de si mesmo que tinham começado a chamar de minimalismo, voltando-se para uma maior plenitude de expressão a serviço de uma visão mais generosa. Tornou-se famoso e entrou na classe média. Recebeu nomeações de prestígio e ganhou prêmios importantes, um herói literário resgatado do inferno. Caminhava com a cautela feliz de alguém perdoado às vésperas da execução.

A virada para o brilho e a ostentação da década de 1980 funcionou a seu favor. Durante os anos Reagan, foi eleito o cronista do desespero da classe trabalhadora. Quanto menos articulados seus personagens, mais seus numerosos novos leitores o amavam como criador. Se a classe trabalhadora em derrocada os fascinava e assustava, eles poderiam imaginar que conheciam seu espírito através dos contos de Carver, e assim o transformaram em fetiche. A cena literária de Nova York, que voltara a ser excitante e afluente, se apaixonou por ele. Ray virou um contemporâneo Vintage, junto com escritores de vinte e poucos anos que tinham aprendido a imitar sua prosa austera sem precisar tê-la forjado antes em incêndios pessoais. Ele posava para retratos de capa com um pouco do antigo ar de ameaça, como um homem que tivesse chegado a um lançamento de livro vindo da parte mais barra-pesada da cidade.

"Eles venderam suas histórias de homens inadequados, fracassados, envergonhados e causadores de vergonha, muitos deles bêbados, todos perdedores, para yuppies", disse um de seus velhos amigos. "Seus personagens confirmavam o sentimento de superioridade dos yuppies."

Mas, todas as manhãs, o Raymond Bom se levantava, fazia o café, sentava-se à escrivaninha e fazia exatamente o que Ray Mau sempre tinha feito. Afinal, eles eram o mesmo artesão. As distrações eram diferentes, porém ele ainda estava tentando definir o que via e sentia com a máxima precisão, e no burburinho americano, esse pequeno gesto era tudo.

Dean Price

Dean passou sete anos na Pensilvânia. Casou-se com uma garota que também era funcionária da Johnson & Johnson, foram morar em Harrisburg e tiveram dois meninos: Chase, em 1993, Ryan, em 1995. Após deixar a empresa, Dean passou a trabalhar como vendedor autônomo de joelhos e quadris ortopédicos da Johnson & Johnson. Ganhou um bom dinheiro, mas depois de alguns anos o casamento se desfez e Dean começou a beber. Ficava cada vez mais difícil sair pela porta da frente de manhã e, por fim, ele deixou de cumprir suas metas de vendas. Largou o trabalho antes que a empresa rescindisse seu contrato.

Decidiu voltar para o condado de Rockingham. Não conseguia viver no Norte, não suportava os invernos, a hostilidade, o fato de os motoristas não levantarem os dedos do volante para acenar quando passavam por você na estrada. Temia que seus filhos crescessem sem conhecer a terra, a agricultura ou a pesca, sem conhecer seus parentes que viviam todos num raio de seis quilômetros uns dos outros. O tribunal deu a guarda dos meninos para a mãe, e Dean ficou com os primeiros dez dias de cada mês até que entrassem na escola, e depois fins de semana alternados. Dean achou que, se voltasse para casa, acabaria por atrair os meninos e a mãe para lá. Entrementes, iria pegá-los de carro no norte e levá-los de volta sempre que necessário, até seis vezes por mês, mesmo chorando ao volante.

Dean sempre dizia: "Sou um excelente pai, um bom homem de negócios e um marido de merda".

Em 1997, quando voltou para Stokesdale, estava com 34 anos. Jurou que o divórcio não o deixaria amargo. Resolveu mudar de vida e tornar-se um pai melhor, um ser humano mais honesto. Ele adorava o fato de que grande parte de sua região do país era velha. A espinha dorsal da América estava bem ali, a autossuficiência e a lealdade. Jefferson escrevera: "Aqueles que cultivam a terra são os cidadãos mais valiosos. São os mais vigorosos, os mais independentes, os mais virtuosos, e estão vinculados ao seu país e apegados à sua liberdade e a seus interesses pelos laços mais duradouros". Isso ainda era verdade. Se os Estados Unidos fossem invadidos, quantas pessoas da Califórnia ou de Nova York pegariam uma pistola e lutariam? "O que define os agricultores é que está em seu sangue ser empreendedores", disse Dean. "Foi por isso que eles vieram para cá há duzentos anos. Eles não queriam ter de bater cartão, não queriam ter de trabalhar para alguém. Eles podiam ter sessenta hectares de terra e ser seus próprios patrões. Se você tem uma placa de Petri e quer cultivar um empreendedor, o ambiente neste país é perfeito, porque há recompensa com o risco."

Ele entrou para a Igreja Batista Primitiva de Sardes, uma construção simples de tijolos vermelhos sob um velho carvalho gigante que existia desde 1801, ao lado do pequeno cemitério onde seus avós Birch e Ollie Neal estavam enterrados. No momento em que Dean entrou, a congregação de Sardes contava com não mais do que oito ou nove pessoas, a maioria delas com o dobro de sua idade. Ele adorava o cheiro de madeira velha da igreja, o canto a cappella de hinos antigos. Os batistas primitivos davam grande importância aos sonhos, e o pregador Elder Mintor falava deles com frequência no púlpito. De que outra forma Deus falaria conosco senão através de nossos sonhos, nossa imaginação? A teologia era chamada de esperança sagrada. Dean não era mais um cristão como seus pais. Ele esperava se salvar, mas não tinha certeza de nada — não sabia se chegaria em casa no final do dia. Cada um se virava como podia. Ele foi batizado no rio Dan pela terceira vez — as duas primeiras não tiveram efeito — e saiu da água regozijando-se, sentindo que poderia ter um novo começo.

O platô de colinas de árvores de madeira de lei e campos de barro vermelho entre a cadeia dos Apalaches e a planície costeira do Atlântico é chamado de Piedmont. Ao longo da fronteira entre a Virgínia e a Carolina do Norte, de Danville e Martinsville até Greensboro e Winston-Salem, os pilares da vida no Piedmont no século xx eram o tabaco, os têxteis e os móveis. Nas últimas décadas do século, todos começaram a morrer, mais ou menos ao mesmo tempo, como se uma praga misteriosa e muitíssimo contagiosa varresse a região. Dean Price voltou para casa justamente quando os primeiros maus sinais surgiam na paisagem.

A maior parte do tabaco cultivado na área era comprada, armazenada, envelhecida, processada, misturada, enrolada e cortada em cigarros pela R. J. Reynolds Tobacco Company, em Winston-Salem. Dean gostava de pegar a Jeb Stuart Highway, atravessar a fronteira da Virgínia e visitar a propriedade da Reynolds, tendo ao fundo a No Business Mountain, que tem esse nome graças à produção ilegal de bebidas. Ele admirava Richard Joshua Reynolds: nasceu em 1850, entrou em Winston a cavalo em 1874, começou a produção do tabaco no ano seguinte e se tornou o homem mais rico da Carolina do Norte ao inventar o maço de cigarros. Aquele tinha sido um bom momento para ser empreendedor, pensava Dean — território virgem no negócio, com as melhores ideias chegando ao topo. Reynolds foi um inovador, um industrial moderno, numa época em que o Sul ainda era rural e paupérrimo. Havia um marco de pedra na herdade com uma citação de seu neto dizendo que Reynolds dera uma vida digna para milhares de pessoas "que de outra forma estariam condenadas ao atraso de uma região que não tinha futuro e era castigada por um passado de fracasso". A R. J. Reynolds Tobacco ergueu a cidade de Winston-Salem, cuidou de seus trabalhadores com moradias da companhia (segregadas) e creche gratuita, deu-lhes ações classe A que pagavam um belo dividendo anual e montou um banco local, chamado Wachovia, para guardar suas ações e depósitos.

No início da década de 1980, a empresa já tinha saído do controle da família Reynolds e estava sob forte pressão dos concorrentes. As vendas da Reynolds atingiram um pico em 1983 e depois disso passaram a cair anualmente. No mesmo período, o governo federal aplicou um tipo diferente de pressão — proibiu propagandas de cigarro e duplicou o imposto sobre o consumo de tabaco em 1983, ao mesmo tempo que cruzadas antifumo realizavam uma enorme campanha para conscientizar a população. Para se manter no topo, a Reynolds fundiu-se à Nabisco Foods em 1985, e a sede da empresa foi transferida para Atlanta, o que desagradou muita gente em Winston-Salem. Em 1988, a RJR Nabisco tornou-se o alvo da maior aquisição alavancada da história até aquele momento, ao ser adquirida por 25 bilhões de dólares pela firma de Wall Street de Kohlberg Kravis Roberts. Os operários não entenderam muito bem o negócio, mas quase imediatamente a Reynolds começou a cortar sua força de trabalho em Winston-Salem para pagar a pilha de dívidas feita em Nova York. O destino da indústria tabagista estava selado.

Em 1990, James Lee Albert, um plantador de tabaco que Dean Price conhecia, foi entrevistado e fotografado pelo *News & Record* de Greensboro. Quando tinha 25 anos, em 1964, Albert comprara uma fazenda de setenta hectares no condado de Rockingham por duzentos dólares o hectare, quando o melhor tabaco era vendido acima de noventa centavos de dólar o quilo. Ele formou sua família e ampliou sua casa, e nesse meio-tempo o preço subiu dez ou quinze centavos de dólar por ano, quase todos os anos, até atingir o pico de 4,50 dólares por volta de 1990. Foi quando Albert disse ao jornal que o governo ia levar à falência os produtores de tabaco que construíram este país.

Nos anos seguintes, audiências no Congresso e processos judiciais contra as empresas fizeram o preço do tabaco cair constantemente, enquanto a demanda só diminuía. Em 1998, para acabar com as ações judiciais, as grandes produtoras de cigarros concordaram em pagar aos estados mais de 200 bilhões de dólares para cobrir as despesas de saúde causadas pelo tabagismo. Em 2004, o governo federal cortou o subsídio do tabaco. Pela proposta de rescisão, as empresas de tabaco pagariam aos agricultores em torno de catorze dólares por quilo de tabaco que não plantassem na década seguinte.

A maioria dos agricultores na área de Dean aceitou o acordo. James Lee Albert recebeu a quantia proposta e logo em seguida passou por uma cirurgia cardíaca. Ele tinha 67 anos, e isso foi o fim de sua vida útil. Um de seus filhos começou a hospedar cavalos na fazenda. Terry Neal, o primo de Dean que tinha oitenta hectares de primeira na frente da casa de Dean, do outro lado da rodovia 220, abandonou a agricultura em 2005 e usou a maior parte do dinheiro para pagar impostos e dívidas. Era caro demais para a maioria dos produtores de tabaco converter suas terras para o cultivo de morangos ou soja, então plantaram apenas feno ou deixaram a terra em pousio, e a estranha visão de campos desnudos no auge da fase de crescimento das lavouras passou a ser vista no condado de Rockingham.

A queda dos têxteis teve causas diferentes. As fiações chegaram ao Piedmont no final do século XIX, a maior parte dispersa por pequenas cidades. A Dan River abriu em Danville, em 1882; os irmãos Cone levaram a Proximity para Greensboro em 1895. O código social nas cidades da indústria têxtil era paternalista e insular — a empresa cuidava de seus empregados e opunha-se ferozmente a qualquer tentativa de sindicalização. Em um lugar como Martinsville, nunca houve uma verdadeira classe média, apenas administradores e operários, e quando o colapso começou, na década de 1990, as cidades não tinham nada a que pudessem recorrer. Alguns trabalhadores e autoridades locais puseram a culpa no NAFTA, que entrou em vigor no primeiro dia do ano de 1994, com o apoio tanto de democratas como de republicanos. Outros disseram que a causa era o egoísmo e a ganância dos empresários, que tinham impedido outras indústrias de entrar na região e depois venderam tudo para conglomerados e firmas de Wall Street que não tinham nenhuma lealdade para com Danville ou Greensboro. Gente da região a favor das empresas culpava os altos custos trabalhistas. Analistas de Washington e Nova York disseram que era uma inevitável consequência da tecnologia e da globalização. Depois de anos de cortes e outros sinais de alerta, o fim chegou com velocidade impressionante. Empresas que eram os pilares institucionais mais importantes de suas comunidades havia mais de um século, e que pareciam destinadas a assim permanecer para sempre, desapareceram uma após a outra: a Tultex, de Martinsville, pediu falência em 1999; a Proximity, de Greensboro, em 2003; a Dan River, de Danville, em 2005; a Hanes, de Winston-Salem, começou a fechar fiações em 2006 e, em 2010, restava apenas uma fábrica decadente. Centenas de pequenos negócios foram embora com elas. Um único condado rural da Carolina do Norte — Surry, com 73 mil habitantes — perdeu 10 mil empregos em uma década.

A fabricação de móveis no Piedmont era ainda mais antiga que a de tecidos. Em 2002, a Bassett Furniture comemorou seu centésimo aniversário com a construção, usando madeira de freixo, de uma cadeira de mais de seis metros de altura e pesando quase três toneladas. A cadeira percorreu o país durante sete anos, indo aonde quer que houvesse lojas da Bassett Furniture, antes de retornar para Martinsville e ser instalada em um estacionamento da Main Street. A essa altura, porém, a concorrência chinesa de baixo custo já havia dizimado a maior parte da indústria moveleira local. As empresas que não conseguiram se adaptar a mercados internos menores, de luxo, estavam condenadas. A cadeira gigante tornou-se um monumento ao passado.

Em 1997, o Piedmont ainda estava nos estágios iniciais da praga. As olarias que ocupavam quadras e quadras ainda estavam vivas, embora começassem a enfraquecer. Quilômetros de terras ainda não estavam abandonados, embora alguns produtores de tabaco já estivessem saindo do negócio. A maioria das pessoas ainda trabalhava — era raro encontrar moradores empregáveis do lugar vivendo do seguro por invalidez — e o flagelo do crack e da metanfetamina ainda não tinha chegado ao condado de Rockingham. No centro de Madison, a McFall Drug ainda estava aberta com seu balcão de lanches, ao lado de uma loja de roupas masculinas, duas de móveis, uma sapataria e alguns bancos. O Kmart trouxera o primeiro hipermercado para a região na década de 1980, mas até então não havia um único Wal-Mart no condado de Rockingham. Ainda assim, a maioria das pessoas sabia que grandes engrenagens estavam avançando e que a região poderia ficar para trás. Dean sempre disse que a ambição não estava no DNA dali, mas aqueles que tinham algum dinheiro e ainda eram jovens foram embora. O retorno de um nativo com um diploma universitário, que constituíra família e começara uma carreira no Norte, era raro o suficiente para ser notado. Para as pessoas que não conheciam bem Dean Price, pode ter parecido um indicativo de fracasso.

Ele via as coisas exatamente de forma oposta. Voltara para casa para se libertar das garras do passado, da mentalidade de pobreza. Seu pai tentara fugir, mas fora puxado de volta, pois as correntes que o prendiam no lugar eram fortes. Porém Dean achava que poderia quebrá-las.

Sua mãe estava morando sozinha na casa da rodovia 220, depois de ter finalmente expulsado seu pai de casa e se divorciado dele. O pai de Dean se mudara para Burlington, se casara com uma mulher de lá e vivia com o dinheiro do seguro por invalidez. A mãe de Dean era enfermeira e frequentava uma igreja pentecostal de mentalidade ultraconservadora demais para Dean. Ele se mudou para o apartamento de sua falecida avó, nos fundos da casa.

No início da década de 1990, a 220 havia sido transformada numa rodovia de quatro pistas, desde cerca de um quilômetro ao sul da casa dos Price até Roanoke, na Virgínia. Foi o que salvou a família, porque o valor da terra se multiplicou quando a estrada se tornou uma rota de transporte rodoviário de longa distância. A estrada também deu a Dean um plano. De Greensboro a Roanoke, havia apenas uma ou duas paradas de caminhões. A casa de Dean ficava na beira da rodovia, isolada de outras construções por vários quilômetros em ambas as direções, exceto de uma igreja com mensagens edificantes pintadas nos muros. Ele decidiu construir uma loja de conveniência, com restaurante de fast-food e posto de gasolina, ao lado da casa, nas terras que havia herdado da avó. E criou um plano de marketing que refletia a soma total de sua experiência de vida até aquele momento.

Na Pensilvânia, ele conhecera o marketing de guerrilha de uma rede local de postos de gasolina e lojas de conveniência chamada Sheetz. Dean nunca tinha visto nada parecido com a Sheetz. No Sul, abria-se um negócio e esperava-se que as pessoas entrassem. Na Pensilvânia, a Sheetz agarrava os clientes e os levava para dentro, porque baixava em alguns centavos o preço da gasolina. Quando a Sheetz começava em uma área, todos sabiam que ela estava atrás de sua freguesia. Dean admirava o sucesso dessa empresa e decidiu introduzir combustível com desconto no Sudeste. Comprou uma franquia da Tastee Freez, que era barata porque as margens de lucro sobre o sorvete também eram baixas. E, para atrair as pessoas do lugar, fez a loja de conveniência ao estilo de um mercado do interior, com uma varanda na frente e veículos rurais antigos estacionados do lado de fora. Andou por antiquários e brechós à procura de letreiros antigos de refrigerantes e anúncios de pão e cereais pintados em placas de madeira. Seu sonho era cultivar produtos agrícolas na fazenda de tabaco da família — melões, morangos, tomates, milho — e vendê-los frescos na loja, ensinando seus filhos a plantar. Ele inventou um nome que pegou rápido: Red Birch Country Market. Birch por causa de seu avô materno, e a menção à cor vermelha pelo sacrifício do Redentor. O slogan da empresa era "um negócio de família coberto pelo sangue de Cristo". Seus sócios minoritários eram sua irmã mais velha e o marido dela. Ele imaginou uma rede Red Birch de pontos de parada para caminhoneiros em todo o Sudeste.

Dean abriu o negócio em 2 de outubro de 1997. O preço da gasolina era 89 centavos o galão.

A casa ficava a apenas cinquenta metros da loja, perto demais, com faróis e barulho de caminhões o tempo todo. Sua mãe queria derrubar a casa e construir uma nova, mais longe da estrada. Dean teve uma ideia diferente. A casa continha três gerações de recordações familiares, boas e más, e ele não queria perdê-la. Então, três dias após a abertura da loja, assumiu a tarefa monumental de afastar a casa para longe da estrada, pela encosta gramada em direção aos campos de tabaco e ao lago de peixes da terra da família Neal. Primeiro, retirou cada tijolo das paredes externas e da chaminé e separou com motosserra o apartamento da casa principal. Depois, aparafusou vigas de quinze por quinze centímetros sob a casa, suspendeu-a, pôs outras no chão, colocou tubos de metal de quinze centímetros entre os dois conjuntos de vigas e amarrou a casa no seu trator com carregadeira frontal. Era algo que tinha visto os amish fazerem na Pensilvânia. Dean começou a rolar a casa colina abaixo sobre os tubos metálicos, poucos metros de cada vez. O El Niño retardou as coisas — houve quatro meses seguidos de chuva e lama —, mas no dia de Ação de Graças de 1998 a casa estava sobre uma nova fundação, a centenas de metros da rodovia 220, agora com revestimento de tábuas brancas e uma chaminé de pedra, como uma casa de fazenda do século XIX. Durante todo aquele ano, Dean correu como um louco entre a casa e a loja, mantendo ambos os projetos em andamento. Muita gente viu aquilo com ceticismo, mas, quando a obra acabou, ele teve certeza de que era capaz de fazer praticamente tudo o que decidisse empreender.

O ponto de parada de caminhões teve sucesso suficiente para que, em meados de 2000, Dean abrisse outro na 220, a 45 minutos de carro dali, já na Virgínia, perto da pista de corridas da Nascar, nos arredores de Martinsville. Junto à loja de conveniência e ao posto de gasolina, abriu uma franquia da Bojangles': frango frito, biscoitos e feijão roxinho atraíam os sulistas, e as margens de lucro eram mais elevadas do que as do sorvete. Seus lucros vinham da Bojangles' — a gasolina rendia apenas alguns centavos por galão. Quanto ao mercado do interior, as pessoas adoraram a ideia, mas havia pouco interesse em melões e vegetais frescos. Seus clientes queriam a conveniência e o sabor do fast-food. E, de qualquer modo, a Food Lion podia vender produtos agrícolas embalados e levados de caminhão para qualquer parte do país mais barato do que aquilo que Dean cultivava na fazenda de seu avô Norfleet. "Alguma coisa mudou em nosso país, onde a qualidade não importa mais como antigamente", disse Dean. "Eu cheguei a ponto de perder dinheiro com os produtos agrícolas apenas para manter a imagem rural, para que as pessoas viessem atrás de outras coisas, como a Bojangles'. Os melões eram um chamariz."

Logo após a abertura da loja na Virgínia, Dean soube que a Sheetz estava vindo da Pensilvânia para Martinsville, 1,5 quilômetro ao sul, na 220. Jamais lhe passara pela cabeça que teria de competir com a Sheetz, e durante os meses seguintes à notícia ficou doente de preocupação, como se ele fosse a presa e a Sheetz, o predador em seu encalço. Um dia, voltando de uma viagem em busca de antiguidades em Mount Airy com a mulher que viria a ser sua segunda esposa por pouco tempo, Dean teve uma epifania: a única vantagem que a Sheetz tinha sobre ele era o preço do combustível. Mas isso era tudo, pois não havia fidelidade nesse negócio, e os clientes o abandonavam por dois centavos. Por algum motivo, ele não tinha entendido a importância dos preços da gasolina até aquele momento. Na semana seguinte, telefonou para o intermediário que lhe vendia o combustível. "Temos vantagem na comida, temos vantagem no local. Quando eles abrirem, vão derrubar o preço do combustível e tentar tomar nosso negócio. Por que não tentamos ser o agressor e diminuir nosso preço agora e ganhar volume quando eles abrirem, daqui a seis meses?"

Em vez de vender 100 mil galões por mês e ganhar quinze centavos de dólar por galão, ele venderia 250 mil galões e faria cinco centavos por galão. O intermediário ficaria com a metade disso, e grande parte da metade de Dean iria para as empresas de cartão de crédito; com o novo modelo de negócio, Dean mal empataria na gasolina. Mas era a única maneira de sobreviver. Depois que a Sheetz abriu, suas margens caíram, porém ele manteve seu preço igual ao deles e permaneceu na ativa. O que ele soube depois foi que a Exxon Mobil estava vendendo gasolina para a Sheetz por três ou quatro centavos a menos por galão do que ele tinha de pagar. Essa era a diferença entre 250 postos Sheetz e duas lojas Red Birch. Assim era a vida de empresário.

Dean continuou a perseguir seu objetivo de possuir uma rede de lojas em toda a região, porque era o mais próximo que já tinha chegado da liberdade. Abriu uma terceira parada de caminhões na 220, com uma Bojangles' e um Red Birch Country Market, a poucos quilômetros ao norte da segunda loja, em uma pequena cidade produtora de móveis chamada Bassett, e depois um restaurante Bojangles' na mesma rodovia, na faixa comercial da saída de Martinsville. Assim, a rodovia 220 tornou-se, ao longo daqueles 56 quilômetros de rodovia entre dois estados, a cadeia que o sustentava. Mas ele não se esquecia de sua epifania na estrada de Mount Airy. Dean tinha uma expressão para ela: as companhias de petróleo o mantinham de mãos atadas.

Um dia, no final da década de 1990, pouco antes de abrir sua segunda parada de caminhões, Dean estava em uma loja de antiguidades em Reidsville, uma cidade entre Stokesdale e Danville, e se pegou lendo um livro de autoajuda. A mensagem da obra era: decida o que você quer fazer, acredite sem sombra de dúvida que pode fazê-lo e então tome uma atitude nesse sentido. Com uma parte de sua mente, ele estava pensando: "Tenho de fazer outra coisa", pois se sentia sempre impaciente com o desperdício de tempo e sabia que estava naquela loja de antiguidades para não ficar em sua parada de caminhões, que já começava a perder o encanto com a monotonia das operações do dia a dia. Mas outra parte dele pensava: "Este é um investimento em você e em sua mente. Você não pode fazer nada melhor do que melhorar a si mesmo". Ele ficou sentado na loja durante todo o dia e terminou o livro. Tinha consciência de que algo estava se revolvendo dentro dele, uma ânsia de aprender havia sido despertada — ou redespertada, já que a tivera quando menino, antes de perdê--la no mundo do trabalho.

Pouco depois, Dean fez uma descoberta que mudou sua vida. Um eletricista que tinha feito alguns trabalhos para ele quando estava mudando a casa de lugar lhe perguntou sobre seus planos para seu negócio. Dean respondeu: "Eu gostaria mesmo de ir para Martinsville e montar outra loja de conveniência lá, bem ao lado do autódromo. Mas vou precisar de mais ou menos 1 milhão de dólares. Você conhece alguém que tenha 1 milhão de dólares?".

"Com certeza", respondeu o eletricista. "Rocky Carter."

"Você tem o número do telefone dele?"

"Vou ligar para ele." E o eletricista telefonou para Rocky Carter na hora.

Carter construía prédios comerciais em Greensboro, uma pequena cidade em que se realizavam leilões de tabaco, entre Greensboro e Winston-Salem. Depois de conhecer Dean, concordou em construir a parada de caminhões em Martinsville. Mas Carter era também uma das pessoas mais espiritualizadas que Dean já conhecera, sempre em busca das coisas que não se pode ver. Ele deu a Dean um livro intitulado *Pense e enriqueça*, escrito por um homem chamado Napoleon Hill e publicado em 1937. Dean deve ter lido essa obra umas 25 vezes seguidas.

Napoleon Hill nasceu em 1883, em uma cabana de um cômodo nos Apalaches, no sudoeste da Virgínia. Quando jovem, se tornou repórter e, em 1908, foi a Pittsburgh a fim de entrevistar Andrew Carnegie para a revista *Sucess*. A entrevista a princípio duraria três horas, mas Carnegie segurou Hill em sua casa por três dias, falando sobre os princípios que fizeram dele o homem mais rico do mundo e sobre a necessidade de uma nova filosofia econômica que possibilitasse que outros homens fossem bem-sucedidos. No terceiro dia, Carnegie disse: "Se eu encarregar você de se tornar o autor dessa filosofia, lhe der cartas de apresentação para os homens de cujas experiências você vai precisar" — ele mencionou titãs da indústria como Henry Ford, Thomas Edison e John D. Rockefeller —, "você está disposto a pôr nisso vinte anos de pesquisa, porque esse é o tempo que vai demorar, e sustentar-se sozinho durante todo esse tempo, sem qualquer subsídio meu? Sim ou não?". Hill pensou por 29 segundos e disse sim. Carnegie o estava cronometrando com um relógio de bolso sob a escrivaninha e, se a resposta demorasse mais de um minuto, teria desistido da oferta.

Nas duas décadas seguintes, valendo-se dos contatos de Carnegie, Napoleon Hill entrevistou mais de quinhentos dos homens mais bem-sucedidos de sua época, não somente industriais como Ford e Rockefeller, mas políticos, como Theodore Roosevelt e Woodrow Wilson, o inventor Wilbur Wright, o magnata das lojas de departamentos F. W. Woolworth, o advogado Clarence Darrow. "Ele enfrentou uma adversidade atrás da outra", disse Dean. "Seu filho nasceu sem orelhas, e Napoleon se recusou a acreditar que ele não seria capaz de ouvir. Toda noite, antes de o menino ir para a cama, falava com ele por cerca de uma hora e lhe dizia: 'Você vai ouvir, um dia você vai ouvir, você tem de acreditar que vai ouvir'. Quando ficou mais velho, o filho começou a ouvir. Ele quis isso."

Em 1928, Hill publicou suas conclusões em vários volumes, sob o título *A lei do sucesso*. Uma década mais tarde, depois de um período como conselheiro do presidente Franklin D. Roosevelt, ele reuniu suas dezesseis lições no livro *Pense e enriqueça*. O que Hill chamava de filosofia da realização começava e terminava com a mente. Ficar rico era uma questão de querer ser rico, querer isso com "o calor intenso do desejo", aprender a imaginar a riqueza da forma mais específica possível, aprender a concentrar a mente no objetivo almejado e nos meios de alcançá-lo, e eliminar os medos e outros pensamentos negativos. Eram lições que os americanos, vivendo sob um sistema de capitalismo e democracia, estavam equipados como ninguém para aplicar em suas vidas. Mais de meio século depois, a mensagem de Napoleon Hill chegou a Dean Price e tornou-se uma força invisível, mas poderosa, em sua vida, como a gravidade ou o amor.

"Quando eu era criança e havia algum problema, mamãe e papai diziam: 'Bem, basta rezar para resolvê-lo'", contou Dean. "Eu não conseguia aceitar aquilo. Tinha de haver algo mais. O que Napoleon Hill me ensinou foi que existe um poder mágico em sua mente, e é provável que apenas uma pessoa em 1 milhão chegue a imaginar que tenha. A frase mais famosa de Napoleon é: 'Se você pode conceber uma coisa e acreditar nela, pode alcançá-la'. Se a sua imaginação pode inventar uma coisa, então isso significa que ela é possível. É assim que a natureza funciona. Se você tem persistência, determinação, dedicação para levá-la a cabo, isso já é outra história."

Dean absorveu *Pense e enriqueça* de forma tão intensa que começou a se referir ao livro com a mesma naturalidade de um pastor que cita a Bíblia. Para cada situação que encontrava, o livro articulava uma verdade. "Napoleon falou certa vez que a melhor coisa que um líder pode dar às pessoas é esperança." "Napoleon Hill diz que os homens querem atacar os outros homens financeiramente. Se não podem fazê-lo fisicamente, então atacam uns aos outros financeiramente, e isso é inato, está em nossos genes, em vez de sermos solidários." "Napoleon Hill, ele tem um ditado — em cada adversidade que acontece em sua vida, há nela uma semente de equivalente benefício." "Napoleon Hill escreveu que, às vezes, seu subconsciente está alguns anos à frente."

Hill explicava aos seus leitores como treinar o subconsciente com "autossugestão", concentrando seus pensamentos antes de ir dormir. Toda noite, era preciso repetir em voz alta, como um encantamento, uma declaração escrita da quantidade de dinheiro que se queria ganhar, a data em que se queria tê-lo e o trabalho que se pretendia fazer para obtê-lo. Noite após noite, Dean deitava-se e seguia fielmente as instruções de Hill antes de adormecer.

Hill também alertava contra os seis temores básicos. O primeiro e mais forte deles era o medo da pobreza, que dominara o país nos anos que antecederam a publicação de *Pense e enriqueça*. "O povo americano começou a pensar em pobreza após a quebra de Wall Street de 1929", escreveu Hill. "Lenta mas implacavelmente, esse pensamento em massa cristalizou-se em seu equivalente físico, que ficou conhecido como uma 'depressão'. Isso tinha de acontecer, está em conformidade com as leis da natureza." Algumas pessoas atribuíram a Hill uma das frases mais famosas da história americana, do discurso de posse de Franklin Delano Roosevelt, em 1933: "A única coisa que temos a temer é o próprio temor". Dean sabia tudo a respeito desse primeiro medo. Ele analisou-se e reconheceu o poder da mentalidade de pobreza de seu pai. Mas ali estava um autor capaz de explicar como dominá-la: "Ou você controla sua mente, ou ela controla você".

Qualquer pessoa que mascateia os segredos do sucesso pode se revelar um charlatão. Glenn W. Turner, o tal magnata dos cosméticos, alegava ter lido Napoleon Hill em 1966 e o tomado como inspiração, mas tudo o que Turner fez foi enganar os pais de Dean ao perverter a mensagem de Hill com seu programa Ouse Ser Grande. Os anseios espiritual e material sempre se misturaram nos americanos, tornando-os presas fáceis para todo tipo de vendedores picaretas. O que Hill fez foi tomar a crença nativa ilimitada nos poderes do eu e organizá-la em um sistema que parecia uma filosofia prática. Ele ensinou Dean a acreditar que era o autor de seu próprio destino.

Foi nessa época em que descobriu Napoleon Hill que Dean teve o sonho de andar por uma velha estrada de carroções.

Tammy Thomas

O trabalho não era tão difícil depois de se acostumar com ele, mas, quando começou na linha de montagem, tinha de lembrar para onde iam todos aqueles fios malucos e todas as peças, e a esteira não parava, aquela coisa ficava rodando diante dos olhos e, se a pessoa não prestasse atenção, ia tudo embora. Faziam feixes de cabos para componentes elétricos da GM, e a bancada de montagem era longa, com quinze metros ou mais, oito ou dez estações por corredor, as mulheres de pé em seus postos, de óculos de segurança e luvas. No começo do processo, o cabo vinha vazio e a primeira estação punha conectores e um par de fios; em seguida, a segunda estação tinha oito ou dez fios para ligar; a coisa ia sendo montada à medida que dava a volta, e a última pessoa a tirava da linha, lubrificava-a, se necessário, e a embalava. Um cabo ficava pronto a cada dois ou três minutos, o que poderia parecer muito tempo, a menos que você ficasse para trás.

As trabalhadoras mais experientes descobriam atalhos, como jogar os fios por sobre os ombros ou pendurar um conector com fios em torno do pescoço, em vez de ter de ir até a prateleira para pegar novos fios de cada vez, ou ligar os fios no conector com antecedência e assim, quando o cabo vinha, simplesmente enfiar o conector, em vez de fazer tudo na hora. Contanto que se cumprisse a tarefa, ainda sobrava tempo para ler um livro, conversar com a pessoa ao lado ou ouvir música. Depois de alguns meses, quando já estava boa o suficiente para ter seu próprio esquema, Tammy conseguia dar conta de duas estações. Na fábrica de Austintown, na hora do almoço o pessoal ia para os bares, alguns voltavam bêbados, e havia um sujeito que lhe pagava vinte dólares para cuidar da estação dele por uma hora, até ficar sóbrio. Tudo o que era preciso para ter sucesso na linha de montagem era disciplina e um pouco de criatividade, e Tammy tinha as duas coisas. Mas, de início, ela fazia exatamente do jeito que o manual ensinava, e às vezes acabava tentando terminar a tarefa na estação de alguém. Algumas pessoas colavam um pedaço de fita vermelha e declaravam: "Não quero ninguém na minha estação, não cruze essa fita".

No primeiro ano, foi demitida antes de completar noventa dias, que era quando os benefícios de saúde entravam em vigência — e então recontratada. Durante algum tempo depois disso, ela era despedida anualmente, em geral por volta de fevereiro ou março, por cinco meses no máximo, e nesse tempo ganhava até 80% de seu salário para não fazer nada. O acordo de 1984 entre a Packard e a seção 717 do Sindicato dos Trabalhadores Elétricos fez com que ela começasse com 55% do nível básico para tudo, salários, benefícios e férias, e teria de trabalhar dez anos para chegar ao nível máximo. Depois que ganhasse tempo de casa, poderia tirar alguém com menos tempo de um trabalho melhor, como dirigir empilhadeira no centro de distribuição, ou se transferir para um turno melhor, como o da manhã, para poder estar em casa quando as crianças saíssem da escola. Mas, nos primeiros dez anos, ela foi "posta no fim da fila" várias vezes por trabalhadores mais antigos. A maioria das fábricas da Packard ficava em Warren, porém havia outras espalhadas por todo o vale, e Tammy trabalhou em quase todas. Em Warren, a fábrica principal, na North River Road, era um trecho de quatrocentos metros de edifícios numerados, todos juntos — Unidade 10, a área de fabricação de cabos, Unidade 11, onde estavam as prensas de alta velocidade —, e era possível andar em linha reta de um extremo ao outro da fábrica como se fosse uma rua. Tinha o apelido de Rota 66.

A pior era a Unidade 8. Tammy odiava trabalhar lá. O serviço era ruim — um cabo com dois fios, um par de presilhas e um anilho, e se montava um zilhão deles durante oito horas. Além disso, havia as regras — não se podia bater o ponto e sair da fábrica, era preciso trabalhar oito horas seguidas e trazer o almoço de casa. O Banco de Empregos ficava na Unidade 8, onde punham os contratados mais recentes, as pessoas que não tinham os mesmos benefícios. Por outro lado, a fábrica de Hubbard era sua preferida. Não era preciso passar por catracas se a pessoa quisesse almoçar fora. Hubbard era como uma família unida, até que fechou em 1999, e ela teve de ir para a Unidade 8, apesar de seu tempo de casa, pois não havia outras vagas.

De início, Tammy ficou até entusiasmada por estar em um sindicato. Youngstown era uma cidade sindicalizada, e ela compreendeu aquele poder, ainda que os metalúrgicos tivessem levado uma surra. Num determinado ano, a seção 717 entrou em greve. Ela ouvira todas as histórias sobre as usinas e imaginou ser Rosie, a Rebitadora, uma rebelde fazendo piquete. Mas ela estava no segundo turno, e quando chegou sua vez de fazer piquete, já haviam chegado a um acordo. Com o tempo, cansou-se do sindicato. Foi a uma reunião e passou o tempo vendo dois sujeitos brancos discutindo. Não valia a pena pagar uma babá e rodar meia hora de carro até Warren para ver dois caras brancos discutirem. Alguns dos sindicalistas pensavam apenas neles mesmos, tentando um lugar em uma grande central sindical, a fim de embolsar duas pensões. Na fábrica da Thomas Road, que era uma espécie de masmorra enlouquecedora, tudo sombrio e sujo, havia um supervisor que ligava as máquinas mais cedo para encurtar o intervalo das pessoas e, uma vez, bloqueou os telefones para que os novos contratados não pudessem receber chamadas, e o representante do sindicato simplesmente ficava sentado em seu escritório e não fazia nada. À medida que a Packard cortava mais empregos e mandava mais gente para trabalhar nas *maquiladoras* no México, o sindicato ficava mais fraco, e cada vez mais se tinha a certeza de que, no fim, ele não iria salvar ninguém.

O serviço não destruía o corpo, como nas usinas de aço, mas derrubava. Tammy desenvolveu asma depois de trabalhar com um pote de solda na Thomas Road, mergulhando fios de cobre em chumbo derretido. Parecia que seu peito e suas costas tentavam se tocar, e ela ficava tão mal que teve de ser hospitalizada algumas vezes. Como muitos outros empregados, também teve síndrome do túnel do carpo — chamada de "mãos Packard" e tratada com talas e remédios — e, anos depois de ter deixado de trabalhar na fábrica, às vezes a dor ainda a acordava durante a noite.

Ela descobriu que podia ser um pouco rebelde. Uma vez, uma temporária veio trabalhar em sua área, uma mulher branca de trinta e tantos anos, divorciada, com filhos. Estava temerosa demais para fazer pausas, tinha medo de ir ao banheiro ou conversar com os colegas, porque achava que perderia o emprego. Era uma daquelas pessoas que chegavam bem cedo, quando todo mundo batia o ponto cinco minutos antes de seu turno. Tinha uma aparência desgastada e estressada. Um dia, Tammy a viu de quatro limpando o óleo do chão de cimento. Aquele óleo estava lá havia vinte anos — ela não ia conseguir removê-lo, e de qualquer modo o óleo derramado deveria ser sugado com um aspirador —, mas a mulher achava que aquilo era uma coisa que tinha de fazer. A turma da limpeza ganhava 22 dólares por hora para manter a fábrica limpa, mas lá estava ela, de quatro, e a pessoa responsável pela limpeza sentada sobre seu traseiro gordo, com os pés para cima, observando a trabalhadora que tentava limpar o chão. Tammy odiou ver aquilo — o pavor da moça. "Você não precisa fazer isso", ela disse. Estava irritada o suficiente para falar com seu supervisor: "Bob, você sabe que isso não está certo". Mas o que ela poderia fazer? Alguns dos trabalhadores especializados tornavam a vida difícil para os temporários que vinham e faziam o dobro do trabalho pela metade do dinheiro. Mais tarde, Tammy disse: "Eu senti que aquela moça tinha uma família. Ela precisava de um emprego, ponto. Precisava ganhar dinheiro, assim como qualquer um há vinte, 25, trinta anos atrás, para cuidar da família, e estava disposta a se desumanizar, porque precisava daquele emprego e poderia ser demitida por qualquer motivo. Não acho que nosso departamento tivesse alguma vez ficado tão limpo como depois que ela chegou".

Trabalhar na linha de montagem se resumia sobretudo a encontrar maneiras de fazer as horas passarem para que ela pudesse chegar em casa e ficar com os filhos. Às vezes, para mudar a rotina, trabalhava em sua estação da frente para trás, e às vezes de trás para a frente. Ela tocava sua música (principalmente R&B e funk dos anos 1970 — não curtia hip-hop, gostava de música feita por instrumentos, e não computadores), que tinha de ouvir por cima de um ventilador industrial e quatro ou cinco outros rádios na linha de montagem. Certa vez, uma garota branca reclamou que o rádio de Tammy estava alto demais, o que significava, na verdade, que a música era ruidosa demais, o que significava que era negra demais. Esse foi um dos poucos desentendimentos que ela teve na linha de montagem.

Mais do que tudo, Tammy conversava.

Passava mais tempo com algumas pessoas na fábrica do que com a família. Saía para almoçar com elas — no Eli's Famous Bar-B-Que, na Thomas

Road, no Cabaret, na North River Road, onde descontavam os cheques no dia do pagamento — e ir a bares como o Triangle Inn e o Café 83. Tammy não bebia como alguns dos outros, voltava ao trabalho e continuava naquela linha de montagem maldita que rodava sem parar — ela não sabia como conseguiam trabalhar. A diversão também fazia parte do trabalho. Havia uma senhora idosa na linha que era a pessoa mais grossa e ignorante que Tammy já conhecera, mas era *engraçada* — ia trabalhar com um nariz de porco no rosto e saía assustando as pessoas, apalpando os homens. O aniversário de todos do departamento era comemorado com um bolo, e as pessoas faziam bolões para jogar na loteria do futebol americano. Uma vez, quando esteve de licença por alguns meses com "mãos Packard", ela e um colega de trabalho ganharam o bolão do Super Bowl, o que Tammy só descobriu quando ele levou a metade dos oitocentos dólares à casa dela, sem nem precisar explicar do que se tratava.

Algumas pessoas se tornaram suas amigas íntimas, como Karen, uma garota negra da zona norte, que foi passada do turno da manhã para o da tarde ao lado de Tammy, que a treinou. Ela chamava Karen de sua irmãzinha maior, porque era dez anos mais velha e muito mais baixa. Karen também tinha três filhos, e elas se tornaram as melhores amigas por isso. Ou Judy, que dividia uma bancada com ela em seu último trabalho na Packard, a máquina de Judy de um lado, a dela do outro, durante três anos. "É assim que se constroem relacionamentos", disse Tammy, "e nós não podíamos circular de um lado para o outro, como em um escritório. Estávamos presas uma à outra. Sobre o que você fala? O cara das ferramentas — 'Como está sua esposa? Como estão seus filhos? Como vai seu filho no futebol?'" Quando se trabalha com pessoas por tanto tempo, acompanha-se os filhos delas crescerem nas fotos que mostram. Mais tarde, depois que ela saiu da fábrica, era da camaradagem que mais sentia falta.

Miss Sybil, a amiga de Tammy da zona leste, trabalhou em uma fábrica de lâmpadas da General Electric durante 38 anos, de 1971 até se aposentar, aos 63 anos, arrastando sacos de cinquenta quilos de cimento. "Quem pensa que os empregos nas fábricas eram bons precisa visitar alguém numa linha de montagem", disse ela. "A maioria das pessoas não sobreviveria em uma fábrica. Mitt Romney morreria em uma semana."

Tammy sobreviveu por dezenove anos. Nunca pensou nisso como algo especial e, quando alguém lhe perguntava como aguentava fazer a mesma coisa um zilhão de vezes, não sabia o que responder. Fazia o que era preciso fazer. Era um salário, um salário decente, e que a salvava para que pudesse salvar seus filhos.

Tammy não conhecia Flip Williams muito bem, ele era dez anos mais velho, embora conhecesse seu irmão. Flip controlava o tráfico de drogas no conjunto habitacional KimmelBrooks, na zona leste. Ele foi para a Califórnia, entrou na gangue dos Crips e passou um tempo na prisão por tráfico de cocaína, no final da década de 1980. Quando saiu, voltou para Youngstown e tentou retomar o Brooks. Em 1991, na noite do feriado do Dia do Trabalho, Flip foi com três adolescentes a uma casa no Brooks onde morava o traficante que assumira o controle do comércio local de crack, algemaram o sujeito e taparam sua boca com fita adesiva. (Ele havia planejado tudo, fizera mapas da casa, usou walkie-talkies comprados na RadioShack.) Flip mandou sua namorada, que estava junto, telefonar para dois amigos do sujeito que comandavam o tráfico com ele e os atrair para a casa. Enquanto tudo isso acontecia, um quarto homem, Teddy Wynn — que era primo de Barry, pai do primeiro filho de Tammy, e que tinha acabado de sair da Força Aérea —, resolveu dar uma passada lá para uma visita. Lugar errado, hora errada. Flip amarrou todos, depois estrangulou Teddy e um dos outros, mandou a namorada aumentar o som para abafar o barulho, foi de quarto em quarto e atirou na cabeça dos quatro.

Em 2005, quando Flip foi finalmente executado com uma injeção letal pelo massacre do Dia do Trabalho, o conjunto KimmelBrooks já tinha sido demolido, reconstruído e rebatizado de Rockford Village. Tammy achava que a pena tinha demorado demais para ser aplicada. Flip cometera muitos outros assassinatos na zona leste pelos quais nem foi preso. Como manter na cadeia alguém que causou tanta devastação em uma comunidade?

No final dos anos 1980 e na década seguinte, Youngstown sempre esteve entre as dez cidades com maior taxa de homicídios no país, e liderava em assassinatos de mulheres negras com menos de 65 anos. A mídia dava destaque aos assassinatos da máfia, porque durante aquela época Youngstown foi palco de uma guerra de fronteira entre as famílias Lucchese e Genovese, com muitos ataques de mafiosos a pessoas proeminentes. Em 1996, um promotor do condado de Mahoning, praticamente a única autoridade do condado que não estava a soldo do crime organizado, foi baleado em sua cozinha e sobreviveu. No final da década de 1990, não havia mais dinheiro em Youngstown pelo qual brigar, e as guerras da máfia acabaram. Mas Youngstown passou a ser Murdertown, porque a maioria das mortes acontecia em bairros como o de Tammy, por causa de drogas e desentendimentos.

Tammy perdera a conta das pessoas que conhecia que tinham sido mortas. Quando olhava para os rostos sorridentes em seus anuários escolares, podia apontar os alunos que acabaram assassinados, ou que estavam na cadeia ou nas drogas, e eram pelo menos a metade. Uma menina de sua escola levou um tiro disparado de um carro em movimento no Brooks. Uma de suas melhores amigas de infância, Geneva, abandonou a escola e teve duas filhas, e na época em que Tammy terminava o ensino médio um homem desceu de um carro e começou a discutir com Geneva, jogou-a no chão e atirou na cabeça dela. Ninguém foi preso. Anthony, tio de Tammy, viciado como sua irmã mais velha, Vickie, foi morto, e seu corpo foi desovado na zona leste. "Do final dos anos 1980 até os anos 1990, Youngstown ficou louca, muito louca", contou Tammy. "Quando você pensa no motivo para isso, se dá conta de que não havia empregos."

Quando os irmãos de Tammy eram adolescentes, ela supôs que andavam com os Crips, porque sempre usavam azul. Eles moravam com a mãe na Shehy Street, a duas quadras da Charlotte, vendiam drogas na frente de casa e mandavam na rua. Tammy nunca viu o pai deles impor qualquer tipo de disciplina. Sua mãe tentava — ela queria mais para eles, doía-lhe ver que estavam sempre se metendo em problemas —, mas eles respondiam a ela de uma forma que Tammy nunca teria feito. Vickie estava se drogando novamente, embora Tammy não soubesse disso na época: durante anos, ela acreditou que a mãe permanecia limpa desde que ela estava no sexto ou sétimo ano. Vickie fazia Tammy levá-la de carro para pegar algo com um amigo, ou levar dinheiro para alguém a quem devia, e só mais tarde Tammy entendeu que era droga, e que estava ajudando a mãe a se drogar. Descobriu a verdade quando Vickie ficou viciada em Oxycontin, que lhe receitavam para a dor, porque ela tinha artrite degenerativa: suas articulações simplesmente se desintegravam, e seus ossos ficaram tão frágeis que se quebrariam se ela fizesse um movimento para o lado errado. O médico da casa de repouso em que Vickie estava contou a Tammy que sua mãe usava heroína.

Dobrando a esquina da casa de Vickie havia outra gangue, os Playas da Ayers Street, que se identificavam como Bloods. No final da década de 1990, os irmãos de Tammy estavam na linha de frente de uma guerra de gangues por território do tráfico de crack, mas Tammy também só se deu conta disso mais tarde: "Eu não estava por dentro do que estava acontecendo porque tinha filhos e estava tentando mantê-los fora daquilo". Um dia, James, o mais velho dos irmãos, foi baleado em plena luz do dia, na varanda da frente da casa da Shehy Street. Uma noite, Edwin, o irmão mais moço, estava sentado em um carro com um amigo no terreno baldio ao lado da casa quando um sujeito armado caminhou até a janela do carro e atirou em seu amigo. Alguns anos mais tarde, em um carro diferente, junto com um amigo diferente e Dwayne, o irmão do meio, Edwin foi baleado três vezes nas costas por um homem encapuzado. Ele sobreviveu. Dwayne e Edwin acabaram ambos passando um bom tempo na prisão.

A casa de Vickie na Shehy Street ficava ao lado de uma mercearia, a F&N Food Market, que era famosa pela confusão ao seu redor, inclusive um jogo de dados que atraía jogadores violentos. Um dia, Edwin e Dwayne — que então tinham quase vinte anos — jogavam dados atrás da mercearia com dois porto-riquenhos. Dwayne estava com sua arma debaixo da almofada da cadeira, caso houvesse problemas. John Perdue, um amigo dos irmãos Thomas, chegou e entrou no jogo. Em poucos minutos Perdue e um dos porto-riquenhos, Raymond Ortiz, estavam discutindo sobre uma aposta de cinco dólares. Ortiz pegou a arma de Dwayne e exigiu o dinheiro. Perdue se recusou a pagar. Dwayne acalmou Ortiz, que junto com o amigo se afastou na direção de seu carro, mas então eles voltaram, Ortiz ainda furioso, e a discussão continuou. A coisa terminou quando Ortiz ameaçou ou bateu em Perdue com a arma, e Perdue a arrancou da mão dele e atirou na cabeça de Ortiz.

Vickie conhecia a mãe do morto e, como foi o amigo dos irmãos Thomas que o matou, com a arma de Dwayne, durante um jogo de dados próximo à casa de Vickie, houve bastante ressentimento entre as duas famílias. Não muito tempo após o assassinato, foram disparados tiros contra a casa de Vickie — abrindo buracos de bala na geladeira e no forno — e Tammy tirou a mãe de lá. Depois alguém jogou um coquetel molotov na casa, e do pavimento térreo só sobraram as paredes. O prefeito de Youngstown mandou "derrubar imediatamente a casa da Shehy Street, 1343, danificada pelo fogo, infestada de drogas e propensa à violência", noticiou *The Vindicator*, sob a manchete IMÓVEL IN-CÔMODO DEMOLIDO. Uma retroescavadeira municipal entrou no gramado e começou a derrubar a varanda da frente, enquanto os vizinhos observavam e aprovavam. "A monstruosidade da zona leste desapareceu no início da tarde." A casa valia cerca de 4 mil dólares. Sua perda deixou Vickie arrasada.

Àquela altura, Tammy já havia deixado a zona leste.

No início da década de 1990, a casa da Charlotte Avenue foi invadida várias vezes por garotos. Vovó tinha por volta de noventa anos e estava quase cega, e Tammy a havia instalado no andar térreo. Tammy estava trabalhando no turno da tarde, o que significava que não chegava em casa antes da meia-noite, mas não tinha dinheiro para pagar alguém que ficasse na casa. Depois da escola, seus filhos iam para a casa da mãe de uma amiga, na zona sul, onde Tammy os apanhava antes de ir para casa. Até essa hora, Vovó ficava sozinha, e Tammy tinha medo de que alguém invadisse o imóvel de novo e fizesse alguma coisa para machucá-la porque ela não podia enxergar. Depois de vinte anos no número 1319 da Charlotte, ela se mudou com a família em maio de 1992. Vovó havia morado na zona leste por mais de meio século, e morreu três meses depois de mudar para a zona sul.

Tammy alugou a casa da Charlotte por três anos. Em 1995, decidiu vendê-la. O máximo que conseguiu foi 5 mil dólares — metade do que Vovó pagara em 1972 — de uma senhora que em seguida voltou para Porto Rico e a pôs para alugar. Depois disso, a casa começou a decair, até ser abandonada na década de 2000.

Tammy pagou 23 mil dólares pela casa na zona sul. Era pintada de cor de laranja, com quatro colunas grossas na varanda da frente e linda por dentro. O bairro ficava perto de Indianola, uma área que fora habitada por brancos quando Tammy era menina e morava na zona sul, mas que estava mudando rapidamente, com os brancos indo embora e pessoas que recebiam auxílio do governo se mudando para lá, entre as quais muita gente que ela conhecia da zona leste. Tammy tinha um namorado na zona sul. Seu nome era Brian, e ela o conhecera na escola, ainda que ele fosse dois anos mais velho (como a maioria de seus amigos). Eles começaram a namorar em 1990, e Brian era como um pai para seus três filhos, em especial para a caçula. Ele não tinha um emprego estável — trabalhava de vez em quando como auxiliar em escolas —, mas ajudou Tammy a lidar com a perda de Vovó e amava os filhos dela. Em 1995, quando ela estava para completar 29 anos, Brian a pediu em casamento. Ela não respondeu de imediato. Foi para Cleveland com três de suas amigas, numa viagem de aniversário. No hotel, Tammy discutiu o assunto e decidiu que aceitaria a proposta, e foi bem no momento em que elas saíram do hotel para ir às compras que Brian foi morto.

Ela nunca descobriu exatamente o que aconteceu — uma discussão com alguém cuja família Tammy conhecia desde que eram crianças. "Brian era um cara muito bom", disse ela, "mas eu não sabia que ligações ele mantinha. Eu não sabia de nada de errado ou ruim a seu respeito. Ele tinha o maior coração que já encontrei em um cara, e os meus filhos o adoravam." Uma amiga falou para Tammy que sua filha mais nova, de sete anos, precisava de terapia, mas Tammy deu de ombros — "Ela está bem" — porque era assim que ela havia sobrevivido por três décadas de vida, dizendo a si mesma "está tudo bem, está certo, eu vou dar a volta por cima". Dez anos depois, Tammy foi a um retiro da igreja e, quando voltou, ficou furiosa ao descobrir que sua filha havia feito uma tatuagem. Mas se acalmou quando viu que eram os anos de nascimento e morte de Brian e suas iniciais. Foi então que ela entendeu: sua filha nunca tinha chorado pelo único homem que chamou de pai.

No ano seguinte à morte de Brian, Tammy começou a ir ao Mill Creek Park três dias por semana, às vezes todos os dias, depois de levar as crianças para a escola, se estava fazendo o turno da tarde, ou quando saía do trabalho, se estava no turno da manhã. Caminhava pelas trilhas e sentava junto ao antigo moinho feito de madeira às margens do rio, com o som de uma cachoeira que caía da represa, para ficar a sós com Deus, pensar e rejuvenescer.

A deterioração urbana se espalhava, ganhava velocidade, e foi seguindo Tammy depois que ela se mudou. O que demorara uma ou duas décadas na zona leste levou apenas alguns anos na zona sul. O bairro de Tammy ficou muito perigoso, uma gangue chamada Dale Boys, porque moravam em Avondale e Auburndale, tomou conta do local. Em 1997, ela se mudou com as crianças para a casa ao lado da mãe de Brian, mas não conseguiu vender o imóvel que havia deixado — descobriu-se que havia um monte de coisas erradas — e acabou fazendo um acordo com o banco, dando a casa de volta em troca do cancelamento da hipoteca.

Pensou em sair de Youngstown. A criminalidade mostrava-se terrível em quase todos os lugares, e não havia oportunidades além do trabalho que já tinha. A maioria das pessoas que tinham alguma chance longe dali estava indo embora ou já tinha ido. A cidade inteira vivia uma trajetória descendente. Mas em pouco tempo ela completaria seus dez anos de Packard, o que significaria remuneração e benefícios completos, inclusive aposentadoria. Sentia-se grata por ter um bom emprego, e Youngstown não era cara. Com o tempo, ela começou um negócio paralelo em sua varanda fechada, ajudando pessoas a planejar casamentos, desenhando convites e os imprimindo em sua impressora a laser; depois, entrou no negócio de cestas do Dia dos Namorados, cartões de formatura e até mesmo programas de funeral. Ela chamou seu negócio de A Perfect Cup of T.* Uma noite, ela e a filha mais nova sentaram-se diante da TV e fizeram manualmente 350 laços e colaram 350 pérolas nos laços para lembranças de casamento. Ela também revendia produtos Avon na fábrica — dava para ganhar um bom dinheiro numa empresa cheia de mulheres. Mudar-se dali não estava nos planos dela.

Era mais difícil chegar à Packard a partir da zona sul do que da zona leste, e Tammy fazia constantes malabarismos com babás, programas extracurriculares na escola e horários de trabalho. Usava seus dias de férias para ver as apresentações da filha mais velha e os jogos de futebol americano do filho. Nos fins de semana, mantinha os filhos entretidos, sem gastar muito dinheiro, indo de carro à zona rural para colher morangos e maçãs. Fazia com que fossem à igreja no domingo e ao grupo de estudos bíblicos depois da escola. Se não podia ir à reunião de pais e professores, conversava com o professor pela manhã, antes das aulas e, depois que surgiram os telefones celulares, os professores sempre tiveram seu número para que pudessem entrar em contato com ela na fábrica. Só começou a fazer horas extras quando as crianças ficaram mais velhas. Eles levavam seus amigos para casa porque ela queria saber quem eram e o que estavam fazendo. As meninas não puderam usar maquiagem até os dezesseis anos, e quando seu filho tinha treze e voltou de uma visita ao pai com a orelha furada, Tammy o mandou tirar o brinco porque havia lhe dito que não usasse piercing até o ensino médio, e quando chegou ao ensino médio, ele já não queria mais. Mesmo quando estavam no último ano do colégio, nunca voltaram para casa depois da meia-noite, ou da uma da manhã em ocasiões

---

* Em tradução literal, "Uma xícara perfeita de T", em que a letra T significa tanto "chá" como a inicial de seu nome, Tammy. (N. T.)

especiais. Ela não os maltratava, cedia às vezes, mas precisavam ter disciplina, e Tammy não brincava com isso. As ruas estavam uma loucura. E suas filhas não engravidaram, seu filho não entrou em gangues, todos terminaram o ensino médio e foram para a faculdade. Deus a abençoou com três bons filhos.

Certa vez, alguém que ela conhecia manifestou espanto pelo fato de ter criado três filhos em Youngstown e de que todos estivessem se saindo bem. Tammy entendeu o que a pessoa estava dizendo, mas ela só fizera o que deveria fazer. "Eu não tinha escolha, porque meus filhos iam ter uma vida melhor que a minha. Eles teriam uma vida melhor que a dos meus irmãos. Fiz o que precisava fazer, e foi isso que a minha bisavó fez."

Mr. Sam: Sam Walton

Sam nasceu em 1918 em Kingfisher, no estado de Oklahoma, bem no meio do país. Ele cresceu numa época de grande miséria. Após o golpe da Depressão, seu pai, Thomas Walton, conseguiu um emprego para executar a reintegração de posse de fazendas do Missouri, em nome da Metropolitan Life Insurance Co. Às vezes, Sam viajava com o pai e via como ele tentava preservar um pouco da dignidade dos agricultores que não haviam pagado seus empréstimos e estavam prestes a perder suas terras. Sem dúvida, foi assim que Sam aprendeu a ter uma atitude cautelosa em relação ao dinheiro. Ele era pura e simplesmente pão-duro. Foi criado dessa maneira. Mesmo depois que se tornou o homem mais rico dos Estados Unidos — e odiou quando a *Forbes* jogou os holofotes sobre ele, em 1985, pois a atenção causou muitos problemas à sua família —, ele ainda parava para pegar uma moeda de cinco centavos do chão. Jamais apreciou estilos de vida ostentatórios. Honestidade, zelo, esforço e economia — esses eram seus princípios básicos. Exatamente como uma pessoa comum.

"Dinheiro nunca significou muita coisa para mim", escreveu ele, perto do fim da vida. "Se tivéssemos mantimentos suficientes e um lugar simpático para morar, bastante espaço para manter e alimentar meus cães de caça, um lugar para caçar, um lugar para jogar tênis, e os meios para dar às crianças uma boa educação — isso é riqueza. Não há dúvida a respeito disso."

Seu pai nunca foi muito bem-sucedido, mas sua mãe tinha ambições para os dois filhos, e o casal brigava o tempo todo. Talvez fosse por isso que Sam precisasse estar sempre ocupado. Ele gostava de pertencer a grupos e competir — escoteiro-chefe, *quarterback* do time de futebol americano e presidente do grêmio estudantil na Hickman High, em Columbia, e membro da fraternidade Beta Theta Pi na Universidade do Missouri. Aprendeu a falar com as pessoas antes que falassem com ele. Era pequeno e magro, com um amigável rosto de ave de rapina, e queria ganhar sempre.

Sam descobriu muito jovem que era capaz de vender coisas. Trabalhou entregando jornais para pagar seus estudos do ensino médio até a faculdade, e ganhou um concurso de venda de assinaturas de porta em porta. Depois da faculdade, foi trabalhar em uma loja J. C. Penney em Des Moines, por 75 dólares por semana. Foi seu primeiro emprego no varejo e durou tempo suficiente para Sam aprender que, se fossem chamados de "associados", os funcionários adquiriam um sentimento de orgulho pela empresa. Então veio a guerra. Ele passou três anos no Exército, servindo em solo americano devido a um problema no coração. Quando saiu, estava decidido a voltar para o varejo, mas por conta própria.

Sam queria comprar uma franquia da loja de departamentos Federated em St. Louis, porém Helen, a filha de um rico advogado de Oklahoma com quem tinha se casado havia pouco tempo, recusava-se a viver em uma cidade com mais de 10 mil habitantes. Eles acabaram em Newport, Arkansas, população de 5 mil, onde Sam comprou uma loja de artigos diversos Ben Franklin, com a ajuda do sogro. Havia outra loja do lado oposto da rua, e ele passava horas estudando como a concorrência fazia as coisas. Isso se transformou em um hábito de toda a vida. Foi em Newport que Sam começou a pensar em métodos que se tornaram a base do seu sucesso.

Ele comprava calcinhas de cetim do fornecedor da Ben Franklin por 2,50 dólares a dúzia e vendia três por um dólar. Mas quando encontrou um representante do fabricante em Nova York que lhe venderia uma dúzia por dois dólares, fez uma promoção de quatro por um dólar. Seu lucro por calcinha caiu em um terço, mas ele vendeu três vezes mais. Comprar barato, vender barato, muito volume, giro rápido. Isso se tornou a filosofia de Sam e, em cinco anos, suas vendas triplicaram, fazendo de sua loja a franqueada número um da Ben Franklin de uma região que incluía seis estados.

As pessoas gostavam de economizar. Quando viam algo a um preço muito baixo, acabavam comprando. Isso valia para as pequenas cidades brancas de Arkansas, Oklahoma e Missouri após a guerra. Isso valia para todos os lugares em qualquer época.

E valia também para Bentonville, no Arkansas, para onde Sam e Helen se mudaram com os quatro filhos em 1950, depois que um proprietário esperto pediu de volta o imóvel onde ficava a loja de Newport. Sam abriu a Walton's 5&10 na praça principal de Bentonville, população de 3 mil, e se deu tão bem que ao longo da década seguinte ele e seu irmão Bud abriram mais quinze lojas. Eles estavam nos pequenos lugares que não interessavam ao Kmart e à Sears — Siloam Springs, no Arkansas, Coffeyville, no Kansas, St. Robert, no Missouri. As pessoas podiam ser avarentas, mas havia maior volume de negócios nesses lugares do que a turma inteligente de Chicago e Nova York imaginava. Sam avistava esses locais de seu Coupe Air de dois lugares, espreitando as cidades, fazendo o reconhecimento das estradas e dos padrões de construção, para depois achar o pedaço certo de terra desocupada.

Dominado por seu sonho febril de varejo, ele deixava a família nas férias para ir conhecer as lojas na região onde estavam hospedados. Esquadrinhava a concorrência e tirava dela seus melhores homens, oferecendo a eles participação no investimento em suas franquias. Imaginava estratagemas para atrair negócios e fazer seus concorrentes pensarem que ele era sentimental. Espremia cada centavo de seus fornecedores. Nunca parava de trabalhar. Tinha de continuar crescendo sem parar. Nada poderia atravessar seu caminho.

Em 2 de julho de 1962, Sam abriu sua primeira loja de descontos independente, em Rogers, no Arkansas. Dar descontos enormes e vender de tudo, desde roupas de marca a autopeças, era a onda do futuro. Ele precisava surfá-la ou seria varrido. Era tão pão-duro que queria uma placa com o menor número de letras possível: a nova loja se chamava "Wal-Mart". Prometia "preço baixo todo dia".

Em 1969, já era dono de 32 lojas em quatro estados. No ano seguinte, Sam abriu o capital da empresa. A família Walton possuía 69% das ações, e Sam passou a valer cerca de 15 milhões de dólares. Empreendedorismo, livre-iniciativa, risco — as únicas maneiras de melhorar a qualidade de vida das outras pessoas.

Ao longo da década de 1970, o Wal-Mart dobrou suas vendas a cada dois anos. Em 1973, havia 55 lojas em cinco estados. Em 1976, 125 lojas, com vendas de 340 milhões de dólares. A rede se espalhou pelas cidades esquecidas do meio dos Estados Unidos em um grande círculo cujo centro era Bentonville, devastando farmácias e lojas locais de ferragens e saturando as regiões que conquistava de tal forma que ninguém mais podia competir; cada novo Wal--Mart instaurava uma moda massificada a um dia de viagem da sede da empresa, onde o centro de distribuição estava localizado. As lojas eram grandes como hangares de avião, sem janelas, com gigantescos estacionamentos pavimentados sobre campos e árvores, situadas longe do centro da cidade para atrair a expansão imobiliária. Computadores sofisticados controlavam minuto a minuto todos os artigos do estoque que eram encomendados, transportados e vendidos.

Em 1980, já havia 276 lojas, e as vendas ultrapassavam 1 bilhão de dólares. Ao longo da década, o crescimento do Wal-Mart explodiu para todos os cantos do país e, depois, do exterior. Sam construiu lojas até em grandes cidades como Dallas e Houston, onde havia mais roubos e era mais difícil encontrar pessoas de conduta moral adequada que estivessem dispostas a trabalhar nelas. Hillary Clinton tornou-se a primeira mulher a integrar o conselho do Wal-Mart. Seu marido — o governador — e outros políticos foram a Bentonville prestar suas homenagens. Em meados da década, Sam tornou-se oficialmente o homem mais rico da América, com uma fortuna estimada em 2,8 bilhões de dólares. Continuava tão pão-duro como sempre: pagava cinco dólares por um corte de cabelo no centro de Bentonville e não deixava gorjeta. Ele e sua empresa não doavam quase nada para a caridade. Mas, todos os anos, cada loja Wal-Mart concedia uma bolsa de estudos de mil dólares para um aluno de último ano escolar da localidade, e por algum motivo isso rendia uma publicidade melhor do que a generosa filantropia corporativa.

Sam ainda voava em um avião bimotor e visitava centenas de lojas por ano. Costumava liderar a multidão de associados reunidos em um ruidoso canto (teve essa ideia numa viagem à Coreia do Sul na década de 1970):

"Me deem um W!"

"W!"

"Me deem um A!"

"Me deem um L!"

"Me deem um traço!" (Todos, inclusive Sam, faziam um pequeno requebro com o corpo.)

"Me deem um M!"

"Me deem um A!"

"Me deem um R!"

"Me deem um T!"

"O que elas formam?"

"WAL-MART!"

"Quem é o número um?"

"O cliente!"

Sam sempre aparecia com um crachá de plástico exibindo seu prenome, como todos os seus atendentes. Fazia questão de recolher sugestões, ouvir reclamações e prometer resolvê-las, e os empregados horistas sentiam-se mais acolhidos por aquele homem simpático do que por seus gerentes. Os associados recebiam instruções de conduta moral e precisavam de permissão do gerente distrital para namorar colegas. Eles erguiam as mãos e repetiam uma promessa: "Deste dia em diante, prometo e declaro solenemente que a cada cliente que chegar a menos de três metros de mim eu vou sorrir, olhá-lo nos olhos e cumprimentá-lo, juro por Sam".

O patrão tornou-se Mr. Sam, objeto de um culto personalista folclórico. As reuniões anuais atraíam milhares de pessoas para o Arkansas e eram encenadas como comícios motivacionais, iluminados com fervor evangélico. De seu escritório espartano em Bentonville, o presidente escrevia uma carta mensal que era enviada para suas dezenas de milhares de funcionários, agradecendo-lhes e exortando-os. Em 1982, depois que foi diagnosticado com leucemia, ele assegurou a todos: "Continuarei fazendo visitas, talvez com menos frequência, mas estarei tentando e querendo vê-los. Vocês sabem o quanto adoro conversar sobre o que estão fazendo".

Quando uma cidade da Louisiana tentou impedir a entrada do Wal-Mart, temendo que deixasse a principal rua do centro deserta, a notícia não foi alardeada. Quando surgiram relatos de que os trabalhadores do Wal-Mart eram tão mal pagos — em empregos de meio período sem benefícios — que muitas vezes dependiam da assistência social, Mr. Sam falou sobre o associado horista que se aposentou com 200 mil dólares em seu plano de participação acionária e disse que estava elevando seus padrões mediante a redução do custo de vida. Quando atendentes e motoristas de caminhão tentaram entrar para sindicatos e o Wal-Mart os esmagou impiedosamente, demitindo quem foi tolo o suficiente para abrir a boca, Mr. Sam apareceu e pediu desculpas aos associados que se sentiam maltratados, prometendo melhorias, e alguns deles disseram que se Mr. Sam soubesse o que estava acontecendo, as coisas não seriam tão ruins. Quando o deslocamento dos empregos nas fábricas para o exterior tornou-se um fenômeno de grande fluxo, Mr. Sam lançou a campanha Compre Produtos Americanos, recebendo elogios de políticos e jornais de todo o país, e as lojas do Wal-Mart penduraram placas de MADE IN USA acima de prateleiras de roupas importadas de Bangladesh, e os consumidores não pararam para pensar que o Wal-Mart estava empurrando os fabricantes americanos para o exterior ou para a falência ao exigir preços baixíssimos.

O amigável rosto de ave de rapina sob um boné de beisebol do Wal-Mart nas cores azul e branco sorria mais à medida que envelhecia. Enquanto Mr. Sam estivesse vivo, o Wal-Mart seria uma grande história americana nascida em Bentonville.

Em 1989, o câncer voltou aos seus ossos, um incurável mieloma múltiplo. Mr. Sam tentou não diminuir o ritmo. Na reunião anual seguinte, previu mais de 100 bilhões de dólares em vendas no início do milênio. "Podemos fazer isso?", gritou para 9 mil pessoas em uma arena na Universidade de Arkansas, e elas gritaram de volta: "Sim, nós podemos!". Ele escreveu suas memórias, perguntando-se se deveria ter passado mais tempo com a família em seus últimos anos, ou se dedicado a obras de caridade, e concluiu que faria exatamente as mesmas coisas de novo. As parcerias e sociedades haviam mantido o dinheiro na família, e Helen e os quatro filhos (todos tinham recebido uma criação interiorana e conservadora) eram donos de uma fortuna de 23 bilhões de dólares, e seis dos Walton sobreviventes viriam a concentrar uma riqueza equivalente ao que possuíam, juntos, os 30% mais pobres da população dos Estados Unidos.

No início de 1992, Mr. Sam estava definhando. Em março, o presidente Bush e sua esposa foram a Bentonville, e ele se levantou cambaleante da cadeira de rodas para receber a Medalha Presidencial da Liberdade. Em seus últimos dias, nada o animava mais do que receber no hospital uma visita do gerente de uma loja local, que queria falar sobre estatística de vendas. Em abril, logo após completar 74 anos, Mr. Sam faleceu.

E foi só depois de sua morte, depois que o fundador caipira do Wal-Mart deixou de ser sua face pública, que o país começou a compreender o que a empresa dele havia feito. Ao longo dos anos, os Estados Unidos ficaram mais parecidos com o Wal-Mart. O país se tornara mesquinho. Os preços eram mais baixos, e os salários eram mais baixos. Havia menos empregos fabris sindicalizados e mais postos de trabalho de atendente de loja em meio período. As cidades pequenas onde Mr. Sam percebera sua oportunidade de negócio estavam ficando mais pobres, o que significava que seus consumidores dependiam cada vez mais de preços baixos todos os dias, faziam todas as compras no Wal-Mart e talvez também tivessem de trabalhar lá. O esvaziamento da região central dos Estados Unidos era bom para o lucro líquido da empresa. E, em algumas partes do país que estavam enriquecendo, nas regiões costeiras e em algumas grandes cidades, muitos consumidores viam com horror o Wal-Mart e seus vastos corredores cheios de artigos vagabundos, quando não perigosos, fabricados na China, e preferiam comprar sapatos e carnes em butiques caras, como se pagar mais pudesse vaciná-los contra a disseminação da mesquinharia, enquanto lojas como a Macy's, baluartes de uma antiga economia de classe média, desapareciam, e os Estados Unidos começavam a ficar parecidos de novo com o país onde Mr. Sam havia crescido.

1994

**COM O ANO NOVO VEM A NOVA ZONA DE LIVRE-COMÉRCIO, NOVAS INCER-
TEZAS**... "Eu não me sinto ameaçada", diz a tecelã de 35 anos, que trabalha na Cone Mills, a maior produtora mundial de brim, desde que tinha dezoito anos. "Vai ser bom para a indústria têxtil. Vai ajudar a salvar o futuro de nossos empregos."... **PARTICI-
PANTE DO *REAL WORLD* DA MTV GRAVEMENTE DOENTE**... *Foda-se o mundo, fodam-se minha mãe e minha garota/ Minha vida se desenrola como uma cara-
pinha/ eu estou pronto para morrer*... **KURT COBAIN, 1967-1994 Em Seattle, um clima de desânimo adolescente**... resultado do aumento das preocupações dos pais. "Cada vez mais", disse Lieberman, "você fica sabendo de eleitores que dizem: 'Nós estamos [...] preocupados com valores, estamos preocupados com o declínio moral na nossa sociedade'."... Alison Quigg, de catorze anos, por exemplo, gastou quinhentos dólares em suas calças frouxas cor de laranja e camisetas enormes. "Vemos essas roupas na MTV", diz ela. "Achei que ficam bem."... Se os Estados Unidos fizeram tanto para encorajar as mulheres de alto QI a ter filhos quanto fazem agora para encorajar as mulheres de baixo QI, isso seria com razão descrito como uma manipulação agressiva da fertilidade... **AS CIDADES ATINGIRAM UM NÚ-
MERO RECORDE DE ASSASSINATOS E OS JOVENS DESEMPENHAM UM PAPEL SOMBRIO**... **LENTIDÃO VERGONHOSA EM RUANDA**... Telespectadores de todo o país viram ontem à noite o Ford Bronco branco de O. J. Simpson ser perseguido pelas

estradas da... Enquanto os líderes democratas no Congresso lutam para redigir a legislação da saúde que segue os princípios do presidente Clinton, Newt Gingrich, o coordenador republicano, uniu seu partido... Telefone gratuitamente. Conheça os fatos. Se deixarmos o governo escolher, perdemos... **OPRAH VENCE Ela perdeu trinta quilos, depois ganhou quarenta. Agora, depois de uma guerra de cinco anos contra seu peso, é mais uma vez a rainha da magreza**... **UM TRIUNFO REPUBLICANO HISTÓRICO**... A turma de calouros, que não inclui uma única "femi--nazi", um dos epítetos preferidos do sr. Limbaugh para as defensoras dos direitos das mulheres, berrou e aplaudiu, mostrando ser um grande fã-clube do homem que ela acredita que tenha sido o principal responsável por... *Troquei o meu lema, em vez de dizer foda-se o amanhã/ Aquela nota que comprou uma garrafa poderia ter ganhado na loteria.*

Jeff Connaughton

Connaughton morava em um apartamento no subsolo de um prédio da Sixth Street, em Capitol Hill, embaixo de Mitch McConnell e ao lado de Daniel Patrick Moynihan. A poucos quarteirões para o leste, o norte e o sul, encontravam-se ruas deterioradas do tipo que ele havia visto em 1979, quando se perdeu no caminho ao vir do Alabama para achar um senador republicano que debatesse com Biden. Mas Connaughton nunca entrava nesses bairros. Enquanto esteve na equipe de Biden, Capitol Hill era o lugar onde trabalhava, dormia e mantinha sua vida social. As horas no escritório eram longas; depois passava as noites da semana com outros funcionários jovens no Tune Inn, no Hawk 'n' Dove e em outros pontos de encontro de Capitol Hill.

Nas duas décadas seguintes, ele continuou a ser um aliado de Biden, mas na realidade trabalhou para o senador por apenas quatro anos. Durante esse tempo, Biden aprendeu o nome de Connaughton e talvez seu valor. Ele era capaz de executar o tipo de trabalho — desenvolver pesquisas, redigir textos, trazer especialistas e sondar grupos de interesse — que fazia o senador parecer substancial. Esse era o objetivo da operação pós-desgraça de Biden, depois que o senador se recuperou de um aneurisma que quase acabou com sua vida e de uma cirurgia no cérebro que o deixou fora de ação no primeiro semestre de 1988: provar que não era apenas um falador exibido que havia sido pego em flagrante, que tinha a seriedade e a força legislativa para merecer uma segunda chance na disputa da presidência. Connaughton trabalhou com a Associação dos Advogados Processualistas e obstruiu uma alteração em uma lei sobre responsabilidade de companhias aéreas internacionais. Propôs fazer várias audiências sobre a política das drogas, o que daria a Biden a reputação de ser duro com o crime. Montou um dossiê com as realizações do senador, um contraponto ao arquivo de escândalos que foi usado na campanha de reeleição de Biden em 1990. E suportou os murmúrios de rejeição das plateias, o silêncio com que era recebida cada piada que tentava fazer. Por fim, Connaughton foi se sentar a uma mesa logo em frente ao gabinete de Biden, mas nunca se atreveu a pedir para falar com o chefe. "Eu não tinha base para lidar com Biden, que é uma espécie de gênio político", explicou ele. "Se você entrasse lá e ele percebesse qualquer confusão, dúvida ou incerteza em sua mente, cairia em cima disso." Assim como os jornalistas que haviam caído em cima de Biden quando sentiram o cheiro de seu sangue.

Então, em 1991, Connaughton decidiu que precisava ir para a faculdade de direito. Um diploma em direito lhe permitiria discutir políticas públicas, conhecer o núcleo duro das atividades do governo, ganhar dinheiro no decorrer de uma carreira e, talvez, voltar ao Alabama. Ele gastou as economias que fez em Wall Street em três anos na Universidade de Stanford. Quando se formou, em 1994, foi trabalhar como secretário de Abner Mikva, o presidente do Tribunal de Apelações do distrito de Columbia (um assessor de Biden o ajudou a conseguir o emprego). Mikva era um ex-deputado de Chicago, muito respeitado e querido. Logo em seguida, começaram os boatos de que Mikva seria nomeado advogado do presidente Clinton. De repente, o sonho de Connaughton de entrar na Casa Branca tomou um rumo que não tinha nada a ver com Joe Biden. Ele telefonou para Ted Kaufman. "Preciso que Biden ligue para Mikva e diga que sou ótimo, e que ele definitivamente deveria me levar junto." Connaughton trabalhava para Mikva fazia apenas um mês, e uma palavra do presidente da Comissão de Justiça do Senado valeria muito.

Poucos dias depois, Kaufman telefonou de volta para Connaughton. "Biden não quer ligar para Mikva."

"O quê?"

"Ele não quer falar com Mikva. Não tem nada a ver com você. Ele não gosta de Mikva."

Pela primeira vez, Connaughton ficou furioso demais para calar a boca. "Não faz diferença se ele gosta de Mikva! O assunto aqui sou eu."

Kaufman suspirou. Era um de seus deveres defender o chefe perante seus subordinados, para proteger Biden das consequências das ofensas e indignidades que distribuía. Em geral, isso significava silêncios táticos, ignorância fingida ou eufemismos com os quais a esposa de um pai tirânico apaziguava os filhos. Mas Kaufman gostava de Connaughton e falou com franqueza: "Jeff, não leve isso para o lado pessoal. Biden sempre acaba decepcionando todo mundo. Nesse sentido ele não discrimina ninguém".

Connaughton nunca perdoou Biden, e nunca mais seria surpreendido ou deixado na mão por ele novamente. Por muitos anos, continuaria a associar-se a Biden, arrecadar dinheiro para ele, fazer campanha para ele, *ser um colaborador de Biden*, mas o encanto de tudo isso morreu com o telefonema que Biden se recusou a dar. Houve sempre um aspecto transacional na obsessão de Connaughton, e esse passou a ser o aspecto central da colaboração entre os dois. Biden o havia usado e ele havia usado Biden, e eles continuariam a usar um ao outro, mas isso seria tudo. Era uma relação típica de Washington.

De qualquer modo, Mikva levou Connaughton para a Casa Branca, porque Connaughton fez o que sempre fazia quando era o número dois, ou seja, tornou-se indispensável. Antes de lhe oferecerem um emprego, escreveu um detalhado plano de transição para a mudança de Mikva ao cargo de advogado do presidente, com uma estratégia de mídia e um resumo das questões que ele iria enfrentar. Mikva nomeou Connaughton como assistente especial, com salário de 32 mil dólares anuais (seu salário de secretário). Nenhum dos dois tinha a menor ideia do que significava a função.

Connaughton pôs os pés pela primeira vez na Ala Oeste em 1º de outubro de 1994. Era um sábado, e ele vestia o que julgava que seria o traje apropriado para um fim de semana na Casa Branca: blazer azul, camisa branca, calça cáqui e mocassins, como se fosse a um jantar no clube de campo. A primeira pessoa que reconheceu foi George Stephanopoulos, andando curvado por um corredor, de moletom e barba por fazer. Os escritórios da Ala Oeste eram surpreendentemente pequenos e antiquados, como salas de um museu elegante e desgastado do período federalista. Para chegar ao escritório do advogado, que ficava em um canto do segundo andar, era preciso subir a escada à direita do hall de entrada. Havia quatro mesas na área da recepção, e Connaughton ganhou a que era utilizada por uma voluntária chamada Kathleen Willey, que todos sabiam que tinha uma "relação especial" com o presidente, e que o adjunto de Mikva, Joel Klein, queria tirar da Ala Oeste. Outra mesa tinha sido desocupada havia pouco tempo por Linda Tripp, uma assistente executiva de Vince Foster, o ex-advogado adjunto e amigo próximo de Clinton, que se suicidara um ano antes com um tiro de pistola na boca.

Para Connaughton, o prédio inteiro era um território sagrado, e sua admiração nunca se desvaneceu por completo. Ele começou a oferecer tours depois do expediente para quem desejasse fazer o passeio. Quando foi embora, dezesseis meses depois, já devia ter feito uns 350.

Naquele sábado de outubro, o presidente usou seu programa de rádio matinal para instar o Congresso a aprovar um projeto de lei que proibia presentes de lobistas e exigia a divulgação completa de seus negócios. A intervenção militar dos Estados Unidos no Haiti começara fazia uma semana. O cerco de Sarajevo estava em seu terceiro ano. A proposta da primeira-dama relacionada à saúde fora sacrificada no Senado pouco tempo antes. Alguns dos principais assessores e melhores amigos dos Clinton — Webster Hubbell, Bruce Lindsey — estavam sob investigação de Kenneth Starr, o promotor especial à época recém-nomeado para o caso Whitewater.* O presidente estava sendo processado por assédio sexual por Paula Jones, uma funcionária pública do estado de Arkansas. Dentro de um mês, o Congresso cairia nas mãos dos republicanos de Gingrich, abrindo um buraco enorme no meio do primeiro mandato de Clinton.

Whitewater, Travelgate, as pancadas diárias da imprensa, os ataques implacáveis dos republicanos, as investigações da advocacia independente: uma névoa de vigilância e paranoia se espalhou pelas duas alas da Casa Branca, mas o pior início de qualquer presidência em tempos recentes sempre se voltava para o escritório no canto do segundo andar. Era por isso que Clinton estava queimando advogados em velocidade recorde: Mikva era o terceiro em menos de dois anos. Seus colegas brincavam que Connaughton era o único advogado na Casa Branca que não tinha um advogado próprio.

---

* Referência à Whitewater Development Corporation, firma de empreendimentos imobiliários de amigos de Bill e Hillary Clinton, na qual o casal investiu muito dinheiro (antes da presidência), que foi à falência em circunstâncias controversas. (N. T.)

Não muito tempo depois de começarem a trabalhar, Mikva e Connaughton se reuniram com um funcionário da equipe de comunicação chamado David Dreyer. Na manhã seguinte, Mikva estava se preparando para o café da manhã mensal do *The Christian Science Monitor*, que ocorreria no dia seguinte, quando Dreyer veio com instruções: o advogado deveria anunciar que havia examinado o caso Whitewater e não encontrara nada.

O juiz Mikva, de quase setenta anos, um sábio de cabelos brancos, ficou em silêncio.

"Por que ele diria isso?", questionou Connaughton. "Ele só está aqui há duas semanas."

"Eu vou dizer o porquê", Dreyer falou rispidamente. "É a função dele dizer isso."

"Não é função dele jogar fora uma vida inteira de credibilidade em uma única manhã. Ninguém acreditaria nele."

Dreyer insistiu: Mikva era advogado do presidente e tinha a obrigação de defendê-lo. Era isso que significava trabalhar na Casa Branca — todo mundo servia o presidente, a lealdade pessoal era o imperativo máximo.

"Deixe-me pensar sobre isso", Mikva disse, por fim.

No café da manhã, Mikva evitou se comprometer com uma posição a respeito de Whitewater. Ele foi questionado sobre o fundo de defesa legal de Clinton, que havia sido criado por partidários do presidente depois que Paula Jones entrou com ação judicial em que acusava Clinton de tê-la acompanhado até seu quarto no hotel Little Rock em maio de 1991, baixado as calças e lhe pedido para praticar felação nele. (As acusações no fim foram resolvidas via acordo, em novembro de 1998, quando o fundo de defesa do presidente e companhias de seguros pagaram a quantia de 850 mil dólares exigida pela demandante, sem pedido de desculpas do presidente — um mês antes de seu impeachment pelo voto estritamente partidário da Câmara sob a acusação de perjúrio resultante de seu testemunho no processo Jones; três meses antes de sua absolvição pelo Senado; dois anos antes de Jones posar nua na *Penthouse* para pagar o salgado imposto sobre a casa que tinha comprado com o dinheiro do acordo; 26 meses antes de Clinton perder sua licença de advogado no Arkansas por cinco anos, em seu penúltimo dia na Casa Branca; e quatro anos antes de Jones perder uma luta no *Celebrity Boxing* da Fox TV para Tonya Harding, a ex-patinadora que virou criminosa, substituindo a ex-atiradora adolescente Amy Fisher.) "Estou constrangido", respondeu o juiz Mikva. "Espero que o presidente esteja constrangido." Ele acrescentou que não via alternativa para um fundo de defesa legal além de limitar a presidência aos muito ricos.

Todos os jornais do país publicaram a matéria, e Mikva ficou sabendo que Hillary Clinton não estava feliz que ele tivesse se queixado de controvérsias da família presidencial sem permissão. Mikva, que era tão ingênuo em política na era da sala de guerra e do Drudge Report quanto era sábio em direito constitucional, parou de falar com a imprensa. Demoraria meses até que entendesse que Hillary Clinton, e não ele, estava encarregada do caso Whitewater e assuntos correlatos, no comando de uma equipe extraoficial de advogados que havia instalado debaixo do nariz de Mikva, enquanto os Clinton usavam sua reputação no Congresso como escudo.

De início, enquanto os Clinton e seus assessores se irritavam, maquinavam e lutavam pela sobrevivência política, Connaughton não tinha quase nada para fazer. Ele havia chegado finalmente ao topo do Everest e estava entediado, porque Mikva nunca tinha definido seu papel. Havia apenas uma parede entre ele e os encontros em torno de altas questões no escritório de Mikva, mas em Washington aquela parede fazia toda a diferença. Os trabalhos esporádicos que recebia tomavam-lhe uma ou duas horas do dia. Ele estava tão preocupado em não parecer inútil que saía da Ala Oeste com um punhado de papéis e ia para o vizinho Old Executive Office Building, onde caminhava pelos corredores e folheava os papéis, como se estivesse fazendo alguma coisa importante.

Era um tipo de humilhação diferente de trabalhar para Joe Biden. Connaughton ligou para Ted Kaufman e disse que estava pensando em ir embora. Kaufman lhe recomendou paciência.

Um dia, Connaughton e outro auxiliar foram com Mikva ao escritório de Biden, no edifício Russell. Mikva queria ter um bom relacionamento com o presidente da Comissão de Justiça do Senado. Eles toparam com Biden no corredor, e Biden pôs o braço sobre o ombro de Connaughton e disse: "Jeff, como vai, camarada? Que bom ver você aqui. Depois de tantos anos comigo, você já sabe para onde levar essas excelentes pessoas. Deixe-os à vontade no meu gabinete, eu volto já".

Quando eles seguiram em direção ao gabinete de Biden, Mikva perguntou sem se alterar: "Joe sabia que você estava comigo antes de hoje?".

"Ah, sim. Ele sabia."

"Sempre achei que ele fosse me ligar."

Connaughton enfim entendeu por que Mikva o mantinha à distância. Mas, assim como um assessor de campanha de 27 anos de idade não podia dizer a um candidato presidencial "esperei seis anos e deixei Wall Street para trabalhar na sua campanha, mas você não pode me dar cinco minutos", um assistente especial de 35 anos de idade da Casa Branca não podia dizer a seu chefe "Biden não lhe telefonou para falar sobre mim porque considera você um idiota". Connaughton apenas sorriu e não disse nada. Era possível passar uma vida inteira na política mantendo essas omissões.

Na reunião, Biden citou o nome de Connaughton uma dúzia de vezes, como se ele fizesse parte de seu círculo íntimo. "Jeff seria o primeiro a dizer que quando estava aqui..." Connaughton fingiu que concordava.

Com o tempo, ele foi encontrando seu lugar na equipe da advocacia. Ajudava a escrever os discursos de Mikva. Após a vitória esmagadora dos republicanos nas eleições legislativas de 1994, preparou um memorando sobre as questões de reforma legal que a Casa Branca iria enfrentar com o próximo Congresso. E começou a entender como o poder funcionava na Casa Branca. As pessoas não o detinham: elas o tomavam. Se quisesse ser incluído em uma reunião, você não esperava por um convite, simplesmente aparecia. Ele disse a Mikva: "Se você não usar o seu poder, não terá nenhum poder". Era como arrecadação de fundos, em que a pessoa era obrigada a *querer* pedir favores às pessoas, assim como uma vaca tinha de ser ordenhada para manter o leite saindo.

Connaughton logo percebeu que estava lidando apenas com quem estava no topo, apenas os chefes de organizações que tinham negócios com o governo, as elites americanas. Um dos principais indicadores de status em Washington era se você conseguia que lhe telefonassem de volta e, pela primeira vez, as pessoas ligavam de volta para Connaughton imediatamente, em especial os repórteres, que o consideravam uma fonte confiável. Uma vez por semana, a secretária de Justiça Janet Reno ia à Casa Branca para discutir assuntos legais com Mikva. Um dia, quando saía da reunião, aconteceu de Vernon Jordan, o *consigliere* do presidente, estar junto à porta externa do escritório.

"Oi, Vernon, como vai?", disse Reno.

"Oi, secretária Reno. Você não me ligou de volta."

"Sinto muito", disse ela. "Tenho andado tão ocupada."

Jordan, de sua altura imponente, com seu terno superelegante, olhou fixamente para ela. "Isso não é desculpa."

Connaughton, sentado a quatro metros de distância, tirou uma conclusão instantânea: se Vernon Jordan não conseguia que Janet Reno lhe telefonasse de volta, ele não seria capaz de conseguir merda nenhuma para seus clientes. Ele *tinha* de confrontá-la. E ele se perguntou como Reno iria lidar com aquela clara jogada de poder. Estaria ela pensando "Eu sei que você é o melhor amigo do presidente, mas eu sou a secretária de Justiça dos Estados Unidos"? Dentro de dois anos, Reno autorizaria Kenneth Starr a ampliar sua investigação sobre Whitewater e o caso Paula Jones para incluir uma estagiária chamada Monica Lewinsky, cuja história colocaria Vernon Jordan sob suspeita (embora nunca mais do que isso) de obstruir a justiça. Mas, daquela vez, ela cedeu.

"Vamos almoçar na próxima semana."

Connaughton chegou a acreditar que havia dois tipos de pessoa em Washington: as que atravessavam a sala em uma festa para cumprimentar alguém que conheciam, e as que esperavam que a outra pessoa atravessasse a sala. Vários anos mais tarde, ele e Jack Quinn, um membro do Partido Democrata que sucedeu Mikva no posto de advogado do presidente, encontraram Jordan por acaso.

"Vamos almoçar um dia desses", disse Quinn. "Dê uma ligada."

"*Você* telefona *pra mim*", respondeu Jordan. "Você é o sócio minoritário nessa amizade."

Um ponto obscuro no Contrato com a América de Newt Gingrich tornou-se o destaque do período que Connaughton passou na Casa Branca. A Lei de Reforma no Litígio de Títulos Privados de 1995 foi elaborada pelos republicanos para enfraquecer as disposições antifraude da Lei de Mercado de Capitais de 1934 e tornar mais difícil processar as empresas cujos executivos elevavam os preços de suas ações com previsões enganosas de desempenho. As corporações consideravam esses processos frívolos e extorsivos e estavam decididas a mantê-los fora do tribunal. O projeto de lei contava com o eixo de apoio mais poderoso no mundo dos negócios americanos: Wall Street e Vale do Silício. Um de seus autores era Christopher Cox, que viria a presidir o esvaziamento da Comissão de Bolsas e Valores (na sigla em inglês, SEC) no governo de George W. Bush e cujo desempenho durante a crise financeira de

2008 foi tão passivo que ele ganharia o desprezo, depois que precisaram dele, dos próprios banqueiros que tinham lucrado com sua atitude negligente quanto à regulamentação. Quando o projeto de lei chamou a atenção da Casa Branca de Clinton, no final do primeiro semestre de 1995, já havia sido aprovado na Câmara dos Deputados e estava em apreciação no Senado.

Connaughton achava que aquilo era uma vantagem desleal para o mundo corporativo e um presente para Wall Street. Ele via o mundo do direito civil pelos olhos dos demandantes, e não das grandes empresas, e sabia da importância dos advogados para o Partido Democrata. Também viu uma oportunidade de elevar sua posição na Casa Branca e criar uma pequena base de poder. Falava diariamente com os lobistas dos advogados e vazava informações para alguns jornalistas. Forjou um vínculo com os reguladores da SEC e até mesmo com seu presidente, Arthur Levitt, que queriam modificações no projeto de lei republicano. Contra a opinião de certas pessoas da equipe do presidente, que não queriam prejudicar as empresas de tecnologia responsáveis por algumas das maiores contribuições aos democratas e que lhes garantiam a aparência de amigáveis aos negócios, Connaughton instou Mikva a pressionar Clinton para exigir mudanças que tornassem o projeto de lei menos oneroso aos demandantes.

Numa noite de junho, Connaughton trabalhava até tarde quando a pessoa que controlava a agenda presidencial ligou para o escritório da advocacia com uma notificação: o presidente estava pronto para discutir o assunto. Mikva, Connaughton e Bruce Lindsey, um velho amigo de Clinton que era adjunto de Mikva, dirigiram-se à Ala Leste, onde foram orientados a esperar por Clinton em seu escritório privado, no segundo andar. Os Clinton haviam coberto suas paredes com couro sintético vermelho, que àquela hora estava mais perto do bordô-escuro. Em uma parede, Connaughton notou a famosa pintura a óleo *Os pacificadores*, que representava Lincoln e seus generais planejando a última fase da guerra civil a bordo de um navio a vapor na Virgínia, com um arco-íris brilhando no céu, do lado de fora da janela. Poucos membros da equipe da Casa Branca tinham acesso ao espaço privado de trabalho do presidente, mas já era tarde demais para que um fotógrafo oficial da Casa Branca estivesse disponível — então, no que diz respeito a impressionar amigos e clientes com uma foto atrás da escrivaninha onde ele trabalharia em sua carreira pós-Casa Branca, o momento culminante da vida política de Connaughton pode muito bem não ter acontecido.

Passava um pouco das nove quando Clinton entrou. Apesar do terno e gravata e dos cabelos grisalhos, ele ainda se parecia com o saxofonista do colégio, entusiasmado, de bochechas vermelhas, e um pouco acima do peso que Connaughton vira em fotografias. O presidente e Lindsey trocaram brincadeiras a respeito de um velho conhecido do Arkansas que se recusara a dormir no quarto de Lincoln na noite anterior por lealdade à Causa Perdida. Somente depois Clinton perguntou de maneira lacônica: "Então, o que temos?".

Lindsey e Connaughton descreveram os ônus que a lei criaria para os queixosos em processos de fraude.

"Bem, isso vai longe demais", Clinton falou arrastadamente. "Eu estive lá no Vale do Silício e os ouvi falar sem parar sobre como são ruins algumas dessas ações coletivas, mas não posso ficar numa posição em que parece que estou protegendo fraudes de títulos." Ele imitou a voz de um ataque radiofônico que poderia usar a questão contra ele.

Quando a reunião acabou, Mikva e Lindsey foram até a sala de jantar, onde Hillary Clinton estava jantando com Ann Landers, uma velha amiga dela e de Mikva. Connaughton esperou sozinho no corredor, do lado de fora do escritório. Depois de alguns minutos, Clinton saiu e olhou-o nos olhos. "Você acha que estou fazendo a coisa certa, não é?"

Connaughton jamais esqueceria esse momento. A partir desse instante, ele estabeleceu uma conexão emocional duradoura com Bill Clinton e passou a acreditar que o presidente tinha entrado na política com todas as boas intenções. Quando alguém da equipe da Casa Branca se levantava num evento e dizia: "Por que estamos aqui? Estamos aqui pelas crianças da América", Connaughton pensava: "Será que é isso mesmo? Ou estamos aqui para escalar o pau de sebo do poder em Washington?". Mas Clinton e sua esposa estavam na Casa Branca porque queriam fazer o bem para o povo. Anos depois, Connaughton ainda ficava emocionado ao pensar num discurso que o presidente fez para sua equipe no South Lawn — sem imprensa, sem câmeras — após a derrota nas eleições legislativas de 1994. "Não sei quanto tempo nos resta", disse Clinton. "Mas se é um dia, uma semana, um mês, dois anos ou seis anos, nós temos a responsabilidade de vir trabalhar todos os dias e fazer a coisa certa para o povo americano." Em outro momento crítico, o escândalo Lewinsky e o impeachment, Connaughton — então fora da administração havia dois anos — foi à televisão pelo menos trinta vezes como convidado de segundo escalão em programas do tipo *Crossfire, Meet the Press* e *Geraldo Live!* para defender Clinton contra promotores fanáticos e um Congresso sectário. Ele nunca se sentiu assim em relação a qualquer outro presidente.

"Com certeza, senhor presidente", disse Connaughton no corredor. "O senhor não pode enfraquecer o presidente da Comissão de Bolsas e Valores numa questão de fraude de valores mobiliários." O presidente Levitt, ex-corretor de Wall Street, estava recebendo telefonemas irados de defensores do projeto de lei no Senado, em especial Christopher Dodd, democrata de Connecticut, que era um dos maiores adeptos do setor financeiro em Washington.

"Sim, está bem", disse Clinton. "E Levitt é uma figura do establishment, certo?"

Levitt havia sido presidente da Bolsa de Valores americana durante uma década. Antes disso, fora sócio em Wall Street de Sanford Weill, o futuro chefe do Citigroup. Fora dono do *Roll Call*, um jornal de Capitol Hill. Durante seus oito anos na SEC, permitiu que a Enron e outras empresas afrouxassem seus controles contábeis. Depois de deixar a comissão, seria conselheiro do Carlyle Group, do Goldman Sachs e da AIG. Sem dúvida, Levitt era uma figura do establishment.

"Sim, senhor presidente", disse Connaughton. "É mesmo." E era notável que o presidente dos Estados Unidos precisasse de Jeff Connaughton para assegurá-lo disso, para dizer, em suma: "Sim, senhor presidente, o senhor terá cobertura quando a elite financeira e política vier atrás do senhor", porque o establishment era muito maior do que qualquer presidente. Em seu segundo mandato, Clinton provaria isso movendo-se na direção oposta, ao apoiar a desregulamentação dos bancos, inclusive a revogação da Lei Glass-Steagall, e ao impedir que os derivativos financeiros fossem regulamentados. Naquele momento, porém, ele ficou firme.

O Senado aprovou o projeto de lei de litígio de títulos, apesar das objeções do presidente. Clinton vetou, e o Congresso anulou o veto, uma das duas únicas vezes que isso aconteceu em seu governo. Até mesmo Ted Kennedy mudou de ideia e se uniu a Dodd votando a favor das grandes empresas. Biden, que era ex-advogado litigante, ficou com o presidente.

No final do ano, Mikva deixou o cargo, e Connaughton também. Depois de quase uma década na política, estava com 36 anos e sem dinheiro, morando de aluguel num apartamento modesto na Virgínia. Em dezembro de 1995, conseguiu um emprego de associado júnior na Covington & Burling, uma grande firma de advocacia de Washington. Se chegasse a sócio, ficaria milionário.

Ele odiava o trabalho. Antes, passava informações ao presidente e lutava contra o Congresso; agora, estava literalmente de joelhos, esquadrinhando cinquenta caixas de documentos, uma página de cada vez, cuidando de questões como o sigilo profissional entre advogado e cliente, ou preso à sua mesa, escrevendo memorandos em nome de uma mina de prata que estava poluindo águas subterrâneas em Idaho. Na visão de Connaughton, a firma estava apenas enganando o cliente para cobrar por horas trabalhadas. Ele fez também a pesquisa sobre um caso em que o demandante estava transportando garrafas de ácido com uma empilhadeira, quebrou acidentalmente algumas garrafas e queimou a maior parte de seu corpo ao escorregar várias vezes no ácido. A Covington & Burling representava a empresa.

"Espero que você esteja me pedindo para pesquisar se há dinheiro suficiente no mundo para compensar esse homem", disse Connaughton ao sócio que lhe passou a missão. "Não, não estou", respondeu o advogado.

Há muita coisa no mundo do poder que acontece por acaso. Um dia, Jack Quinn, o substituto de Mikva, precisou de alguém para escrever um discurso para ele sobre os privilégios jurídicos de ocupantes de cargos no Executivo. Um funcionário do escritório de advocacia da Casa Branca recomendou Connaughton. Como tantas vezes antes, ele se matou de trabalhar, sem remuneração ou vantagem imediata, e escreveu o discurso à noite e nos fins de semana. Quando Quinn precisou de outro discurso, sobre a separação entre os poderes, Connaughton o escreveu também.

No final de 1996, Quinn deixou a Casa Branca para retomar suas práticas lobistas na Arnold & Porter, uma firma de advocacia de Washington com veneráveis conexões com o Partido Democrata. Para fazer as coisas andarem, ele procurou um número dois — alguém que soubesse como promover seu chefe. Seu olhar se voltou para Connaughton.

Clinton havia proibido os altos funcionários que deixassem a administração de ter envolvimento com o governo federal por cinco anos. A regra se aplicava a Quinn, mas não a Connaughton, que não ocupou um cargo alto o suficiente. Assim, aos 37 anos, ele entrou para a Arnold & Porter e iniciou uma nova carreira: a de lobista.

Vale do Silício

Peter Thiel tinha três anos quando descobriu que ia morrer. Foi em 1971, e ele estava sentado em um tapete no apartamento de sua família, em Cleveland. Peter perguntou ao pai: "De onde veio o tapete?".

"Veio de uma vaca", respondeu o pai.

Eles estavam conversando em alemão, a primeira língua de Peter; sua família era da Alemanha, Peter nascera em Frankfurt.

"O que aconteceu com a vaca?"

"A vaca morreu."

"O que isso quer dizer?"

"Isso quer dizer que a vaca não está mais viva. A morte acontece com todos os animais. Todas as pessoas. Vai acontecer comigo um dia. Vai acontecer com você um dia."

Quando disse essas coisas, o pai de Peter parecia triste. Peter ficou triste também. Foi um dia bastante perturbador, e Peter nunca o superou. Muito depois de se tornar um bilionário do Vale do Silício, ele continuava radicalmente abalado pela perspectiva da morte. O choque inicial ainda estava vivo dentro dele após quarenta anos. Nunca fez as pazes com a morte, da maneira como a maioria das pessoas aprendeu a fazer: ignorando-a. Todos se comportavam com a aquiescência de um rebanho que não pensava e estava condenado. O menino no tapete de couro de vaca cresceria e veria a inevitabilidade da morte como uma ideologia, não um fato — algo que já havia afetado 100 bilhões de vidas humanas.

O pai de Peter era um engenheiro químico que trabalhou na administração de várias empresas de mineração. A família mudou-se diversas vezes quando Peter era jovem — ele frequentou sete diferentes escolas de ensino fundamental. Apesar de ter um irmão mais novo, era um menino solitário, quase sem amigos até a adolescência, isolado e ensimesmado como apenas os extremamente talentosos podem ser. Aos cinco anos, sabia o nome de todos os países e era capaz de desenhar o mapa-múndi de memória. Quando tinha seis anos, seu pai conseguiu um emprego numa empresa de mineração de urânio — isso foi logo depois do choque do petróleo de 1973, quando os Estados Unidos pareciam marchar em direção à energia nuclear —, e a família Thiel passou dois anos e meio na África do Sul e no Sudoeste Africano, atual Namíbia, sob o regime do apartheid. Peter começou a jogar xadrez com seus pais e rapidamente dominou o jogo. Em Swakopmund, uma pequena cidade de colonização alemã na costa do Sudoeste Africano, ele passava horas inventando aventuras para si mesmo no leito seco de um rio, de frente para as dunas de areia do deserto atrás de sua casa, ou lendo atlas, livros sobre a natureza e histórias em quadrinhos francesas na livraria local. Frequentou escolas em que os meninos tinham de usar blazer e gravata e o professor batia com uma régua nas mãos dos alunos a cada erro de ortografia na prova semanal. Quando chegava em casa, arrancava o uniforme tão rápido quanto podia, pois odiava a arregimentação. Quase sempre obtinha ótimas notas e evitava a palmatória.

Quando Peter estava com nove anos, a família voltou para Cleveland, e um ano depois, em 1977, mudou-se para Foster City, na Califórnia, uma cidade planejada na região da baía de San Francisco, a apenas vinte minutos de carro ao norte de Stanford.

Em 1977, quase ninguém usava a expressão "Vale do Silício" para descrever a península que se estende de San Francisco a San Jose. As empresas de tecnologia da região — Hewlett-Packard, Varian, Fairchild Semiconductor, Intel — eram companhias do pós-guerra, construídas no boom da pesquisa militar e do dinheiro das concessões federais que fizeram de Stanford uma das principais universidades do país. O chip de transistor de silício e o circuito integrado eram assunto de engenheiros elétricos e entusiastas da tecnologia, e não de consumidores comuns; o computador pessoal estava em sua infância. Em 1977, a Apple Computer Company tornou-se uma empresa de verdade, com uma dúzia de funcionários, e o Apple II foi apresentado na Feira de Computadores da Costa Oeste, mas a sede da empresa tinha acabado de sair da garagem da família Jobs em Los Altos para um espaço alugado em Cupertino.

O Vale era igualitário, instruído e confortável, um dos melhores exemplos da vida de classe média do pós-guerra nos Estados Unidos. Mais do que em quase qualquer outro lugar, questões como etnia, religião e até mesmo classe tendiam a se apagar à luz dourada do sol. As ruas residenciais em todo o Vale eram ocupadas por modestas casas no estilo Eichler de meados do século XX, de 180 metros quadrados, construídas em lotes de mil metros quadrados. O preço médio de uma casa em Palo Alto era 125 mil dólares. O comércio no centro da cidade consistia em lojas de artigos variados, casas de esportes, diversas salas de cinema e uma pizzaria. Do outro lado de El Camino Real, o Stanford Shopping Center era dominado por Macy's, Emporium e Woolworth's; em 1977, a Victoria Secret abriu uma loja, mas não havia Williams-Sonoma nem Burberry, nenhuma butique de luxo. O estacionamento estava cheio de Ford Pintos e Datsuns.

Quase todas as crianças do Vale, até mesmo as das poucas famílias ricas, frequentavam as escolas públicas locais, e eram escolas boas — a Califórnia era a número um no ranking escolar do país. Os melhores alunos iam para Berkeley, Davis, ou para a UCLA (alguns conseguiam entrar em Stanford ou nas universidades tradicionais do Leste); os medianos iam para San Francisco State ou Chico State, e os desligados e chapados sempre podiam obter um diploma de dois anos em Foothill ou De Anza. A revolta do imposto — a Proposição 13, um referendo que limitaria as taxações sobre propriedades na Califórnia para 1% do valor de avaliação, iniciando um longo declínio das escolas públicas do estado — só viria dali a um ano.

Peter Thiel mudou-se para lá no último ano do auge do Vale como lugar de classe média. Tudo estava prestes a mudar, inclusive o nome.

Depois da temporada em Swakopmund, Foster City parecia, no ano letivo de *Embalos de sábado à noite*, desordenada e decadente. Muitos dos alunos tinham pais divorciados. Na sala de aula do quinto ano de Peter, o professor era um substituto que não tinha nenhum controle sobre os alunos. A garotada subia nas carteiras e gritava uns com os outros e com o professor. "Eu te odeio!", gritou um menino. "Por que você não vai para casa?" O professor só conseguiu abrir um sorriso sem graça. Peter fechou-se em sua mente e passou a se dedicar com todas as suas forças a conseguir notas perfeitas; cada teste era uma questão de vida e morte, como se quisesse prevenir o caos de seus colegas: o equivalente californiano de uma palmatória. Ele era péssimo em educação física, mas excepcional em matemática e, no xadrez, estava em sétimo lugar na classificação nacional entre os jogadores com menos de treze anos. Era tão loucamente competitivo no xadrez como na escola — mais tarde, pôs um adesivo no seu kit de xadrez que dizia "Nascido para vencer" — e nas raras ocasiões em que perdia, varria as peças do tabuleiro, totalmente desgostoso de si mesmo. No ensino médio, comandou a equipe de matemática que disputou o campeonato distrital. A certa altura, o professor conselheiro da equipe disse com displicência: "Bem, alguém precisa ganhar". Peter pensou: "É por isso que você ainda é professor do secundário".

Ele preferia *Guerra nas estrelas* a *Jornada nas estrelas*, mas adorava os dois. Leu os romances de Asimov, Heinlein e Arthur C. Clarke, a ficção científica dos anos 1950 e 1960 que sonhava com viagens interplanetárias, visitantes de Marte, cidades submarinas, carros voadores. Uma geração depois, Peter vivia nesse mundo mental, com a crença de que os milagres da tecnologia tornariam o futuro maravilhoso. Na casa da família Thiel, a televisão só entrou quando ele tinha doze anos, mas a essa altura já estava mais interessado em jogos de computador no Tandy TRS-80 da família — como Zork, um jogo de aventuras baseado em texto que se passa nas ruínas de um antigo império subterrâneo —, além das incontáveis horas de Dungeons & Dragons com seus amigos nerds. Descobriu também J. R. R. Tolkien e leu a trilogia do *Senhor dos Anéis* no mínimo dez vezes seguidas, e quase a memorizou: adorava a qualidade de sua fantasia, a valorização do indivíduo contra forças mecanicistas e coletivas, o tema do poder corruptor.

A família Thiel era cristã evangélica conservadora. O comunismo era a pior coisa que se podia imaginar e estava tomando conta do mundo, país por país, durante a era Carter, e o processo era irreversível. O governo americano se saía mal em tudo o que tentava, de reduzir a inflação a manter as cidades seguras. Em sua turma de estudos sociais do oitavo ano, durante a eleição de 1980, Peter apoiou Reagan e colecionou recortes de jornal sobre o herói conservador. Tolkien, ficção científica, xadrez, matemática, computadores: nos anos 1970 e 1980, em especial entre os garotos de aproveitamento mais alto em lugares como a baía de San Francisco, essas coisas estavam muitas vezes correlacionadas umas às outras e a uma visão de mundo conhecida como libertarismo, que se apoiava no prestígio da lógica abstrata. Peter tornou-se um libertário na adolescência, de início impregnado do conservadorismo da era Reagan e mais tarde levado a um limite purificado. Ele leu Ayn Rand apenas aos vinte e poucos anos, e considerou os heróis de *A revolta de Atlas* e *A nascente* de uma justeza implausível, os vilões excessivamente maldosos, as perspectivas maniqueístas e pessimistas demais em comparação a Tolkien; talvez tivesse algo a ver com os primeiros anos de Rand sob o totalitarismo soviético, o que a fazia ver a América sob uma luz igualmente sinistra. Ainda assim, ela foi presciente de uma forma que ninguém poderia ter imaginado na época em que *A revolta de Atlas* foi publicado, em 1957. Quando saem de férias, os dois protagonistas acabam no pior lugar dos Estados Unidos, um local que ninguém visita porque está tudo caindo aos pedaços, todo mundo está furioso, ninguém trabalha, e lá eles descobrem vestígios de um modelo de motor revolucionário na fábrica em ruínas da Twentieth Century Motor Company, que faliu devido ao socialismo de seus herdeiros irresponsáveis. Rand previu esse resultado no momento em que a General Motors tinha uma capitalização de mercados superior à de qualquer outra empresa no mundo, e a renda média em Detroit era 40% maior do que em Nova York. Como o passar dos anos, Peter ficou cada vez mais impressionado com Ayn Rand.

No colégio, ele não bebia nem usava drogas. Tirou nota A em todas as matérias na San Mateo High e foi o orador da turma na formatura, em 1985. Foi aceito em todas as universidades para as quais se candidatou, inclusive Harvard, mas temia que Harvard pudesse ser competitiva demais e que pudesse ser espancado lá. Além disso, após todas as mudanças de sua infância, queria ficar perto de casa. Então foi para Stanford, o epicentro do que estava começando a ser conhecido como Vale do Silício.

"Lembro-me de 1985 como uma época de muito otimismo", disse mais tarde. Ele não tinha um plano claro — poderia estudar biotecnologia, direito, finanças, até mesmo política. "Minha opinião era que uma pessoa podia fazer tudo. Podia ganhar muito dinheiro, podia ter um emprego respeitável, podia fazer algo intelectualmente estimulante e, de algum modo, podia combinar tudo isso. Fazia parte do otimismo da década de 1980 eu achar que não precisava ser muito concreto a esse respeito. A ambição era causar de alguma forma um impacto no mundo."

Já bem entrado na meia-idade, era fácil imaginar Thiel como calouro da faculdade. Ele andava um pouco curvado para a frente da cintura para cima, como se achasse desajeitado ter um corpo. Tinha cabelos acobreados, olhos azul-claros, um nariz longo e carnudo e dentes incrivelmente brancos, mas sua característica mais marcante era a voz: alguma coisa metálica parecia estar presa em sua garganta, aprofundando e abemolando o timbre num zunido autoritário. Durante momentos de intensa elucubração, era capaz de ficar empacado em um pensamento e se calar, ou gaguejar por até quarenta segundos.

Em um curso de filosofia de seu segundo ano — Mente, Matéria e Significado —, Thiel conheceu outro aluno brilhante, chamado Reid Hoffman, que estava muito à esquerda dele. Eles ficavam até tarde discutindo sobre coisas como a natureza dos direitos de propriedade (era assim que Thiel fazia amigos, em Stanford e em toda a sua vida). Hoffman dizia que a propriedade era um constructo social, que não existe sem a sociedade, enquanto Thiel citava Margaret Thatcher: "Não existe isso que chamam de sociedade. Há homens e mulheres ". Hoffman se tornou um dos amigos mais próximos de Thiel, e seus debates universitários teriam uma longa sobrevida, quando ambos entraram no mundo dos negócios. A maioria de seus amigos, contudo, era de colegas conservadores. Compunham um grupo isolado e cercado, e saboreavam isso. No final dos anos 1980, Stanford se tornou palco de uma batalha furiosa a respeito do currículo básico — Cultura Ocidental, como era chamado —, uma luta que reviveu as batalhas no campus da década de 1960. Um lado, liderado por grupos de estudantes liberais e de minorias, argumentava que os cursos obrigatórios de humanidades para calouros eram tendenciosos, centrados em "homens brancos mortos", e ignoravam a experiência de outras culturas. Do outro lado estavam os tradicionalistas, que acreditavam que os estudantes contra a Civilização Ocidental estavam usando o currículo para impor à universidade uma pauta política de esquerda. A discussão sobre listas de leitura parecia tão significativa para os alunos de graduação daquela época quanto as manifestações sobre os direitos civis e o Vietnã. Um grupo de estudantes chegou a tomar o gabinete do reitor de Stanford.

No final de seu segundo ano, em junho de 1987, Thiel e um amigo entraram na briga e fundaram uma publicação conservadora chamada *The Stanford Review*. Eles tinham financiamento e orientação intelectual de uma organização nacional criada em 1978 por Irving Kristol, o pai do neoconservadorismo, justamente para ajudar esses esforços estudantis de direita. Embora Thiel raras vezes escrevesse para a *Review*, cada número trazia o selo de seu editor: uma mistura de ataques altivos e com ares racionalistas à ideologia de esquerda e uma ridicularização maldosa da correção política entre os estudantes, professores e administradores.

Mas, como se tratava de Stanford, e por ser o último desdobramento de uma guerra cultural que durava décadas, a luta tornou-se nacional. No início de 1987, Jesse Jackson, preparando-se para uma segunda candidatura à presidência, foi a Stanford e liderou os estudantes numa marcha com o canto: "É hora, é hora, é hora, a Cultura Ocidental tem de ir embora!". Um ano mais tarde, William Bennett, secretário de Educação de Reagan, foi convidado pela publicação de Thiel para falar no campus sobre as revisões que Stanford estava fazendo em seu currículo básico, que incluía novos cursos sobre culturas não ocidentais e livros de autoria não masculina ou de não brancos. "Uma grande universidade foi abatida pelas próprias forças contra as quais surgiram as universidades modernas — ignorância, irracionalidade e intimidação", argumentou Bennett.

Em seu último artigo como editor-chefe, pouco antes da formatura, em 1989, Thiel escreveu: "Aprendi muito como editor, mas ainda não sei como convencer as pessoas a ouvir. [...] Para os esquerdistas engajados que gostariam de politizar e destruir Stanford (se você está lendo isso, então provavelmente não pertence a essa categoria), vamos continuar lutando contra vocês o tempo todo". Sem ter certeza do que queria, ele foi estudar na Faculdade de Direito de Stanford.

A guerra cultural entrou em sua quarta década. Sob a direção do novo editor, David Sacks, amigo de Thiel, a *Review* abordou os códigos de conduta, os direitos dos homossexuais e o sexo (em 1992, uma edição inteira foi dedicada ao estupro e à ampliação feita pela universidade de sua definição de constrangimento ilegal para incluir "menosprezo" e "pressão verbal, sem ameaça").

Em 1992, o amigo e colega de Thiel no direito Keith Rabois decidiu testar os limites da liberdade de expressão no campus gritando diante da casa de um instrutor: "Bicha! Bicha! Espero que você morra de aids!". A reação furiosa a essa provocação acabou obrigando Rabois a sair de Stanford. Não muito tempo depois, Thiel e Sacks decidiram escrever um livro expondo os perigos do politicamente correto e do multiculturalismo no campus — Thiel cuidou do levantamento analítico pesado e Sacks fez o trabalho jornalístico braçal. *The Diversity Myth* [O mito da diversidade] foi publicado em 1995 e recebeu elogios de notórios conservadores. O livro trazia um relato do incidente de Rabois, defendido como um caso de coragem individual diante de uma caça às bruxas coletiva. "Sua manifestação desafiou diretamente um dos tabus mais fundamentais", escreveram Thiel e Sacks: "Sugerir uma correlação entre atos homossexuais e aids implica que um dos estilos de vida preferidos dos multiculturalistas é mais propenso a contrair a doença e que nem todos os estilos de vida são igualmente desejáveis".

Sacks e outros amigos não levaram em conta as implicações pessoais mais profundas por trás da posição hostil de Thiel diante da homossexualidade porque não sabiam que ele era gay. Ninguém sabia. Ele só sairia do armário em 2003, quando estava na casa dos trinta anos, e só para seus amigos mais íntimos, explicando a um deles que assumir sua identidade poderia prejudicá-lo no trabalho. E, de qualquer forma, ele nunca considerou sua homossexualidade a essência de quem ele era. Talvez tivesse ajudado a fazer dele um inconformista, talvez não. "Talvez eu seja um outsider porque era uma criança superdotada e introvertida", segundo ele, e não porque fosse homossexual. "E talvez eu nem seja um outsider." Era um assunto sobre o qual nunca gostava de falar, mesmo com as pessoas mais próximas.

The Diversity Myth foi o único livro de Thiel, o que o decepcionou um pouco, já que, afinal de contas, estava vinculado a uma questão específica de determinada época, e ao longo dos anos a importância dessas polêmicas se apagou consideravelmente. Além disso, as ideias de Thiel sobre identidade se ampliaram à medida que ele ficou mais velho, e ele começou a se perguntar se o tema era digno de tanto esforço. Quando o livro foi publicado, Stanford já passava por uma mudança cultural imensa, que em pouco tempo relegaria ao esquecimento os cursos de humanidades que haviam sido objeto de tanta disputa, tornando a era das guerras curriculares um assunto pitoresco, se não ridículo.

Thiel sempre teve a ambição de ser um intelectual público, ao mesmo tempo que duvidava que esse tipo de carreira ainda fosse viável numa época de especialização acadêmica. Ele queria dedicar sua vida ao espírito do capitalismo, mas não tinha certeza se isso significava defendê-lo em termos intelectuais, ficar rico, ou ambas as coisas. Se defendesse o capitalismo sem ganhar dinheiro, sua dedicação poderia ser questionável; caso simplesmente ganhasse dinheiro (e não um pouco — ele queria quantias enormes), seria apenas mais um capitalista. Sacks achava que Thiel poderia ser o próximo William F. Buckley e um bilionário, embora talvez não nessa ordem.

Pouco antes de se formar na Faculdade de Direito de Stanford, Thiel escreveu um último editorial para a *Review*, zombando da aversão liberal pelas carreiras lucrativas, da preferência pelo "'direito de interesse público', o qual, tanto quanto se pode discernir, não é para o bem do público, nem muito interessante, tampouco particularmente relacionado com o direito". Ele diagnosticava as causas: "A alternativa politicamente correta à ganância não é a realização pessoal ou a felicidade, mas a raiva e a inveja contra as pessoas que estão fazendo alguma coisa mais útil", como uma carreira na área de consultoria de gestão, bancos de investimento, negociação de opções ou incorporação imobiliária, com ênfase em campos de golfe. (Ele também mencionava a participação em *start-ups*, o que ainda era incomum em Stanford em 1992, embora não por muito tempo.) Thiel concluía que "a ganância é de longe preferível à inveja: é menos destrutiva (antes viver numa sociedade em que as pessoas não compartilham do que numa em que tentam tirar o que pertence a todos os outros) e mais honesta".

Após sete anos em Stanford, Thiel foi ser assistente jurídico em Atlanta (ele fez entrevistas na Suprema Corte com os juízes Antonin Scalia e Anthony Kennedy, mas não foi contratado, no primeiro revés de sua vida, bastante traumático). Depois foi para Nova York trabalhar com valores mobiliários no conservador escritório Sullivan & Cromwell. E nesse momento as coisas começaram a sair um pouco de seu controle. Mais tarde, ele chamou seu período em Nova York de "uma duradoura crise dos vinte anos".

O trabalho era chato. Se ele fosse marxista, diria que era alienado — trabalhar oitenta horas por semana numa coisa em que não acreditava, para que em oito anos talvez se tornasse sócio, tendo os quarenta anos seguintes de sua vida já traçados. Seus principais rivais estavam sob o mesmo teto, trabalhavam ao lado dele, competiam como loucos por interesses que eram todos voltados para dentro da firma, sem nenhum valor transcendente. E esse era o problema mais profundo: Thiel estava começando a questionar a vida competitiva. Na escola de direito, não tinha se esforçado tanto como de costume, e não conseguiu suas altíssimas notas habituais, porque não sabia mais para que serviam, na verdade. No colégio ele sabia — boas notas eram para conseguir entrar em boas faculdades —, mas agora ele já não pensava coisas como "é por isso que você ainda é um professor de colégio". Em seu último editorial para a *Review*, tinha assumido uma postura de desprezo para mascarar seu mal-estar.

Depois de sete meses no escritório de advocacia, pediu demissão e foi trabalhar como operador de derivativos — opções em moeda — no Credit Suisse. Era matematicamente desafiador, e Thiel ficou mais tempo em Wall Street do que no escritório de advocacia, mas não muito. Havia o mesmo problema da Sullivan & Cromwell: estava competindo de maneira febril com os colegas de trabalho, e sem muita convicção no interesse social daquilo tudo. O valor econômico do trabalho não era nada evidente — a inovação financeira parecia ter gerado rendimentos decrescentes —, e ele tinha dúvidas sobre sua capacidade de dominar o jogo a ponto de vencê-lo. Não tinha traquejos políticos, que incluíam jogar conversa fora e apunhalar pelas costas. E a geração mais velha de ambas as instituições, direito e finanças — homens que tinham começado em meados da década de 1960 e conseguido sua grande recompensa na década de 1970 —, era totalmente alheia ao fato de que a escalada até o topo se tornara muito mais difícil para os jovens.

Havia também uma dimensão filosófica na sua crise dos vinte e tantos anos. Em Stanford, assistira a uma palestra de um professor francês chamado René Girard, que o levou a ler seus livros e se tornar seu seguidor. Girard desenvolvera uma teoria do desejo mimético, do aprendizado das pessoas a querer e competir pelas mesmas coisas, que tentava explicar as origens da violência. A teoria tinha um aspecto sagrado e mítico; Girard, um católico conservador, explicava o papel do sacrifício e dos bodes expiatórios na resolução dos conflitos sociais, o que atraiu Thiel, pois oferecia uma base para a fé cristã sem o fundamentalismo de seus pais. A teoria mimética também era um desafio para a visão de mundo de Thiel, porque sua explicação do comportamento humano pela identificação com grupos ia contra seu liberalismo. Ele era ao mesmo tempo intensamente competitivo e avesso a conflitos: nunca fofocava, evitava as disputas internas que faziam parte do trabalho com outras pessoas e apresentava um comportamento tão racional que se tornava uma barreira para a intimidade. Também tinha horror à violência. No fim, ele se reconheceu nas ideias de Girard: "As pessoas competem duramente pelas coisas", disse ele, "e, depois que você vence, fica meio desapontado, porque a intensidade é impulsionada pelo fato de que todas as pessoas querem aquilo, mas não é necessariamente uma coisa boa. Eu estava muito aberto à teoria de Girard porque tinha mais culpa nisso do que a maioria".

Havia uma palavra contemporânea para o que Girard descrevia: "status". Em Nova York, a luta por status era onipresente e feroz. Todo mundo estava em cima de todo mundo em um arranha-céu infinito: olhava-se para baixo e a coisa ia até onde a vista alcançava, olhava-se para cima e a coisa ia até onde a vista alcançava, passava-se anos subindo as escadas, o tempo todo se perguntando se estava subindo mesmo ou se era apenas uma ilusão de ótica.

No verão de 1994, Thiel e alguns amigos alugaram uma casa de temporada nos Hamptons. Foi uma viagem frustrada de fim de semana, com tudo muito caro, serviço ruim, brigas desde o primeiro momento: um exemplo clássico de uma coisa totalmente desvinculada de seu valor real. Em suma, Nova York era cara demais. Os advogados tinham de usar bons ternos e gravatas, o pessoal do mercado financeiro precisava comer e beber muito bem. Em 1996, Thiel ganhava cerca de 100 mil por ano no Credit Suisse, e o amigo com quem dividia o apartamento ganhava 300 mil. Seu amigo tinha 31 anos de idade, três a mais do que Thiel, e acabou ficando sem dinheiro. Precisou ligar para o pai e pedir um empréstimo.

Foi quando Thiel deixou Nova York e voltou ao Vale do Silício, de onde não sairia mais.

O Vale não era mais o lugar que Thiel havia deixado quatro anos antes. O que aconteceu nesse meio-tempo foi a internet. Entre meados dos anos 1970 e início da década de 1990, o computador pessoal gerou inúmeras empresas de hardware e software no Vale do Silício e em outros centros de alta tecnologia de todo o país; nas décadas de 1970 e 1980, a população de San Jose dobrou, aproximando-se de 1 milhão e, em 1994, já havia 315 empresas de capital aberto no Vale. Nenhuma das mais novas, porém, conseguiu ser tão importante quanto a Hewlett-Packard, a Intel ou Apple. Nos anos decorridos desde o surgimento do Macintosh, a indústria de computadores viu mais consolidação do que inovação, e o vencedor indiscutível estava em Seattle.

A mais importante empresa do Vale do Silício a surgir desde a Apple chamava-se originalmente Mosaic, fundada em 1994 por Jim Clark, um ex-professor de Stanford e fundador da Silicon Graphics, e Marc Andreessen, formado pela Universidade de Illinois que, aos 22 anos, desenvolvera, um ano antes, o primeiro navegador gráfico para a World Wide Web. Em 1995, quando foram eliminadas as últimas restrições ao uso comercial da internet, sua empresa entrou na Bolsa com o nome de Netscape, com sede ao lado de Stanford, em Mountain View. Seu produto inovador era um browser chamado Netscape Navigator. Durante os cinco meses seguintes, apesar de a empresa não dar lucro, as ações da Netscape aumentaram de valor dez vezes. Entre 1995 e a virada do milênio — período da guerra dos navegadores —, o número de usuários da web no mundo dobrou ano a ano. A Yahoo! abriu seu capital em 1996, a Amazon em 1997, o eBay em 1998. A Netscape pôs em movimento uma onda imensa de companhias de tecnologia no Vale do Silício, empresas que não exigiam quantidades proibitivas de capital para começar, pois estavam baseadas na internet — empresas que podiam ser abertas tanto por universitários como por gente que havia abandonado os estudos.

O boom das pontocom estava apenas começando quando Thiel retornou, em 1996. Ele se mudou para um apartamento em Menlo Park e criou um fundo de hedge, Thiel Capital Management, levantando 1 milhão de dólares de amigos e familiares. No entanto, havia algo mais pairando no ar. Pessoas que ele conhecia estavam se envolvendo em *start-ups*, e Thiel queria fazer a mesma coisa. Ele queria, em suas palavras, "estabelecer relações construtivas não competitivas com pessoas. Eu não queria trabalhar com *aminimigos*, queria trabalhar com amigos. No Vale do Silício, isso parecia possível, porque não havia nenhum tipo de estrutura interna em que as pessoas competissem por recursos cada vez mais limitados". Ao contrário de Nova York, o Vale do Silício não era um grande zero a zero.

Demorou mais dois anos. Em meados de 1998, Thiel deu uma palestra na Universidade de Stanford sobre o mercado financeiro. Era um dia quente, e seis pessoas apareceram. Uma delas era um programador de computador de

23 anos de idade, nascido na Ucrânia, chamado Max Levchin. Acabara de sair da Universidade de Illinois e chegara ao Vale do Silício naquele verão com a vaga ideia de abrir uma empresa; dormia no chão da casa de amigos e, no dia da palestra, estava procurando uma sala com ar-condicionado para se refrescar. À medida que ouvia a palestra, Levchin foi ficando animado. Thiel era jovem, inteligente, usava camiseta e jeans, e não apenas parecia estar um passo à frente naquele jogo — o que dizia soava mais como xadrez do que como investimento. E ele era um libertário, como Levchin. Depois da palestra, Levchin apresentou-se e eles marcaram um café na manhã seguinte para falar sobre as ideias de Levchin para sua empresa.

Foram tomar um suco numa espelunca do outro lado de El Camino, na frente do estádio de Stanford, um lugar chamado Hobee's, ponto de encontro de estudantes e jovens empreendedores pontocom. Levchin, que irritou Thiel por chegar atrasado, apresentou duas ideias: uma que tinha a ver com varejo on-line, a outra com criptografia para aparelhos digitais portáteis. Thiel descartou de cara a primeira ideia, mas a segunda lhe interessou: criptografia era mais difícil, não havia muita gente capaz de desenvolvê-la. Perguntou quanto dinheiro Levchin precisava para começar, e ele disse 200 mil dólares. Thiel elevou a previsão para meio milhão. Na conversa seguinte, disse que investiria 240 mil e ajudaria Levchin a levantar o resto.

Eles começaram a andar juntos e se conheceram melhor fazendo desafios mentais, principalmente de matemática. Quantos dígitos o número 125^{100} tem? (Duzentos e dez.) Um dos enigmas de Thiel dizia respeito a uma tabela hipotética na forma de um círculo: em um jogo em que dois jogadores se revezavam pondo uma moeda em qualquer lugar sobre a mesa, sem sobrepor umas às outras, sendo o vencedor o último a pôr uma moeda que não ficasse pendurada na borda da mesa, qual seria a melhor estratégia para ganhar? E você preferiria ser primeiro ou o segundo a jogar? Levchin demorou quinze minutos para descobrir a solução: o fundamental era que a melhor estratégia dependia de romper a estratégia do outro jogador ("romper" era uma das palavras prediletas de Thiel).

Os dois jogadores estavam tentando descobrir se o outro era inteligente o bastante para merecer sua companhia. Uma noite, no café Printer's Inc., na California Avenue, em Palo Alto, o duelo durou quatro ou cinco horas, até Thiel apresentar um quebra-cabeça tão difícil que Levchin só conseguiu resolver uma pequena parte dele. Assim terminou a noite de maratona que cimentou a amizade e a sociedade entre eles. (Até as relações construtivas não competitivas de Thiel eram muito competitivas.)

Combinando as palavras "confiança" e "infinito", deram à nova empresa o nome Confinity. A noção de criptografia de Levchin era um pouco vaga, mas Thiel, que em breve se tornou o CEO da companhia, a refinou: a Confinity armazenaria dinheiro, essencialmente na forma de notas promissórias digitais, em dispositivos como o Palm Pilot, que parecia estar prestes a conquistar o mundo. Com a digitação de uma senha, o infravermelho de um Palm Pilot podia transferir a nota, ligada a um cartão de crédito ou a uma conta bancária, para outro Palm Pilot, usando um aplicativo chamado PayPal. Era um serviço complicado e talvez inútil, mas num momento em que os capitalistas de risco despejavam dinheiro em coisas como a kibu.com, uma comunidade on-line para meninas adolescentes, e o Digi-Scents, que tentava transmitir cheiros através da internet, a estranheza da ideia fazia com que parecesse inovadora e, portanto, atraente. Um investidor ouviu o papo enquanto jantavam comida chinesa perto do Hobee's e, com uma vaga ideia do que a empresa fazia, mas grande interesse pela identidade de outros investidores, entrou no barco (seu biscoito da sorte selou o acordo).

Em julho de 1999, Thiel conseguiu 4,5 milhões de dólares de financiamento. Levchin e seus engenheiros ficaram acordados por cinco noites trabalhando na codificação a fim de estar prontos para o anúncio à imprensa no Buck's, um restaurante em Woodside que já era um lugar lendário para grandes negócios do Vale do Silício. Diante das câmeras de TV, os capitalistas de risco da Nokia transferiram com sucesso seus milhões pré-carregados de um Palm Pilot para outro. "Cada um de seus amigos será um caixa eletrônico virtual em miniatura", Thiel disse à imprensa.

Sua estratégia era se expandir tão rapidamente quanto possível, na crença de que a chave para vencer concorrentes na internet era o crescimento viral. Cada novo cliente ganhava dez dólares para se inscrever e mais dez dólares por indicação de cliente. A Confinity mantinha o controle dos usuários por meio de um contador, ligado ao seu banco de dados, que a empresa chamava de Índice de Dominação do Mundo — em intervalos de poucos minutos, uma caixa de pop-up nos computadores da empresa atualizava o número com o som de um sino —, e em novembro de 1999, apenas algumas semanas após o lançamento, ela já crescia 7% ao dia. No entanto, logo ficou claro que a criação de uma conta no site do PayPal, que possibilitava transações financeiras com quem tivesse um endereço de e-mail, era uma maneira muito mais popular de enviar dinheiro do que tentar fazer com que Palm Pilots se combinassem em uma mesa de restaurante (a internet móvel ainda estava em sua primeira fase, cheia de falhas). A ideia do e-mail parecia tão simples que seria apenas uma questão de tempo para que os concorrentes a descobrissem. O ritmo ficou ainda mais frenético, com centenas de horas de trabalho por semana. A concorrente mais perigosa, X.com, fundada por um imigrante sul-africano chamado Elon Musk, estava localizada a apenas quatro quadras, na University Avenue. A Confinity realizava reuniões diárias para tratar da guerra com a X.com. Um dia, um engenheiro mostrou o diagrama esquemático de uma bomba de verdade que ele havia projetado. A ideia foi rapidamente deixada de lado.

Com o financiamento garantido, Thiel foi atrás de contratações. Não procurava experiência no ramo, mas conhecidos, pessoas que eram incrivelmente inteligentes, gente como ele, amigos de Stanford como Reid Hoffman, colegas da *Stanford Review* como David Sacks e Keith Rabois; em pouco tempo, os escritórios espartanos e apertados da Confinity, em cima de uma loja de bicicletas, ficaram cheios de sujeitos vestidos de forma descuidada, mal-ajambrados, de vinte e poucos anos (Thiel, com 32 anos, era um dos mais velhos), jogadores de xadrez, gênios da matemática, libertários, pessoas sem obrigações que os distraíssem, como esposas e filhos, ou hobbies que desperdiçassem tempo, como esportes e TV (um candidato foi recusado porque admitiu que gostava de jogar basquete). Alguns empregados consumiam junk food em suas mesas, outros faziam dietas de restrição calórica. A empresa publicou um anúncio no *Stanford Daily*: "Você acha que por uma boa cota de ações numa *start-up* legal vale a pena abandonar a faculdade? Estamos contratando agora!". A Confinity tornou-se a primeira empresa da história mundial a oferecer criogenia em seu pacote de benefícios aos empregados.

Thiel estava tentando montar um negócio de sucesso que fizesse dele um homem rico, mas também queria romper com o mundo — em particular, com a antiga tecnologia de papel-moeda e o sistema opressivo de política monetária. O objetivo final era criar uma moeda alternativa on-line que burlasse os controles do governo — um objetivo libertário. No verão em que conheceu Max Levchin, Thiel leu um livro publicado no ano anterior, *The Sovereign*

Individual [O indivíduo soberano], de William Rees-Mogg e James Dale Davidson, que descrevia um mundo futuro no qual a revolução da informática corroeria a autoridade dos Estados-nações, a lealdade de seus cidadãos e as hierarquias das profissões tradicionais, daria poder aos indivíduos através do comércio cibernético globalizado, descentralizaria as finanças, integrando-as à rede com dinheiro eletrônico, enterraria as democracias do Estado do bem-estar social e aceleraria a desigualdade de renda (o que no frenético final da década de 1990 parecia quase inconcebível). Ao mesmo tempo, as máfias locais teriam amplas condições para infligir violência aleatória. O livro esboçava um apocalipse libertário, um sonho com toques sombrios, e foi em parte a inspiração para o PayPal.

Thiel não gostava das complicações e dos atritos humanos próprios do gerenciamento do dia a dia, que deixava a cargo de outros, mas nas reuniões da empresa fazia com que seus funcionários se inteirassem de sua visão mais ampla: "O PayPal dará aos cidadãos de todo o mundo um controle mais direto de suas moedas, como nunca tiveram. Será quase impossível para governos corruptos roubar a riqueza do seu povo através de seus velhos meios" — hiperinflação e grandes desvalorizações — "porque, se tentarem, o povo vai recorrer a dólares, libras ou ienes, trocando a moeda local sem valor por algo mais seguro". E concluía: "Não tenho dúvida de que esta empresa tem a chance de se tornar a Microsoft dos pagamentos, o sistema financeiro operacional do mundo".

O PayPal estava crescendo exponencialmente, aproximando-se de 1 milhão de usuários, enquanto torrava 10 milhões de dólares por mês com quase nenhuma receita. Era a maior novidade desde o Netscape ou era uma tulipa holandesa que morreria a qualquer momento? A própria Netscape estava quase morta em 1999. Ao longo daquele ano, Thiel assistiu ao turbilhão das pontocom girar cada vez mais rápido: bilionários de Idaho que apareciam no Vale à procura de alguém a quem dar seu dinheiro, almoços no Buck's e jantares no Il Fornaio, as contas de mil dólares nos restaurantes que empresários quebrados tentavam pagar com ações da companhia, a seleta lista de convites por e-mail para festas de lançamento noturnas que eram classificadas por um sistema de estrelas determinadas pelo nível de fama da banda de rock que tocasse. Havia mais de quatrocentas empresas no Vale do Silício, e o preço médio de uma casa em Palo Alto era 776 mil dólares. O estacionamento do Stanford

Shopping Center estava cheio de modelos Audi e Infiniti cujos donos estavam fazendo compras na Bloomingdale e na Louis Vuitton.

Thiel pressentiu que o fim poderia acontecer em pouco tempo, e de maneira fulminante. Na última noite do milênio, na festa de réveillon da PayPal, ele ouviu Prince cantando "1999", uma canção do início da década de 1980 que fora uma espécie de trilha sonora de toda a loucura daquele ano, pois de algum modo o artista havia visto anos antes o que estava por vir:

Eles dizem 2000 zero zero fim de festa, opa, tempo esgotado
Por isso vou festejar como se fosse 1999.

Em fevereiro de 2000, *The Wall Street Journal* atribuiu à PayPal uma avaliação aproximada de 500 milhões de dólares. Na empresa, havia quem quisesse esperar por um número maior antes de ir atrás de uma nova injeção de capital, mas Thiel disse: "Vocês estão loucos, isso é uma bolha"; em março, com a sensação de que o tempo estava se esgotando, ele viajou para o exterior a fim de levantar outros 100 milhões. Em 10 de março, o índice Nasdaq atingiu um pico de 5133 pontos — os 3 mil pontos haviam sido ultrapassado pouco tempo antes, em novembro — e então começou a cair. Na Coreia do Sul, que ainda se recuperava de uma crise financeira, os investidores estavam tão desesperados para descobrir o segredo do PayPal que tentaram ouvir por detrás de uma palmeira uma conversa que Thiel estava tendo no lobby de um hotel. Quando o cartão de crédito de Thiel não funcionou no aeroporto de Seul — tinha atingido seu limite mensal —, um grupo de investidores, em vez de tomar isso como um sinal preocupante da saúde de uma empresa de pagamentos on-line, comprou-lhe uma passagem de primeira classe no ato. No dia seguinte, transferiram 5 milhões de dólares para a PayPal, sem negociar prazos, sem nenhum documento assinado, e quando a empresa tentou devolver o dinheiro, os coreanos se recusaram a aceitá-lo: "Nós demos o dinheiro e vocês terão de aceitá--lo. Não vamos dizer de onde veio, então não podem mandá-lo de volta".

Em 31 de março, uma sexta-feira, Thiel fechou a cota de 100 milhões de dólares. Na terça-feira, 4 de abril, o índice Nasdaq caiu e ficou abaixo de 4 mil pontos, a caminho dos mil, e a bolha das pontocom estourou.

A PayPal foi uma das poucas sobreviventes. Logo antes do crash, ela havia se fundido com a X.com. Thiel deixou o cargo de CEO, mas voltou no final de

2000, quando Musk foi forçado a sair. Em fevereiro de 2002, a PayPal entrou na Bolsa, a primeira empresa a fazê-lo após os ataques do Onze de Setembro (o que se revelou fatal para a ambição libertária da companhia — de repente, os sistemas monetários eletrônicos pareciam ideais para os terroristas esconderem dinheiro). Na festa de oferta pública de ações, Thiel enfrentou simultaneamente uma dúzia de funcionários em uma partida de xadrez rápido. Em 2002, o PayPal se tornou o método de pagamento preferencial de mais da metade dos clientes de leilões do eBay e, depois de fazer todo o possível para criar uma alternativa mais bem-sucedida, o eBay adquiriu a PayPal em outubro por um 1,5 bilhão de dólares. Thiel saiu no mesmo dia, indo embora com 55 milhões de dólares sobre um investimento de 240 mil.

O pessoal que veio a ser apelidado de máfia da PayPal prosseguiu fundando muitas empresas de sucesso: YouTube, LinkedIn, Tesla Motors, SpaceX, Yelp, Yammer, Slide... Thiel saiu de seu apartamento de um quarto em Palo Alto para um condomínio no Four Seasons Hotel, em San Francisco. Uma semana após deixar a PayPal, criou um novo fundo, chamado Clarium Capital Management. O fim de sua carreira como CEO de uma *start-up* do Vale do Silício marcou o início de sua vida de magnata da tecnologia.

1999

VIAGEM LOUCA RUMO À VIRADA DO SÉCULO… **ALIADO ELOQUENTE DE CLINTON ESCOLHIDO PARA APRESENTAR O ARGUMENTO FINAL**… quando você ouve alguém dizer "não se trata de sexo", na verdade se trata de… Bill e Hillary Clinton estão tentando uma separação experimental, o DRUDGE REPORT ficou sabendo… **Festejar como se fosse 1999. Tem cheiro de 1959**… Enquanto isso, os investigadores estavam à caça de um homem misterioso que disparou dois tiros de um revólver calibre .40 dentro do Club New York, durante a disputa entre o bando de Puffy e… **A INTERNET É O NOVO CÉU?**… **PARA A *TALK MAGAZINE*, FESTA ECLÉTICA E UMA LISTA "HIP"**… Tina deve ter feito um acordo com os deuses do tempo. Foi uma noite incrivelmente perfeita para jantar ao ar livre, sob as estrelas, com Manhattan como deslumbrante pano de fundo e tudo dominado pela Senhora Liberdade dramaticamente iluminada. A bandeira americana subia de maneira magnífica enquanto a multidão dançava… **CONE MILLS VAI FECHAR FÁBRICAS E CORTAR PESSOAL EM PROCESSO DE MODERNIZAÇÃO**… **A COMISSÃO PARA SALVAR O MUNDO A** história em detalhes de como os Três Marqueteiros evitaram um colapso econômico global — até agora… **MILIONÁRIOS? A DAR COM PAU. IMPÉRIO DOMÉSTICO DE MARTHA STEWART A FAZ VALER 1 BILHÃO**… Foda-se Martha Stewart. Martha está polindo o bronze no *Titanic*. Está tudo indo abaixo, cara. Então fodam-se seus sofás e padrões de listras verdes Strinne... **FORTALECIMENTO EM TODO O PAÍS DE EMPRÉSTIMOS HIPOTECÁRIOS SUBPRIME**... A era pós-feminista atual é também a era pós-moderna atual, em que todo mundo acha que sabe tudo sobre o que realmente existe sob todos os códigos semióticos e convenções culturais, e todo mundo acha que sabe quais paradigmas todo mundo... **BANCOS AMERICANOS DESREGULADOS Morte iminente da Lei Glass-Steagall criará firmas financeiras gigantes**... Os Estados Unidos parecem mais entusiasmados do que a maioria dos países para celebrar o novo milênio em grande estilo: talvez a nação seja rica e otimista o suficiente para que grandes festas pareçam oportunas... **FOGOS DE ARTIFÍCIO DE COSTA A COSTA**... "Este é um momento único para o nosso país", disse Clinton à multidão reunida na saída do National Mall, onde uma celebração pública de gala estava marcada para mais tarde, na sexta à noite. "A luz pode estar se apagando sobre o século xx, mas o sol ainda nasce para os Estados Unidos."

Dean Price

Em 2003, Ryan, o filho mais moço de Dean, que tinha oito anos, começou a implorar à mãe que o deixasse ir morar com o pai na Carolina do Norte. No fim, ela disse ao menino: "Se você conseguir lembrar o número do telefone de seu pai, pode ligar para ele e pedir que venha buscar você". Ryan ficou acordado a noite inteira tentando lembrar. Por volta das 6h30 da manhã, lembrou o número e ligou para o pai. Às dez horas, Dean estava na porta.

Dean estava se divorciando de sua segunda esposa e mudou-se com o filho para a casa principal, enquanto a mãe foi para o apartamento dos fundos. Dean se deu conta de que sua vida era exatamente como *The Andy Griffith Show*, com Andy, Opie e tia Bee morando juntos sob o mesmo teto. Dean fez da casa da família, a casa em que seu pai lhe dera um tapa, o seu lar. Pendurou pelos cômodos placas esculpidas com lemas: SONHE na cornija da lareira, SIMPLIFIQUE SIMPLIFIQUE SIMPLIFIQUE na chaminé de pedra, EXAMINE AS POSSIBILIDADES acima da abertura entre a sala de estar e o escritório. Pendurou o Discurso de Gettysburg na parede acima de sua cama, a definição de um cavalheiro escrita por Robert E. Lee estava sobre uma mesa na sala de estar, e no escritório pôs uma folha de tabaco emoldurada. No mouse pad, havia uma foto em close de Thomas Edison e seus cabelos brancos: "Há sempre uma maneira de fazer melhor... encontre-a!". Em suas estantes, havia clássicos como os ensaios de Emerson e *Tobacco Road*, biografias de Carnegie e Lincoln, livros sobre empreendedorismo e *Pense e enriqueça*. Duas espingardas calibre .12 velhas, mas ainda funcionando, estavam encostadas nas entradas. Para se aquecer, queimava pellets de madeira em um fogão a lenha ligado à chaminé. Sua garagem estava cheia de máquinas agrícolas, placas antigas e uma cópia emoldurada do seu versículo favorito da Bíblia, Mateus 7,7. Era a casa de um homem com os olhos voltados para o futuro e o passado.

Em 2003, Dean começou a odiar o negócio das lojas de conveniência. Ele era melhor em conceber e iniciar do que dirigir um negócio, e a operação do dia a dia das lojas o aborrecia. Havia entrado nesse ramo para poder cultivar e vender seus produtos agrícolas, mas ninguém lhe falara que uma salada viajava 4500 quilômetros antes de chegar à mesa. Aquilo não era empreendedorismo de verdade — bastava uma calculadora e um bom equilíbrio entre lucros e perdas. Ele tinha duzentos empregados, negros pobres e brancos de baixo nível sociocultural, uma porção de mães solteiras, e odiava pagar pouco mais que o salário mínimo, e sem seguro-saúde — como se podia criar filhos com aquele dinheiro? —, mas quando tentou conseguir empregados melhores pagando até dez ou doze dólares por hora, o desempenho não melhorou, e ele levou dois anos para fazer os salários baixarem de novo por meio da rotatividade. Seu negócio explorava as pessoas, mas não havia como contornar isso: as lanchonetes atraíam o pior dos piores, gente sem ambição, e a qualidade da comida refletia esse fato. Ele sabia que alguns de seus funcionários roubavam e que muitos usavam drogas. Ficavam acordados a noite toda e iam trabalhar chapados às seis da manhã.

Certa vez, um cliente ligou para Dean e disse: "Acabei de sair de um de seus restaurantes".

"Verdade?", Dean disse. "Como foi?"

"Eu entrei, pedi uma xícara de café e perguntei à garçonete: 'Como vai você?'. Ela respondeu: 'Não poderia estar melhor. Trabalho num maldito Bojangles'."

Dean sempre confiou em seu sócio para fiscalizar as lojas e cuidar dos livros. Era seu cunhado, mas, depois que ele e a irmã de Dean se divorciaram, Dean teve de comprar a parte dele por 50 mil dólares e precisava de um novo parceiro nos negócios. Seu amigo mais próximo era Chris, o cara com quem havia morado numa Kombi na Califórnia. Eles foram padrinhos de casamento um do outro; Chris abriu um bar e perdeu tudo quando teve problemas com drogas — bar, mulher, filho. Era um sujeito bom e generoso. Dean o localizou na Flórida, perguntou se queria voltar para a Carolina do Norte e começar uma vida nova, ajudando a fazer da Red Birch uma rede presente em todo o Sudeste. Sempre achara que um bom barman seria a pessoa ideal para cuidar da lanchonete, em virtude da velocidade do trabalho.

Dean e Chris foram parceiros de negócios por vários anos, até 6 de junho de 2003, data em que Chris completou 37 anos. Naquele dia, eles jogaram golfe juntos, depois saíram para jantar com outro sujeito num restaurante de Martinsville. Dean era o motorista da vez, e Chris passou boa parte do dia bebendo cerveja. No meio do jantar, Chris levantou-se e saiu da mesa. Dean achou que ele tinha ido ao banheiro, mas depois de quinze minutos Chris ainda não havia voltado, e ele começou a se preocupar. Foi até o banheiro, mas Chris não estava lá. Saiu e deu uma olhada no estacionamento: nenhum sinal de Chris. Entrou em sua picape e rodou pelas estradas em torno de Martinsville por duas horas e meia, sem conseguir encontrar o melhor amigo. Ligou para a mulher de Chris, sua segunda esposa, e disse: "Você não vai acreditar, mas perdi o seu marido". A mulher veio ao encontro de Dean e sugeriu: "Por que você não vai para casa e eu ligo amanhã para contar o que aconteceu?".

"Não, quero saber ainda hoje. Eu sou o responsável."

A esposa de Chris entrou na picape de Dean e levou-o a uma casa caindo aos pedaços numa rua abandonada perto do centro da cidade, com tábuas podres pregadas nas janelas e dois negros sentados na varanda, fumando o que parecia ser um cigarro de maconha. Era uma da manhã, Chris estava dentro da casa e Dean não conseguiu fazê-lo sair.

Foi pior do que um soco no estômago, porque Dean adorava Chris. Ele voltou para casa em Stokesdale e chorou o resto da noite. Enquanto isso, Chris saiu da casa em que fumava crack depois que Dean foi embora e, no meio da noite, entrou no escritório da Red Birch, atrás do restaurante Bojangles' de Martinsville. De lá, segundo Dean, tirou algum dinheiro e um cheque do cofre para pagar pela droga. Dean concluiu mais tarde que o sócio o vinha roubando havia um bom tempo. Na manhã seguinte bem cedo, ligou para Chris: "Quero que você me encontre no Parque Estadual Fairy Stone". Era um parque perto de Bassett, onde Dean planejava dar uma surra em Chris com um galho de pessegueiro. Chris estava ferrando com a vida e a família de todas as pessoas que trabalhavam para eles, além da própria vida e da de Dean, e precisava aprender uma lição. Mas Chris não apareceu.

Dean não sabia o que fazer. Napoleon Hill tinha uma teoria que copiara de Andrew Carnegie sobre a figura do "Mentor", que surgia da coordenação de esforços entre duas pessoas para um propósito definido. Assim como o hidrogênio e o oxigênio se combinavam para fazer uma coisa nova — a água —, a mistura de duas mentes semelhantes criava uma terceira, superior, que tinha um poder ou força divina. Com essa aliança, era possível captar no ar ideias que não teriam aparecido para alguém que trabalhasse sozinho. Dean e Chris haviam sido assim. Mas Napoleon Hill não dava instruções sobre o que fazer se uma das mentes viesse a ser a de um viciado em crack.

Foi quando Dean se lembrou de uma história sobre Abraham Lincoln. Um dia, Lincoln estava sentado sob um velho carvalho diante de sua cabana e viu um esquilo descer de um galho para dentro da árvore. Isso pareceu estranho, e Abe subiu para olhar o lugar onde o esquilo havia desaparecido, e descobriu que todo o centro da árvore estava oco. Ele tinha de tomar uma decisão. Deveria deixar a árvore em pé, porque ela protegia sua casa do sol? Ou cortá-la, pra evitar que um vento forte a derrubasse? Foi doloroso, pois ele amava a árvore, mas Lincoln a cortou. "E era isso o que eu precisava fazer com Chris. Tinha de me desligar dele. Isso acabou com sua vida."

Dean e Chris nunca mais se falaram. Na última vez em que teve notícias dele, Chris voltara para a Flórida e abrira uma sapataria perto de Fort Myers, mas alguns anos depois desapareceu de novo, fugindo dos credores.

Ao examinar esse período em retrospectiva, Dean se deu conta de que a perda de Chris foi o primeiro de uma série de golpes, que vieram um após o outro. De certa forma, eles acabaram por fazê-lo sair do negócio de lojas de conveniência. Mas primeiro veio o único lance de sorte que teve, na forma de dois irmãos indianos, Dave e Ash. Eles estavam nos Estados Unidos havia vinte anos, moravam em Burlington, na Carolina do Norte, e tinham uma barraca de cachorro-quente na Flórida chamada Hot Diggity Dog. Um dia, não muito tempo depois de Dean ter mandado Chris embora, Dave e Ash pararam na loja de Stokesdale e deixaram seus nomes e número de telefone. Dean telefonou, e os indianos disseram que estavam interessados em comprar a parada de caminhões de Stokesdale. Isso levou a uma sucessão de reuniões de oito horas na Red Birch, com Ash o tempo todo digitando compulsivamente números em sua calculadora, mesmo quando números não estavam em questão — era só uma forma de ele se sentir à vontade. Mas havia um brilho em seus olhos.

Dean queria vender. Ele sempre estivera sobrealavancado, jogando o mesmo jogo que as pessoas faziam com hipotecas, mas em escala comercial, assumindo mais e mais dívidas à medida que construía suas lojas a partir do zero. Ele e os indianos negociaram incansavelmente, examinando cada detalhe do negócio. No final, Dave e Ash lhe pagaram 1,5 milhão de dólares. Dean teria levado vinte anos para ganhar uma quantia assim.

Ele poderia ter saído do ramo de lojas de conveniência naquele momento, vendendo suas outras duas paradas de caminhões para Dave e Ash, ou encontrando outros indianos que quisessem comprar um pedaço do sonho americano. Em vez disso, mudou de ideia e gastou parte do dinheiro numa franquia da Back Yard Burgers, na frente do Piedmont Mall, em Danville. A Back Yard Burgers estava mais voltada para uma clientela branca de classe média do que outras redes de fast-food, com seus hambúrgueres grelhados na brasa. Dean contratou suas três irmãs para dirigir o restaurante e as mandou para a sede corporativa em Nashville a fim de receberem treinamento. Planejou uma grande inauguração para duas semanas antes do Natal de 2004.

No Dia de Ação de Graças daquele ano, Dean, suas irmãs e sua mãe levaram um prato de comida para seu pai onde ele trabalhava, na guarita de entrada do estacionamento da Unifi Manufacturing, em Mayodan. Ele se divorciara da esposa em Burlington e, aos 65 anos, estava morando sozinho em um apartamento alugado em Mayodan, numa pequena casa amarela, ao lado de uma fábrica fechada. A Unifi, um edifício de concreto sem janelas de centenas de metros de comprimento, era a última tecelagem da região que ainda produzia alguma coisa. Seu pai tinha sorte de ter um emprego lá. Ele babava, sua fala era pouco coerente e precisava usar fraldas geriátricas porque os analgésicos tinham acabado com o revestimento de seu estômago.

Dean abriu o Back Yard Burgers em Danville em 13 de dezembro. Três dias depois, seu pai se matou na cama com um tiro de pistola .357 no coração. Deixou suas últimas palavras escritas com garranchos: "Não aguento mais".

Pete Price foi enterrado na fazenda de tabaco da família, na sepultura ao lado de seu pai, Norfleet, sob uma cruz de pedra com a inscrição: "Apenas um pecador salvo pela graça". Anos mais tarde, Dean diria diante do túmulo: "Essa era a mentalidade dele. Isso é o que havia de errado com ele. Achava que era um pecador. Quando, na realidade, era um filho de Deus — poderia ter feito qualquer coisa e tinha poderes que desconhecia".

Poucos meses antes do suicídio, Dean, seu pai e os filhos de Dean foram de férias à Disney World, em Orlando. Um dia, Dean e o pai estavam sentados sob a Árvore da Vida e começaram a falar sobre religião e a Bíblia. Uma coisa que sempre impressionou Dean era uma passagem da Bíblia que dizia: "E o Verbo se fez carne e habitou entre nós". Na Disney World, ele disse ao pai: "E o que isso significa é que seus pensamentos e suas palavras se tornam sua realidade, e você precisa proteger seus pensamentos e guardar suas palavras, e nunca dizer nada que não queira ver se concretizar em sua vida. Assim você mantém uma atitude positiva". E talvez porque Dean aparentasse ser um grande sucesso, com um monte de dinheiro na mão da venda da loja de Stokesdale, e talvez porque a crença de seu pai o tivesse derrubado a esse ponto, eles ficaram sentados sob a Árvore da Vida e seu pai o escutou — pela primeira e última vez na vida deles, ele o escutou.

O furacão Katrina atingiu New Orleans na segunda-feira, 29 agosto de 2005. Naquela manhã, a 1200 quilômetros de distância, Dean viu tudo pela televisão. Na sexta-feira, com as refinarias de petróleo fechadas em toda a costa do Golfo, o preço do diesel já havia pulado de 2,25 dólares para 3,50 o galão, e Dean estava ficando sem combustível em seus postos de Martinsville e Bassett. O comércio na rodovia 220 praticamente parou, e as escolas públicas da Carolina do Norte quase fecharam por falta de combustível nos ônibus escolares. Dean se esforçou para manter o fornecimento de qualquer maneira, vendendo diesel não rodoviário em suas bombas de diesel rodoviário. Postos independentes como o dele foram acusados de manipulação de preços, mas só estavam protegendo o pouco combustível que tinham — se mantivessem o preço baixo, ficariam sem diesel em questão de horas. Demorou dois meses para a região sair da crise.

Dean definiu o Katrina como "meu momento de epifania".

Fazia muito tempo que os proprietários independentes de pontos de parada de caminhoneiros como ele estavam estrangulados. As margens eram tão baixas que um distribuidor de pequena escala ganhava menos de dez centavos no galão. "Desde o primeiro dia, lutei com o negócio, sempre descapitalizado, sempre tentando alavancar tudo o que eu tinha. Entre as empresas de cartão de crédito, as grandes companhias de petróleo, os impostos, o roubo dos funcionários, com vinte e poucos por cento de desemprego por aqui, eu nunca tive chance." Mas o Katrina quase causou a falência de Dean, e isso o levou a perceber que precisava fazer alguma coisa diferente para sobreviver. Era preciso tornar seus postos independentes em termos energéticos — essa seria sua vantagem competitiva em relação a todas as outras paradas de caminhoneiros da 220. Ele ficou espantado ao saber em que grau o país era dependente do petróleo estrangeiro, importado de países que não gostavam dos Estados Unidos, países que mandavam terroristas para matar americanos, onde os americanos estavam lutando e morrendo. "E me deixou puto que nosso governo, George W. Bush e todo o resto deles, deixasse o país ficar numa posição que, na verdade, ameaça nossa existência. E tudo por causa da ganância e do todo-poderoso dólar, e de pôr nossa fé nessas corporações multinacionais que nos vestem, nos alimentam e nos fornecem combustível."

Um mês antes do Katrina, o Wal-Mart abriu seu primeiro supercenter no condado de Rockingham. Mais dois viriam dentro de seis meses, inclusive um que ocuparia quase 15 mil metros quadrados em um shopping situado na estrada entre o centro de Mayodan e a rodovia 220. Três unidades Wal-Mart para um condado rural pobre de apenas 90 mil pessoas: isso acabaria com quase todas as mercearias, lojas de roupas e farmácias restantes na região, e como o Wal-Mart também vendia combustível com desconto, acabaria por liquidar com os proprietários de paradas de caminhões. Duas mil e quinhentas pessoas se inscreveram para os 307 empregos de "associados" na loja de Mayodan, que pagava uma média de 9,85 dólares por hora, ou 16 108 dólares por ano. Em 31 de janeiro de 2006, o prefeito de Mayodan e a Miss Condado de Rockingham estavam presentes para estender o tapete vermelho na grande inauguração, na rodovia 135.

Dean começou a pesquisar na internet e descobriu que, quando um hipermercado entrava numa comunidade, 86 centavos de cada dólar gasto nele iam para outro lugar. Pouquíssimo dinheiro permanecia na cidade para beneficiar as pessoas que moravam, trabalhavam e compravam lá — exatamente como nos postos de caminhões locais, que ficavam com apenas dez centavos de cada galão vendido. Antes mesmo da chegada do Wal-Mart, as principais ruas de Madison e Mayodan estavam se esvaziando, e o centro da vida econômica se mudando para as estradas onde a Lowe's e a cvs já haviam chegado. "E se você parar para pensar", disse Dean, "as pessoas que tinham a loja de ferragens, a sapataria, o pequeno restaurante eram o tecido de sustentação da comunidade. Eles eram os líderes. Eram os treinadores da liga infantil de beisebol, eram os membros da Câmara da cidade, eram as pessoas que todos admiravam. Nós perdemos isso." Acreditava-se que o resto do país estava crescendo — Wall Street e o Vale do Silício tinham mais dinheiro do que nunca —, mas o condado de Rockingham e o Piedmont estavam afundando em algo parecido com uma depressão. Afinal, quantos analistas de investimentos e desenvolvedores de software existiam no país? E quantos agricultores?

Muita coisa mudou na cabeça de Dean, e rapidamente. Ele sempre tinha votado nos republicanos, exceto em 1992, quando votou em Ross Perot, mas depois do Katrina percebeu que Bush estava mancomunado com as multinacionais e as companhias petrolíferas. Até mesmo Reagan, seu ídolo, cometera um grande erro quando fechou acordos com os países produtores de petróleo — o escândalo Irã-contras não tinha a ver com isso? — e manteve o país dependente de combustíveis fósseis por mais trinta anos. A história reservaria a Reagan um julgamento severo por isso.

Um dia, Dean estava sentado em um banquinho à mesa da cozinha, navegando num site chamado "Uísque e Pólvora: o guia diário do investidor independente em ouro, commodities, lucros e liberdade" com a péssima conexão discada que se podia ter em Stokesdale, quando leu as palavras "pico do petróleo". O conceito dizia respeito ao momento em que a extração de petróleo chegaria à sua taxa máxima e começaria a cair. Um geólogo da Gulf Oil chamado M. King Hubbert apresentou essa teoria em 1956. Hubbert previu que os Estados Unidos, o maior produtor de petróleo do mundo, atingiria seu apogeu na produção doméstica por volta de 1970, o que de fato aconteceu e explicava por que os preços do petróleo se tornaram tão voláteis ao longo daquela década. A teoria de Hubbert era que o resto do mundo atingiria o pico do petróleo por volta de 2005.

Dean levantou-se da mesa, sentiu uma fraqueza nos joelhos e caiu para trás. Ele teve uma visão do que o pico do petróleo significaria para o lugar onde ele morava (o Katrina já tinha dado um vislumbre): caminhões parados, alimentos encalhados nas estradas, a população local sem condições de comer, ir para o trabalho ou aquecer suas casas. Motins, revolução. No mínimo, as coisas ficariam bem caóticas com muita rapidez. As pessoas do lugar possuíam armas, possuíam a mentalidade escocesa-irlandesa de lutar. Nesse contexto, surgiria algo como a lei marcial, talvez um golpe de Estado. Era o que os Estados Unidos tinham diante de si. Ele sabia que esse momento marcaria sua vida, tal como a descoberta de Napoleon Hill. Napoleon escreveu sobre o poder de concentração — que, se você se concentrasse em um assunto por um longo período de tempo, as coisas começariam a estalar em sua cabeça, e o que você precisava saber se tornaria claro. Dean sentiu isso acontecendo naquele momento. Ligou imediatamente para seu mentor, Rocky Carter — o empreiteiro que construíra a parada de caminhoneiros na Martinsville Speedway e lhe apresentou Napoleon Hill —, e falou sobre essa descoberta.

No primeiro semestre de 2006, por volta da época em que Dean ficou sabendo sobre o pico do petróleo, seu amigo Howard viu uma matéria na CNN sobre um homem do Tennessee que estava produzindo etanol e vendendo por cinquenta centavos de dólar o galão. Howard era doze anos mais velho que Dean e crescera numa casa que a família alugava por 25 dólares por mês na fazenda de tabaco dos Price. Era um sujeito atarracado e irascível, com um bigode branco espesso e antebraços poderosos, que passara a maior parte da vida adulta instalando TV a cabo, bebendo, brigando e andando de moto. Perdeu vários dentes da frente numa briga de bar em High Point depois que ficou sem bolas de bilhar para jogar nos motociclistas que vinham atrás dele. Então, aos 53 anos, se casou com um uma mulher magra, baixa e durona — "mais dura de roer do que um osso cru", segundo Howard. Ela havia sido seu primeiro amor na adolescência, mas se casou com outro homem, por isso Howard teve de esperar a maior parte de sua vida até assumir um compromisso. Moravam em um trailer em Madison com a filha de sua esposa, que era obesa e ganhava uma pensão por invalidez.

O sujeito do etanol morava perto de Lynchburg, no Tennessee, terra do Jack Daniel's. Um dia, Howard e Dean dirigiram oito horas e o encontraram perto de um riacho, no fim de uma estrada cheia de curvas e nevoeiro; era um homem baixo, de olhinhos maliciosos e uma grande barriga, que fazia álcool destilado com adição de gasolina. O homem lhes vendeu um alambique — um longo tubo de cobre, parecido com um fagote de grandes dimensões, com várias válvulas — por 2100 dólares. Dean e Howard não eram seus únicos clientes. Com o Katrina, o aumento do preço da gasolina e a matéria da CNN, vendera dez ou onze alambiques só naquele dia.

Howard e Dean voltaram para a Carolina do Norte, compraram um pouco de milho dos agricultores locais e começaram a experimentar com açúcar e fermento. Logo descobriram que produzir etanol era caro demais, considerando a energia necessária para separar a água do álcool, e que o número de licenças governamentais necessárias era altíssimo. Mas Dean também andara lendo sobre outro combustível alternativo: biodiesel. Antes do Katrina, nunca tinha ouvido essa palavra, nem tinha ideia de como se escrevia, mas o biodiesel era atraente por vários motivos. A transesterificação — era assim que se chamava o processo de produção — usava muito menos energia do que a fabricação de etanol: para cada unidade de energia gasta, criavam-se quase cinco unidades de combustível. O biodiesel era feito a partir de compostos de gordura chamados triglicerídeos, e o óleo podia vir de várias matérias-primas, como soja, sementes esmagadas de canola, gordura animal, ou até mesmo do óleo de cozinha usado que os restaurantes jogavam fora. Podia ser fabricado em pequena escala com relativamente pouco dinheiro. Misturado com diesel comum número 2 em uma concentração de até 20%, podia ir direto para o motor sem precisar de conversão. Com pequenas modificações, um motor a diesel podia funcionar com 100% de biocombustível. Os políticos se preocupavam com o preço da gasolina porque era o que entrava no tanque dos carros dos eleitores, mas era o diesel que conduzia a economia, punha a comida no mercado.

Dean e Howard retornaram ao Tennessee. O homem do etanol se associara a dois alemães que estavam fazendo o que chamavam de "biio-diesel".* Dean comprou um de seus reatores portáteis montados sobre rodas por 20 mil dólares, depois de ter garantido um investimento de Rocky Carter. O reator era capaz de produzir mil galões por dia. Dean e Howard voltaram para casa e trocaram o alambique de etanol com um agricultor de Harrisburg, na Virgínia, por duas safras de canola colhidas em oito hectares. A canola — nome composto pelas iniciais de *Canadian Oil, Low Acid* [óleo canadense de baixa acidez] — era uma cultura de cobertura de inverno derivada da colza. Da semente esmagada, 44% viravam óleo, e o resto servia para a alimentação do gado.

---

* Em inglês, a palavra "biodiesel" se pronuncia "baiodiesel"; os alemães a pronunciavam da mesma forma que os brasileiros. (N. T.)

Dean leu que o óleo de canola tinha 93% do valor do BTU do diesel número 2 e gastava menos energia para se converter em combustível do que outras matérias-primas, porque as cadeias de ácidos graxos se fundiam a temperaturas mais baixas. A canola era uma semente de mostarda. Havia na Bíblia uma parábola sobre a semente de mostarda em que Jesus a comparava com o reino dos céus: "Embora seja a menor de todas as sementes, quando cresce é a maior das hortaliças e torna-se árvore, a tal ponto que as aves do céu se abrigam nos seus ramos".

Dean colheu algumas sementes de canola, bolinhas pretas miúdas como grãos de pimenta. Passou-as duas vezes por uma pequena máquina de esmagamento, pegou o óleo resultante, filtrou-o, derramou-o dentro do reator e acendeu o fogo. Assim começou a fazer biodiesel. Ao contrário dos alemães, deu à primeira sílaba da palavra um som alto, pleno, pronunciado com a boca aberta, como se fosse a frase de abertura de um velho hino batista. Aquele era o produto que iria libertá-lo.

"Tudo o que sempre quis fazer em minha vida foi cultivar e ser deixado em paz", disse Dean.

Tammy Thomas

No final dos anos 1990, Barry, o namorado dos tempos de colégio de Tammy, reapareceu. Ela o havia visto algumas vezes ao longo dos anos e nunca falara com ele; uma vez, em um festival, chegou a fugir com os filhos quando o viu se aproximando. Então, na festa de casamento do filho de sua madrinha, a tia de Barry era a responsável pelo bufê e Barry estava trabalhando com ela. Ele perseguiu Tammy, encurralou-a e pediu cinco minutos para explicar que nunca havia deixado de sentir carinho por ela, que sempre a amou, que lamentava ter se casado com a garota grávida com quem Tammy o vira no verão, depois que a filha deles nasceu. "Ele me pediu apenas cinco minutos", disse ela, "mas aquilo me custou sete anos."

Durante algum tempo, foi um conto de fadas transformado em realidade, como se Deus os quisesse juntos novamente. Disseram à sua filha mais velha que o técnico da Time Warner Cable com quem sua mãe ia se casar no dia 3 de julho de 1999 era seu pai. Ela formou-se no ano seguinte e foi estudar teatro na Universidade Estadual de Ohio, por isso não importava muito que não gostasse do novo marido da mãe. Mas os outros dois filhos de Tammy também não tinham um relacionamento muito bom com o padrasto. E, em poucos anos, Tammy e Barry começaram a brigar, e o casamento se desfez.

Tammy parou de frequentar a igreja da zona sul onde a família de Barry era influente. Por um tempo, não quis ser vista na cidade. "Youngstown é muito, muito pequena", disse ela. "Bastante gente ficou surpresa por estarmos juntos, por isso foi ainda mais difícil estar separada." Várias coisas que ela havia reprimido durante a vida voltaram a machucá-la. Deus e seu primo levaram Tammy para uma megaigreja inter-racial em Akron, a Casa do Senhor, onde uma placa no santuário dizia que os relacionamentos são tudo. Ela decidiu que aquele era o lugar de que precisava para se curar e começou a frequentar os cultos diversas vezes por semana. Por dois ou três anos, a igreja foi sua vida.

Ela morara em quatro lugares diferentes da zona sul, que se tornou ainda pior do que a zona leste. Nunca se sentia segura para entrar em seu carro quando saía para trabalhar no turno da meia-noite, nem para deixar a filha mais nova sozinha em casa depois de escurecer. Ela permitiu que Barry ficasse com a casa, por já haver complicações demais (ele a perdeu numa execução de hipoteca dois anos depois). Poderia ter se mudado para a zona oeste, a última parte da cidade onde as casas ainda mantinham seu valor, mas era para onde as pessoas brancas do leste e do sul haviam fugido, e teria se sentido mal em se juntar a elas. Em julho de 2005, Tammy e Barry decidiram se divorciar e, em agosto, ela comprou uma casa modesta por 71 mil dólares, com uma garagem anexa, numa rua segura de um lugarejo ao norte de Youngstown chamado Liberty. Pela primeira vez, ficava fácil para ela ir de carro ao trabalho.

Em outubro, ela se mudou. Naquele mesmo mês, a Packard Electric, sob um novo nome, declarou falência.

Durante as duas décadas em que Tammy trabalhou na firma, a Packard fez cortes constantes na força de trabalho de sua fábrica em Warren, passando de mais de 13 mil funcionários no início da década de 1970 para 7 mil no começo dos anos 1990 e 3 mil em 2005. Durante o mesmo período, a força de trabalho empregada no exterior se expandiu para mais de 100 mil, e as fábricas de autopeças da Packard tornaram-se as maiores empregadoras do cinturão de *maquiladoras* do México. Em algumas unidades, como a 14, Tammy pôde ver que nada foi eliminado e, com o tempo, todas as máquinas foram transferidas para o outro lado da fronteira e, com elas, os empregos naquelas linhas de montagem. Era uma repetição da agonia dos operários da siderurgia, mas em câmera lenta, por redução de pessoal.

Tammy viu o sindicato ficar cada vez mais fraco. O contrato de 1993 da empresa com a seção 717 estabelecia um terceiro nível de trabalhadores, que jamais receberiam salários plenos e benefícios. Tammy notou que a gerência tratava os contratados depois de 1993 de maneira diferente, com regras mais rígidas de conduta; não permitia que tivessem contato com a linha de Tammy na Thomas Road, ficavam no pé deles e supervisionavam seu trabalho de uma forma que deixaria qualquer um nervoso. O contrato também incentivava turnos de doze horas, o que era impossível para alguém com família, como Tammy, ou com problemas de saúde. Parecia um modo de fazer com que os funcionários mais antigos se aposentassem para depois admitir mais gente pelo contrato de 1993.

Em 1999, depois de unificar suas divisões de peças, inclusive a Packard, em uma entidade chamada Delphi Automotive Systems, a General Motors transformou a Delphi em uma empresa independente, com uma oferta pública de ações e um prospecto para os investidores que prometia "melhorar o desempenho operacional", com "uma análise do tipo 'corrigir/vender/fechar' de cada fábrica, buscando melhorar nossa competitividade em termos de custo e várias outras iniciativas de terceirização, mão de obra e redução de gastos". Wall Street vinha pressionando a GM a se desvincular da Delphi fazia pelo menos um ano, considerando que haveria mais valor para os acionistas em uma montadora menor e uma fabricante de peças separada do que em uma GM verticalmente integrada.

Tammy achou toda a operação suspeita. "Na época, a Packard Electric era rentável. Assim que passamos para o controle da Delphi, já não éramos mais lucrativos", disse ela. "Tive um pressentimento de que algo não estava certo naquilo. Eu não sou adepta da teoria da conspiração, mas acho que a coisa já estava decidida. Havia um plano para se livrar de alguns dos trabalhadores mais antigos, então você desliga essas pessoas da empresa, as põe sob um guarda-chuva, e então não tem de lidar mais com elas, porque agora não são mais funcionários da GM."

A nova empresa era independente apenas no nome: o destino da Delphi continuava atrelado a seu maior cliente, a GM. Com o tempo, ficou claro que o desmembramento era uma tática para acabar com o que restava da força de trabalho americana da empresa. Desde o início, a Delphi alegou ser rentável. Mas os lucros revelaram-se falsos: durante três anos, sua diretoria praticou fraudes contábeis. A empresa foi investigada pela SEC e processada por dois fundos de pensão, e seus altos executivos renunciaram. Quando a GM entrou em crise profunda, no início da década de 2000, a Delphi registrou perdas de bilhões de dólares, antes de declarar falência, em conformidade com o Capítulo 11 do Código de Falências americano, em 2005.

Mas a falência também era uma tática. Ela se aplicava apenas às operações americanas da companhia. A Delphi argumentava que a reorganização conforme o Capítulo 11 deveria permitir rasgar os contratos com seus trabalhadores, e, para garantir o sucesso da estratégia, a diretoria contratou um novo CEO, Robert S. "Steve" Miller, um especialista em pegar empresas em dificuldades e cortá-las em pedaços, a fim de torná-los rentáveis para novos investidores. Ele fizera isso antes na Bethlehem Steel e, em 2008, publicou uma autobiografia intitulada *The Turnaround Kid* [O garoto da reviravolta]. O conselho administrativo da Delphi deu a Miller um pacote de compensação que chegava a 35 milhões de dólares, enquanto um grupo de executivos seniores recebeu 87 milhões em bônus e opções de ações que foram por fim avaliadas em meio bilhão. Dois bancos de Wall Street, JP Morgan Chase e Citigroup, emprestaram 4,5 bilhões à Delphi e posicionaram-se para ficar em primeiro lugar na fila do reembolso, com juros e taxas, quando a empresa saísse da concordata. Miller, seus altos executivos e os bancos seriam os vencedores. Os perdedores seriam os trabalhadores americanos da Delphi. Ninguém contou a eles o que ia acontecer, mas a Delphi tinha um plano confidencial por escrito, apelidado de NorthStar, para realizar "a redução agressiva de custos via abandono de produtos, a consolidação da sede e a redução de custos herdados". O plano vazou para o *Detroit News* e foi publicado um mês após a falência.

Mesmo assim, Tammy foi pega de surpresa. Ela estava ganhando perto de 25 dólares por hora, levando para casa 55 mil por ano em horas extras, em valores brutos. Tinha dez anos de empresa, não podia ser afastada por mais de seis meses e, enquanto estivesse fora, tinha direito a receber 80% de seus salários. Sua filha caçula ia se formar no ensino médio, e depois disso Tammy poderia se concentrar em si mesma, talvez até viajar. Ela estava perto de completar quarenta anos, e seus últimos anos na Terra seriam tranquilos. Faltavam treze para a aposentadoria antecipada e, quando chegasse lá, poderia enfim crescer e decidir o que queria ser — uma coisa que a realizasse e a fizesse se sentir bem, independentemente de quanto lhe pagasse. Ela havia desistido do negócio dos casamentos e estava fazendo alguns cursos na Universidade Estadual de Youngstown, pensando em se dedicar à orientação psicológica. No momento em que se aposentasse, poderia fazer um doutorado. Ou ir morar em algum país do Terceiro Mundo com sua pensão.

Tammy tinha visto os empregos irem embora, o trabalho ficar mais pesado — operando duas máquinas em vez de uma — e imaginava que a fábrica de Warren fosse se tornar mais enxuta. Mas a fábrica inteira fechada? "Não. Eu nunca imaginei isso. Mesmo tendo visto o que aconteceu com as usinas. Enquanto a GM fosse bem, nós provavelmente estaríamos bem. Fazíamos tantas horas extras, não conseguíamos cumprir os pedidos a tempo. Ninguém jamais poderia ter me dito que meu emprego acabaria." Três décadas antes, os operários da Sheet and Tube também não haviam imaginado isso.

Em março de 2006, a Delphi anunciou que iria fechar ou vender 21 de suas 29 fábricas americanas e eliminar 20 mil postos de trabalho de horistas, dois terços do total. A de Warren permaneceria aberta, mas com uma força de trabalho drasticamente reduzida, e os remanescentes teriam um corte salarial de 40%. O salário de Tammy cairia para 13,50 dólares por hora. Os operários foram encorajados a aceitar um plano de demissão voluntária pelo qual receberiam um pagamento único total, porque a Delphi pretendia ficar com menos de 650 dos 3 mil funcionários horistas que ainda restavam na fábrica de Warren. A demissão voluntária significava que perderiam a maior parte da pensão. A mensagem foi dada por meio de um arquivo em PowerPoint, apresentado em uma grande sala de conferências para grupos de uma centena de trabalhadores por vez. Todos receberam uma pilha de informações e tinham até agosto para se inscrever no plano. As pessoas saíram da sala chorando. Tammy estava atordoada.

Mas então algo mudou dentro dela. Seu espírito se tranquilizou, como se soubesse que tudo iria ficar bem. Tivera esse sentimento em outros momentos difíceis de sua vida, quando teve de viver em um armário aos dez anos, quando se tornou mãe aos dezesseis, quando perdeu o noivo aos 29. Seus colegas de trabalho estavam em pânico, perguntando uns aos outros: "O que você vai fazer?". Tammy respondeu: "Quer saber? Existe todo um mundo fora da Packard". Na verdade, estava até um pouco entusiasmada. Com o dinheiro da demissão, poderia ir para a faculdade em tempo integral e tornar-se a segunda pessoa em sua família a obter um diploma universitário — porque sua filha mais velha já era a primeira. Depois disso, Tammy não sabia o que ia fazer, mas, pela primeira vez desde a infância, poderia sonhar.

Sua amiga Miss Sybil sempre vira algo de si mesma em Tammy: garotas da zona leste, mães solteiras, operárias, mulheres com ambição que tinham ficado presas em Youngstown. De certa forma, foi mais difícil para Sybil, porque começou a trabalhar na GE em 1971, quando as mulheres negras eram tratadas como a escória da escória em uma fábrica. Por outro lado, quando Tammy chegou, uma geração mais tarde, tudo estava desmoronando. Sybil ficara na GE até se aposentar, aos sessenta e tantos anos, mas Tammy estava passando por uma grande mudança aos quarenta. Sybil sabia exatamente o risco que aquilo envolvia. "Tammy precisou abrir seu próprio caminho e ser determinada", disse ela. "Tenho certeza de que aquelas três bocas olhando para ela foram um grande incentivo. A Packard era um emprego danado de bom. Quando saiu da Packard, ela estava assumindo um risco medonho. Mas tinha determinação e energia. A maioria das pessoas que conheço que deixaram a Packard perdeu o brilho. Você arrisca tudo e não pode falhar."

Tammy aceitou a demissão voluntária no último dia de 2006. Ela pensou no ditado que diz que Deus fecha uma porta e abre uma janela. "Não. Deus vai abrir portas *duplas* para mim."

2003

CIDADES ENGARRAFADAS EM PROTESTO MUNDIAL CONTRA A GUERRA NO IRAQUE... Um ditador brutal, com um histórico de agressões insensatas, ligações com o terrorismo e uma provável grande fortuna, não terá permissão para dominar uma região vital... *Ergo minha lâmpada ao lado da porta dourada para mijar,/ E fazer uma promessa para libertar os homens, e encontraremos as ADM deles*... **BUSH ORDENA INÍCIO DA GUERRA CONTRA O IRAQUE**... Se o fim está próximo, as famílias Green e Miller, que estão espalhadas por todo o país, querem seus parentes por perto. Eles urdiram um plano de emergência, caso os telefones sejam desligados: encontrar-se em Wichita, no Kansas, na confluência dos rios Big e Little Arkansas, sob os braços abertos do Guardião das Planícies, uma escultura de aço de treze metros de um guerreiro indígena... **IRA CRESCENTE DOS FRANCESES NÃO É SUFICIENTE PARA DETER FLUXO DE BORDEAUX**... Esses canalhas que dirigem nosso país são um bando de idiotas coniventes, ladrões, presunçosos que precisam ser derrubados, removidos e substituídos por um novo sistema controlado por nós... **LATINOS SÃO HOJE O MAIOR GRUPO MINORITÁRIO NOS EUA**... **PAPA AOS GAYS: SEUS HÁBITOS SÃO MAUS Condena casamento homossexual, adoção**... Em uma entrevista coletiva emocionada no Staples Center de Los Angeles, Bryant, 24, apertou a mão de sua esposa Vanessa e pediu desculpas por sua traição, seis meses após o nascimento de... **A "DOUTRINA BUSH" EXPERIMENTA**

MOMENTOS BRILHANTES… O motivo das risadas é a descoberta do quão isolados os privilegiados demais podem estar do resto do país. Tanto é assim que Hilton, presença constante nas colunas sociais, aos 22 anos não sabe bem o que é um poço e nunca ouviu falar do Wal-Mart… **GIGANTES DE WALL STREET PROSPERAM EM MEIO À RECESSÃO**… Ele exibe outros atributos de Senhor do Universo, entre eles uma fabulosa coleção de arte, um guarda-roupa poderoso e uma segunda esposa loira e atraente, vários centímetros mais alta do que ele… **MERCADO DE HABITAÇÃO CONSIDERADO REFÚGIO SEGURO PARA INVESTIDORES**… fique contente que você possui uma casa na Flórida… Mas, como assinei o contrato e cumpri minha obrigação de lutar numa das guerras dos Estados Unidos, tenho o direito de falar, de dizer, estou numa situação de merda… **HELICÓPTERO AMERICANO É DERRUBADO NO IRAQUE, MATANDO DEZESSEIS**… "Foi uma semana difícil, mas fizemos progressos rumo a um Iraque soberano e livre", disse ele… *Senhor, eu apoiei a guerra./ Acredito em quem somos./ Dediquei vinho tinto a isso hoje./ No Montrachet, perto da parada da Franklin Street, na West Broadway.*

Homem instituição (1): Colin Powell

Era uma vez,

uma família de pele clara de imigrantes da Jamaica que vivia numa cidade de imigrantes, a Nova York de La Guardia, DiMaggio e Coney Island, onde mães serviam sopa de rabada no jantar de domingo ou chalá à luz de velas na sexta-feira à noite, e os pais gritavam com o jornal em siciliano ou polonês, enquanto garotos com preservativos em suas carteiras e garotas estourando bolas de chiclete se tornavam americanos nas ruas.

No terceiro andar do número 952 da Kelly Street, no South Bronx, o retrato do presidente Roosevelt estava pendurado na parede da sala de estar, com a bandeira e o Capitólio logo atrás. Fora do prédio, os pais e os dois filhos eram absorvidos pelo vasto e generalizante caldo das instituições americanas.

A mãe tinha orgulho de pertencer ao Sindicato Internacional dos Trabalhadores em Confecção Feminina (na sigla em inglês, ILGWU) de Dubinsky (forte por seus 300 mil membros); ela costurava botões e enfeites em roupas femininas na Ginsburg's, no Garment District, onde o pai era o chefe da seção de transportes e sempre havia trabalho, mesmo durante a Depressão. Aos domingos, sentavam-se no banco da família na Igreja Episcopal de St. Margaret, onde o filho mais novo era um coroinha apaixonado por pompa e incenso. O menino passou da Escola Pública 39 para a 52, estudando depois na Morris High School, e por ter diploma de ensino médio, residência em Nova York e dez dólares, apesar de ser um aluno medíocre, foi admitido no City College de Nova York. Fundado em uma colina com vista para o Harlem, em 1847, com o nome de Academia Livre, teve como primeiro reitor Horace Webster, que disse: "Deve-se fazer a experiência para ver se os filhos do povo, os filhos de todo o povo, podem ser educados, e se uma instituição da mais alta qualidade pode ser controlada com sucesso pela vontade popular, e não por poucos privilegiados".

E, para além das luzes da cidade, por toda a república erguiam-se as estruturas que sustentavam a ordem do pós-guerra da democracia de classe média: General Motors, AFL-CIO, o Conselho Nacional de Relações do Trabalho, o patrão urbano, o bloco agrícola, a escola pública, a universidade dedicada à pesquisa, o partido de condado, a Fundação Ford, o Rotary Club, a Liga das Mulheres Eleitoras, a CBS News, a Comissão de Desenvolvimento Econômico, a Previdência Social, o Bureau de Reclamações, a Administração Federal de Habitação, a Lei de Ajuda Federal às Rodovias, o Plano Marshall, a OTAN, o Conselho de Relações Exteriores, a Lei dos Veteranos da Segunda Guerra, o Exército dos Estados Unidos.

A última delas se tornou o lar americano do garoto. Ele entrou no Centro de Treinamento dos Oficiais da Reserva (na sigla em inglês, ROTC) em seu primeiro ano no City College (seria convocado de qualquer maneira) e na fraternidade militar dos Pershing Rifles. A farda e a disciplina deram-lhe uma sensação de pertencimento. Ele precisava de estrutura para prosperar. "Tornei-me um líder quase imediatamente", escreveu mais tarde. "Encontrei um altruísmo dentro de nossas fileiras que me fez lembrar a atmosfera de carinho na minha família. Raça, cor, passado e renda não significavam nada."

Em 1958, ele recebeu sua patente de segundo-tenente. O Exército estava racialmente integrado havia apenas dez anos, mas a instituição mais hierarquizada da América era também a mais democrática: "Dentro dos portões de nossos postos militares havia menos discriminação, um sistema mais verdadeiro de mérito e campos de jogos mais igualitários do que em qualquer prefeitura do Sul ou grande empresa do Norte". Esforço, honestidade, coragem, sacrifício: o jovem oficial praticava as virtudes do escoteiro, certo de que elas redundariam em igualdade de oportunidades.

Sua jornada americana o levou ao Vietnã do Sul em 1962, a Birmingham em 1963, e de novo ao Vietnã em 1968.

Como capitão, pisou numa armadilha com estacas e escapou de um morteiro no vale de A Shau. Alguns meses depois, de volta aos Estados Unidos, uma lanchonete drive-in perto de Fort Benning, na Geórgia, recusou-se a atendê-lo. Como major, sobreviveu a uma queda de helicóptero perto de Quang Ngai e resgatou vários homens. Nada disso perturbou seu equilíbrio cuidadosamente calibrado.

Ganhou um peito cheio de medalhas e a admiração de seus superiores. Não se deixava abater pelas humilhações do racismo ou pela loucura de uma guerra em que a luta era travada pelos despossuídos da América. Ambas eram coisas que ofendiam seus valores democráticos. "Das muitas tragédias do Vietnã, essa discriminação grosseira de classe me parece a mais danosa ao ideal de que todos os americanos são criados da mesma forma e devem a mesma lealdade a seu país." Mas sua vida tinha por base esse ideal, então ele continuou sendo prático, e seu autocontrole tornou-se quase desumano. As instituições se mostravam saudáveis promovendo um homem de suas qualidades e, mesmo quando saíam do rumo, o poder maior dessas instituições era a autocorreção.

E ele mostraria isso a quem duvidasse dele.

Promovido a tenente-coronel. Assistente na Casa Branca, na época do Watergate — mas até mesmo o pior escândalo político da história americana era uma amostra da força institucional da democracia: o Congresso, os tribunais, a imprensa e a vontade popular eliminariam o câncer.

Comandante de batalhão na Coreia do Sul, onde começou a restaurar a boa ordem e a disciplina do Exército depois do Vietnã. Comandante de brigada em Fort Campbell. Pentágono, no governo Carter. Primeira estrela em 1979, aos 42 anos de idade, o general mais jovem do Exército. Fort Carson, Fort Leavenworth. Pentágono no governo Reagan, no qual "os serviços militares haviam sido reconduzidos a um lugar de honra".

Em 1986, o general de brigada estava sentado à sua escrivaninha, do lado de fora do gabinete do secretário de Defesa, e fez um telefonema relutante por ordem da Casa Branca para transferir 4 mil mísseis antitanque do Exército para a CIA. O destino era Teerã: armas, uma Bíblia e um bolo para os reféns. O Irã-contras foi a primeira mácula em seu currículo, mas o mandou para a Casa Branca de Reagan como conselheiro adjunto de Segurança Nacional, designado para limpar a bagunça. "Se não fosse pelo Irã-contras, eu ainda seria um general obscuro em algum lugar. Reformado, desconhecido."

Restaurar a boa ordem e a disciplina no Conselho de Segurança Nacional era o trabalho perfeito para o general de divisão. Ele adorava consertar Volvos e Saabs antigos. Era eficiente, inspirador, um mestre da burocracia, o melhor oficial de Estado do mundo. As instituições estavam no auge do poder. Afinal de contas, estavam prestes a ganhar a Guerra Fria.

Em 1988, no Salão de Santa Catarina, no Kremlin, Gorbatchóv olhou para ele com um brilho nos olhos e perguntou: "O que você vai fazer agora que perdeu seu melhor inimigo?".

No ano seguinte, ganhou sua quarta estrela de general do Exército, um dia antes de completar 52 anos. Alguns meses depois, presidente dos chefes de Estado-Maior, o mais jovem de todos os tempos. Sem seu melhor inimigo, os Estados Unidos podiam travar guerras de novo, e ele comandou a primeira desde o Vietnã — a do Panamá (atrás de um traficante de drogas com cara de abacaxi), e depois a decisiva Tempestade no Deserto. A campanha em solo levou só quatro dias para expulsar Saddam do Kuwait. Os Estados Unidos estavam de volta, e o comandante conseguiu isso transformando a agonia do Vietnã em uma doutrina: metas claras, interesse nacional, apoio político, força esmagadora, saída rápida. (Os curdos e xiitas ficaram por conta própria; os bósnios ficariam também.)

No momento em que se aposentou, após 35 anos de farda, o general era o homem mais admirado nos Estados Unidos. Ninguém sabia qual era o seu partido político: havia votado em Kennedy, Lyndon Johnson e uma vez em Carter antes de começar a apoiar os republicanos. Ambos os lados confiavam nele, porque encarnava o centro bipartidário. (Havia quem desconfiasse dele pela mesma razão.) Era um internacionalista à la Eisenhower, cauteloso até a medula. Enquanto o centro dominou, seu prestígio continuou subindo. A história fez uma reversão digna de lutador de jiu-jítsu e virou sua etnia e o Vietnã a seu favor, dando-lhe uma autoridade que ninguém mais tinha em Washington.

Ele fez todos sentirem que os Estados Unidos ainda funcionavam.

Em 1995, declarou-se republicano. Seu amigo Rich Armitage, conhecido membro do partido, o advertira para não fazer isso: não se tratava mais do partido de Eisenhower — não era mais nem mesmo o partido de Reagan. Alguma coisa havia sido liberada, um espírito de fealdade e irracionalidade, inclusive na política externa. (A Guerra Fria havia sido esclarecedora e moderadora — talvez Gorbatchóv tivesse razão.) O establishment ainda segurava as rédeas, mas os cavalos eram chucros. Porém ele disse que queria ampliar a atração do partido.

Ele poderia ter sido o primeiro presidente negro. Em vez disso, saiu da disputa e doou seu tempo para crianças pobres em escolas pobres. Sua mensagem era sempre a mesma: esforço, honestidade, coragem, sacrifício. Quando foi chamado de volta ao serviço militar e tornou-se o novo secretário de Estado, subiu ao palco e se agigantou ao lado do presidente de aparência perplexa, eleito por muito pouco. Ninguém era mais experiente, mais capaz, mais popular. Ele enfiaria a mão na massa, consertaria a Rússia e a China, remendaria os Bálcãs, lubrificaria o Oriente Médio, apertaria o Iraque e restauraria a boa ordem e a disciplina em um departamento desmoralizado. Mas seu amigo Armitage, que se tornou seu principal assessor, achava que Bush o escolhera para secretário de Estado por causa de seus índices de aprovação, não por seus pontos de vista.

Durante dois anos, o secretário representou a melhor cara dos Estados Unidos para o mundo.

Quando os aviões atingiram as torres, ele estava em uma reunião de líderes latino-americanos em Lima e teve a presença de espírito de permanecer por tempo suficiente para votar a Carta Democrática e reafirmar os valores que ela representava. "Eles podem destruir edifícios, podem matar pessoas, e ficaremos tristes com a tragédia. Mas não deixaremos que matem o espírito da democracia. Eles não podem destruir nossa sociedade. Eles não podem destruir nossa crença na forma democrática."

Ele montou uma coalizão contra o Talibã, trazendo o Paquistão para o rebanho. Informou ao mundo que os Estados Unidos não eram um predador indiscriminado — seus amigos ainda importavam. Não precisou dizer que um país que fizera de um filho de imigrantes negros do South Bronx seu emissário para o mundo era digno de apoio.

E quando o presidente voltou suas atenções para o Iraque, o secretário foi a voz da cautela. Não se opôs frontalmente, mas tentou mudar a direção do carro enquanto pisava no freio. Seu departamento tinha dúvidas a respeito das informações disponíveis. Ele articulou uma nova doutrina: se você quebra alguma coisa, torna-se dono dela. Queria que a ONU se envolvesse. Não queria perder o centro.

Queria manter a unidade do establishment da política externa, sem saber que isso já acabara. Precisava de estrutura para prosperar, mas as estruturas que sustentavam a ordem do pós-guerra se desgastaram. O Conselho de Relações Exteriores e da Fundação Ford não importavam mais. Os estadistas e generais se tornaram consultores e especialistas. O Exército era composto de profissionais, não de cidadãos. As escolas públicas estavam deixando os filhos de todo o povo semianalfabetos. Os partidos travavam uma guerra desgastante.

Ele tentava se manter em atividade em meio ao declínio institucional, mas sua atitude era incompreensível para quem passou a dar as cartas nos Estados Unidos. A administração estava podre, com ideólogos e operadores que mostravam desprezo pelas instituições. Ele não percebeu que havia sido isolado e derrotado.

O homem mais popular dos Estados Unidos estava sozinho.

O presidente queria índices de aprovação. A Casa Branca escreveu um discurso para ele fazer, de 48 páginas em espaço simples. Ele teve uma semana para se livrar de todas as mentiras, e não foi tempo suficiente, e jamais poderia ter havido tempo suficiente, pois não parou para contestar sua premissa.

Em 5 de fevereiro de 2003, o secretário foi até o prédio das Nações Unidas, às margens do East River, a vinte minutos de distância do número 952 da Kelly Street, que fora incendiado e demolido fazia tempo. Sentou-se à mesa do Conselho de Segurança com fitas de áudio, fotografias, desenhos e um frasco de pó branco e, enquanto o mundo assistia ao vivo pela TV, falou por 75 minutos sobre as ameaças representadas pelo regime de Saddam. Falou com a autoridade e o autocontrole de uma vida inteira, e um grande número de americanos se convenceu, pois aquele era o homem que mostrava que o país ainda funcionava.

Então ele se levantou e saiu com o porte ereto de um soldado.

Estava ferido de uma forma que nenhuma estaca vietnamita ou intolerante sulista poderia feri-lo.

Quando a guerra começou, o presidente disse que estava dormindo como um bebê. "Eu também estou dormindo como um bebê", disse o secretário. "A cada duas horas, acordo gritando."

Jeff Connaughton

O momento em que Connaughton entrou na política não havia sido dos melhores, mas, no lobby, foi quase perfeito. Quando começou a fazer parte do negócio, em 1997, as empresas gastavam em torno de 1,25 bilhão de dólares por ano para exercer o direito garantido pela Primeira Emenda de requerer ao governo dos Estados Unidos a reparação de injustiças. Doze anos depois, quando saiu, esse valor havia quase triplicado. (Essa quantia se refere apenas aos honorários pagos diretamente aos lobistas; os de relações públicas acrescentavam bilhões a mais não declarados.) Esse pote de dinheiro atraía uma horda de políticos: entre 1998 e 2004, 42% dos deputados e metade dos senadores que deixaram o cargo passaram a pressionar seus ex-colegas. Milhares de assessores do Congresso também debandaram para a K Street, assim como centenas de ex-colegas de Connaughton no governo Clinton. Quando ele passou pela primeira vez pela porta giratória e se juntou à classe mais presente de Washington, essa prática ainda era chamada de "vender-se". No momento em que empurrou a porta para o outro lado, em 2009, a atividade havia adquirido um ar de coisa invejável, talvez admirável, e certamente inevitável: era conhecida como "tirar partido".

Em janeiro de 2000, Jack Quinn, o chefe de Connaughton, deixou a Arnold & Porter — em parte por insistência de Connaughton — para montar uma nova firma. O momento era perfeito: Quinn era conhecido em Washington como um aliado de Al Gore, que tinha uma boa chance de ganhar a presidência no segundo semestre. A carreira política de Quinn remontava ao plano de campanha de Eugene McCarthy em 1968, com cinco anos em cargos do mais alto nível no governo Clinton, mantendo a cabeça fria em todas as crises. Quando se reuniam com ele, os clientes acreditavam que era daquela maneira que a Casa Branca pensava sobre as grandes questões. A surpresa foi o novo parceiro de Quinn: Ed Gillespie, um aliado de Karl Rove. Gillespie trabalhara para Dick Armey na Câmara, ajudara a redigir o Contrato com a América e estava cotado para ser um dos principais articuladores do Partido Republicano se George W. Bush chegasse à Casa Branca.

A Quinn Gillespie & Associates alugou escritórios elegantes no quinto andar da Connecticut Avenue, entre as ruas M e N, a um quarteirão do Morton's, onde o pessoal da empresa tomava seus drinques. Connaughton subiu a bordo como diretor e vice-presidente, com um escritório no canto do andar e uma participação de 7,5% em cima de seu salário. Quinn e Gillespie dividiam o resto.

Outras empresas de lobby eram democratas ou republicanas e perdiam clientes quando o partido errado assumia o poder. Na QGA, os lobistas eram todos muito partidários — Quinn e Gillespie se encontraram pela primeira vez como debatedores em lados opostos na Fox News —, mas de manhã, quando saíam do elevador, sua lealdade era exclusivamente para com a firma e seus clientes. O Congresso estava rachado em termos ideológicos, a cada eleição os eleitores ficavam mais polarizados, e os estados estavam se tornando majoritariamente vermelhos ou azuis, mas na QGA eles gostavam de dizer que eram todos membros do Partido Verde, embora a divisão do trabalho fosse clara: os republicanos da firma preenchiam cheques para políticos republicanos e promoviam eventos de angariação de fundos para eles; os democratas da firma faziam o mesmo do seu lado. Com a aproximação da eleição de 2000, Connaughton percebeu que não estava tão preocupado em relação à vitória de seu time: fosse Bush ou Gore, a Quinn Gillespie se daria bem. Na noite da eleição, Quinn estava em Nashville com a equipe de Gore, e Gillespie em Austin, com a equipe de Bush, e enquanto os votos na Flórida oscilavam de um lado para o outro, os dois sócios compartilhavam as últimas notícias por BlackBerry. Gillespie desempenhou um papel importante para os republicanos durante a recontagem na Flórida e, depois que a Suprema Corte fez de Bush o presidente, tornou-se um dos insiders mais quentes de Washington. A firma passou a ter laços com todos os centros de poder do governo.

Connaughton não era capaz de proporcionar acesso às pessoas da alta cúpula do governo. Ele não era um advogado de Washington que fazia acordos ou um intermediário do poder do partido. Seu mais alto posto no governo havia sido o de assistente especial do advogado da Casa Branca. O que ele tinha era uma capacidade para o trabalho duro e bem-feito, a experiência de alguns anos no Senado e na Casa Branca (as pessoas importantes lhe telefonavam de volta quando ele ligava), a presença em noticiários da TV a cabo em defesa de Clinton durante o impeachment e o prestígio de ser um aliado de Biden, mas na verdade era mais próximo de Kaufman e estava se tornando um cara de Quinn. Em pouco tempo, estaria ganhando mais de meio milhão de dólares por ano. Uma onda de dinheiro quebrava sobre sua cabeça a cada duas semanas. Em Washington, havia muitas outras pessoas que diziam estar ganhando mais de 1 milhão por ano.

Quinn e Gillespie consideravam-se os espertos do negócio. Fazer lobby não era mais abrir uma porta para um cliente — o poder em Washington tornara-se difuso demais para isso. Tratava-se de empreender uma ampla campanha estratégica para atingir diferentes públicos através de diferentes canais e moldar a opinião da mídia sobre uma questão, aumentando a pressão sobre os deputados em seus distritos. A Quinn Gillespie era especialista em formar coalizões "*grasstop*"* temporárias — engajando cidadãos locais em uma causa, como se houvesse apoio orgânico de base. A firma não recuava diante da controvérsia. Quando um cliente chamado Marc Rich, um bilionário fugitivo que vivia na Suíça, ganhou um indulto presidencial no último dia de governo de Clinton, o escarcéu consumiu Quinn durante semanas. Mas havia outra forma de ver o caso: Quinn conseguira uma coisa difícil para um cliente. A velha Washington — a imprensa, o establishment social, os defensores de altos padrões morais — fingiu estar escandalizada. A nova Washington entendeu que o perdão a Marc Rich era bom para os negócios.

Entre os clientes da empresa estavam o Instituto Americano do Petróleo, o setor de casas de repouso, o Conselho de Comércio de Madeira da Columbia

---

* Neologismo que se refere a pessoas de influência ou poder em nível local. (N. T.)

Britânica, a Verizon, o Bank of America, a Hewlett-Packard e Larry Silverstein, o arrendatário do World Trade Center. A Quinn Gillespie ajudou a Enron a derrotar as tentativas de regulamentar os mercados de eletricidade na Califórnia pouco antes de a empresa falir e representou as famílias do voo 103 da Pan Am em seu esforço para receber indenizações da Líbia. Connaughton obteve um de seus maiores êxitos com os anunciantes on-line. Tornou-se porta-voz de um grupo *grasstop* chamado Network Advertising Initiative, passou metade de um ano elaborando um sistema de autorregulamentação para o setor, reuniu-se com todos os cinco comissários na Comissão Federal de Comércio e com os procuradores-gerais de sete estados, e deteve um projeto de lei no Congresso que teria ajudado os consumidores a impedir que sites coletassem dados sobre seus hábitos de consumo na internet. Esse era o tipo de trabalho complexo que os sócios de grandes escritórios de advocacia faziam — e Joe Biden nunca se preocupou em saber a opinião dele sobre qualquer coisa.

Na Arnold & Porter, Connaughton havia estabelecido um limite e se recusara a representar a Allianz, companhia de seguros alemã acusada de enganar os segurados judeus depois da Segunda Guerra Mundial. Quinn ajudara a negociar o acordo da indústria do tabaco no governo Clinton e não trabalharia para fabricantes de cigarro. Mas a Quinn Gillespie representou (cobrando um ágio pelos danos à reputação) a Republika Srpska, entidade sérvia da Bósnia gerada no final da Guerra dos Bálcãs, e a Costa do Marfim, que estava mergulhada numa guerra civil e cujo governo tinha fama de manter esquadrões da morte. Connaughton considerava o trabalho internacional fascinante e acreditava que a empresa estava tentando levar o regime da Costa do Marfim a fazer a coisa certa com a realização de eleições (fosse como fosse, a França e a Polônia nunca quiseram contratá-los, somente os *bad boys*). Em 2005, ele viajou a Abidjan, onde foi levado através de barreiras cerradas ao palácio presidencial e posto numa cadeira ao lado do presidente Laurent Gbagbo. O presidente, porém, não prestou atenção ao que seu lobista tinha a dizer e não mostrou nenhum interesse em democracia — ele só queria melhorar sua imagem. Connaughton comprou um grande elefante entalhado de um vendedor ambulante na praia e o levou para Gillespie, o principal republicano da empresa. Seis meses depois, a conta da Costa do Marfim foi encerrada.

Uma vez, um colega de empresa disse que, quando a Quinn Gillespie contratava um novo lobista, somente duas coisas importavam: "Primeiro, sente-se à vontade pedindo favores a seus amigos? Segundo, está disposto a fazer isso?". O colega fez questão de abrir as pernas. "Será que ele entende que estamos aqui para ganhar dinheiro? Se a pessoa não estiver sedenta para ganhar dinheiro, não virá trabalhar todos os dias e fazer o que precisa ser feito."

Depois de tantos anos em Washington, Connaughton estava sedento, e não apenas de ganhar dinheiro. Ele queria ter influência nas altas esferas. Com Biden, não tivera muito sucesso — o serviço público parecia trazer mais humilhação do que triunfo —, mas o setor privado era mais parecido com uma meritocracia: a recompensa vinha de acordo com a produção, e não conforme os caprichos e defeitos do chefe. O trabalho era acompanhado de uma pressão enorme — os chefes de associações comerciais eram particularmente exigentes —, mas ninguém era chamado de *dumb fuck*. Quinn, Gillespie e Connaughton eram três sujeitos irlandeses de origem modesta, que acreditavam em trabalho duro e lealdade. Não eram vigaristas, como Jack Abramoff.* Connaughton adorava seus sócios e o que eles construíram juntos, e seus anos na Quinn Gillespie foram os mais felizes que passou em Washington. Por isso, ficava um pouco na defensiva quando as pessoas falavam sobre o lobby como se fosse uma coisa suja. Ora, quase toda Washington mamava nas tetas empresariais (ele vira isso na Covington & Burling), e a maioria fazia exatamente a mesma coisa que os poucos milhares de lobistas registrados que eram acusados pelos pecados de todos.

Ele abriu uma conta de corretagem e usava sempre ternos feitos sob medida. Após alguns anos, comprou sua primeira casa, uma residência no bairro de Georgetown, depois um apartamento num condomínio em Playa del Carmen, no México, na região do golfo, por 420 mil dólares, e uma bela lancha italiana de 39 pés, de segunda mão, que lhe custou 175 mil dólares. Mas conservou seu carro americano de merda.

Certa vez, um amigo de Connaughton, que ele conhecera na campanha presidencial de Biden, lhe disse: "Isso pode parecer esquisito para 99% dos americanos, mas com 400 mil por ano não dá mais para fazer o que se fazia antigamente. Eu tenho a hipoteca da casa em Great Falls, dois filhos em escola particular" — em Washington, todo mundo mandava os filhos para a escola

---

* Lobista durante o governo George W. Bush, condenado à prisão por subornos e fraudes. (N. T.)

particular — "e tenho sorte se conseguir economizar algum dinheiro desses 400 mil dólares". Connaughton conhecera seus melhores amigos de Washington naquela campanha, e alguns eram bem-sucedidos como ele, mas os que ficaram mais tempo no serviço público meteram-se em aperto financeiro. Em Washington, não havia contracorrentes nem oportunidades de carreira que aparecessem fora do único negócio da cidade. Tratava-se da capital do planeta, e inimaginavelmente mais rica do que em qualquer outro momento da história americana, mas ainda assim uma cidade isolada, um mundo à parte.

De certo modo, o lobby se baseava na rede de amizades em Washington. Esse era um dos motivos de haver tamanha demanda de assessores do Congresso na K Street. Um chefe de gabinete de senador ligaria de volta para um lobista se conhecesse e gostasse do sujeito, pensando: "Eu meio que quero ajudá-lo. Se precisar dele para promover um evento, fará isso para mim, e eu consigo dele um bom serviço". O lobby proporcionava um valioso fluxo de informações e análise entre empresas e funcionários do governo. Se um senador era uma espécie de juiz, um lobista era um advogado dando-lhe os melhores argumentos sobre um dos lados de um caso.

Havia um problema, claro: normalmente, ninguém entrava na sala para defender o outro lado, e nunca ninguém aparecia, nem de longe, com a quantidade de dinheiro que as empresas pagavam aos lobistas e às campanhas. De qualquer forma, um senador não era uma espécie de juiz. Talvez outrora, talvez Proxmire ou Javits. Mas agora os senadores estavam olhando para além dos informes — para o dinheiro, além da política — antes de decidir o caso. Os lobistas eram apenas intermediários, pistoleiros contratados. Culpem-se os interesses especiais, com todo o seu dinheiro e o acesso que vinha com ele, e as leis de financiamento de campanha, que permitiam que o dinheiro jorrasse nas eleições. "Eu estou em sua sala porque levantei dinheiro para você e posso ajudá-lo a encontrar gente bem posicionada que vai arrecadar mais dinheiro", disse Connaughton. "Se isso fosse interrompido, então voltaríamos ao que Jack e eu acreditamos que somos: pessoas espertas que eram bons advogados."

Mais tarde, Connaughton desenvolveu uma "teoria universal" do dinheiro na vida americana desde a década de 1980: "Quando os benefícios explodiram em Wall Street e Washington, quando se tornou possível ganhar milhões de dólares em espólio empresarial — eu sou um exemplo vivo disso, ninguém nunca ouviu falar de mim e saí de Washington com milhões de dólares —, quando o custo de certos comportamentos diminuiu, quando as normas começaram a ruir e desaparecer, aquelas que impediam as pessoas de, pelo menos, ser espalhafatosas no modo como ganhavam dinheiro, a cultura mudou. Isso mudou em Wall Street e mudou em Washington".

Sem querer, Connaughton tornou-se um democrata profissional. Era o que ele chamou de classe dos washingtonianos — lobistas, advogados, assessores, consultores, especialistas, *consiglieres*, articuladores —, que iam e vinham entre a chuva de dinheiro empresarial que caía sem parar sobre a capital e uma série de postos cada vez mais importantes na política do Partido Democrata. (É óbvio que também havia republicanos profissionais — Ed Gillespie era um deles —, que atuavam em Washington com pelo menos tanta facilidade quanto os democratas profissionais, pois sua filiação partidária não os obrigava a fingir que desaprovavam as corporações e as políticas que envolviam grandes somas de dinheiro.) A riqueza aumentava o poder deles, o poder engordava a riqueza. Eles faziam a ligação entre os interesses especiais e os funcionários do partido usando o adesivo da arrecadação de recursos. Tomavam café da manhã com políticos, almoçavam com os líderes de associações comerciais e jantavam com outros democratas profissionais. Atrás de suas escrivaninhas havia "paredes do poder": galerias de fotos deles sorrindo ao lado dos políticos mais importantes que conheciam. Sua lealdade era para com a firma em primeiro lugar, em seguida, para com seu ex-chefe na política, depois seu partido, e então — se era um democrata — o presidente.

Washington era uma cidade pequena, onde todo mundo estava a um ou dois graus de separação, e era melhor você ser legal com quem conhecia no happy hour das telecomunicações ou no ritual do "venha nos conhecer" dos serviços financeiros, porque, se não fosse, sofreria as consequências. A Quinn Gillespie incentivava seus lobistas a sair todas as noites, pois as informações geradas através da conexão com essas redes eram valiosas. Connaughton fazia sua parte, menos com o passar do tempo — não gostava de grandes festas, e no fim já fizera tantos eventos que deixava o carro com o manobrista, entrava, escapulia precipitadamente e ia embora. Depois de algumas perguntas, ele e alguém novo podiam avaliar a posição um do outro na hierarquia da cidade — aliado de Biden, Casa Branca de Clinton, trabalha para Jack Quinn, contas de telecomunicações —, o que determinava o quanto queriam se conhecer.

Com o peso do Alabama ainda em seus ombros, era incapaz de enganar alguém sobre sua importância.

Continuava solteiro, embora tivesse chegado perto de se casar duas vezes. Se tivesse se casado, seu negócio de lobby poderia ter crescido exponencialmente. Casais poderosos podiam transitar entre o governo e o setor privado: um dos cônjuges trazia o dinheiro, enquanto o outro subia os degraus do governo, compartilhando as informações que obtivesse pelo caminho. Connaughton tratou com um chefe de gabinete do Senado de várias questões financeiras antes de descobrir que ele era casado com uma alta executiva de banco. Em Washington, a conversa de travesseiro podia valer milhões.

Alguns casais pertenciam ao subgrupo da classe permanente de Washington ligada ao setor financeiro, o eixo Wall Street-Washington: funcionários do Tesouro, pessoal da Comissão Bancária, reguladores. Connaughton chamava isso de bolha. (Havia outras bolhas — por exemplo, na defesa, o complexo militar-industrial — que nunca chegou a conhecer.) Os membros da bolha financeira eram extraordinariamente unidos. No caso de um certo casal, o marido era um ex-lobista que trabalhava numa comissão fundamental do Senado e a esposa, uma ex-funcionária do Tesouro que foi para a SEC. Eles estabeleciam contatos noite e dia, pensando no futuro, e quando os dois decidissem faturar em cima disso, valeriam um monte de dinheiro.

A Quinn Gillespie propunha-se a fazer o mínimo possível de arrecadação de fundos para os políticos. A realização de eventos no centro da cidade era uma maneira de segunda classe de atrair empresas; a firma achava que poderia ganhar sendo inteligente e estratégica. Mas os políticos insistiam. Connaughton conseguia uma reunião de um cliente com um senador por intermédio do chefe de gabinete. Poucos dias depois, recebia um telefonema do senador pedindo-lhe que comparecesse a um evento de arrecadação de fundos de mil dólares por cabeça. Não havia nada a dizer, exceto "Eu adoraria". Em pouco tempo, os sócios estouravam seu limite de 50 mil dólares em contribuições por ciclo eleitoral, e a Quinn Gillespie embolsava sua parcela de dinheiro de campanha, embora nunca tanto quanto os maiores *players*, como Patton Boggs e o Grupo Podesta, que faziam eventos quase todas as semanas.

Um evento de angariação de fundos da Quinn Gillespie costumava ser um café da manhã na sala de conferências da empresa, um bufê de bacon e ovos numa terça, quarta ou quinta-feira, as únicas manhãs em que os senadores estavam com certeza em Washington. Começava por volta das oito, mas Connaughton perdeu a conta das vezes em que um senador chegava às 7h45, e ele pensava: "Que merda, nós nem acordamos direito e terei de entretê-lo por quinze minutos". Como anfitrião, ele ou Quinn faziam uma apresentação exagerada do senador: "Um dos grandes servidores públicos do nosso tempo e, pessoalmente, um ser humano maravilhoso, ele me ligou quando meu filho estava doente…". Diante do senador, que contava algumas piadas, os clientes riam, e depois se punham a tratar do que importava. Quando Connaughton começou a fazer lobby, era considerado impróprio misturar a captação de dinheiro com a discussão de questões sérias, mas esse limite se desgastou ao longo do tempo, como tudo mais, e, por fim, um profissional como Chris Dodd, sempre descontraído e divertido, com seu rosto vermelho, suas sobrancelhas negras e seus cabelos senatoriais brancos e espessos, andava ao redor da mesa da conferência e perguntava a cada doador: "Quais questões o preocupam?". Três semanas depois de um evento, Connaughton ligava para o chefe de gabinete do senador, que dizia: "Fique na linha, o senador quer falar diretamente com você" — pois ele agora fazia parte da família política do senador. Depois de um ano sem um evento, tornava-se quase impossível falar com o senador por telefone, e Connaughton tinha de agendar outro café da manhã.

Em 2001, ele e Quinn organizaram uma arrecadação de fundos para Biden, que acabara de assumir a presidência da Comissão de Relações Exteriores do Senado e se candidataria ao seu sexto mandato no ano seguinte. O evento arrecadou cerca de 75 mil dólares para seu ex-chefe. Dois anos depois, ele organizou outro evento. Em ambas as ocasiões, Biden não fez nenhum agradecimento. Ele queixou-se disso a um amigo que trabalhava para Biden desde antes do discurso em Tuscaloosa, em 1979, e que convidara Connaughton para almoçar, como um agradecimento pelo segundo evento. Duas semanas mais tarde, Biden enviou-lhe um bilhete que dizia: "Jeff, você sempre esteve comigo. Espero que saiba que sempre estarei com você".

Connaughton nunca se vendeu como alguém que podia ter acesso a Biden — em doze anos, só uma vez pediu a Biden para se encontrar com um cliente —, mas calculou com frieza que valia a pena manter a ilusão de proximidade, o que significava suportar o menosprezo. Ninguém, exceto Biden, ainda achava que Biden seria presidente — essa parte do mito tornara-se uma espécie de piada —, mas a presidência das Relações Exteriores era uma posição importante, e durante a campanha de 2004 Biden estava na lista de John Kerry para ser secretário de Estado, e de qualquer modo não era interessante ser conhecido em Washington como um "ex-aliado de Biden". Ter acesso a Biden dava-lhe status perante as empresas que tentavam abrir caminho na capital. Então, publicamente, pelo menos, ele continuou a ser um aliado de Biden.

No final de 2003, a Quinn Gillespie foi comprada pela wpp, uma firma de Londres que era a maior empresa de publicidade e negócios públicos do mundo. A parte dos sócios na venda seria paga em três parcelas ao longo dos quatro anos seguintes, e o preço final dependeria da rentabilidade da Quinn Gillespie. Cada dólar de lucro seria multiplicado no preço. Connaughton começou a trabalhar mais do que nunca e, à noite, em bares e restaurantes, calculava seus futuros milhões num guardanapo, recalculando constantemente à medida que as declarações de renda da firma mudavam. De 2005 a 2007, a Quinn Gillespie faturou quase 20 milhões por ano e, perto do final desse período, maximizar as receitas e minimizar as despesas tornou-se uma obsessão tão grande que Quinn disse que eles estavam procurando moedas nos sofás. Quando Connaughton recebeu finalmente a parte que lhe cabia, estava rico.

PARTE II

Dean Price

Uma estrada asfaltada de pista simples e mão dupla passava pela floresta de carvalhos brancos, nogueiras de casca solta, freixos da Carolina, e sob a sombra das árvores um celeiro de tabaco estava em ruínas, com o telhado de metal inclinado para dentro, pedaços de revestimento pendendo de pregos. Perto dali, uma casa de madeira branca da qual haviam tirado as janelas jazia na beira da estrada, sufocada por galhos de árvores e trepadeiras, enquanto na parede externa uma placa escrita à mão com fogo ainda anunciava a venda de CRUSH. Mais adiante, a estrada fazia uma curva e via-se uma casa de fazenda de alvenaria, com uma grande antena parabólica no telhado, sob a luz dourada de um campo marrom avermelhado. Outra curva, uma colina suave, mata fechada outra vez, e depois uma casa de utensílios de metal abandonada numa clareira. A estrada ficava reta e plana e chegava a um semáforo, onde havia dois centros comerciais, um em frente ao outro, com estacionamentos cheios, um Walgreen's diante de um McDonald's, um posto Shell diante de um BP. Outra luz, uma concessionária de carros fechada, um enorme depósito de sucata com uma montanha de metais retorcidos e madeiras empilhadas ao lado de uma fiação que estava sendo metodicamente destruída como uma grande baleia e vendida por partes, uma de cada vez. Então, chegava-se ao centro, a pequena e solitária rua principal, uma academia de tae kwon do, um escritório da previdência social, um restaurante fechado, uma loja de esquina sem nome para alugar, dois pedestres em quatro quadras, uma Dollar General, que marcava o extremo da cidade. Do outro lado, o campo abria-se de imediato e a estrada passava por fazendas, milho plantado em uma, nada na seguinte — mato e torrões de terra —, e a seguir um empreendimento residencial com sobrados parecidos em fileiras bem-ordenadas, erguidos numa antiga fazenda de tabaco. E, além do loteamento, isolado em um imenso gramado, atrás de uma cerca de troncos de madeira e um lago artificial, via-se o falso e exagerado castelo de um famoso piloto da Nascar.

A paisagem para onde Dean voltou e onde pretendia passar o resto de sua vida era muito antiga e também nova, tão particular como qualquer coisa nos Estados Unidos e também tão genérica, tão bela e tão feia. Em sua imaginação, ela se tornara um pesadelo, tão profundamente errada que a chamava de pecadora, e ele odiava o pecado mais do que qualquer visitante ocasional ou crítico distante poderia odiar, mas também via ali um sonho de redenção tão improvável e glorioso que só podia encher os olhos do espírito de um filho nativo visionário.

Certa vez, dirigindo pelo condado de Cleveland, aconteceu de Dean passar pela igreja batista que seu pai tentara outrora conquistar, mas não conseguira, um fracasso que havia acabado com as forças dele. Dean fora com o pai ao condado de Cleveland e ouvira o sermão que havia feito em seu teste, por volta de 1975, por isso reconheceu a igreja décadas mais tarde — e também notou que havia agora a porra de uma Bojangles' ao lado. Para Dean, a Bojangles' passara a representar tudo o que havia de errado com o modo de vida americano: como eles criavam seus alimentos e os transportavam por todo o país, como plantavam para alimentar os animais que comiam, a maneira como empregavam as pessoas que trabalhavam nos restaurantes, a forma como o dinheiro deixava a comunidade: tudo estava errado. Seu próprio negócio, gasolina e comida rápida, tornara-se odioso para Dean; ele enxergava o que havia de errado no que fazia de um modo que seu pai nunca vira, e a conjunção do legado de seu pai com o seu o atingiu com amarga ironia ao passar pela igreja.

Ele via sob a superfície da terra suas verdades escondidas. Algumas noites, sentava-se na varanda com um copo de uísque e ouvia os caminhões dirigindo-se para o sul na 220, transportando engradados de frangos vivos para o abate — sempre sob o manto da escuridão, como um vasto e vergonhoso tráfico, frangos cheios de hormônios que os deixavam grandes demais para conseguir andar —, e pensava que esses mesmos frangos poderiam retornar de seu destino como pedaços de carne para a Bojangles' iluminada por holofotes logo acima do morro, e que a carne seria mergulhada em fritadeiras borbulhantes por empregados cujo ódio ao trabalho vazaria para o alimento preparado, e aquele alimento seria servido e comido pelos clientes, que ficariam obesos e acabariam no hospital, em Greensboro, com diabetes ou insuficiência cardíaca, um fardo para todos, e mais tarde Dean os veria perambulando pelo Wal-Mart de Mayodan em carrinhos elétricos, porque eram pesados demais para andar pelos corredores de um hipermercado, exatamente como os frangos alimentados com hormônios.

O tráfego na 220, a força vital de sua rede, o fazia pensar em todos os motores queimando aqueles milhões de galões de gasolina que vinham de inimigos dos Estados Unidos no exterior, e os milhões de dólares vazando da economia local para as companhias de petróleo e os grandes varejistas. Ele parava sua picape em um posto de gasolina Marathon para encher o tanque e notava o logotipo acima da bomba, com as palavras "TODAS AS ESTRADAS LEVAM À LIBERDADE" escritas em uma bandeira na forma do mapa dos Estados Unidos, e ficava quase enlouquecido ao pensar nas pessoas que acreditavam em tamanho disparate hipócrita. Eles se tornaram dependentes das grandes empresas e perderam o espírito independente. Deveriam ser americanos do tipo que faz, não que fica sentado esperando, mas a democracia estava em uma fase de declínio. Seria preciso algo grande para despertar as pessoas do Piedmont e fazê-las agir. Algo tão grande quanto o pico do petróleo, que, na opinião de Dean, era a coisa mais importante no século XXI. A era da energia barata tinha começado quando o coronel Edwin Drake perfurou o primeiro poço de petróleo, em 1859, em Titusville, na Pensilvânia, e havia criado a maior potência industrial que o mundo já conheceu, mas estava chegando ao fim.

Nas últimas linhas de *Pense e enriqueça*, Napoleon Hill cita Emerson: "Se temos relação, nos encontraremos". Dean, sempre atento, encontrou um escritor chamado James Howard Kunstler, através de seus livros e de seu blog semanal Clusterfuck Nation. Kunstler, que vivia no norte do estado de Nova York, previa a chegada do que chamou de "a longa emergência", traçando um quadro apocalíptico dos Estados Unidos em uma época de escassez de petróleo, com o colapso do modo de vida suburbano, baseado no automóvel, abalos à ordem pública, guerrilhas disseminadas, descentralização do país em regiões e municípios semiautônomos, e imensas dificuldades para um povo que vivera durante meio século "na maior farra de luxo, conforto e lazer que o mundo já conhecera". Os mais bem equipados para sobreviver seriam os americanos que viviam na zona rural ou em cidades pequenas, com conexões locais, vocações úteis, habilidades práticas e um senso agudo de responsabilidade cívica. Os perdedores seriam os *exurbanitas*, moradores de condomínios distantes que perseguiram o sonho americano em casas de quatrocentos metros quadrados a sessenta quilômetros de distância de um centro empresarial, iam de carro a todos os lugares, compravam na Target e no Home Depot e haviam perdido no passado longínquo o know-how para fazer seus próprios combustíveis e alimentos. Por razões de geografia, história e cultura, os sulistas se dariam mal na longa emergência, o que provocaria graus particularmente altos de pensamento delirante e violência no Sul. Era um futuro que o autor, que pertencia à velha linhagem nativa dos profetas puritanos, parecia saudar e até mesmo desejar.

Tudo isso repercutiu profundamente em Dean. As declarações exaltadas, as previsões do tipo tudo ou nada, a sensação de possuir um segredo que a maioria das pessoas não suportava ouvir, tudo isso com seu estado de ânimo. No entanto, uma visão de mundo era apenas a projeção de uma inclinação psicológica sobre a realidade, e Dean era um otimista, um Horatio Alger contemporâneo. Não havia Apocalipse sem Arrebatamento. Ele acreditava fervorosamente que desse colapso viria um novo nascimento: uma nova forma de vida poderia surgir, tanto no condado de Rockingham como em todo o país. Em mais ou menos uma década, toda a paisagem seria diferente. Talvez não houvesse mais Wal-Marts. A Exxon e a Archer Daniels Midland estariam moribundas, sem cérebro, obsoletas. Com a gasolina a seis ou sete dólares o galão, em vez de centralização, transporte de longa distância e tudo em enorme escala, a nova economia seria descentralizada, local e em pequena escala. As zonas rurais, como o Piedmont, estavam na iminência do renascimento, e tudo o que era preciso estava bem à mão, nas riquezas dos campos agora abandonados. Na era das viagens fluviais, havia um moinho de cereais a cada oitenta quilômetros mais ou menos, onde as pessoas produziam farinha usando energia hidráulica. Nos próximos anos, pequenas refinarias de combustível e frigoríficos processadores de carne surgiriam a cada oitenta quilômetros na rodovia

220. Em vez da produção em massa, haveria produção pelas massas. O futuro levaria os Estados Unidos de volta ao passado. Em vinte anos, nada seria reconhecível. Seria uma transformação difícil, mas do outro lado estava uma América absolutamente linda.

"Se este é um período de anomalia de 150 anos", disse Dean, "em que tiramos todo o petróleo acessível e barato da terra e o usamos para nos levar até onde estamos hoje, quando isso começar a andar para trás voltaremos para onde estávamos antes, mas teremos aprendido muitíssimo no processo de toda essa nova tecnologia que levamos conosco." E a chave, ele acreditava, era o biocombustível. "Esse é o modelo que irá para a frente, essa nova economia verde. A não ser que descubram alguma coisa que faça esses veículos andarem a ar, ou algo que seja infinito em sua disponibilidade, isso dominará por mil anos. Será uma economia agrária, mas local. Ninguém pode dizer o que o futuro nos reserva, porém quando esses agricultores puderem cultivar suas próprias plantações e abastecer seus próprios tratores a diesel, sem se submeter a ninguém e sendo seu próprio patrão, isso será uma grande mudança. E, em vez de pensarmos que estamos indo para a desagregação, para mim essa é a maior explosão econômica que haverá em nossa vida, porque todo o dinheiro que está sendo concentrado no topo, com alimentos, combustível, roupas — o que mais eles controlam? bancos —, talvez volte para as pequenas cidades. Eu consigo ver isso acontecendo."

Dominado por essa visão, as posições políticas de Dean começaram a tomar um rumo estranho. Ele rejeitou as opiniões conservadoras de sua família, de sua comunidade e dele mesmo. Passou a acreditar que os problemas do país começaram com os republicanos. Perdeu a reverência que tinha por Reagan, e jamais tivera alguma por Bush. Mas também não era exatamente um democrata. Estava elaborando as coisas por conta própria, usando a internet, sem um partido político, associação comercial, sindicato ou jornal, sem nenhuma instituição para orientá-lo e apoiá-lo. Nada disso tinha credibilidade. Ele odiava os bancos e as corporações, mas não confiava no governo, que parecia estar mancomunado com as grandes empresas. Na verdade, suas opiniões estavam se tornando mais parecidas com as dos populistas rurais do final do século xix. "Às vezes, penso que nasci com cem anos de atraso", afirmou Dean.

Do outro lado da parede da cozinha de Dean, sua mãe assistia à Fox News o dia todo. Quando Dean era menino, a família se reunia e via Walter

Cronkite, e naquela época sua mãe não tinha opiniões políticas fortes, mas agora estava ficando cada vez mais conservadora. Suas posições políticas baseavam-se em "princípios bíblicos", o que significava opor-se ao aborto e à homossexualidade, e uma vez que a Fox e o Partido Republicano ancoravam todas as suas posições na religião, não havia nada que se pudesse dizer para afastá-la deles. Sendo assim, ela e Dean evitavam falar sobre política.

Em 2007, Rocky Carter apresentou Dean a um homem chamado Gary Sink. Grisalho, corpulento e conservador, Gary estava aposentado dos negócios de impressão e embalagens e era presidente do Clube de Pesca Desportiva Marítima de Greensboro. Mas considerava o biodiesel um investimento inteligente no futuro, e viu em Dean Price um empresário carismático, com uma visão original, que sabia falar e ouvir, descobrir como as outras pessoas pensavam. Em fevereiro de 2007, Gary, Rocky e Dean foram ao Oregon para olhar as máquinas de esmagamento de um fazendeiro local e acabaram por comprar três delas e mandá-las para a Virgínia. A viagem uniu ainda mais os três homens e afirmou o negócio que estavam prestes a empreender. Em setembro, fundaram a Red Birch Energy como sócios igualitários, com Gary na presidência e Dean na vice-presidência. A ideia era que cada um deles investisse em torno de 30 mil dólares. A parte de Rocky foi para transformar um local de armazenamento, situado numa propriedade que Dean possuía ao lado de sua parada de caminhoneiros em Bassett, na Virgínia, em uma refinaria de biodiesel, instalada numa estrutura de folhas de metal e tábuas de pinho nodoso, ao lado de uma torre de grãos. Para projetar a refinaria, contrataram um engenheiro de Winston-Salem chamado Derrick Gortman, que crescera numa fazenda de tabaco de oitenta hectares. Depois que o celeiro de tabaco da família pegou fogo, Derrick tentou cultivar milho, em seguida morangos, mas mal conseguia sair do prejuízo, e a fazenda estava agora ociosa. Derrick entrou para a Red Birch e instalou o reator. Nas paredes, Dean pendurou algumas das placas antigas de refrigerante, sorvete e pães que havia coletado em lojas de antiguidades e feiras de bugigangas. Para 2009, seu primeiro ano de produção plena, a Red Birch contratou a compra de quase quinhentos hectares de canola de inverno de 25 agricultores locais, pagando nove dólares por *bushel*,* mais do que o dobro do preço do milho. Dean também plantou um pequeno campo de canola entre a refinaria e a rodovia 220, para mostrar aos agricultores do lugar que essa planta desconhecida crescia facilmente no solo de barro vermelho do Piedmont. O combustível seria vendido ao posto vizinho de Dean — uma mistura de 20% de biodiesel iria direto para os caminhões que abasteciam em suas bombas. Tudo estaria em um único lugar, um sistema de circuito fechado, da fazenda à bomba, eliminando todos os intermediários e custos de transporte, mantendo um preço competitivo ou até menor que o do diesel comum.

Nada parecido com aquilo existia nos Estados Unidos, e quando a refinaria ficou pronta, no fim do primeiro semestre de 2008 — um momento auspicioso, quando os preços dos combustíveis em todo o país dispararam para 4,50 dólares o galão, as estradas do Piedmont se transformavam em deserto e os candidatos presidenciais tentavam apaziguar a fúria do público —, a placa que Dean e Gary puseram na frente das instalações declarava orgulhosamente RED BIRCH ENERGY: PRIMEIRO POSTO DE BIODIESEL DA AMÉRICA.

Eles desfraldaram uma gigantesca bandeira americana no alto da torre de grãos. A plantação de canola junto à rodovia era um campo de flores aveludadas amarelas que floresciam em talos que iam até a cintura.

Naquele verão, os jornais locais começaram a notar que estava acontecendo algo interessante na rodovia 220. Enviaram repórteres a Bassett, onde Dean Price tinha as citações de que precisavam. "Nós plantamos, nós fazemos, nós vendemos", explicou ao *Winston-Salem Journal*. "Está tudo aqui. Não temos de ir a outro lugar para obter o combustível." "A canola vai tomar o lugar do tabaco como a cultura comercial do futuro", afirmou ele ao *Greensboro News & Record*. "A melhor coisa que poderia acontecer a este país é a gasolina custar oito dólares, porque isso nos faria abandoná-la." "Muitos caminhoneiros são agricultores e muitos agricultores são caminhoneiros", declarou ao *Richmond Times-Dispatch*, "e eles serão clientes uns dos outros." Falou com entusiasmo ao *Martinsville Bulletin*: "Esta indústria está cheia empregados de colarinho verde com altos salários". Seriam 75 ou cem postos de trabalho por parada de

---

* Medida de capacidade para cereais, equivalente a 35,238 litros. (N. T.)

caminhões, alguns deles pagando 25 dólares a hora, empregos que não poderiam ser terceirizados para a China, empregos que iriam para as pessoas do condado de Henry, na Virgínia, onde o desemprego era superior a 20%, e para pessoas de todo o interior se o modelo Red Birch fosse franqueado: empregos agrícolas, na fabricação de equipamentos, na construção de refinarias, na produção do combustível, nas agências de regulamentação estaduais e federais, no ensino dessa tecnologia em faculdades comunitárias. "Somos defensores de biorrefinarias de pequena escala, de propriedade dos agricultores", disse ao *Carolina-Virginia Farmer*. "Para cada dólar que você gasta em biocombustível produzido localmente, noventa centavos permanecem no lugar. Agora pense no impacto econômico que haveria se você circulasse isso através da economia local, cinco ou seis vezes. Poderia ser um enorme boom econômico para este país." Era bom para o meio ambiente e melhorava o consumo de combustível dos caminhões de dezoito rodas. Dean citava Jefferson sobre os cultivadores da terra e falava sobre o renascimento dos valores cívicos do país. Apelava ao patriotismo e à independência americana. Se o Irã e o Iraque começassem a brigar por um campo de petróleo, ou os Estados Unidos entrassem em guerra com a China, ou um terrorista muçulmano com uma bomba suja destruísse a rede de energia da Costa Leste, a Red Birch continuaria funcionando, e os caminhões continuariam rodando pela rodovia 220. "É um jogo de ganha-ganha-ganha-ganha-ganha", garantiu Dean.

Uma coisa que Dean nunca mencionava era o aquecimento global. Havia céticos demais em sua parte do país: assim que ouviam essas palavras, paravam de escutar e começavam a discutir. O próprio Dean não tinha certeza de que fosse verdade. Ele estava muito mais convencido a respeito do pico do petróleo, uma vez que havia um exemplo bem ali, nos Estados Unidos. Ele não precisava do aquecimento global para fazer sua venda.

Às vezes, Gary se preocupava com o fato de Dean exagerar, prometendo o que talvez não fossem capazes de cumprir, e começou a se ressentir da quantidade de atenção que Dean estava monopolizando. Ele também se perguntava quando Dean iria desembolsar mais dinheiro — até então, havia investido apenas 28 mil dólares. A Red Birch Energy havia feito um empréstimo de 250 mil para comprar a parte da propriedade de Dean onde a refinaria fora construída, e Gary ficou incomodado com o fato de que Dean, embora derramasse suor em abundância e nunca guardasse seus recibos para reembolso, não investisse um centavo de seu lucro na nova empresa. Mas Dean estava preocupado com a parada de caminhões ao lado, que estava dando prejuízo, e usou o dinheiro para mantê-la. Depois, veio a notícia de que o mapa da propriedade de Dean estava errado. Ele havia confiscado terras para refinanciar a loja sem contar aos seus sócios, e a refinaria havia perdido metade de sua fachada de estrada, a área de estacionamento, e uma parte do terreno onde estavam os tanques de armazenamento. O espaço menor reduzia a garantia deles.

Por outro lado, foi Dean quem pôs a Red Birch Energy no mapa regional. Ele sabia como vender a ideia melhor do que ninguém, e Gary aprendeu a falar como Dean. Em agosto, eles começaram a refinar biodiesel de resíduos de óleo vegetal, óleo de soja e gorduras animais comprados no mercado, misturá-lo com o diesel comum e vendê-lo nas bombas ao lado. Houve algumas noites em claro, enquanto Dean e Gary esperavam para ouvir como os motores de caminhão funcionavam com o novo combustível. Tudo correu bem; eles aceleraram os esmagadores e começaram a processar a semente de canola que tinham comprado de uma fazenda experimental na Carolina do Norte. As máquinas esguichavam um jato de óleo na bacia e separavam uma farinha que seria vendida para a alimentação de gado. Foram necessários dois dias para romper os triglicerídeos com aditivos químicos e lavar a glicerina da mistura antes de o óleo ser convertido em biodiesel. A refinaria começou a vender 2 mil galões de combustível por dia no posto de Dean. O plano era aumentar para 10 mil por dia, ou 2,5 milhões por ano.

Naquele verão, a Red Birch Energy começou a dar lucro. Eles conseguiram vender um galão de biodiesel a 20% por quatro dólares nas bombas de Dean, o que lhes dava a vantagem de dez centavos que precisavam sobre outros postos para caminhoneiros. Dean achava que estava tudo resolvido. Seria uma caixa de Pandora para as grandes companhias de petróleo — e, uma vez aberta, tranque a porta! Os moradores da região veriam a necessidade, veriam como as companhias petrolíferas e os países estrangeiros os mantinham sob amarras. O próximo passo seria licenciar o modelo em toda a zona rural da Virgínia e da Carolina do Norte.

Mas, ao mesmo tempo que o sonho de Dean se materializava — pois era disso que se tratava, a realização daquele sonho com a antiga estrada de carroções —, seus outros negócios, aqueles que agora detestava, a rede de lojas de conveniência e lanchonetes, iam na direção contrária. Nos mesmos meses de

2008 em que a Red Birch Energy deu os primeiros passos, os preços das casas estavam caindo em todo o país, e no Piedmont, onde a economia estava em depressão havia uma década, a crise forçou as pessoas a escolher entre pagar a hipoteca ou pôr gasolina no carro para ir trabalhar, num momento em que os preços do combustível estavam mais altos do que nunca. Placas de execução de hipotecas começaram a aparecer em propriedades que nunca tinham valido muita coisa. Dean viu a crise como um efeito cascata do aumento do custo do combustível, uma consequência do pico do petróleo. Mas o que era bom para a nova economia era ruim para a velha. E, como uma fileira de dominós, seus negócios excessivamente alavancados começaram a falir, um após o outro.

O primeiro a cair foi o Back Yard Burgers, em Danville. Quase imediatamente, as vendas semanais recuaram 30%, de 17 mil dólares para 12 mil. No ramo do fast-food, o ponto de equilíbrio estava em torno de 12,5 mil dólares. Como a renda disponível de seus clientes secou, eles decidiram que não podiam pagar 5,50 dólares por um cheeseburger com batatas fritas e preferiram ir ao shopping e pagar 4,50 no McDonald's. Essa diferença de um dólar foi o suficiente para que o colapso acontecesse em menos de sessenta dias. No ano seguinte, Dean perdeu 150 mil no restaurante e precisou se livrar dele.

Mas Dean cometera o grande erro de pôr todas as suas lojas e restaurantes em uma única entidade corporativa — Red Birch of Martinsville, Inc. — e em uma única conta bancária. Assim, quando apareceu uma rachadura numa parede, todo o edifício começou a ruir e, como estava em apuros com um restaurante, ele não podia obter um empréstimo para manter os outros em funcionamento. O próximo a ir embora foi a parada de caminhoneiros próxima da Martinsville Speedway: a Bojangles' exerceu a opção de tirar a franquia no final de 2009 e ele teve de fechar o posto no início de 2010. Depois disso, fechou o Bojangles' de Martinsville. Ganhou o suficiente na venda de ambos para pagar o banco, mas alguns de seus fornecedores tornaram-se credores. O dinheiro que sobrara da venda da loja de Stokesdale aos indianos virou fumaça. "Ganhei 1 milhão de dólares e perdi 1 milhão de dólares", revelou Dean.

A crise econômica não foi a única culpada. Dean perdera todo o interesse pelas lojas e delegara a administração a um contador de Martinsville, e seus funcionários o estavam roubando. Howard, o amigo de Dean, contou: "Dean não controlava as pessoas, e elas o estavam roubando pelas costas. Ele entrava pela porta da frente com uma colher de chá, eles tiravam pela porta dos fundos com uma pá. Estavam tirando tudo dele. O de Bassett foi um dos principais culpados. Ele simplesmente não tinha juízo suficiente".

"Eu estava concentrado no biodiesel", explicou Dean. Mas descobriu que seu sonho do futuro dependia de seu passado. Quando os negócios começaram a falir, a pedra de dominó que estava no final da linha era o primeiro posto de biodiesel da América.

A rainha do rabanete: Alice Waters

Alice era apaixonada por beleza — a queria ao seu redor o tempo todo. Vivia intensamente com seus sentidos, dispunha flores frescas em todos os lugares e deixava as janelas que davam para oeste sem cortinas para inundar o restaurante com a luz dourada da tarde. Seu paladar era infalível, sua memória para comida, indelével. Se dissesse "isso precisa de um pouco mais de limão", precisava. E os pratos eram pura simplicidade e deleite: sopa de legumes e tubérculos de inverno, salada *mesclun* com queijo de cabra, carne de porco assada, vinagrete de aspargos, *tarte tatin*.

Sua palavra favorita era "delicioso", e seu poema favorito, pendurado acima de sua mesa de cozinha em Berkeley, nos anos 1960, era de Wallace Stevens: enquanto os hunos estão matando 11 mil virgens e seu próprio martírio é iminente, santa Úrsula faz uma oferta de rabanetes e flores ao Senhor, que

> sentiu um tremor sutil,
> que não era amor celestial,
> ou piedade.

Em vez do morticínio, Alice também via rabanetes e flores, e neles estava o desejo de seu coração. Ela estava o tempo todo se apaixonando, por um prato, um casaco, um homem, uma ideia, e raramente deixava de conseguir o que queria, sem poupar gastos (sempre descuidada com dinheiro), porque a compleição minúscula, o jeito apressado, a voz nervosa de menina e as mãos no braço do interlocutor escondiam uma determinação implacável.

Houve duas grandes epifanias na vida de Alice. A primeira foi em relação à beleza e aconteceu na França, o país que representava tudo o que era agradável aos sentidos. Em 1965, ela tirou um semestre de licença de Berkeley, logo após a agitação do Movimento pela Liberdade de Expressão, e foi com uma amiga estudar em Paris, onde logo se afastaram de seus cursos e se perderam em sopas de cebola, cigarros Gauloises, feiras ao ar livre e homens franceses. Em uma viagem à Bretanha, Alice e sua amiga jantaram em uma pequena casa de pedra com uma dúzia de mesas no andar superior, cobertas com toalhas cor-de-rosa. As janelas davam para um riacho e uma horta, de onde tiravam trutas e framboesas. No final da refeição, todos os clientes aplaudiram e gritaram para o chef: "*C'est fantastique!*".

Era assim que Alice queria viver — como uma francesa, com um chapéu *cloche* dos anos 1920, baguetes com geleia de damasco e café com leite pela manhã, longas tardes em um café, jantares com ingredientes espetacularmente frescos como o da Bretanha. Na verdade, ela queria ter seu próprio restaurante, alimentar seus amigos enquanto eles ficassem sentados durante horas falando sobre cinema, paquerando, rindo, dançando. Mas ela levaria seus sonhos francófilos para os puritanos e massificados Estados Unidos.

Alice adorava a atmosfera revolucionária de Berkeley na década de 1960, mas a dela ia ser uma revolução dos sentidos, uma experiência compartilhada de prazer. Por volta de 1970, a oferta de comida nos Estados Unidos incluía desde pratos requintados da culinária francesa até jantares congelados da Swanson's. Em 1969, o McDonald's completou 5 bilhões de hambúrgueres vendidos e, em 1972, chegou a 10 bilhões. E entre esses dois marcos, no verão de 1971, o Chez Panisse, nome de um personagem de um filme antigo de Marcel Pagnol, abriu as portas na Shattuck Avenue, em Berkeley.

O cardápio oferecia apenas uma opção de refeição, escrita em um quadro-negro:

Pâté en croûte
Canard aux olives

Plum tart

Café

$ 3,95

A fila se estendia porta afora. Algumas pessoas precisaram esperar duas horas para entrar. Outras nem conseguiram lugar naquela noite. Dentro da cozinha era um caos, mas o salão era um paraíso gastronômico. Todos os ingredientes vinham de fontes locais — os patos, da Chinatown de San Francisco, legumes e verduras, de uma colônia japonesa, e as ameixas, de árvores locais, estavam no ponto mais maduro. Alice, aos 27 anos, havia começado alguma coisa.

O Chez Panisse era uma celebração constante de um tipo particular de comida: alimentos da estação e cultivados no lugar. Alice e sua equipe percorriam a região da baía em busca de ingredientes, às vezes literalmente em córregos e ao longo de ferrovias para conseguir as verduras e frutas que queriam. Ela se horrorizava com a ideia de servir comida que tivesse sido congelada ou trazida de caminhão de outro estado. Uma vez, a indústria de alimentos congelados realizou um concurso para ver se os especialistas eram capazes de diferenciar o fresco do congelado — vinte versões do mesmo ingrediente, fresco ou congelado, preparado em vários pratos. Alice acertou todos.

O restaurante também celebrava outra coisa: a boemia. A atmosfera era liberal e informal, condizente com o esnobismo extremo dos ingredientes frescos e da cozinha simples. Os membros da equipe tinham casos uns com os outros (ninguém mais do que Alice, que gostava de vínculos livres de obrigações), o restaurante era financiado com dinheiro da droga hippie, chefs cheiravam cocaína para aguentar o tranco, garçons davam uma tragada a caminho do salão, os ajudantes de garçom enfiavam ópio no rabo antes de seu turno (para evitar náuseas), e no final da noite as pessoas dançavam no salão. Alice era uma líder inspiradora, crítica e caótica, o restaurante passava anos no vermelho, e por diversas vezes a coisa toda quase desandou, mas a pequena mulher de feições delicadas e cabelos curtos sempre dizia: "Isso pode ser feito, será feito, vai acontecer, vocês verão".

E o Chez Panisse celebrava ainda uma última coisa: a si mesmo, infinitamente.

Demorou anos para que se tornasse o restaurante mais conhecido dos Estados Unidos. Na década de 1980, a cena gastronômica decolou em todo o país, e os jovens recém-endinheirados queriam comer apenas do bom e do melhor, ou pelo menos ouvir dizer que estavam fazendo isso. O restaurante de Alice tornou-se um lugar aonde ricos e celebridades iam para ser vistos. Na década de 1990, ela já era uma figura nacional. Adotou o evangelho dos alimentos nutritivos, insistindo que todos os seus produtos agrícolas fossem orgânicos e que as carnes viessem de animais que tivessem sido razoavelmente felizes antes do abate. Ela espalhava a boa-nova da sustentabilidade onde quer que fosse, dizendo a quem quisesse ouvir: "A boa alimentação é um direito, não um privilégio"; "O modo como comemos pode mudar o mundo"; "A beleza não é um luxo". Alice tornou-se uma moralista do prazer, uma boêmia rabugenta que realizou deliciosos jantares de arrecadação de fundos para Bill Clinton e depois mandou cartas intimidadoras instando o jovem presidente e a primeira-dama a plantar uma horta no gramado da Casa Branca como modelo para os Estados Unidos. Para sua decepção, eles nunca o fizeram, mas o país parecia estar captando sua mensagem, com casais das grandes cidades frequentando feiras de agricultores locais aos sábados para comprar seus tomates e cogumelos *porcini*. Entre os que podiam se dar ao luxo de se preocupar com isso, nenhuma palavra era mais estimada do que "orgânico". Era um termo que possuía um poder santificador.

Em meados da década de 1990, Alice teve sua segunda epifania. Dessa vez, começou com uma coisa feia. Um dia, um repórter local a entrevistou no Chez Panisse e, quando falavam sobre agricultura em lotes urbanos vazios, de repente ela disse: "Você quer ver um grande exemplo de como não usar a terra? Venha ver essa enorme escola no meu bairro com a qual pelo jeito ninguém está preocupado. Tudo que há de errado no nosso mundo está associado àquele lugar". Era a Martin Luther King Middle School, por cujos prédios de concreto e por cujo playground asfaltado ela passava de carro todos os dias, pensando que estavam abandonados. A frase foi parar no jornal, o diretor leu, e pouco tempo depois Alice foi convidada a visitar a escola e, quem sabe, fazer alguma coisa a respeito.

O que Alice fez foi perguntar se poderia plantar uma horta num pedaço da negligenciada terra nos fundos do terreno da escola. Ela havia visto a comida vendida para as crianças, uma coisa chamada de "taco ambulante", um saco plástico cheio de chips de milho afogados numa mixórdia de carne e tomate tirada de uma lata com uma colher. Para ela, aquilo simbolizava uma cultura completamente destruída. O fast-food não só era insalubre como disseminava maus valores. Alice teve uma grande ideia: os alunos plantariam couve, repolho-chinês e dezenas de outras coisas na horta; preparariam uma refeição nutritiva e deliciosa numa cozinha da escola (então fechada por falta de verbas para reparos), e sentariam juntos para fazer as refeições compartilhadas que não existiam mais em seus lares agitados e disfuncionais, aprendendo etiqueta básica à mesa enquanto comiam e despertando seus sentidos para uma nova relação com a comida.

Alice acreditava que nada poderia melhorar de forma mais radical o que estava errado com as escolas públicas miseráveis da Califórnia do que uma horta, e, apesar do risco de ser tachada como um cruzado da temperança, andando pelos cortiços e perguntando por que os homens bebiam tanto, ela não deixava que esse pensamento a perturbasse nem por um momento. Se levantavam uma questão sobre prioridades — escolas que não tinham recursos nem sequer para professores substitutos e suprimentos para salas de aula deveriam gastar dinheiro em "educação para a sustentabilidade"? —, Alice olhava feio. "Isso pode ser feito, será feito, vai acontecer, vocês verão."

Assim foi o início de sua transformação de *restauratrice* em evangelista. Demorou alguns anos para levantar o dinheiro privado e obter a aprovação oficial, o pessoal e — o mais difícil de tudo — a participação dos alunos. Mas, depois que o Edible Schoolyard começou a andar, foi um sucesso tão grande que outras cidades de todo o país adotaram a ideia. Em 2001, Alice a levou para Yale, onde sua filha acabara de entrar. Quatro anos mais tarde, a ideia de Alice ganhou raízes em Washington.

E, quando Barack Obama chegou à Casa Branca, Alice imediatamente escreveu-lhe: "Neste momento, você tem uma oportunidade única para definir o tom de como nossa nação deve se alimentar. A pureza e a integridade do movimento Obama deve ser acompanhada por um esforço paralelo em relação à alimentação no lugar mais visível e simbólico dos Estados Unidos da América: a Casa Branca". Em maio de 2009, quando Michelle Obama anunciou que haveria uma horta no terreno da Casa Branca, todos consideraram que Alice era sua madrinha.

Na década de 1960, a maioria dos americanos comia mais ou menos as mesmas porcarias. Frango à la king com uma fatia de alface congelada era um prato popular, enquanto o fondue abria caminho entre os mais ousados. Mas, no novo milênio, a comida dividiu americanos tão rigidamente quanto quase todo o resto. Algumas pessoas comiam melhor, com mais cuidado do que nunca, enquanto outras ficavam obesas com alimentos processados. Algumas famílias, em geral sólidas, educadas e prósperas, faziam questão de sentar-se várias noites por semana para um jantar caseiro preparado de maneira consciente e com produtos locais. Outros compravam fast-food para viagem e comiam juntos no carro, se tanto. Alice ajudou a fazer da alimentação uma causa política, uma questão de mudança social e de estilos de vida virtuosos, mas, na era do Chez Panisse, a comida não podia deixar de ser uma questão de classe. Sua recusa em fazer concessões levou outros a subverter seu espírito revolucionário.

Para alguns americanos, o movimento orgânico, com bases locais, tornou-se um refúgio dos justos numa ética definida por escolhas de consumo. O movimento e a pressão moral que exercia sobre alguns setores da sociedade declaravam: apesar de tudo o que não podemos alcançar, podemos sempre purificar nossos corpos. A prova estava no fanatismo das escolhas. Uma mãe se perguntava em voz alta num Listserv do bairro se era certo deixar sua filhinha continuar sendo amiga de outra garota cuja mãe a alimentava com cachorros-quentes. Essa mulher estava imunizando a si mesma e à filha contra a contaminação de uma sociedade desordenada e perigosa em que a vida e os corpos dos pobres representavam um exemplo sinistro. Alice odiava a palavra "elitista", mas o que estava em jogo eram escolhas restritas à elite, porque uma mãe solteira que trabalha em três empregos jamais poderia dispor do tempo, do dinheiro e da energia para levar para casa uma couve de boa origem, ou compartilhar a fé sublime de Alice em seus benefícios.

Alice queria uma vida melhor para as pessoas, mas tinha dificuldade para imaginar que o conforto imediato de um taco poderia ser exatamente o que um menino de doze anos queria. Quando ouvia críticas, virava as costas e voltava-se para os rabanetes e as flores. Ela acreditava que quem gostasse de verdade de morangos orgânicos podia se dar ao luxo de comprá-los. "Nós tomamos decisões todos os dias sobre o que vamos comer. Algumas pessoas querem comprar tênis Nike — dois pares! — e outras querem comer uvas Bronx e nutrir seu corpo. Eu pago um pouco mais, mas é isso que quero fazer."

Tampa

Tampa seria a próxima grande cidade dos Estados Unidos. Isso era o que o livro de 1982 *Megatrends* dizia — Tampa seria uma das dez "novas cidades de grandes oportunidades", todas elas no Cinturão do Sol — e, em 1985, a Câmara de Comércio decidiu ser mais ambiciosa do que o lema hedonista da cidade dos anos 1970 — "Tampa: onde a boa vida fica melhor a cada dia" — e o substituiu por "A próxima grande cidade dos Estados Unidos". O slogan apareceu em outdoors, adesivos para carros e camisetas, e quem poderia duvidar de que viria a ser verdade quando Tampa tinha um novo aeroporto internacional, o Super Bowl de 1984, os Buccaneers na Liga Nacional de Futebol Americano, uma área de 1 milhão de metros quadrados dedicada ao distrito comercial e empresarial de Westshore, sol e praias, e estava crescendo tão rápido quanto qualquer lugar do país? Cinquenta milhões de pessoas iam à Flórida todos os anos e, uma vez que o sol e as praias não estavam indo a lugar nenhum, Tampa continuaria a crescer, e assim se tornaria grande.

E Tampa cresceu. Cresceu para crescer. Cresceu ao longo da década de 1980, nos bons e maus momentos econômicos, quando os conservadores pró-crescimento mandavam na Comissão do Condado de Hillsborough e quando os progressistas pró-planejamento dirigiram essa comissão. A cidade cresceu ao longo da década de 1990, quando Tampa Bay ganhou o Lightning na Liga

Nacional de Hóquei e os Devil Rays na Liga Principal de Beisebol, além de outro Super Bowl. Depois da virada do milênio, cresceu a todo vapor. O governador da Flórida, Jeb Bush, era empreiteiro, então sabia tudo sobre crescimento, e a comissão do condado ganhou uma maioria republicana, com um ou dois votos garantidos no bolso e, talvez, o pagamento de empreiteiras, dos reguladores do uso da terra, dos construtores e de Ralph Hughes. Hughes era um ex-boxeador com uma condenação por agressão que, até morrer, devendo mais de 300 milhões de dólares em impostos, foi dono de uma empresa, a Cast-Crete, que fazia as vigas de concreto pré-moldado para as portas em todos os loteamentos no condado de Hillsborough.

Pois, na verdade, quem cresceu foi o condado. Enquanto a população da cidade de Tampa superava os 300 mil habitantes, a do condado de Hillsborough, com suas vastas extensões não incorporadas de terras agrícolas, pastoris e úmidas, ultrapassava 1 milhão. No fim das contas, o que ajudava a vender não era o slogan "A próxima grande cidade dos Estados Unidos": Tampa era um antigo porto com uma indústria de charutos extinta, um histórico de problemas trabalhistas, elevada taxa de criminalidade e uma mistura nada pacífica de latinos, italianos, anglo-saxões e negros. Não, o crescimento era, na realidade, hostil à vida urbana. O que ele oferecia era o sonho americano em um loteamento, o esplêndido isolamento de uma nova residência, a uma hora de carro do centro da cidade. O folheto da construtora prometia milhares de metros quadrados, "uma confortável distância dos preços mais altos, dos impostos e do congestionamento da vida numa cidade grande. Venha desfrutar do lar com que os moradores de Tampa só podem sonhar". Esse era o éthos do Cinturão do Sol, que desde os anos 1970 fizera da região o modelo para o futuro do país.

Enquanto continuassem chegando mais pessoas no ano corrente do que no anterior, e no ano seguinte mais do que no corrente, haveria sempre mais casas para construir e mais empregos na construção civil e nos setores imobiliário e de hospedagem. Os valores das propriedades continuariam a subir, e o Estado poderia seguir sem imposto de renda, financiando seu orçamento com impostos sobre vendas e taxas imobiliárias. Para estimular mais o crescimento, os amistosos comissários do condado renunciariam às taxas de impacto que deveriam ser cobradas dos empreiteiros, a fim de ajudar a pagar por novas estradas e tubulações de água. Nos condomínios que surgiam ao redor da baía de Tampa, os impostos sobre propriedade poderiam permanecer baixos, e novas escolas e instalações de bombeiros podiam ser financiados por emissões de obrigações lançadas com base na projeção de crescimento futuro. Assim, em certo sentido, todo mundo estava ganhando com os investimentos que viriam amanhã, ou no próximo ano.

Alguns críticos locais apontaram a semelhança dessa estratégia com um esquema Ponzi. Mas tudo continuava crescendo e ninguém prestou atenção.

A máquina do crescimento arrancou os pinheiros, palmitos e laranjeiras ao longo da estrada estadual 54, no condado de Pasco. Cortou os manguezais em Apollo Beach e asfaltou as fazendas de morango ao redor de Plant City. Mais ao sul, pela Interestadual 75, no condado de Lee, a máquina do crescimento construiu uma universidade sobre o pântano, perto de Fort Myers (o senador Connie Mack deu uma ligada para o Corpo de Engenheiros do Exército), e vendeu a prestação lotes de mil metros quadrados entre os canais de drenagem de Cape Coral. Agricultores e pecuaristas venderam com lucro e, de repente, onde havia pomares, pastagens ou pântanos, os empreiteiros ergueram comunidades instantâneas — apelidadas de *boomburgs* — e as batizaram com nomes que evocavam o conforto de solares ingleses: Ashton Oaks, Saddle Ridge Estates, Hammocks at Kingsway (até mesmo os estacionamentos de trailers tinham nomes como Eastwood Estates). Da noite para o dia, assim parecia, a máquina do crescimento transformou campos onde só havia capim em ruas suburbanas pavimentadas retas e planas chamadas Old Waverly Court, Rolling Greene Drive e Pumpkin Ridge Road, e ao longo das calçadas apareceram entradas para carros, com pequenos jardins sem árvores, e ergueram-se sobrados de blocos de concreto, com paredes de estuque pintadas de amarelo ou bege, e uma arcada de colunas sobre a porta da frente para dar uma ilusão de elegância que faria o preço aumentar. Os empreiteiros prometeram centros de lazer, parques infantis e lagos, e venderam as casas inicialmente por 230 mil dólares, mas, se você chegasse seis meses depois, elas poderiam custar 300 mil — era pegar ou largar. Shopping centers e megaigrejas surgiram nas proximidades, e as estradas de pista simples ficaram tão lotadas que precisaram ser duplicadas.

Nenhum lugar era demasiado remoto ou pouco promissor para o empreendimento imobiliário. Gibsonton era uma pequena cidade no lado oriental da baía de Tampa, onde tipos esquisitos costumavam passar os invernos — a velha Flórida rural, lojas de iscas, barracas de espingarda e musgo espanhol pendurado em carvalhos. Um construtor de Miami chamado Lennar Homes queria aterrar uma fazenda de peixes tropicais em Gibsonton e criar um novo loteamento de 382 casas. Não havia escolas nas proximidades, a não ser salas improvisadas em trailers, nenhum shopping, exceto um Wal-Mart a alguns quilômetros de distância, e nenhum emprego a menos de 45 minutos de carro. Mas era crescimento, por isso a comissão do condado ignorou as advertências de seus próprios planejadores, deu a Lennar todo o alívio possível em taxas de impacto e impostos e, em 2005, Carriage Pointe estava aberta para negócios.

Não havia um centro da cidade nesses loteamentos, na verdade não havia nem cidades, nem morros para aliviar a planura, de tal modo que você nunca sabia muito bem onde estava sem um GPS, ou a hora do dia sem um relógio, uma vez que a cintilante luz tropical dificilmente variava. Um marco seria um semáforo de quatro fases no cruzamento de duas estradas de oito pistas, com um Publix em uma esquina, um Sam's Club na seguinte, uma Walgreen's na terceira, e um posto Shell na quarta. Havia um Town Center em Brandon, um vasto *boomburg* não incorporado de 100 mil habitantes, mas era o nome de um shopping center. A rua principal de Brandon era a West Brandon Boulevard, ou U.S. 60, e nos oitocentos metros entre semáforos as lojas passavam como um borrão ininterrupto: *Einstein Bros Bagels Florida Car Wash State Farm Dairy Queen Express Lube Jesse's Steaks McDonald's Five Star Paint Ball Aquarium Center Sunshine State Federal Credit Union Mister Car Wash Weavers Tire + Automotive Wendy's.*

A máquina de crescimento tornou-se uma agência de emprego. À parte os postos de trabalho de remuneração mínima em restaurantes e grandes lojas de varejo, era difícil encontrar serviço fora do setor imobiliário. Na hierarquia dos anos de boom, os pobres eram diaristas mexicanos em canteiros de obras; a classe operária tinha empregos no negócio da construção; a classe média baixa era composta de bancários; a classe média, de agentes imobiliários, corretores de seguros e engenheiros civis; a classe média alta eram os advogados especializados em questões fundiárias e arquitetos; e os ricos eram os empreiteiros.

Alguns dos compradores eram refugiados de Tampa que deixavam a cidade para trás diante da promessa de uma casa dos sonhos em um lugar de que nunca tinha ouvido falar chamado Country Walk. A maioria veio de fora do estado. Mas aquela região não era como Miami ou Palm Beach, um destino exclusivo para pessoas que fugiam do inverno. Ela foi povoada principalmente por pessoas de classe média baixa, muitas das quais seguindo a Interestadual 75 vindo de Ohio, Michigan e de outros lugares do Meio-Oeste que cultivavam a frugalidade e o recato. Hillsborough e os condados vizinhos tornaram-se uma região conservadora, religiosa, com cartazes antiaborto e profecias do Dia do Juízo Final espalhados entre os outdoors nas estradas que anunciavam casas e lipoaspirações. Esses valores mais antigos, porém, foram se abrandando sob a luz uniforme que caía como um meio-dia constante.

Foi lá que se estabeleceu o casal Luxe, Richard e Anita, de Michigan. O pai de Anita trabalhara na fábrica de River Rouge da Ford por tempo suficiente para lembrar de Henry Ford e Walter Reuther, e Anita foi funcionária municipal em Dearborn até o escritório de arquitetura de Richard pedir a ele para abrir uma filial na Flórida, na década de 1980. Anita trouxe a frugalidade de seu pai para St. Petersburg e continuou a ser a rainha do cupom. Mas foi trabalhar no Wachovia Bank, que mergulhou de cabeça em empréstimos subprime após adquirir a World Savings da Califórnia: os empréstimos eram chamados de "Pague como quiser", e os clientes eram convidados a planejar suas hipotecas, escolhendo uma taxa de juros e um plano de pagamento. Esses empréstimos foram espremidos no suco espetacularmente lucrativo que alimentava a máquina do crescimento.

Quem também estava por lá era Jennifer Formosa, nascida em Michigan, mas criada por sua mãe na Flórida. Depois de concluir o ensino médio, ela foi trabalhar como caixa de banco em Cape Coral e se casou com o pai de seu bebê, um sujeito chamado Ron, que não tinha diploma do secundário, mas ganhava um dinheiro razoável fazendo fundações de concreto. Ron e Jennifer conseguiram uma hipoteca de 110 mil dólares e construíram uma casa de três quartos, refinanciaram para pagar as contas, pegaram uma linha de financiamento para pôr um telhado novo, depois refinanciaram outra vez para saldar seus carros, reformar o quintal, comprar um barco e gastar o resto em cruzeiros e passeios com as crianças na Disney World.

E também Bunny — simplesmente "Bunny" —, que cresceu na Utopia Parkway, no Queens, em Nova York, depois foi atrás do sol e da boa vida no Havaí, no Arizona e em West Palm Beach, antes de acabar em um loteamento chamado Twin Lakes na estrada estadual 54, no condado de Pasco, onde ela comprou uma casa por 114 mil dólares e viu seu valor subir para 280 mil em seis anos.

E outros vieram de ainda mais longe. Usha Patel era filha de um empreiteiro bem-sucedido no estado de Gujarat, na Índia. Usha foi uma criança mimada que era conduzida para todo lugar por um motorista particular e nunca teve de lavar o próprio prato. Mas tudo mudou em 1978, quando ela estava com dezoito anos e sua família a casou com um engenheiro indiano que trabalhava em Londres. Em 1991, por causa dos problemas de coluna do marido, eles decidiram se mudar com os dois filhos para a abafada Tampa, onde o irmão dela trabalhava como médico. Em Tampa, Usha aprendeu mais uma vez a começar do zero e a dar duro. Das seis da manhã até às duas da tarde, pilotava a caixa registadora de um posto de gasolina que o irmão havia comprado em uma área infestada de drogas no sul do condado de Hillsborough (ela foi assaltada duas vezes à mão armada), ganhando trezentos dólares por semana. Do posto de gasolina, ela voltava para casa em Brandon a tempo de encontrar os filhos depois da escola, alimentá-los e certificar-se de que haviam feito a lição de casa. Então, vestia o uniforme de um restaurante mexicano, onde era garçonete das quatro até as onze horas. "Foi assim que o dinheiro veio."

Usha economizava o quanto podia e ensinou os filhos a fazer o mesmo. Quando o caçula lhe pediu um tênis Air Jordan, ela disse: "Você está pagando pelo nome de Michael Jordan, mais nada". Ela nem sequer comprou uma casa antes que os filhos terminassem a faculdade.

Depois que eles começaram a trabalhar, Usha enfrentou a escolha que outros imigrantes antes dela, também de sobrenome Patel e originários de Gujarat, tiveram de fazer: um posto de gasolina ou um motel. Ela sabia dos perigos das noites atrás de uma caixa registradora e, em 2005, pôs os olhos em um Comfort Inn perto da Interestadual 75, no entroncamento com a estadual 54, em meio aos *boomburgs* do condado de Pasco, a menos de cinco quilômetros de Country Walk. Era um motel de dois andares, situado entre um Cracker Barrel e um Outback, pintado de verde e bege, com 68 quartos de cinquenta dólares por noite e uma piscina minúscula ao lado do estacionamento. Usha pagou 3,2 milhões de dólares, dos quais meio milhão em dinheiro. O restante veio de dois empréstimos, um de 1,2 milhão da agência estatal Small Business Administration, outro de 1,5 milhão de uma financeira chamada Business Loan Express. Relembrando a operação, ela chegou a acreditar que o negócio era fraudulento, baseado numa avaliação extremamente exagerada, mas os financiadores lhe disseram o que escrever no pedido, e ela escreveu.

"Eles endividam você como se pusessem manteiga em sua boca", disse Usha. O motel era tão banal quanto qualquer Comfort Inn do país, talvez mais, mas era dela.

Muitos dos compradores eram especuladores vindos de todo lugar, gente cujo objetivo era faturar 50 mil dólares em seis meses — secretárias que ganhavam 35 mil por ano e faziam malabarismos com financiamentos de cinco ou dez casas no valor de 1 milhão de dólares, vendedores de automóveis que ganharam dinheiro para valer quando o preço dos imóveis dobrou em dois anos. Em 2005, no auge da loucura, uma casa em Fort Myers foi vendida por 399,6 mil dólares em 29 de dezembro e por 589,9 mil um dia depois. Os especuladores elevaram os preços às alturas. Mike Ross era um deles.

Mike cresceu em Newport Beach, na Califórnia, e se mudou para a Flórida aos onze anos de idade. Ele vinha de uma longa linhagem de construtores de barcos e, depois de abandonar a escola no nono ano, passou a trabalhar no Pasadena Yacht and Country Club, em Gulfport, do outro lado da baía de Tampa, consertando barcos de gente muito rica. De início, trabalhava em uma equipe; depois, por conta própria, passando a ganhar 150 dólares por hora para limpar com jato de areia as entradas de ar do motor de alumínio e refazer o mau acabamento de verniz feito na fábrica — envernizar era uma arte esquecida. Um de seus clientes era o CEO da duPontREGISTRY ("Líder do mercado de luxo do mundo"), que levava Mike e a esposa em um jato particular para encerar seus barcos nas Bahamas. Outro cliente era Jim Walter, um multimilionário de Tampa que construía casas baratas e rápidas em todo o país. Mike orgulhava-se do próprio talento, e não havia fim para seu trabalho: em três anos de carreira solo, tinha 60% dos clientes da marina e ganhava 70 mil por ano, mas era um trabalho árduo e brutal no calor, com compostos químicos que saltavam do polidor de alta velocidade para seu rosto.

Um dia, em 2003, Mike começou a tremer e vomitar de exaustão pelo calor. Foi quando decidiu parar de trabalhar com barcos. Tinha 42 anos e excesso de peso, seu corpo estava cansado. Sempre quisera lidar com especulação de imóveis, mas era covarde demais para isso. Muitos sujeitos cujos barcos ele consertava ganhavam dinheiro dessa maneira, ou faziam isso ocasionalmente, e eles o incentivaram a tentar. Mike e a esposa compraram a primeira propriedade para investimento com um empréstimo da Swift Funding Corp a 3% acima da taxa normal — um empréstimo mentiroso, um empréstimo subprime. Era a coisa mais fácil do mundo. Ele pensou que tiraria limpos 7% ou 8%. A casa custou 50 mil e, depois de trabalhar na cozinha e no banheiro por dois meses, eles a venderam por 68 mil. Depois disso, passaram seis meses arrumando a própria casa em St. Petersburg, que haviam comprado em 1985 por 48 mil dólares. Às cinco da tarde de uma sexta-feira, Mike pôs uma placa do lado de fora: à venda pelo proprietário. O telefone começou a tocar e em três dias eles a venderam por 169 mil dólares — um dinheiro incrível. Então compraram uma centenária casa de fazenda na zona rural da Geórgia, perto dos pais de Mike, e se mudaram para lá a fim de repará-la. Não sentiam mais medo. O mercado estava no auge, e tudo era fácil demais.

E Michael van Sickler também estava por lá.

Van Sickler cresceu nos arredores de Cleveland nos anos 1970 e 1980, época em que a cidade estava falida ou à beira da falência. Seu pai era engenheiro da General Electric em Nela Park, responsável pelo setor de iluminação de festas da GE — a família Van Sickler sempre tinha as melhores luzes de Natal do quarteirão. A vida nos subúrbios enlouquecia Mike de tédio; nos dias de verão, ele pensava: "Meu Deus, onde estão as pessoas?". A fuga tornou-se possível na escola, quando ele e seus amigos pegavam o Rapid, a linha de metrô de superfície, de Cleveland Heights ao centro da cidade para ver os jogos dos Indians à noite no estádio municipal, que estava sempre vazio naqueles últimos anos, antes de ser demolido. Em seguida, caminhavam até o Flats, uma zona fabril às margens do rio Cuyahoga que fora abandonada e depois convertida em um bairro de bares onde todos se reuniam e tentavam conhecer garotas. "Foi provavelmente quando compreendi a magia que uma cidade podia representar", disse ele — até mesmo uma cidade suja do Cinturão da Ferrugem como Cleveland. "Tudo começa com as pessoas."

Após a faculdade, no início dos anos 1990, Van Sickler acompanhou seus pais na ida para a Flórida, onde foram viver sua aposentadoria em New Tampa. Ele fez mestrado em jornalismo em Gainesville: um curso na faculdade sobre Woodward e Bernstein, Didion e outros clássicos do gênero havia despertado sua imaginação. Quando se formou, foi contratado por uma série de jornais de médio porte de todo o estado. Aprendeu seu ofício cobrindo a política local, cometendo um monte de erros. Sua primeira matéria para o *Lake-*

land Ledger era pura citação, porque não sentia nenhuma confiança para dizer alguma coisa por si mesmo. Era isso o que ele queria — a certeza de manter o distanciamento, para que seus leitores terminassem de ler uma matéria sabendo o que pensar.

Em 2003, Van Sickler foi contratado pelo *St. Petersburg Times*, o melhor jornal do Sudeste — um emprego dos sonhos. A perspectiva para os jornais começava a ficar sombria. Estavam cortando postos de trabalho e, em alguns casos, dobrando-se à pressão da internet e perdendo publicidade. O *Times* estava indo melhor do que muitos outros jornais e vinha destruindo seu rival, *The Tampa Tribune*, que havia sido reduzido por seu dono, um conglomerado de mídia de Richmond, na Virgínia, ao nível de papel de embrulhar peixe. Os proprietários do *Times* eram do lugar, e não se tratava de uma empresa com fins lucrativos — quando morreu, em 1978, Nelson Poynter deixou suas ações para o Instituto Poynter de Estudos de Mídia —, e por isso o jornal não precisava das mesmas margens de lucro de gigantes feridos como o *Chicago Tribune* e o *Los Angeles Times*, que em breve sofreriam o ataque de investidores de fundos de ativos privados em busca de ganhos maiores.

Van Sickler e a esposa, que também trabalhava no jornal, compraram um bangalô de alvenaria de 1930 em Seminole Heights, um bairro histórico ao norte do centro de Tampa que estava começando a ficar badalado após um período de deterioração. Ainda havia um gostinho das noites em que caminhava por Cleveland Flats, mas Van Sickler achou suspeito todo aquele negócio de "Próxima Grande Cidade".

Quando cobria o governo municipal para o *Palm Beach Post*, se interessara profundamente por planejamento urbano, e durante algum tempo cogitou mudar de carreira, até perceber que os planejadores urbanos chegavam a ter menos influência do que os jornalistas. Suas estantes, porém, continuavam cheias de títulos como *A Field Guide to Sprawl* [Um guia de campo para a expansão urbana], *The History of the Lawn* [História do gramado], *Suburban Nation* [Nação suburbana], além dos dois que eram suas bíblias: *The Power Broker* [O corretor do poder] e *Morte e vidas de grandes cidades*. Van Sickler tornou-se um discípulo de Jane Jacobs. Ela forneceu um vocabulário para expressar o desejo que sentira ao crescer isolado em Cleveland Heights naquelas tardes de verão entediantes: quadras curtas, permeabilidade aos pedestres, usos mistos, densidade, ruas observadas e ocupadas, por isso, mais seguras.

A vida era mais rica e criativa em locais onde pessoas de diferentes origens podiam se encontrar e trocar ideias. E isso acontecia nas cidades, mas nas cidades de determinado tipo.

A mudança para Tampa tornou tudo isso muito claro, especialmente depois de 2005, quando o jornal criou para o repórter Van Sickler a seção de planejamento e crescimento. A cidade parecia divertida e promissora quando ele tinha 22 anos, no início da década de 1990, mas, na década seguinte, já não lhe parecia muito uma cidade para todos: um centro que funcionava das nove às cinco, com cerca de cinquenta moradores, até que construíram duas enormes torres que não tinham relação com as ruas, mas cuja demanda cresceria durantes anos a fio, enquanto todos os locais de compras e escritórios tipo classe A ficavam a quilômetros de distância, em Westshore, perto do aeroporto. Tampa tentara pegar um atalho para a grandeza, o que nunca funcionou; seu centro não tinha coerência, não havia nada para atrair as pessoas além de um emprego de escritório, um jogo de hóquei ou um processo judicial. Andar de bicicleta pela cidade era perigoso, bem como tentar atravessar a pé uma das largas avenidas de alta velocidade: Tampa estava em segundo lugar no país em mortes de pedestres e ciclistas. Se você visse alguém a pé, era porque seu carro provavelmente estava quebrado, e uma mulher agachada na beira da estrada por uma hora sem ter onde se abrigar só podia estar à espera de um ônibus. Iniciativas para a construção de trens urbanos nunca passaram da comissão do condado, e a baía de Tampa continuou a ser segunda maior área metropolitana da América, depois de Detroit, sem um sistema ferroviário para transporte de passageiros. Em consequência, as pessoas nunca eram obrigadas a se envolver umas com as outras. "Não há encontros por acaso em Tampa", disse Van Sickler. "Ou, se acontecem, são traumáticos."

Havia uma linha de pensamento segundo a qual a vida urbana era antiamericana, e Van Sickler sentiu sua presença na máquina de crescimento do condado de Hillsborough. As casas construídas nos loteamentos pareciam bunkers, com janelas minúsculas, sem ventilação suficiente ou quintais cobertos adequados ao clima, com os condicionadores de ar ligados o tempo todo na escuridão cavernosa. Dentro delas, as famílias sentavam-se na sala de estar acarpetada diante de uma TV de plasma de tela grande, com as cortinas fechadas para se proteger do sol. Do lado de fora, as longas, longas ruas de casas idênticas, sem sombra, não incentivavam as pessoas a caminhar, então elas iam do carro para casa, sem jamais conhecer seus vizinhos. Estavam se afastando do mundo, e o isolamento era aprofundado por uma paranoia generalizada. Cartazes que anunciavam advogados especializados em acidentes, dinheiro fácil para comprar casas e esquemas de enriquecimento rápido estavam por toda parte, e o seguro de automóvel era mais caro na Flórida do que no resto do país — as seguradoras a chamavam de "estado da fraude". A Flórida atraía os nômades e sem raízes com a eterna promessa de uma segunda chance, inclusive uma boa cota de golpistas e vigaristas. Quem poderia dizer que seu vizinho não era um deles?

Um loteamento como Carriage Pointe era a visão do inferno para Jane Jacobs.

Em 2006, Van Sickler escreveu uma matéria sobre as pessoas que estavam comprando casas ao redor de Tampa. Muitas delas moravam em outros lugares e, quando as localizava por telefone, ele perguntava: "Você está morando na casa? Ah, é uma casa de veraneio? Por que você passaria as férias em Ruskin? Não é um destino de férias". Ele descobriu que pelo menos metade das vendas eram feitas para investidores — um número enorme. O conceito de propriedade residencial fora totalmente distorcido. Aquelas casas eram mercadorias descartáveis. Foi isso que provocou a demanda.

Van Sickler nunca se encaixou muito bem em Tampa. Ele era alto e pálido, com cabelos loiros avermelhados, e usava calças sociais e camisas de mangas compridas. Sua voz parecia um pouco formal, como a de um repórter de rádio das antigas, e sua seriedade do Meio-Oeste o tornava esquisito diante dos cumprimentos efusivos e falsos do Estado Ensolarado, mais um aspecto de sua fraudulência. Ele era especialmente sério em relação ao trabalho. Um repórter investigativo tinha de ser um idealista: Van Sickler não aceitava a ideia de que os jornalistas eram cínicos. A imprensa não ajudava a si mesma nem a seus leitores quando uma matéria dava ambos os lados e deixava por isso mesmo, porque algumas coisas eram objetivamente verdadeiras, e os jornalistas deviam dizer isso.

Às vezes, Van Sickler temia que seu estilo como repórter fosse abrupto e inquisitorial demais. Quando Mark Sharpe, um comissário republicano do condado, recebia um telefonema de Van Sickler sobre doações de campanha de um empreiteiro, no mesmo instante sabia que haveria problemas. As perguntas começavam num tom aparentemente inofensivo, corriqueiro, mas não paravam de chegar, uma atrás da outra, e Van Sickler lembrava de tudo que Sharpe já havia lhe dito; por fim, o repórter montava sua armadilha e chegava à pergunta que Sharpe sabia que viria desde o início: "Se esse cara é um grande doador, você acha que havia alguma coisa errada no fato de você ter votado a favor da renúncia às taxas de impacto?".

Van Sickler acreditava que existiam dois tipos de jornalistas: os que contavam histórias e os que descobriam irregularidades. Ele era definitivamente do segundo tipo. Mas a única pessoa que chegou a derrubar foi Sonny Kim.

Na primavera de 2006, Van Sickler ouviu falar pela primeira vez de um homem chamado Kenny Rushing. Era um corretor de imóveis negro, algo incomum em Tampa. Seu nome e seu rosto apareciam em outdoors e anúncios de TV no papel do super-herói Capitão Save-a-House, um trocadilho com o rap "Captain Save-a-Hoe". Ele realizava shows itinerantes nos quais aparecia num Bentley branco usando um boné da Kangol, seguido por um comboio de jipes Hummer enfeitados com sua imagem. Pregava que os negros pobres da cidade, assim como todo mundo, podiam ficar com uma fatia do negócio da habitação, através da compra de imóveis desvalorizados e da venda posterior, com lucros enormes. "É hora de fazer alguma coisa por si mesmo", disse Rushing a uma plateia em Ybor City. "Os negros dominam o quê? Esportes e entretenimento. Quero que eles digam que os negros dominam o setor imobiliário, que produziu mais milionários do que qualquer outra coisa de que se tem notícia."

Seu discurso misturava direitos civis, empoderamento e riqueza. Quando adolescente, Rushing, que havia sido traficante de drogas em Des Moines, cumpriu quatro anos em uma prisão da Flórida. Ele incluía sua história na conversa motivacional, dizendo aos jovens traficantes que eles também deviam voltar sua inteligência para o exercício legítimo da especulação imobiliária, enriquecendo e ao mesmo tempo beneficiando os proprietários negros que precisavam de ajuda financeira. "Era um Carnegie misturado com Jay-Z", disse Van Sickler. "O problema com a economia da Flórida durante os anos de boom era que ela quase não crescia. Só estava crescendo em um setor, o imobiliário. Se você não estivesse do lado de dentro, estava em apuros, como todo mundo."

Van Sickler começou a investigar Kenny Rushing. Na apresentação que fazia de si mesmo, ele era apenas um traficante de drogas de baixo nível, mas na verdade havia sido um grande distribuidor de crack para a gangue dos

Crips. Seu histórico de campeão em torneios amadores de boxe era pura invenção. E o Capitão Save-a-House revelou-se exatamente o tipo de predador que denunciava em seus seminários para plateias lotadas. Havia convencido uma avó negra de 73 anos, de um bairro miscigenado chamado Tampa Heights, a vender-lhe sua casa em ruínas por 20 mil dólares. A mulher usou quase toda essa quantia para pagar um empréstimo da prefeitura e acabou com apenas 1729 dólares. Três semanas mais tarde, Rushing vendeu a casa a um fundo de investimento chamado Land Assemble por 70 mil.

Van Sickler perguntou a Rushing sobre o negócio.

"Se eu soubesse que a casa valia 70 mil dólares, teria pagado a ela muito mais", disse Rushing, "no mínimo 60 mil. Não distorça as coisas, não estou me aproveitando de uma mulher."

Van Sickler, com sua maneira inquisitorial, perguntou se o Capitão Save-a-House daria a ela uma parte de seu lucro.

"Eu não vou dizer 'aqui está, fique com tudo o que ganhei em cima da propriedade'."

Em quatro anos, Rushing e seus sócios haviam conseguido bem mais de 1 milhão de dólares. Quinze dos negócios eram em Tampa Heights, que, não por coincidência, era o lugar pretendido para um grande projeto de reconstrução de 500 milhões de dólares chamado Heights of Tampa, um condomínio com 1900 casas de luxo e sobrados. Rushing era o testa de ferro de dois dos empreiteiros mais poderosos de Tampa. Ele minimizou essa relação, e os empreiteiros negaram conhecê-lo.

Van Sickler ficou intrigado com a relação entre um ex-traficante de crack e a elite da cidade e publicou sua matéria em maio. Ela o apresentou ao lado oculto do mercado imobiliário mais quente do país. Um corretor com quem falou quando fazia a matéria lhe passou uma dica: "Se você acha que Kenny é alguma coisa, vá atrás de Sonny Kim".

Quando Van Sickler chegou a Sonny Kim, a dança já tinha parado.

Algumas pessoas do negócio imobiliário da Flórida conseguiram identificar o exato momento em que isso aconteceu. Para Marc Joseph, um corretor de Fort Myers e Cape Coral — o epicentro da loucura —, houve uma semana em dezembro de 2005, com o preço médio por unidade num pico de 322 mil dólares, em que o telefone não tocou como de costume. Parecia um carro que diminui a marcha até parar, enquanto todo o ar sai dos pneus. Para outros, teria sido poucos meses antes ou depois disso, e compararam a ocasião com luzes sendo apagadas. Em algum momento do final de 2005 ou início de 2006, com o mercado imobiliário no auge vertiginoso de meados da década, os especuladores perderam subitamente a confiança, a fé que mantinha a Flórida na crista da onda sumiu, e a economia despencou como um personagem de desenho animado que, correndo no ar, de repente olha para baixo. Os preços fizeram o que os mutuários, financiadores, especuladores, corretores de Wall Street que apostavam em *credit default swaps*, a Fannie Mae, os banqueiros asiáticos em busca de 8%, vendedores de fantasias do canal CNBC e Alan Greenspan nunca imaginaram ser possível: começaram a cair.

Demorou um ou dois anos para que os efeitos disso se espalhassem por toda a paisagem dos *boomburgs*, escritórios de corretagem, canteiros de obras e shoppings de varejo. No início de 2007, um funcionário da Allied Van Lines informou à Câmara de Comércio da Flórida, em Tallahassee, que a empresa estava transportando mais pessoas para fora do estado do que para dentro. Entre 2007 e 2008, o número de ligações elétricas na Flórida diminuiu pela primeira vez nos quarenta anos desde o início dos registros. E, pela primeira vez, o fluxo líquido de imigração do estado, o motor da máquina de crescimento, reduziu-se a zero.

Madeireiras venderam equipamentos. Concessionárias de veículos demitiram vendedores. Construtores entraram em falência e suas esposas pediram divórcio. No início de 2008, a empresa de concreto onde Ron Formosa trabalhava, em Cape Coral, começou a demitir gente. Primeiro Ron viu suas horas serem cortadas pela metade, depois perdeu o emprego. Ao mesmo tempo, as taxas de juros ajustáveis subiram e os pagamentos finais sobre os empréstimos subprime venceram, o que significava que mutuários como Formosa, que já estavam vendo seus rendimentos e valores de propriedade derreter, tiveram ainda mais dificuldade para pagar suas hipotecas. Ron e Jennifer pediram falência, mas não tinham como pagar a taxa de 1400 dólares, mesmo depois que Ron encontrou um emprego num chaveiro, ganhando nove dólares por hora para trocar as fechaduras de casas retomadas. Eles passaram um ano inteiro sem fazer um pagamento de hipoteca antes de o banco pôr um adesivo amarelo de leilão em sua porta. Encontraram uma casa de aluguel nas proximidades e desocuparam seu imóvel. Jennifer prometeu economizar dinheiro da próxima vez, em vez de gastá-lo. "Não acho que vou querer comprar uma casa nunca mais", disse ela. Foi assim que começou a epidemia de execuções de hipotecas.

Na estrada estadual 54, no condado de Pasco, a construtora interrompeu o projeto de Country Walk, deixando para trás ruas cuja pavimentação terminava em capim depois de alguns metros, ruas com placas e luzes, mas sem casas, ruas com casas, mas sem ocupantes. As prometidas quadras de tênis e de vôlei de praia não se concretizaram. Em um jardim, havia uma placa de VENDE-SE ao lado de um Papai Noel inflável caído. Três exemplares amarelecidos do *Tampa Tribune* jaziam nos paralelepípedos da frente do número 30750 da Pumpkin Ridge Drive, com lixo na cozinha e a porta da geladeira aberta, e uma placa de À VENDA PELO PROPRIETÁRIO no jardim. O número de casas vazias chegava a metade ou dois terços dos imóveis, mas os moradores que permaneciam em Country Walk estacionavam seus carros na entrada das casas vazias e cortavam a grama dos jardins da vizinhança para evitar o ar de decadência. Nos quarteirões mais abandonados, a mudança era óbvia: grama com quinze centímetros de altura, ervas daninhas na entrada da garagem, fios de cobre cortados das caixas de ar-condicionado, uma erupção de mofo verde se espalhando pela parede de estuque bege, um aviso de VAGA ou ABANDONADA pregado na porta da frente. Mas o colapso do esquema Ponzi não foi espetacular, com fábricas demolidas ou fazendas em declínio. Os loteamentos-fantasmas eram de certa forma bonitinhos. Sob o céu brilhante como água-marinha, as casas pareciam perfeitos recortes de papelão, com superfícies lisas e regulares, cortinas fechadas e uma paisagem quase não contaminada pela vida humana.

Os preços que haviam explodido rapidamente despencaram com a mesma velocidade. A casa de Bunny em Twin Lakes, um pouco além de Country Walk pela estrada estadual 54, que passara de 114 mil dólares para 280 mil em seis anos, caiu para 160 mil em dois anos. Alguns dos imóveis da rua de Bunny tinham pertencido a especuladores e outros a gente que não podia mais pagar para morar neles, mas em ambos os casos não havia ninguém lá e, numa tarde de fim de semana, Bunny, da Utopia Parkway, viu-se regando seu gramado de jeans capri de cintura baixa, top sem mangas e sombra prateada e verde nos olhos, sem nenhuma outra alma à vista.

O Comfort Inn de Usha Patel faturou 1 milhão de dólares em seu primeiro ano e 800 mil no segundo. Ela achava que os empregados americanos eram incorrigíveis. Eles viviam como se não houvesse amanhã, pegavam o salário na sexta-feira e iam a boates e festas, mesmo que tivessem filhos, faltavam na segunda-feira, apareciam tarde na terça e recusavam algumas tarefas porque o salário era muito baixo, sempre cheios de reclamações e desculpas do tipo "meu filho sumiu com a chave do carro". Eram capazes de se esforçar durante uma semana só para depois exigir folgas. Ou de a cada dez minutos fazer um intervalo para fumar um cigarro mesmo que não fumassem. Quando Usha falava dos trabalhadores americanos, fazia uma careta como se o assunto fosse fisicamente desagradável. Eles eram mimados, como ela outrora havia sido, porque havia estrangeiros para fazer o trabalho pesado. As únicas pessoas boas que já contratara eram imigrantes como ela, gente de confiança e disposta a trabalhar duro por um salário baixo — um gerente noturno do Caribe, um sujeito da Índia, as arrumadeiras hispânicas.

Mas seu otimismo em relação ao país estava intacto. Era a terra da oportunidade para todos. "Eu amo a América", disse ela. "Os estrangeiros podem vir e obter sucesso, mas as pessoas que vivem aqui não querem trabalhar." Ela gostava das regras e leis dos Estados Unidos, da ausência de corrupção, do fato de que qualquer um podia obter justiça. Seu filho se tornara um jovem empresário, era dono de uma loja de computadores em um shopping center de Tampa, tinha uma BMW e morava no 26º andar de um edifício no centro da cidade. Em comparação com a Índia, a América era um sonho.

Em seu terceiro ano, 2007, os ganhos de Usha caíram para meio milhão de dólares, com uma ocupação de apenas 25% — ela precisava de 50% para sobreviver. Duas coisas conspiraram contra seu motel. Primeiro foi a crise imobiliária, que estava começando a derrubar a economia em geral (ela culpava o rigor na imigração, que impedia a entrada dos bons trabalhadores estrangeiros). O segundo motivo foi a construção de um novo shopping na estrada de acesso entre seu Comfort Inn e a Interestadual 75, que começou por volta da mesma época da crise. A obra bloqueou sua saída à noite e tirou sua placa da estrada, o que matou o negócio (o shopping nunca foi concluído). Ela começou a ter problemas para fazer os pagamentos, de 25 mil por mês. O filho a ajudou, mas não demorou para ela atrasar as prestações.

Mike Ross foi apanhado pelo colapso no meio de uma crise familiar. Ele pediu a um tribunal a custódia de seus netos, porque a filha e o namorado dela os estavam maltratando em St. Petersburg: o tal namorado atirou o menino com paralisia cerebral numa piscina e deu risada, contou Mike. No momento em que Mike e a esposa, que recebia pensão por invalidez causada por um acidente de carro, conseguiram a custódia, estavam com dois anos de atraso no pagamento da reforma da antiga casa de fazenda na Geórgia. Antes que pudessem terminar, o mercado virou, e a propriedade de 180 mil dólares acabou sendo vendida por 110 mil. Ex-clientes de Mike no negócio do conserto de iates os aconselharam a mudar para o norte da Califórnia, longe dos pais agressores, e comprar e vender casas por lá, mas quando eles chegaram a Vacaville com os netos, a economia estava despencando e não havia trabalho, nem mesmo em postos de gasolina ou lojas 7-Eleven. Além disso, as regras de financiamento haviam mudado, e era impossível conseguir um empréstimo e começar a especular com imóveis. A mudança custou-lhes 50 mil dólares, metade de suas economias. Depois de seis meses na Califórnia, voltaram para o Leste, para uma simpática cidadezinha nos arredores de Raleigh, uma espécie de Vacaville com árvores, mas a Carolina do Norte estava igual à Califórnia, sem empregos na construção, em oficinas mecânicas, ou qualquer outra coisa que Mike tentasse. Eles estavam ficando sem dinheiro, e Mike começou a temer que acabariam sem ter onde morar. Não havia outra escolha senão mudar-se com os netos de volta para St. Petersburg, onde a filha e o namorado ainda viviam.

Mike tentou conseguir trabalho com seus antigos clientes no negócio de iates, mas todos estavam bem servidos pelos reparadores que ele indicara. Frequentou durante algum tempo o Pasadena Yacht and Country Club, porém não conseguiu nada. Aquela vida tinha acabado. Pediu dinheiro emprestado a um ex-cliente para pôr a família em um apartamento alugado em um bairro com cara de gueto, onde as crianças atormentavam seu neto com paralisia cerebral no estacionamento. Eles estavam vivendo de auxílio-alimentação, da pensão por invalidez da esposa, do seguro social suplementar do neto e de caridade. Mike estava se deteriorando psicologicamente, e seu cérebro disparava a quinhentos quilômetros por hora — estava com medo de virar sem-teto, do suicídio, do manicômio, de topar com o namorado da filha, que não sabia que eles estavam de volta a St. Petersburg —, amedrontado o tempo todo, inventando histórias em sua cabeça sobre o que poderia acontecer com ele e depois descobrindo que essas coisas aconteciam *mesmo*. Logo ele, que era tão calmo, tão firme, envernizando iates na marina sob o céu azul. Ele ganhou mais peso e, embora ainda conseguisse rir de si mesmo, seu olhar através dos óculos sem aro revelava uma tristeza medicada. Tomava analgésicos para dor nas costas e Xanax para a ansiedade e, certa vez, cansado daquilo e querendo acabar com tudo e dormir, tomou trinta comprimidos de Xanax e quatro de Vicodin e ficou em coma por dois dias.

"A economia desencadeou tudo isso", contou ele. "Ela me despedaçou, tirou minha vontade de viver. É assim que eu vejo as coisas."

Mike foi trancado no manicômio por três dias. Quando saiu, procurou um centro de apoio emocional em Tampa, onde lhe deram aconselhamento psicológico e ajuda para a conta da luz. Ele sempre se considerara de classe média, e ficou espantado por ter chegado tão perto de viver em um abrigo para sem-teto. Mas o hospital psiquiátrico e o centro de apoio emocional tiveram o efeito de uma sacudida, e ele conseguiu sair dessa. Leu um livro chamado *Finding Life Beyond Trauma* [Encontrando a vida para além do trauma], começou a fazer exercícios de respiração, entrou em contato com sua espiritualidade, aprendeu a dar as costas aos seus piores pensamentos. Como a área médica era à prova de recessão, inscreveu-se num curso de formação, pago pelo governo, de assistente de saúde domiciliar. Conseguiu um emprego que pagava 10,50 dólares por hora, sem benefícios, para ajudar nas idas ao banheiro de um veterano da Segunda Guerra Mundial de 91 anos de idade que sofria de demência. Não era mais difícil do que consertar iates de milionários. Mike estava feliz por ser útil.

Van Sickler e alguns colegas do jornal examinaram um monte de dados sobre casas com hipotecas executadas no condado de Hillsborough. Elas estavam por toda parte, mas principalmente em dois lugares: entre as moradias pobres mais antigas da cidade e nos loteamentos-fantasmas. O software de mapeamento de Van Sickler mostrava um ponto vermelho brilhante em Carriage Pointe, o loteamento construído em cima de uma fazenda de peixes tropicais em Gibsonton: a taxa de execuções era de 50%, o recorde do condado. Van Sickler e Chris Zuppa, um fotógrafo do jornal, começaram a ir de carro a Carriage Pointe à noite para descobrir o que estava acontecendo por lá.

Era um dos lugares mais estranhos que Van Sickler conheceu em sua vida de repórter. Uma noite, ele e Zuppa viram vacas esqueléticas nos campos situados entre as fileiras de casas. As vacas tinham sido trazidas para que algum proprietário pudesse alegar uso agrícola da terra e conseguir uma redução de impostos, mas estavam morrendo de fome porque ninguém as alimentava. Van Sickler e Zuppa bateram em muitas portas, porém foi difícil encontrar alguém em casa, ou uma pessoa disposta a falar. Os proprietários presos ali eram, em sua maioria, famílias que haviam visto em Carriage Pointe um ponto de partida para algum outro lugar. Quando os preços caíram em 50%, ficaram de mãos atadas e furiosos com Lennar, o empreiteiro, que lhes prometera uma piscina e um centro comunitário e garantira que o número de casas compradas para investimento se limitaria a 20%. Na verdade, muitos dos proprietários registrados moravam em lugares como Fort Mill, na Carolina do Sul, e Ozone Park, em Nova York, e não se importavam com a vida das pessoas obrigadas a morar em Carriage Pointe. Algumas das casas executadas estavam sendo usadas por traficantes de drogas e receptadores, que as encheram de contrabando. Houve inclusive um tiroteio. Os assistentes do xerife faziam visitas noturnas a Carriage Pointe. A paranoia corria solta, e um homem mostrou orgulhosamente a Van Sickler as câmeras de segurança que havia instalado em sua entrada de carro.

"Nos subúrbios ninguém ouve você gritar", disse Van Sickler.

Um esquema Ponzi é um jogo de confiança que só funciona quando há gente suficiente disposta a deixar de lado o bom senso. Todos os envolvidos estavam sendo enrolados e enrolando alguém. O resultado era a credulidade generalizada e o medo generalizado. Carriage Pointe deveria ser uma pequena fatia do sonho americano, mas parecia o fim do mundo. As visitas de Van Sickler o levaram a concluir que a ruína não era culpa apenas de proprietários irresponsáveis, e escreveu uma matéria contundente em que denunciava o papel dos empreiteiros e das autoridades eleitas na criação do desastre.

Sang-Min Kim, apelidado de Sonny, viera da Coreia do Sul para Tampa. Era dono do Body Tattoos Design, um estúdio de piercings e tatuagens com tema asiático. Em meados da década, Sonny Kim também foi dono de uma centena de casas nos arredores de Tampa, a maioria delas em bairros de má reputação no norte da cidade, a mesma área em que Kenny Rushing agia. Na verdade, Kenny e Sonny eram parceiros de negócios, vendendo casas um para o outro. No momento em que Van Sickler entrou no encalço de Kim, no verão de 2008, Sonny havia acumulado um lucro de 4 milhões de dólares, e mais de um terço de suas casas estava sob execução judicial.

Van Sickler circulou por Belmont Heights e Sulphur Springs, dois dos bairros mais pobres de Tampa, para dar uma olhada nas propriedades de Sonny Kim. Uma delas era um sobrado de estuque caindo aos pedaços no número 4809 da rua 17 Norte, com uma lona azul sobre o telhado, janelas fechadas com tapume e uma pilha de colchões no quintal tomado pelo mato. Em 2006, Kim a recebera por cem dólares, com uma escritura de renúncia testemunhada por um traficante de drogas condenado. Três meses depois, vendeu a casa por 300 mil dólares para uma compradora chamada Aracely Llanes, que tomou emprestado a quantia inteira da Long Beach Mortgage, uma subsidiária do banco Washington Mutual. Van Sickler estava no quintal olhando para a casa e pensando sobre esse empréstimo. Era incrível. Alguém do banco fora até lá para examinar o lugar? Dezoito meses mais tarde, a casa estava em execução, e o banco estava pedindo 35 mil. Van Sickler procurou os vizinhos para descobrir se alguém estava morando no imóvel, mas à noite, em um bairro perigoso, as pessoas não atendiam a batidas na porta. Por fim, um carro da polícia de Tampa estacionou e um policial saiu. "Alguém daqui não gosta de você", disse ele. Um vizinho telefonara para reclamar do sujeito branco e alto que estava xeretando no pedaço.

Van Sickler tentou achar Aracely Llanes. Conseguiu um endereço em Opa Loca, mas nenhum número de telefone — não havia como encontrá-la. Alguns dos outros compradores de Kim eram traficantes de drogas, incendiários e doentes mentais. Van Sickler olhou para dezenas de casas que ele havia comprado e vendido, e eram sempre a mesma coisa: um imóvel abandonado, um preço de compra mínimo, uma revenda rápida por uma quantia ridiculamente alta, um empréstimo sem nenhum questionamento, pouca ou nenhuma entrada, um comprador que não se podia encontrar, uma casa nunca ocupada, um empréstimo inadimplente. Um especialista disse a Van Sickler que alguns dos compradores — eles eram conhecidos como "compradores de palha" — talvez não existissem, ou fossem vítimas de roubo de identidade. Ou então poderiam ser parceiros de Sonny Kim em fraude de hipoteca. O mesmo talvez ocorresse com os corretores, avaliadores, tabeliães, agentes de títulos e, em última análise, os banqueiros que estavam envolvidos nos negócios — o nome de alguns deles aparecia com frequência. Todo mundo estava ganhando dinheiro com os negócios de Sonny Kim, e com todos os outros Sonny Kims em atividade, enquanto os empréstimos podres pareciam desaparecer no ar.

Van Sickler continuou investigando em setembro. No meio do mês, o Lehman Brothers quebrou. Era um dos bancos que faziam empréstimos aos compradores de palha de Sonny Kim. Assim como alguns dos outros grandes jogadores que estavam de repente em todos os noticiários enfrentando a ruína: Washington Mutual, Wachovia, JPMorgan Chase, Countrywide, Bank of America, Fannie Mae, Freddie Mac. As manchetes provocaram um misto de arrepio e excitação em Van Sickler. Ocorreu-lhe que sua matéria local sobre o dono de um estúdio de tatuagem (que já demorava tempo demais — seus editores estavam mostrando muita paciência) tinha ligação com a história da maior crise financeira em décadas. Em Tampa, ele tinha as provas — a autoridade de seus próprios olhos — de que os repórteres mais conhecidos que cobriam o assunto de Nova York e Washington não dispunham. Era possível remontar o colapso de Wall Street até a casa da rua 17 Norte e as de Carriage Pointe e Country Walk.

Os bancos tinham liberado dinheiro para mutuários fraudulentos para pagar a mais por casas de baixa qualidade porque o risco era imediatamente repassado para outros. Havia um termo novo em finanças que pelo menos Van Sickler nunca tinha ouvido: "mortgage-backed securities" [títulos respaldados em hipotecas] — conjuntos de empréstimos que eram vendidos pelos credores para Wall Street, onde eram embalados como títulos e revendidos a investidores para gerar lucros enormes. O termo inspirava medo, como o nome de um novo vírus. Van Sickler entendeu tudo: ali estavam as hipotecas que respaldavam títulos. Ali estavam os empréstimos inadimplentes que ameaçavam derrubar o sistema financeiro global.

Para os jornalistas em geral, todo mundo era responsável pela crise financeira. "A cobiça saiu do controle. Não sabemos por quê, simplesmente ficamos gananciosos demais, e todo mundo queria uma casa que não tinha como pagar", disse Van Sickler. "Acho que isso é jornalismo preguiçoso. É conversa mole para políticos que preferem fechar os olhos. Nós não somos todos culpados por isso." Ele odiava o tipo de reportagem que buscava um equilíbrio falso e se recusava a tirar conclusões claras, mesmo quando estavam na cara do repórter. Seu trabalho não o levara a "todo mundo", mas a certas instituições — agências governamentais, empresas imobiliárias e, em especial, bancos. Sonny Kim era apenas um testa de ferro. "A coisa era sistêmica. Os bancos aprovavam esses empréstimos sem que olhos humanos os examinassem, porque o apetite era enorme. Eles aprovavam essas hipotecas o mais rápido possível."

A matéria de Van Sickler foi para a primeira página logo depois do Dia de Ação de Graças. Dentro de uma semana, o FBI entrava no caso, e logo depois Sonny Kim resolveu cooperar, usando uma escuta. Van Sickler esperava que a polícia federal chegasse até os caras no topo do esquema.

Vale do Silício

Peter Thiel e seu amigo Reid Hoffman vinham discutindo sobre a natureza da sociedade desde Stanford. No Natal de 1994, haviam passado alguns dias na costa da Califórnia levantando ideias sobre como iniciar um negócio na internet. Hoffman fez Thiel ler um novo romance de ficção científica chamado *Nevasca*, de Neal Stephenson, uma distopia em que grandes partes dos Estados Unidos tinham sido privatizadas e transformadas em enclaves soberanos dirigidos por empresários e máfias poderosas, uma espécie de precursor de *The Sovereign Individual* no segmento da ficção. Os personagens do romance escapam da violência e da deterioração social em torno deles para uma realidade virtual através de um sucessor da internet chamado Metaverse, no qual representam a si mesmos por meio de avatares. *Nevasca* deu a Hoffman uma ideia empreendedora, e ele deixou seu emprego na Apple para abrir um site de relacionamentos chamado socialnet.com, que talvez tenha sido a primeira rede social da internet. O site não teve êxito por várias razões — as pessoas não queriam interagir através de avatares, queriam ser elas mesmas —, mas Hoffman continuou a aperfeiçoar a ideia e, após a venda da PayPal para o eBay em 2002, pegou sua parte e lançou uma rede social para empresários chamada LinkedIn. Foi por meio do LinkedIn que Hoffman conheceu Sean Parker, e foi por intermédio de Hoffman e Parker que Thiel conheceu Mark Zuckerberg.

No primeiro semestre de 2004, Thiel e Hoffman estavam tentando fazer com que Parker, seu amigo hiperativo de 24 anos de idade, não processasse a Sequoia Capital, os investidores da Plaxo, sua empresa de agenda de endereços on-line. Devido aos hábitos libertinos, Parker fora expulso de sua própria empresa, da mesma forma como fora expulso do Napster, o site de compartilhamento de música, alguns anos antes. Thiel lhe disse que, em vez de enredar-se numa ação judicial, ele devia abrir uma nova empresa. Três meses depois, Parker voltou a Thiel com a notícia de que acabara de se tornar presidente da Thefacebook, uma rede social universitária com quatro funcionários, e que o segundanista de Harvard que a fundara precisava de dinheiro, porque o número de alunos que queriam entrar estava aumentando e logo sobrecarregaria os computadores. Hoffman, que vinha acompanhando Thefacebook e Mark Zuckerberg durante todo o ano, recusou-se a se tornar o principal investidor, pois isso poderia ser visto como conflito de interesses com o LinkedIn. A escolha natural foi Thiel.

Thiel gostava de dizer que, por princípio, um libertário radical não deveria pôr seu dinheiro em redes sociais. Se o que as pessoas chamavam de sociedade não existia, apenas indivíduos, como poderia haver algum retorno sobre o investimento? Ayn Rand não teria investido em Thefacebook. Mas, pondo o egoísmo racional acima da pureza ideológica de uma maneira que não era completamente incompatível com os princípios do objetivismo, já fazia algum tempo que Thiel se interessava por redes sociais. Aquela, ao que tudo indicava, poderia ter sucesso onde outras, como o Friendster, tinham fracassado. A internet dos consumidores ainda estava na estagnação pós-crash e, pela primeira vez, havia mais boas ideias do que investidores atrás delas. Thefacebook já estava em cerca de vinte instituições de ensino superior, operando de acordo com uma versão benigna da Doutrina Brejnev: depois que identificavam uma universidade como público-alvo, quase toda a população estudantil era arregimentada em questão de dias, e o processo se tornava irreversível. Com essa intensa base de usuários, parecia que Thefacebook poderia ir razoavelmente longe. Hoffman conversara com os engenheiros e eles lhe pareceram muito bons. Então, em meados de 2004, Thiel concordou em se encontrar com Zuckerberg nos escritórios da Clarium Capital, no coração do distrito financeiro de San Francisco, no 43º andar do número 555 da California Street, um arranha-céu de granito que havia sido a sede do Bank of America até ele se mudar para Charlotte, em 1998.

Parker fez a maior parte da apresentação do Thefacebook, mas Thiel teve uma forte impressão de Zuckerberg. Ele estava com apenas vinte anos, usava camiseta, jeans e sandália de dedo de borracha, e já era teimoso a respeito do que queria, com um foco intenso e uma introversão de programador, refratário em relação a outras pessoas como se tivesse síndrome de Asperger (um paradoxo para o fundador de uma rede social). Ele descreveu com naturalidade o tremendo crescimento do Thefacebook, sem fazer nenhum esforço para impressionar Thiel, que tomou isso como um sinal de seriedade. No final da reunião, que se estendeu por quase toda a tarde, Thiel estava decidido a se tornar um investidor-anjo do Thefacebook. Ele emprestaria à empresa meio milhão de dólares — "capital inicial" —, que se converteriam em uma participação de 10,2% e um assento em seu conselho, composto de cinco pessoas.

Quando a reunião chegou ao fim, Thiel disse a Zuckerberg: "Só não faça besteira".

Anos mais tarde, depois que Zuckerberg não fez besteira e o número de usuários do Facebook superou meio bilhão, o valor da participação de Thiel ultrapassou 1,5 bilhão de dólares, e a história dos primeiros dias da empresa foi transformada por Hollywood em um filme que retratava Zuckerberg e Parker de forma nem um pouco lisonjeira, deixando os dois surtados. Thiel foi ver *A rede social* em um cinema de San Francisco com um pequeno grupo de amigos. A reunião entre seu personagem e Zuckerberg demorava 34 segundos na tela e, embora ele se saísse bem, relativamente falando, Thiel também achou que seu personagem parecia velho demais, como se fosse um banqueiro de investimentos — Thiel costumava usar camisetas no trabalho, não camisas azuis abotoadas. Mais tarde ainda, depois que o Facebook abriu o capital, em maio de 2012, e o preço de suas ações começou a cair de imediato, Thiel vendeu a maior parte de sua cota, que originalmente valia 500 mil, por uma soma superior a 1 bilhão de dólares.

No mesmo ano de seu encontro com Zuckerberg, em 2004, Thiel foi um dos fundadores de uma empresa chamada Palantir Technologies (o nome vinha de uma pedra semelhante a uma bola de cristal que aparece em seu amado *O senhor dos anéis*), que pegou um software que fora usado no PayPal para combater fraudes de gângsteres russos e o desenvolveu para análise de dados complexos, encontrando padrões sutis em torrentes de informações, a fim de tornar mais fácil para as agências governamentais rastrear terroristas, fraudadores e outros criminosos. Parte do capital inicial veio de um fundo para empreendimentos da CIA, mas em seus estágios iniciais a Palantir dependia fortemente do investimento de 30 milhões de dólares de Thiel. Ele tornou-se presidente do conselho diretor e, depois que o Facebook ficou grande demais para seus escritórios no número 156 da University Avenue, no centro de Palo Alto, a Palantir mudou-se para lá, bem em frente ao local onde a PayPal teve seu início. Com o tempo, a Palantir seria avaliada em 2,5 bilhões de dólares. Thiel estava a caminho de se tornar um dos investidores em tecnologia mais bem-sucedidos do mundo.

A Clarium Capital também ia muito bem: era um fundo global macro que dependia da análise de mercados mundiais e das medidas governamentais no mais alto nível. Em 2003, seu primeiro ano completo, administrando 250 milhões de dólares, rendeu 65% sobre os investimentos. A estratégia de Thiel era pegar um amplo quadro das tendências de longo prazo e fazer apostas que iam contra a visão convencional: comprar títulos do governo japonês quando os outros estavam vendendo; fazer o mesmo no setor de energia porque estava convencido de que o pico do petróleo era real e os suprimentos globais estavam se esgotando; comprar títulos do Tesouro norte-americano porque previa uma economia anêmica após a recessão de Bush em 2001. Ano após ano, a Clarium teve um crescimento meteórico, chegando a cerca de 7 bilhões de dólares no verão de 2008, um aumento de setecentas vezes em seis anos. A imprensa financeira começou a falar de Thiel como um gênio investidor do contra. Para ele, isso só significava que ele pensava por si mesmo. A maioria das pessoas terceirizava seu pensamento e cedia à maioria, ao rebanho. Não havia Robinson Crusoés suficientes no mundo.

A Clarium mudou-se para o quarto andar de um prédio de tijolos e vidro nos limites do Presidio Park, com uma esplêndida vista para a Golden Gate e o Pacífico. De seu escritório de canto, Thiel podia ver Alcatraz e as colinas do condado de Marin. O edifício ficava no terreno da sede da Lucasfilm em San Francisco, e o primeiro andar era decorado com estátuas do filme preferido de Thiel, de Darth Vader e Yoda. O salão da empresa era dividido por estantes de madeira escura, contendo edições encadernadas em couro de Madame de Sévigné, Dickens, Darwin e George Eliot, além de livros sobre finanças estruturadas e pesquisa quantitativa. No centro, via-se uma mesa com um tabuleiro de xadrez, à espera de jogadores.

Havia uma penalidade de cem dólares para quem chegasse atrasado à reunião semanal de negociação das 10h30. Numa terça-feira, o assunto era o Japão. Onze homens de camisa azul, branca ou listrada, sem gravata, sentaram-se em torno de uma longa mesa de conferência. De uma das extremidades, Thiel presidia a reunião.

"O segredo do Japão é que nada nunca acontece", disse ele. "Se eu fosse japonês, estaria farto de anos de estagnação, mas não sou japonês, então quem sabe?"

Kevin Harrington, o principal *trader* de Thiel, ex-candidato a doutorado em física em Stanford, interveio. "Os idosos do Japão estão satisfeitos. Seus ativos vêm crescendo. É como a classe dos *boomers* nos Estados Unidos, que acha que tudo vai ficar bem."

"Você acha que devemos vender ativos?", perguntou outro *trader*.

"Foi um erro vender ativos do Japão nos últimos vinte anos", respondeu Thiel. "Eu não tenho uma opinião formada sobre isso. Mas, se algo der errado, pode ficar ainda pior. A questão política é: o Japão é um país autoritário ou é um país onde não há nenhum governo? Não acho que seja uma democracia, pode deixar isso de lado. É o Japão dos anos 1970, um Estado corporativo autoritário onde se pode forçar as pessoas a economizar um monte de dinheiro? Ou é como a Califórnia e os Estados Unidos, onde o grande segredo é que não há ninguém na direção? As pessoas fingem estar no controle, mas o grande segredo é que não há controle."

Durante meia hora, a reunião se transformou num seminário sobre a história e a cultura japonesas. Por fim, Thiel perguntou: "As pessoas são otimistas em relação a quê?".

"Recuperação acentuada do petróleo nos Estados Unidos e no Canadá", disse um jovem *trader*.

Um *trader* chamado Patrick Wolff, que estava participando pelo viva-voz, disse: "Eu vou trair meu libertarismo, mas o monopólio do Estado sobre a energia está se desgastando rapidamente".

"Para a próxima semana", disse Thiel, "seria útil refletir a respeito do que as pessoas estão otimistas e esperançosas."

Tal como na PayPal, Thiel contratou funcionários que eram como ele. A Clarium ganhou a reputação de um culto a Thiel, composta de jovens mentes libertárias que reverenciavam o chefe, imitavam seus hábitos de trabalho, jogavam xadrez e tinham aversão aos esportes. Thiel percebeu a bolha imobiliária e insistia para que seus empregados não fossem donos de suas casas. Alugou uma mansão na marina que parecia um bolo de casamento branco de novecentos metros quadrados, a curta distância de carro da Clarium, com uma vista do terraço para a cúpula e os arcos iluminados do Palácio das Belas-Artes.

Ele passou a levar a vida de um bilionário do Vale do Silício. Empregava uma equipe de duas assistentes loiras vestidas de preto, um mordomo vestido de branco e um cozinheiro, que preparava uma saudável bebida diária com aipo, beterraba, couve e gengibre. Em seus jantares para amigos, os convidados recebiam um cardápio impresso com uma escolha de entradas. Ia para todos os lugares em jatos particulares. Em determinado ano, levou os amigos mais íntimos em uma viagem para surfar na Nicarágua, em outro, para fazer rafting no Zimbábue, com seguranças a reboque. Thiel era emocionalmente opaco, apesar de amigável, mas revelou um gosto pelo exibicionismo, ao mesmo tempo que mantinha sua satisfação pessoal ao mínimo, como Gatsby, que fazia apenas aparições fantasmagóricas em suas próprias festas. Comprou uma Ferrari 360 Spider por diversão e velocidade (o carro do dia a dia era uma Mercedes SL500), pagou por aulas de pilotagem na Las Vegas Motor Speedway e abriu uma revista chamada *American Thunder*, dedicada a corridas de stock-car e ao "estilo de vida Nascar" de caça, pesca e música country. (Apesar de ser vendida em dois terços das lojas Wal-Mart e de ter Dale Earnhardt Jr. na capa de sua primeira edição, a revista acabou depois de quatro números.) Comprou um restaurante-boate em San Francisco chamado Frisson, onde promoveu a festa do milhão de usuários do Facebook. Deu outras festas — captação de recursos, lançamento de livros ou empresas — em sua mansão, para cinquenta ou cem convidados e, máxima extravagância, os garçons às vezes estavam sem camisa ou não usavam nada além de aventais. Contribuiu com milhões de dólares para causas e candidatos conservadores. Após o estouro da bolha imobiliária, comprou a mansão de San Francisco por 6,5 milhões de dólares, depois uma propriedade à beira-mar em Maui por 27 milhões, e alugou um loft acima da Union Square, em Manhattan. Suas casas eram impecavelmente decoradas de acordo com a moda contemporânea, mas para ninguém em particular.

"É uma coisa estranha a maneira como a desigualdade continua a crescer", disse ele mais tarde. "Na década de 1970, eu não conhecia ninguém que fosse milionário. Seria dinheiro demais, isso era incomum. No final dos anos

1980, em Stanford, havia umas poucas pessoas que eram mais ricas, mas ter alguma coisa na faixa de 20 milhões a 30 milhões era ser imensamente rico. Os pais delas tinham essa quantidade de dinheiro, e isso parecia de fato extraordinário." Então, em 1997, publicaram um romance sobre o Vale do Silício chamado *Os primeiros 20 milhões são sempre os mais difíceis*. "Vinte milhões parecia uma quantidade maluca de dinheiro. Minha teoria era que parecia ser contraproducente ter mais do que isso. Talvez ter 20 milhões fosse bom, mas muito além disso criaria um monte de problemas." Mas, ano após ano, "de alguma forma, eu simplesmente continuei indo em frente".

Em um mundo muito desigual, se tentasse acompanhar os Jones (sendo os Jones a média das pessoas que estavam em situação melhor que a sua), decerto você se perderia, sentindo que estava ficando mais para trás porque, por mais que tivesse, os Jones estariam sempre à frente, e por uma quantia cada vez maior, uma miragem no horizonte do deserto. Em um mundo muito desigual, você precisaria de um lugar para ancorar-se.

Sendo libertário, Thiel saudava uma América onde as pessoas já não podiam contar com as velhas instituições ou arranjar-se em comunidades com os antigos parâmetros de segurança, nas quais sabiam que posição ocupavam e para onde iam. Tudo isso era execrável na visão de mundo de Thiel. Ele acreditava em aventurar-se sozinho no vazio, inventar-se a partir de ambição, talento e abstrações — de modo que a desagregação lhe permitiu prosperar. Mas ele também estava no centro de um grupo coeso de amigos, quase todos homens, a maioria jovens de sucesso com a mentalidade do Vale do Silício que enriqueceram na mesma época, no modo binário do Vale — um dia, de repente, tinham mais dinheiro do que Deus, mas continuavam usando jeans e camisetas —, embora nenhum fosse tão rico quanto Thiel. Esses amigos o mantinham conectado à sua antiga realidade e descartavam os marcadores de status mais efêmeros e tóxicos. Quando uma página de fofocas on-line tirou Thiel do armário em 2007, ele chamou aquilo de "o equivalente da Al-Qaeda no Vale do Silício" e continuou a manter sua vida pessoal como um assunto de caráter privado, desprezando conversas íntimas, mesmo com seus amigos mais próximos. Durante o jantar, eles não falavam de sexo, de religião ou da vida de outras pessoas. Em vez disso, falavam de ideias, acontecimentos mundiais e o futuro da tecnologia. Instado a citar o investidor que mais admirava, Thiel mencionou o bilionário recluso Howard Hughes.

Durante a campanha presidencial de 2008, Thiel foi entrevistado pela revista libertária *Reason*. "Minha opinião otimista é que, ainda que a política esteja se movendo num sentido antilibertário, isso é em si mesmo um sintoma do fato de que o mundo está se tornando mais libertário", ele declarou. "Talvez seja apenas um sintoma de como as coisas são boas." Em setembro, tendo ultrapassado a marca dos 7 bilhões de dólares, a Clarium mudou a maioria de suas operações e 90% do seu pessoal para Manhattan. Thiel aproximava-se do nível dos gestores de fundos de hedge de classe mundial e queria estar mais perto da ação em Wall Street.

No mesmo mês, os mercados financeiros despencaram. Com todo mundo em pânico, Thiel tentou pegar a faca pela lâmina, mas dessa vez ir contra a corrente não deu certo. Esperando a intervenção coordenada dos governos para acalmar a economia global, ele investiu no mercado de ações para o resto do ano, mas as ações continuaram a despencar, e seu fundo perdeu muito dinheiro. Em 2009, quando se desfez de ações, elas subiram, e as perdas da Clarium aumentaram. Os investidores começaram a resgatar seu dinheiro. Alguns deles reclamaram que Thiel tinha ideias brilhantes, mas não sabia quando negociar ou gerenciar riscos: havia anos que previa uma queda no mercado imobiliário, porém, quando chegou o momento, não foi capaz de tirar proveito. Em meados de 2010, a sangria continuava, e a Clarium teve de fechar seu escritório em Nova York e voltar para San Francisco. As mudanças foram interrupções dispendiosas. Em 2011, os ativos do fundo já haviam caído para 350 milhões de dólares, dois terços deles dinheiro de Thiel, a totalidade de sua riqueza líquida. A Clarium tornou-se uma firma familiar.

Pela primeira vez em sua vida, Thiel havia fracassado em alguma coisa que valorizava, publicamente e de forma espetacular. O fracasso o deixou humilde e, ao contrário da PayPal, onde os contratempos tinham provocado explosões de temperamento, ele aceitou bem a perda e se manteve equilibrado em relação à sua equipe. Durante o mesmo período, sua visão dos Estados Unidos começou a ficar mais sombria. Ao reconsiderar os anos decorridos desde a década de 1970, que antes pareciam tão gloriosos e promissores, especialmente no Vale do Silício, até mesmo o Facebook perdeu seu brilho. Mas o pessimismo de Thiel também o levou a formar ideias novas e radicais sobre o futuro.

2008

BAM BATE HILLARY EM VITÓRIA HISTÓRICA Ele é o primeiro negro a vencer a prévia em Iowa, com os eleitores abraçando a mensagem de mudança... **ESTADO DO MERCADO IMOBILIÁRIO: DE MAL-ESTAR A PONTO CRÍTICO**... **GM DIVULGA PREJUÍZO RECORDE DO MERCADO AUTOMOTIVO DOS ESTADOS UNIDOS DE 38,7 BI EM 2007 Oferece PDV para 74 mil trabalhadores americanos**... **CHOQUE DO PETRÓLEO: ANALISTA PREVÊ GASOLINA A \$7, "ÊXODO EM MASSA" DE CARROS AMERICANOS**... **QUESTÕES DA DEPRESSÃO RETORNAM EM NOVO SÉCULO**... **NA SEMANA DO ANIVERSÁRIO DA GUERRA NO IRAQUE, DISCURSO DE OBAMA SOBRE RAÇA DOMINA COBERTURA DA MÍDIA**... A campanha inteira de Obama baseia-se na luta de classes e na inveja humana. A "mudança" que ele anuncia não é nova. Nós já vimos isso antes. É uma mudança que diminui a liberdade individual por meio do autoritarismo brando do socialismo... *que há algo acontecendo na América, que não estamos tão divididos quanto nossa política sugere, que somos um único povo, que somos uma única nação*... **LEHMAN PEDE FALÊNCIA, MERRILL VENDIDO, AIG PROCURA DINHEIRO VIVO**... **BUSH PEDE INJEÇÃO DE 700 BILHÕES**... **MCCAIN ESCOLHE FÁBRICA DE OHIO EM FALÊNCIA PARA ELOGIAR LIVRE-COMÉRCIO** Ele usou seu próprio destino político recente — um sumiço dramático seguido de um retorno inesperado para garantir a indicação republicana à presidência — para ilustrar que as cidades deprimidas do Cinturão da Ferrugem, como Youngstown, podem se recuperar… **PALIN REACENDE GUERRAS CULTURAIS**… Acreditamos que o melhor da América está nessas pequenas cidades que visitamos, e nesses pequenos bolsões maravilhosos do que chamo de verdadeira América, estar aqui com todos vocês que dão duro e são muito patriotas… Aposto que Bin Laden se sente como um verdadeiro idiota agora, hein? "O quê? Bombardeei a América errada?"… Heath Ledger faleceu na terça--feira, fontes revelam com exclusividade para PerezHilton.com… **VALE DO SILÍCIO QUASE INTOCADO PELA CRISE FINANCEIRA — ATÉ AGORA**… Como você está? O Facebook é demais! VOCÊ ESTÁ INCRÍVEL. Acho que vou ter algumas fotos minhas e da família em breve… Nem imagino a sua ansiedade pelo dia da eleição… Você ainda tem a convicção dos republicanos? Independente disso, eu sempre prezei nossa amizade… **"A MUDANÇA CHEGOU" Barack Obama eleito primeiro presidente negro; ansiedade econômica leva democrata à vitória eleitoral esmagadora**… *e juntos, vamos começar o próximo grande capítulo da história americana com três palavras que ressoam de costa a costa, de oceano a oceano: Sim. Nós.*

Homem instituição (2): Robert Rubin

Para sua surpresa, Robbie Rubin, o aluno novo vindo de Manhattan, foi eleito representante da turma do quarto ano em Miami Beach, em 1947, apesar de não saber nada sobre o cargo. Ele obteve boas notas no ensino médio, mas nunca teria chegado a Harvard se um colega de profissão de seu pai advogado não o tivesse apresentado ao diretor de admissões. Em Harvard, imaginou que faria parte dos 2% de sua turma de calouros que seriam reprovados, mas suas notas naquele ano foram excelentes, e em 1960 ele se formou pela Phi Beta Kappa, *summa cum laude.*

Bob Rubin nunca pensou que uma garota tão bonita e talentosa como Judith Oxenberg iria namorá-lo, por isso a apresentou aos seus amigos da Escola de Direito de Yale na esperança de que eles retribuíssem o favor e lhe apresentassem mulheres mais próximas de seu nível. Em poucos meses, porém, Bob e Judy se casaram na Branford Chapel.

Como suas chances de se tornar sócio da Cleary, Gottlieb não eram das maiores, em 1966 Robert Rubin procurou trabalho em Wall Street. Passar de um escritório de advocacia para um banco de investimentos era muito incomum naquela época, mas seu pai lhe conseguiu entrevistas no Lazard Frères e no Goldman Sachs e, para sua surpresa, ambos lhe fizeram propostas. Ingressou no departamento de arbitragem do Goldman, embora não soubesse o que era arbitragem de risco, e duvidava que tivesse a audácia de interpelar executivos pelo telefone para questioná-los sobre negócios futuros. O chefe do Goldman, o lendário Gus Levy, costumava gritar com Rubin por fazer perguntas estúpidas, mas também achava que um dia ele iria dirigir a firma — o que parecia muito improvável para Rubin na época. Apesar de se dar bem na arbitragem, ele jamais imaginou que lhe ofereceriam sociedade, então procurou outro emprego e ficou surpreso, para dizer o mínimo, quando o Goldman fez dele sócio no primeiro dia do ano fiscal de 1971. Dentro de alguns anos, estava no comitê gestor.

A vida inteira ele carregou consigo um bloco amarelo tamanho ofício, onde escrevia anotações e números, analisava a probabilidade de diferentes resultados, calculava riscos e valor esperado. Descobriu que se interessava por *trading* como um exercício de pensar em probabilidades. Pensar dessa forma significava levar em conta contingências, mesmo as mais remotas. O estresse e o fluxo da arbitragem deixavam muitos com os nervos à flor da pele e cegos pelo medo ou pela ganância, mas ele sempre foi capaz de tirar de letra a pressão dos negócios de alto risco. Era uma pessoa razoavelmente comercial, mas não achava que seu objetivo fosse ganhar dinheiro — havia aprendido que as pessoas encontravam a realização apenas dentro de si —, e sua identidade não dependia do trabalho. Isso o deixava livre para pensar com mais clareza sobre o risco.

Assumiu uma visão de longo prazo, levando em conta que o resultado de um negócio não teria importância daqui a cem anos e que, embora gostasse de sua participação no establishment, sempre podia partir para uma existência diferente — sentar num café da Rive Gauche, ler *Trópico de Câncer* e conversar sobre o significado da vida, ou pescar com anzol em Spruce Creek ou na Terra do Fogo. Sua crença central era de que nada podia ser provado com certeza, então se dava bem no mundo incerto dos mercados. (Era também um jogador razoável de pôquer.) Esse distanciamento filosófico fez dele um árbitro surpreendentemente bem-sucedido.

Naqueles anos, o Goldman Sachs era um lugar muito diferente do que viria a ser — muito menor e mais tranquilo, uma sociedade privada pequena e dominada pela atividade de banco de investimento, não *trading*, e os sócios seniores gastavam seu tempo atendendo às necessidades dos clientes. Na década de 1970, com calma e racionalidade, Rubin levou o Goldman a entrar em derivativos de balcão — negociação de opções — e commodities, que cresceram de forma exponencial e se mostraram extremamente rentáveis. Em 1981, ele fazia parte de um pequeno grupo que convenceu a firma a fazer sua primeira grande aquisição — J. Aron, uma negociadora de commodities. Quando a nova divisão teve problemas, ele a fez superá-los assumindo mais riscos, o que considerava muito interessante. (Mais da metade do pessoal da Aron teve de ser demitido, numa operação delicada.) Dali, subiu para o topo da enorme divisão de renda fixa do Goldman Sachs, onde ele e seu sócio, Steve Friedman, tiveram de estancar grandes perdas de posições ilíquidas. Para levantar mais dinheiro, eles queriam abrir o capital do Goldman, seguindo as outras grandes firmas de Wall Street, mas os sócios mais jovens, com participações menores, não concordaram. Com Friedman, Rubin tornou-se vice-presidente da firma em 1987, e em 1990 alcançou o topo. Para a própria surpresa, chegou lá mantendo a modéstia de sua ambição e a calma de sua ousadia.

Rubin estava no centro em termos políticos, olhando em ambas as direções, mas era democrata porque estava preocupado com a situação dos pobres. Também se preocupava com os déficits crescentes da era Reagan. Queria se envolver na política — poucas coisas lhe eram mais atraentes do que a ideia de ver o mundo de dentro da Casa Branca —, então começou a levantar dinheiro para o Partido Democrata. Em 1982, seu amigo Bob Strauss pediu-lhe para presidir uma arrecadação de fundos para candidatos ao Congresso. Rubin não tinha certeza de que seria capaz de levantar dinheiro suficiente — naquela época, não havia muitos democratas na área das finanças —, mas o jantar arrecadou mais de 1 milhão de dólares. Líderes do partido começaram a solicitar seu apoio para conseguir dinheiro de Wall Street, e ele levantou quase 4 milhões de dólares para Walter Mondale em 1984, e a mesma quantia para Michael Dukakis, em 1988.

À medida que envelhecia e ficava grisalho, seus cabelos, repartidos do lado esquerdo, ainda cresciam grossos no alto, mas seus olhos de pálpebras caídas e bolsas ao redor ficavam mais tristes e mais céticos. Conforme Wall Street se tornava uma jamanta cada vez maior e mais volátil, ele permanecia firme e magro como um cão de corrida. Enquanto os serviços financeiros eram desregulados, ele permanecia bem regulado. Evitava os holofotes, enquanto seus pares compravam a quinta casa e uma segunda esposa e apareciam periodicamente nas colunas sociais. Depois de passar metade da vida no Goldman Sachs, valia mais de 100 milhões de dólares e morava numa cobertura da Park Avenue, mas ainda usava ternos simples e amarrotados para ir ao escritório, caminhava pelo bairro vestido com uma calça velha de brim cáqui e sempre arranjava tempo para ler e pescar. Os colegas o ouviam dizer "é apenas a minha opinião" uma dúzia de vezes por dia. Tinha o cuidado de contrabalançar sua ambição com humildade, suas jogadas de risco com expressões de preocupação.

Em 1992, quando Bill Clinton foi eleito presidente, Rubin não acreditava que lhe ofereceriam um cargo no novo governo, mas se tornou o primeiro diretor do recém-criado Conselho Econômico Nacional. Ele não tinha ideia de como funcionava a Casa Branca — nem sequer sabia o que era um "memorando de decisão" —, mas levou seu bloco amarelo, mudou-se para o Jefferson Hotel e pediu o conselho de veteranos de Washington como Brent Scowcroft e Jody Powell. Em reuniões no Salão Oval ou na Sala Roosevelt, não fez questão de ficar o mais próximo possível do presidente; gostava de ficar longe da cabeceira da mesa, observar as pessoas presentes na sala, e falar a uma ligeira distância. A discrição funcionou tão bem para ele em Washington quanto havia funcionado em Wall Street. "Você vai ser a pessoa mais forte na Casa Branca", o presidente lhe disse uma vez, o que Rubin achou ridículo. Ele esperava apenas ser relevante.

Da outra extremidade da mesa, Rubin disse a Clinton que seria preciso sacrificar suas promessas de campanha sobre educação, formação profissional e cortes de impostos da classe média e, em vez disso, firmar a credibilidade na redução do déficit (corte de gastos e aumento de impostos sobre os 1,2% mais ricos), a fim de tranquilizar o mercado acionário. Se o déficit permanecesse nos níveis de Reagan-Bush, as taxas de juros subiriam, e se as taxas de juros subissem, o crescimento econômico ficaria engessado. (Não se tratava apenas da visão de Wall Street, eram princípios de Rubinomia.) Clinton, apesar de reclamar que estava sendo transformado em um Eisenhower republicano, concordou. Tampouco disse não quando Rubin o aconselhou (e não por solidariedade de classe, mas por medo de minar a confiança do mundo dos negócios no presidente) contra o uso de termos carregados de polarização de classe como "os ricos" e "bem-estar corporativo". Até mesmo "responsabilidade corporativa" era demais. Quando o secretário do Trabalho Robert Reich defendia políticas e linguagem mais populistas, Rubin dizia, com calma, sem levantar a voz: "Olha, eu passei a maior parte da minha vida em Wall Street. Vá por mim, você está apenas pedindo para arrumar encrenca". Na Casa Branca de Clinton, a maior parte de uma vida em Wall Street superava qualquer outra experiência, porque o mercado de títulos era a realidade, e todo o resto era um grupo de interesse.

Rubin estava dando o seu melhor aconselhamento econômico, sempre desinteressado e indo ao fundamento da questão. (Se calhava de ser a mesma opinião de Wall Street, bem, a economia era agora dominada pelo setor financeiro, e qualquer presidente democrata seria destruído se perdesse sua confiança, especialmente depois que o partido começou a levantar a maior parte de seu dinheiro por lá.) Então Clinton, eleito como um populista de classe média, governou como um centrista pró-business, e Rubin, depois de passar para o Departamento do Tesouro em 1995, tornou-se um de seus secretários mais admirados ao desarmar crises financeiras no México, na Ásia e na Rússia, reduzir o déficit a zero e orientar o país durante o período mais longo de crescimento econômico de sua história.

Em 1998, a presidente da Comissão Reguladora de Operações a Futuro com Commodities, uma mulher chamada Brooksley Born, lançou a ideia de regular o enorme e obscuro mercado de balcão de derivados, aquele em que Rubin fizera o Goldman Sachs entrar vinte anos antes. Durante uma reunião de uma hora no Tesouro, Rubin ficou irritado de uma forma que seus colegas nunca tinham visto antes (achava que Brooksley Born vociferava demais e não cedia em nada) e sugeriu que ela mantivesse distância dos derivativos — ela deveria dar ouvidos aos advogados dos bancos, e não aos advogados do governo em sua agência. Ele juntou-se a seu adjunto Larry Summers e a Alan Greenspan, o presidente do Fed — chamados de "Comitê para Salvar o Mundo" na capa da *Time* —, e convenceu o Congresso republicano a barrar Brooksley Born. (Não que Rubin não estivesse preocupado com derivativos. Na verdade, ele sempre se preocupara com o tamanho da carteira de derivativos do Goldman, embora concordasse com relutância toda vez que os *traders* queriam aumentá-la. E continuou a se preocupar com os riscos dos derivativos ao assumir a Secretaria do Tesouro, com o fato de que poderiam enredar as instituições financeiras e ampliar os excessos no mercado. Ele não tinha nenhuma objeção por princípio que os derivativos fossem regulamentados — mas não por Brooksley Born —, embora nunca tenha feito nada a respeito por causa da oposição que teria de enfrentar de Wall Street e do resto do Comitê para Salvar o Mundo.) Em 2000, o Congresso aprovou e Clinton sancionou uma lei — a última que assinou antes de deixar o cargo — que impedia que os derivativos fossem regulamentados por alguma agência. (Quando a Lei de Modernização de Operações a Futuro com Commodities foi sancionada, Rubin não estava mais no governo, então não poderia ser responsabilizado por eventuais efeitos negativos que ela pudesse ter, como ele salientaria anos depois.)

O mesmo aconteceu com a Lei Gramm-Leach-Bliley, aprovada pelo Congresso e sancionada por Clinton em 1999, que revogou a Lei Glass-Steagall de 1933 e permitiu que bancos comerciais e de investimento se abrigassem sob o mesmo teto. (Sim, Rubin apoiou ativamente a revogação da Glass-Steagall, em especial porque a parede entre os bancos comerciais e de investimento já estava em escombros, um fato consumado que o secretário do Tesouro mais admirado desde Alexander Hamilton foi impotente para corrigir.)

Em 1999, Rubin voltou para Nova York. Pegou o bloco amarelo e começou a pôr no papel perguntas sobre o que faria, tomando notas em conversas com pessoas como Henry Kissinger e Warren Buffett. Queria continuar envolvido com política pública, mas não via nenhuma razão para se tornar um monge em termos financeiros, embora não se interessasse por assumir as responsabilidades de um CEO. Em outras palavras, queria ser um homem sábio, como Douglas Dillon ou Averell Harriman em outra época, o tipo de figura que se movia facilmente entre Wall Street e Washington, servindo aos interesses dos acionistas e também do povo americano. (Na verdade, trabalhar em Wall Street o manteria atualizado sobre as questões financeiras para que pudesse continuar a ser útil aos formuladores de políticas públicas e dar o seu habitual aconselhamento desinteressado com base nos méritos.)

Todas as firmas de Nova York queriam o nome valioso de Rubin, mas Sandy Weill, do Citigroup, o perseguiu implacavelmente com a oferta certa: Rubin ficaria no topo do império do banco como presidente do comitê executivo, o *consigliere* interno, moldando decisões estratégicas, mas sem nenhuma responsabilidade pelas operações cotidianas. Para isso, lhe pagariam 15 milhões de dólares por ano em salários e bônus garantido, além de opções de ações (ele era uma pessoa razoavelmente comercial), e poderia usar os jatos do Citigroup para viagens de pesca e outras expedições. (O Citigroup, a maior empresa do mundo de serviços financeiros, fora criada um ano antes com a fusão do Citicorp e do Travelers, um negócio que não teria sobrevivido durante a vigência da Glass-Steagall, mas essa lei não existia mais, ainda que Rubin não tivesse envolvimento direto com sua revogação e ninguém pudesse acusá-lo de ser recompensado regiamente pelo Citigroup, embora os críticos tenham feito isso.)

Rubin pescava, lia, aconselhava senadores, conversava com líderes estrangeiros e escrevia sua autobiografia, enquanto dirigia as reuniões do comitê executivo do Citigroup. Era um homem sábio, seu cabelo continuava grosso e seu corpo magro. Ele tinha ramificações em todos os setores do establishment, entrou para os conselhos dirigentes da Ford e de Harvard e para o Conselho de Relações Exteriores, tornou-se uma figura importante na Brookings Institution, promoveu as carreiras de seus muitos discípulos nos negócios e no governo. Advertiu contra a irresponsabilidade fiscal e os investimentos de curto prazo. Desfrutou da maior expansão econômica da história dos Estados Unidos, mesmo quando ela se desvanecia.

No fim descobriu-se que a Rubinomia não fizera muita diferença. Os anos de 1993 a 1999 apenas retardaram tendências que estavam em andamento havia uma geração. Entre o final dos anos 1970 e 2007, período em que Rubin ocupou cargos na administração do Goldman Sachs, na Casa Branca, no Departamento do Tesouro e no Citigroup, o setor financeiro cresceu espetacularmente, e as regras e normas que o mantinham sob controle entraram em colapso. As empresas financeiras dobraram sua participação nos lucros corporativos nos Estados Unidos e os salários do setor dobraram em comparação com os ganhos nacionais. O 1% mais rico da população mais do que triplicou sua participação na renda nacional, enquanto a renda das pessoas na posição intermediária da pirâmide aumentou apenas 20%, e a renda dos que estavam na base permaneceu achatada. Em 2007, esse 1% detinha 40% da riqueza da nação e os quatro quintos da parte inferior, somente 7%. O período em que Rubin esteve no topo de Wall Street e Washington foi a era da desigualdade — uma desigualdade hereditária muito maior do que o país havia visto desde o século XIX.

Na qualidade de homem sábio residente, ele instou o Citigroup, como já havia feito com o Goldman Sachs, a assumir mais riscos com seu balanço enorme. Também aconselhou que os riscos precisavam ser cuidadosamente geridos. Depois disso, não prestou muita atenção quando, entre 2003 e 2005, o Citigroup triplicou sua emissão de obrigações de dívida colateralizada (CDO) e títulos lastreados em hipotecas recheadas de empréstimos podres de lugares como Tampa, onde pessoas cuja renda estava estagnada fazia anos tinham suas casas como única riqueza e as usavam como máquinas de dinheiro. No final de 2007, o banco já tinha 43 bilhões de dólares em sua carteira de CDOs.

A maior parte revelou-se sem valor e, em 2008, quando a crise financeira chegou, o Citigroup se tornou praticamente uma divisão estatal. Seus prejuízos atingiram os 65 bilhões, foram necessárias duas grandes operações de salvamento e foi o único banco que o governo americano pensou seriamente em estatizar.

Rubin passou sua carreira tentando harmonizar seus interesses e os de Wall Street com os dos Estados Unidos, e quando isso se tornou impossível, em 2008, ele desapareceu. Recusou quase todos os pedidos de entrevista e, nas poucas ocasiões em que falou publicamente, eximiu-se de qualquer culpa. "Não me sinto responsável, à luz dos fatos tal como os conhecia em minha função", disse ele. "Está claro que havia coisas erradas. Mas não sei de ninguém que tenha previsto uma tempestade perfeita." Até mesmo Alan Greenspan admitiu que havia errado, porém o orgulho que sempre havia sido mascarado pela humildade não permitiria que Rubin fizesse isso.

Em janeiro de 2009, depois de ganhar 126 milhões dólares por sua década de aconselhamento, dobrando seu patrimônio líquido, Rubin renunciou ao cargo no Citigroup. Em abril de 2010, foi chamado para depor perante a Comissão de Inquérito sobre a Crise Financeira, em Washington. Entre os membros da comissão estava Brooksley Born e, quando ela perguntou a Rubin sobre regulamentação de derivativos, Rubin apressou-se em concordar com cada palavra. Ele não parecia nada calmo e firme. Sentado com seu terno amarrotado no banco de testemunha, parecia ansioso e tinha os olhos vermelhos, como se não tivesse dormido bem. Ele explicou para a comissão: "O comitê executivo do conselho, do qual você acabou de dizer que eu era presidente, era um órgão administrativo. Ele não tomava decisões. O que fazia era reunir-se entre as reuniões do conselho. Essas reuniões eram muito infrequentes. E não eram parte substancial do processo de tomada de decisão da instituição".

"Não vejo como você pode estar em duas posições ao mesmo tempo", rebateu Philip Angelides, o presidente da comissão. "Ou estava puxando as alavancas ou dormindo no ponto."

Rubin disse que, como membro do conselho, não podia ter conhecimento de todas as posições detidas pelo maior banco do mundo.

"Você não era um membro qualquer do conselho", Angelides retrucou. "Para a maioria das pessoas, ser presidente do comitê executivo do conselho de administração implica liderança. Sem dúvida, 15 milhões de dólares por ano garantidos sugerem liderança e responsabilidade."

Rubin mencionou que havia recusado um bônus em 2007 (não por qualquer sentimento de culpa, mas desinteressadamente, para que o banco pudesse usar o dinheiro para outros fins).

Angelides disse: "No final, você será o único que pode fazer uma avaliação de sua responsabilidade".

Quando a audiência de três horas terminou, Robert Rubin saiu às pressas da sala.

Jeff Connaughton

Connaughton não percebeu a bolha. Em 2007, vendeu seu apartamento no México pelo triplo do preço que havia pagado. Com isso, e a grande quantia que recebeu da venda da empresa, começou a procurar outra propriedade de férias e outro apartamento para revender depois. Ouvia falar muito de um trecho à beira-mar na Costa Rica chamado Mal País, um paraíso de surfe com algumas das melhores praias do mundo. Gisele Bündchen, a top model brasileira, construíra uma casa lá, e o lugar estava se tornando um santuário de férias fora do mapa para as estrelas de Hollywood. Os preços estavam subindo às nuvens. Ele foi até a Costa Rica naquele verão e viu dois lotes adjacentes espetaculares, em uma encosta que dava para o Pacífico. Decidiu comprar os dois, pensando em construir uma casa em um deles, vendê-la e, com o lucro, fazer uma casa para si mesmo no outro lote.

Um dos clientes de Connaughton na Quinn Gillespie era a Genworth Financial, uma seguradora privada de hipotecas. O pessoal de lá começou a lhe contar sobre uma epidemia de execuções hipotecárias em todo o país e o avisou para não comprar imóveis até 2009, no mínimo. Biden era candidato a presidente de novo: Connaughton entrou para a campanha e viajou a Des Moines, onde um vereador lhe disse que um dos três principais problemas em Iowa era a execução de hipotecas. Connaughton retransmitiu a mensagem para um membro da equipe de Biden: a crescente crise da habitação deveria ser um foco da campanha. (Nos anos 1970, quando Biden ainda era um senador novato, Hubert Humphrey o aconselhou: "Você precisa escolher um tema que se torne seu. Deveria tornar-se o sr. Habitação. Habitação é o futuro".) A ideia não deu em nada. Os candidatos não estavam falando sobre execuções hipotecárias.

Connaughton também ignorou as advertências. No outono de 2007, no auge dos preços, comprou os lotes na Costa Rica por quase 1 milhão de dólares. Ele sabia que a terra estava sobrevalorizada, mas esperava que ficasse mais ainda. Quando o preço das tulipas holandesas está dobrando a cada mês e você acha que pode entrar no negócio antes que o preço quadruplique, isso é um comportamento racional ou irracional? "Era ganância", explicou ele.

Durante quinze anos, Connaughton levantara mais dinheiro para Biden do que qualquer outro em Washington, e entrou para a segunda campanha presidencial do senador como tesoureiro de seu comitê de ação política, batizado de Unir Nossos Estados. O esforço estava condenado desde o início. Na prática, Biden repetia seu velho discurso, que era essencialmente seu currículo — excelente em uma parada, desarticulado na seguinte. E ele ainda detestava o jogo das doações. Certa vez, quando um jovem funcionário entrou em seu carro segurando uma lista de nomes e anunciou que "está na hora de fazer alguns telefonemas de angariação de fundos", Biden reagiu: "Cai fora da porra do carro". Ele acreditava que um desempenho forte em debates lhe renderia mais dinheiro do que telefonemas pessoais. O político que havia convertido Connaughton à sua causa trinta anos antes com um discurso em Tuscaloosa era uma presença sempre poderosa no palco, mesmo ao lado de seus rivais mais populares, Hillary Clinton, John Edwards e Barack Obama. Mas não aparecia nas pesquisas.

Connaughton passou o mês de dezembro em Iowa. A cada dois anos, os membros da classe permanente de Washington migravam para vários pontos da "verdadeira América", onde viviam as "pessoas reais", e faziam campanha para sua equipe. Eles montavam suas redes dessa maneira e voltavam a entrar em contato com o que significava ser membro de um partido. Em 2000, Connaughton segurava um cartaz de Gore num cruzamento em Wassau, no Wisconsin, às seis da manhã: todos os motoristas negros e metade das mulheres faziam um sinal de positivo com o polegar, os homens brancos lançavam olhares de ódio e um motorista de ônibus escolar cheio de crianças dentro lhe fez um gesto obsceno. Em 2004, passou três semanas batendo de porta em porta em Dakota do Sul em campanha para Tom Daschle, o líder da minoria no Senado — dez horas por dia, num trabalho exaustivo. A pobreza o chocou: muitos trailers de Rapid City tinham o piso furado, que expunha a terra mais abaixo. As melhores casas móveis estavam votando nos republicanos: "Daschle se vendeu para Washington". Ele encontrou mulheres luteranas que consideravam hipócrita a posição do senador sobre o aborto — uma coisa em Dakota do Sul, outra em Washington — e eram tão entusiasmadas que chegaram mais perto de convertê-lo do que ele a elas. O aborto era uma das poucas questões que podiam detonar um político em suas bases; ninguém sabia ou queria saber como um senador votou na Lei de Reforma do Litígio no Mercado de Capitais Privados.

Perto da reserva de Pine Ridge, uma americana nativa disse a Connaughton: "Vocês só se preocupam conosco uma vez a cada quatro anos". Aquilo o atingiu em cheio, porque ele sabia que era verdade: a situação de pessoas como ela o comovia a cada ciclo de eleição presidencial, e depois ele as esquecia. Tentou organizar uma doação de computadores para centros comunitários nas áreas pobres, mas ninguém na campanha de Daschle deu seguimento. Ali, no centro do país, não havia nenhuma energia, nada do espírito empreendedor das costas e das grandes cidades; era como se todas as moléculas tivessem parado. À noite, desabava no quarto do hotel, onde o bar estava lotado de lobistas de Washington temporariamente instalados em Dakota do Sul, pelo mesmo motivo. Em novembro daquele ano, Daschle perdeu a eleição.

Durante a campanha de 2007, Connaughton começou a se encontrar com mais frequência com Biden. Certa vez, antes de um evento de arrecadação de fundos, eles estavam sozinhos — Connaughton com seu sorriso habitual, dizendo como era bom ver o senador e lhe informando secamente sobre o grupo que estava prestes a enfrentar. De repente, Biden lançou um olhar interrogativo para Connaughton, como se perguntasse: "Por que você é assim comigo? Por que não somos amigos?". E chegou mesmo a começar a dizer alguma coisa. "Por que você é, por que não podemos...?" Connaughton deixou as palavras de Biden suspensas no ar. Em três segundos, os anfitriões entrariam e, mais de vinte anos depois de ouvir um "diga logo o que você quer", não havia muito a falar, e era provavelmente tarde demais.

A campanha de Biden era um exercício de autoengano coletivo. Ted Kaufman, um antigo assessor de Biden, disse a Connaughton: "Numa campanha presidencial, ou você finge, ou você está morto". No dia 3 de janeiro de 2008, Connaughton monitorou o voto da eleição primária de Iowa em uma escola perto de Waterloo. Cerca de oitenta pessoas apoiaram Barack Obama, sessenta votaram em Hillary Clinton e seis em Joe Biden. Ele terminou em quinto lugar no estado, com 0,9%, e abandonou a disputa naquela noite. Foi solicitada à equipe uma lista das pessoas que mais ajudaram em sua campanha. Connaughton ficou em terceiro lugar.

Ele vinha fingindo havia muito tempo, e o que sentiu foi um enorme alívio. Fechou um balanço imaginário de três décadas de sua vida. Biden, nunca mais.

Naquele mesmo mês, Connaughton foi à Costa Rica e saiu para jantar com seu arquiteto e um construtor americano. O construtor tinha acabado de chegar de reuniões das comissões de empréstimo do Lehman Brothers e do Merrill Lynch em Nova York. "Ambas as instituições estão tecnicamente insolventes", informou ele.

"O quê? Não acredito", reagiu Connaughton.

O construtor explicou que os bancos estavam com ativos cujo valor atual era inferior aos passivos. Connaughton ainda resistiu. Se aquilo fosse verdade, tudo o que aprendera na escola de administração e negócios sobre mercados eficientes, tudo o que aprendera na faculdade de direito sobre os padrões de divulgação dos bancos, sobre o dever profissional dos advogados e contadores que contratavam para revelar informações relevantes e proteger os investidores, tudo isso era enrolação. Ele acreditava nessas instituições — precisava acreditar.

"Eu prevejo que vamos para uma recessão de três anos", continuou o construtor. Connaughton continuou a discutir. Muito depois, desejou que o homem o tivesse agarrado pelo casaco e gritado: "Eu sei que você acabou de me conhecer, mas pense bem sobre isso: ambos os bancos estão tecnicamente insolventes. Acredite em mim, você precisa agir! Venda tudo o que possui, antes que seja tarde demais!".

Quando voltou para Washington, Connaughton pegou um livro que acabara de sair intitulado *The Trillion Dollar Meltdown* [O colapso de 1 trilhão de dólares], de um ex-banqueiro chamado Charles R. Morris. Ele argumentava que bancos superalavancados e consumidores endividados com pagamentos de hipotecas exorbitantes estavam criando uma bolha de crédito que em breve estouraria e provocaria uma calamidade financeira global. Connaughton leu o livro e largou-o num canto.

Em março, o Bear Stearns faliu. Connaughton estava de olho em suas ações; a maior parte de sua riqueza estava em uma carteira globalmente diversificada. Os mercados estavam caindo, mas não despencando. Ele esperava, no máximo, uma correção de 10%. Nunca foi fácil acertar o momento certo para sair e voltar. Ele ficou onde estava, enquanto o Dow caía para 10 mil.

Em setembro, o Lehman Brothers faliu e o resto de Wall Street estava prestes a perecer também. O colapso de Charles R. Morris — posteriormente alterado para 2 trilhões de dólares — aconteceu mais rápido do que se poderia ter imaginado. Em poucos meses, a carteira de ações de Connaughton e a propriedade na Costa Rica perderam quase a metade de seu valor.

Mas, durante esses mesmos meses, suas ações políticas atingiram o pico. Em 4 de novembro, Joe Biden foi eleito vice-presidente dos Estados Unidos. No final do ano, Connaughton estava voltando para o governo.

Tammy Thomas

No início de 2008, pouco mais de um ano depois de Tammy perder o emprego na fábrica, um homem chamado Kirk Noden pediu para tomar um café com ela. Noden era um organizador comunitário profissional. Ele crescera não muito longe de Youngstown, fora para a Universidade Estadual de Kent e trabalhara na mobilização de bairros em Chicago e Birmingham, na Inglaterra. Quando voltou do exterior, em 2006, foi para Youngstown e tentou fazer o que fizera em outros lugares, seguindo o modelo de Saul Alinsky de organização comunitária: reunir as tropas, marchar até a prefeitura ou o escritório do empreiteiro local e pressionar a fim de obter recursos para o bairro. Essa abordagem vinha de uma época anterior, os meados do século xx, quando o poder estava mais consolidado e centralizado nas cidades. Depois de um ano de tentativas, Noden percebeu que o modelo era irrelevante em Youngstown. Não havia recursos para ser liberados. A base fiscal entrara em colapso. O prefeito tinha pouquíssimo poder. A indústria era um fantasma do que havia sido. Os centros de poder estavam em outros lugares e, em alguns aspectos, espalhados pelo mundo. Youngstown estava tão deteriorada, muito mais do que ele imaginara, que forçou Noden a mudar sua maneira de pensar.

Ele consultou a Fundação Wean — dinheiro antigo do aço de Warren —, que, ao contrário de outras elites e instituições, havia avançado além da ilusão nostálgica e estava desenvolvendo ideias radicais para a ressuscitação do vale. No verão de 2007, Noden e a Wean decidiram iniciar uma nova organização comunitária, o Colaborativo Organizador do Vale do Mahoning (na sigla em inglês, MVOC), que viria a ser a base de um esforço estadual para combater as causas do declínio — a perda de empregos, as desigualdades alicerçadas em classe e raça —, bem como seus efeitos. As grandes instituições de Youngstown não eram confiáveis, porque tinham fracassado: indústria, sindicatos, bancos, igrejas, todos os níveis de governo. A única maneira de produzir mudanças no vale era agindo de quarteirão em quarteirão.

Noden começou a procurar organizadores para contratar antes do lançamento oficial, no primeiro semestre de 2008. Joel Ratner, presidente da Wean, falou para Noden de uma mulher que havia conhecido graças ao trabalho no Exército da Salvação, onde dirigia oficinas para mães solteiras em um estágio financiado pela fundação, ao mesmo tempo que fazia bacharelado em sociologia na Universidade Estadual de Youngstown. "Você precisa conhecê-la", disse Ratner. "Ela pode ser uma mina de ouro."

Noden entrou em contato, e ele e Tammy combinaram de se encontrar numa tarde de abril, no restaurante Bob Evans, perto da casa dela.

A primeira coisa que Tammy notou enquanto Noden tomava seu café foi que aquele sujeito branco parecia um garoto de treze anos de idade (estava na casa dos trinta). Quando ele mencionou a possibilidade de um emprego numa nova organização, ela reagiu com ceticismo. Faltava um ano para terminar a faculdade, vinha tendo dificuldades nas aulas e, para ser sincera, já estava um pouco desiludida com o mundo dos serviços sociais. Havia muitas brigas internas, e parecia que o objetivo era manter a própria existência, em vez de servir às pessoas.

Noden explicou o que significaria ser uma organizadora comunitária: ela iria ensinar outras pessoas a exigir a responsabilização de quem está no poder. Era uma coisa que Tammy nunca tinha imaginado fazer. "Como assim?", perguntou ela. "Este é o tipo de lugar em que o deputado vai para a cadeia, o xerife vai para a cadeia. Você quer exigir que prestem contas?" E então ela pensou um pouco e acrescentou: "Alguém precisa fazer isso".

Noden perguntou sobre a infância dela, o bairro em que crescera, se lembrava das usinas, como era trabalhar na fábrica enquanto criava três filhos. Ela não estava acostumada a falar sobre si mesma dessa maneira, mas se esforçou para responder às perguntas, contando que seu bairro era seguro por causa da máfia, mas que isso mudou com as gangues de rua e o crack, embora imaginasse que ele já soubesse algumas das respostas.

E o que a deixava com raiva?

Bem, as pessoas gostavam de dizer que a zona leste parecia Beirute, e ela rebatia no ato: "Como assim? Esse é o lugar de onde venho". E ela contou: "Fico emputecida porque tenho de criar meus filhos, dar educação a eles e mandá-los embora porque não há oportunidades aqui". Sua filha mais velha estava em Orlando, seu filho estava pensando em se mudar para a Carolina do Norte e a mais nova queria ir morar com a irmã. Depois da demissão voluntária da Delphi, as meninas tentaram fazer com que a mãe mudasse para a Flórida. "Vou ter de pegar um avião para ver meus filhos. Não deveria ser assim. Eles deveriam poder crescer e comprar uma casa aqui na comunidade. Minha avó trabalhou tanto, e no fim o meu bairro ficou como está. Ela cozinhava e fazia limpeza num monte de casas, e agora elas estão indo ladeira abaixo. Lembro de quando eu era pequena e minha avó me levava ao centro para fazer compras."

Ela nunca havia pensado sobre quem era realmente responsável. Ou que poderia pressioná-los e responsabilizá-los. Estava ficando com raiva para valer. Sendo assim, ele podia contar com ela. Ele estava lhe oferecendo uma maneira diferente de ajudar as pessoas. Noden falou sobre Chicago e contou histórias sobre as campanhas de lá, com pessoas seriamente dispostas a juntar forças e exigir mudanças, fazendo uma conexão com o movimento dos direitos civis. Ela achou que tudo aquilo parecia excitante.

Eles ficaram conversando por um longo tempo e, enquanto ela falava sobre si mesma, Noden observava e viu algo que descreveria para ela mais tarde, uma coisa que ela mesma não conseguia ver: uma espécie de força bruta que vinha de sua paixão pela zona leste e como ela tinha sido esquecida. Ele viu nisso o despertador que a faria levantar todos os dias e encarar um trabalho que não seria fácil. Ela estava dando um salto corajoso, talvez entrasse e saísse rapidamente, mas era mais provável que permanecesse do que alguém que viesse para Youngstown de Columbus ou de fora do estado. Tammy conhecia a história da comunidade negra local porque aquela era a sua história. Ele a convidou para uma entrevista formal e ela aceitou.

A entrevista foi realizada na Igreja Unitária da Elm Street, perto da Universidade Estadual de Youngstown. Tammy nunca tinha ouvido falar daquele tipo de igreja. Desde o divórcio, estivera mergulhada em sua igreja de Akron. Ela perguntou ao primo que lhe dera carona sobre os unitários.

"Eles aceitam todas as religiões e todas as crenças", disse seu primo.

"Mas o que isso quer dizer?"

"Isso significa que você pode ser uma satanista e mesmo assim ser aceita na Igreja Unitária."

"Não brinca."

"Basta ter cuidado", disse o primo. "Estarei rezando por você."

No dia da entrevista, Noden a encontrou na porta da igreja e lhe disse para aguardar no santuário até que eles estivessem prontos. Naquela época, os cabelos de Tammy tinham longos dreads, ela havia engordado nos últimos anos e não conseguia deixar de pensar no quão negra pareceria para quem fosse entrevistá-la. Sentou-se e olhou em volta. Não havia nenhuma cruz. Alarmada, pensou: "Nunca estive numa igreja sem cruz". Para se acalmar — ainda por cima, aquela era sua primeira entrevista de emprego em vinte anos, e a última tinha sido para uma linha de montagem de autopeças —, pegou um hinário e folheou as páginas. Seus olhos recaíram em uma canção sobre o solstício de verão. Ela estava numa igreja de adoração do diabo!

Quando guardava o hinário, Noden voltou e a conduziu ao escritório, onde duas mulheres e um homem a esperavam. Tammy estava tão abalada que o instinto de se recompor a fez tomar conta da sala, ir de uma pessoa a outra e se apresentar: "Como vai? Estou ótima!". Quando Kirk pediu um exemplo de um momento em que teria enfrentado a autoridade por causa de uma injustiça, ela contou a história da garota na Packard que estava de quatro no chão esfregando o óleo, e pôde perceber que eles ficaram comovidos. Tammy tirou a entrevista de letra e os conquistou. No entanto, parte dela estava pensando que, se conseguisse o emprego, seus novos colegas se perguntariam por que as maçanetas estavam sempre oleosas desde que Tammy começara a trabalhar por lá, porque ela as ungiria todos os dias.

Ela foi uma das primeiras contratações. Poderia continuar na faculdade e ainda ter um trabalho apaixonante ganhando um salário razoável, com benefícios. Ela pensou: "Eu sabia que Deus abriria essas portas".

Noden passou aos novos organizadores suas ordens: sair e conversar com cada igreja, cada grupo de bairro e líder em potencial que encontrassem, recrutar 75 pessoas para comparecer a uma reunião, organizar algum tipo de ação, ou seriam demitidos. Noden supôs que Tammy trabalharia na zona leste, uma vez que a conhecia tão bem, mas ela se recusou, porque o problema era exatamente esse: ela conhecia gente demais por lá, familiares e amigos, sabia o que seus irmãos andavam fazendo, e haveria um conflito de interesses. Em vez disso, começou a mobilização pela zona norte, cuja maior parte já não se parecia com o lugar onde a avó ia trabalhar nas casas das pessoas brancas — estava começando a se parecer com o resto de Youngstown.

Um dia, Tammy estava sondando um bairro da zona norte a pé. Levava um bloco de notas em uma prancheta e ia de porta em porta, apresentando-se a quem conseguisse encontrar, tentando não se estender por mais de cinco minutos. "Como é o seu bairro? Há quanto tempo aquela casa ali está vazia? Por que você acha que não foi demolida? Acabei de falar com alguém ali adiante que se sente da mesma maneira que você. Há um monte de casas abandonadas na cidade e que precisam ser derrubadas, e eu vou lhe dizer, tem algumas coisas que realmente precisam mudar. Você iria a uma reunião? Porque não dá muito resultado apenas uma pessoa ligar para a prefeitura, mas se todos nós entrarmos na mesma sintonia… Sim, eu sou de Youngstown, nasci e cresci aqui, e vi como esta cidade mudou, e sabe o que mais? Estou num ponto em que não aguento mais, está na hora de parar. Se você vier a essa reunião com uns cinquenta ou sessenta de seus vizinhos, então vamos discutir isso. Posso pegar seu telefone?" O objetivo era recrutar pessoas do lugar e treiná-las para ser líderes, para que pudessem trazer os outros e, lentamente, os sem-poder ganhariam um senso de atuação e os sem-voz começariam a falar.

Ela dobrou uma esquina e ouviu duas mulheres conversando e rindo em uma varanda. A varanda estava coberta de cartazes e outros materiais de torcida dos Pittsburgh Steelers, e o gramado da frente tinha tantas bugigangas espalhadas que parecia estar havendo uma venda de garagem. As mulheres estavam numa ladainha que Tammy chamava de festa da autopiedade, e uma delas reclamava que não tinha como pagar seu seguro-saúde. Tammy aproveitou o tema para entrar na conversa. "O que você está dizendo sobre seguro-saúde?" Ela se apresentou e vendeu seu peixe. A mulher com o problema com o seguro era Hattie Wilkins, a dona da casa e torcedora dos Steelers. Tinha cinquenta e tantos anos, era baixa e atarracada, com longos dreads tingidos de dourado, uma voz rouca e potente e um jeito espalhafatoso. Acabaram por descobrir que Hattie era parente distante do padrasto de Tammy. Do ponto de vista dela, Tammy havia surgido ali do nada, como uma rachadura na calçada.

Tammy perguntou a Hattie se estaria disposta a ter uma conversa particular com ela e depois ser treinada pelo MVOC para ser uma líder comunitária.

"Eu já sou uma líder", disse Hattie. "Não preciso de nenhum treinamento." Durante vinte anos, tinha sido representante de seu sindicato numa fábrica de travesseiros da zona oeste. A empresa lhe pagou para sair, porque ela causava muitos problemas; por isso tinha de cobrir parte de seu plano de saúde. As três casas à esquerda da sua estavam desocupadas — ela mantinha a grama da vizinha cortada — e, logo adiante, havia dois terrenos vazios depois da demolição das casas que os ocupavam. Hattie transformara um dos lotes em um jardim florido, batizado de Marissa, em memória de sua neta, morta com um tiro no coração aos dezesseis anos, ao sair de uma festa. Hattie recolheu bulbos de tulipa e narciso e roseiras dos jardins de casas abandonadas, e jamais cortava nenhuma das flores, porque Marissa havia sido cortada como uma flor.

Sair do emprego custou a Hattie sua base de poder, as centenas de trabalhadores da fábrica de travesseiros. Agora, estava reduzida a apenas quatro ou cinco pessoas em sua vizinhança. No fim das contas, talvez não fosse uma líder, talvez precisasse do que Tammy estava oferecendo. Ela concordou com uma conversa em particular.

Não demorou muito para que Tammy se tornasse um modelo para Hattie. Tammy tinha talento — Noden havia notado de cara — para estabelecer laços profundos com seus líderes, inspirando-os com sua energia e determinação até ficarem dispostos a se jogar na frente de um ônibus por ela. Hattie adorava a maneira como Tammy falava, sua capacidade de chamar e manter a atenção das pessoas. Hattie estava fazendo cursos na faculdade, a fim de usar a gramática correta com as crianças do bairro para que elas aprendessem a falar como os apresentadores de televisão, em vez de usar a gíria do gueto. Ela disse a Tammy: "Quando eu crescer, quero falar como você".

O primeiro grande projeto da organização era mapear Youngstown, fazer um levantamento, quadra por quadra, de cada casa da cidade, descobrir quais estavam ocupadas, quais estavam vazias, quais haviam sido derrubadas ou precisavam ser demolidas. Os pesquisadores atribuíam uma nota para cada casa em sua área. Se Tammy tivesse feito o levantamento da zona leste, teria dado ao imóvel abandonado e saqueado do número 1319 da Charlotte um F. Na zona norte, não muito longe do parque onde ela e Vovó costumavam alimentar os cisnes durante o ano que passaram na mansão dos Purnell, ela pesquisou dois quarteirões que tinham treze casas abandonadas de um total de 24. Conversou com o carteiro sobre quais estavam ocupadas e, quando o inverno chegou, esperou por uma nevasca para ver se havia marcas de pneus nas entradas para carro.

Descobriram que 40% dos imóveis em Youngstown estavam vagos. Quase um quarto das casas vazias era de propriedade de pessoas de outros estados, como a Califórnia, e até mesmo de outros países, como a Áustria e a China, especuladores imobiliários apanhados pela queda do preço dos imóveis, compradores pela internet que não tinham se dado conta do estado lastimável de sua compra no Craigslist ou no pennyforeclosure.com. A queixa mais comum que Tammy ouviu em suas andanças era a desocupação e a consequente criminalidade que atraía. O MVOC compilou os resultados do levantamento em um mapa colorido da cidade, onde o verde indicava lotes vazios e o vermelho, as estruturas abandonadas. No mapa, a zona leste era enorme e verde, com manchas vermelhas espalhadas por toda parte.

Jay Williams, o prefeito negro de Youngstown, adotara a política de acelerar a demolição de construções abandonadas, mas elas eram muitas, e ninguém sabia onde estavam todas, pois o cargo de secretário de Planejamento Urbano também estava vago. O mapa colorido do MVOC tornou-se o único modelo funcional para a condição física da cidade. Em 2005, após reunir 1400 moradores no Auditório Stambaugh para falar sobre o futuro de Youngstown, a prefeitura produziu um documento ambicioso chamado Plano 2010. Foi o primeiro esforço racional para lidar com o declínio da cidade, com o fato de que ela havia encolhido. Youngstown parecia um homem que perdera muito peso numa doença, mas ainda usava suas roupas velhas e largas: grandes espaços abertos, sem número suficiente de pessoas e estruturas para preenchê-los. O desequilíbrio entre escala e número de habitantes fazia com que a cidade parecesse vazia, com exceção de algumas figuras solitárias que vagavam pelas ruas. A expressão "encolhimento das cidades" estava entrando em voga — era aplicada com frequência a Detroit — e, uma vez que o Plano 2010 discutia a necessidade de reduzir os serviços municipais para um nível realista, dada a população reduzida, Youngstown foi saudada como pioneira. Houve muita conversa sobre hortas comunitárias, miniparques, apicultura, aviários coletivos. Em 2005, a *New York Times Magazine* pôs o Plano 2010 em sua lista das melhores ideias do ano. Youngstown corria o risco de se tornar uma queridinha da mídia.

Ninguém de fora da cidade sabia que o plano nunca foi executado. Era polêmico demais, porque significava que algumas pessoas teriam de se mudar. Quem seriam essas pessoas? Proprietários negros mais velhos da zona leste, que haviam decidido não ir embora e se aferravam à sua história. Muitos deles acreditavam que as indústrias voltariam. Para onde seriam transferidos? Áreas brancas como a zona oeste. Tammy detestou a ideia quando ficou sabendo. Ela pensou imediatamente em pessoas que conhecia, como Arlette Gatewood, uma metalúrgica aposentada e ativista sindical, que ainda morava na zona leste, perto da linha férrea da Pensilvânia, numa área que estava se transformando em matagal. Ou Miss Sybil, sua amiga mais velha da zona leste. Ela pensou na casa que seu tio-avô construíra. A prefeitura não podia mais pagar pela coleta de lixo e pela distribuição de água em toda a área metropolitana. Ela entendia isso. "Mas, ao mesmo tempo, por que a sra. Jones iria querer sair da casa pela qual pagou, onde criou seus filhos, e ir para outro lugar?"

Em vez do Plano 2010, Tammy estava voltada para os pequenos passos que seus líderes, o pessoal de bairro que estava treinando, poderiam dar. Ela organizou um evento em que um grande proprietário chamado Mark King foi questionado por comprar trezentas casas em toda a cidade durante a bolha imobiliária e permitir que 20% delas se tornassem inabitáveis. O fato foi coberto pela mídia local, e no dia seguinte King apareceu no escritório central da organização perguntando o que tinha de fazer para parar de ser acusado pela imprensa. Tammy recrutou Miss Sybil para discursar no evento, dizendo-lhe que a zona leste precisava ter uma voz, e foi assim que ela se tornou vice-presidente do MVOC. Sybil disse a Tammy que as pessoas da zona leste estavam começando a organizar grupos de bairro, sentindo alguns lampejos de esperança. "Se alguém vem e joga uma corda", disse ela, "as pessoas agarram."

O trabalho fez com que Tammy visse Youngstown com outros olhos, como se, ao andar pelas ruas, bater nas portas e mapear bairros, ela conseguisse, pela primeira vez, ter uma visão mais ampla do lugar onde viveu toda a sua vida e contemplá-lo em sua totalidade. Ela sempre punha a culpa nos indivíduos por não ajudarem a si mesmos. "Uma das coisas que me frustrava era quando via uma pessoa que não tem nada, não está tentando conseguir nada, e não quer nada. Uma pessoa desmotivada que não quer melhorar." Havia muito disso em Youngstown, mas agora ela via esse fato como um problema da comunidade. Pobreza geracional, escolas fracassadas, perda de postos de trabalho: "Em grande parte, não é que eles não queiram. É porque o sistema é projetado de certa maneira, ele se alimenta das pessoas um pouco e bagunça a cabeça delas. As pessoas ficam presas nele e não sabem como enfrentá-lo". Em sua própria vida, ela o tinha enfrentado, mas nunca pensara sobre política — municipal, estadual, federal.

Tammy talvez tenha sido a última pessoa negra de Youngstown a ouvir falar de Barack Obama. Ela estava tão envolvida com os filhos, o trabalho, as aulas, a igreja, que nunca acompanhava as notícias, só ficou sabendo da existência de um candidato negro sério à presidência — que coincidentemente havia sido um organizador comunitário — no início de 2008. Quando completara dezoito anos, Vovó lhe dissera que se inscrevesse para votar, que se registrasse como democrata e votasse nos democratas. Então foi o que ela sempre fez, sem prestar atenção nos candidatos. Sabia mais sobre as disputas para prefeito do que para presidente. Na Packard, conversavam um pouco sobre política e, em 2004, ela não conseguiu entender por que tantos trabalhadores de lá — especialmente as mulheres brancas —, gente simples da classe trabalhadora como ela, estavam votando em Bush por causa de suas crenças religiosas. Mas, em geral, ela pensava na política como um negócio sujo. Youngstown era uma das cidades mais corruptas dos Estados Unidos — um juiz foi para a cadeia, o delegado foi preso, e o deputado federal da cidade durante a maior parte de sua vida adulta foi James Traficant, um mafioso que continuou popular em Youngstown mesmo depois de ser expulso do Congresso e ir para a prisão por suborno e extorsão, porque a cidade era populista e anti-institucional, e Traficant fez uma carreira brilhante dizendo aos poderosos que fossem à merda.

Sua amiga Karen, da Packard, foi quem a fez se interessar por Obama. Tammy não achava que o país estivesse pronto para isso; achava que Hillary Clinton seria a candidata, porque aceitariam uma mulher branca antes de um homem negro. Mas ela foi com Karen ouvir Obama falar na Universidade Estadual de Youngstown, em fevereiro, e ficou tão impressionada que foi para casa e escreveu algumas notas sobre o que havia ouvido. Durante o verão, bateu em muitas portas da zona leste, na campanha Saia para Votar do MVOC. Algumas pessoas diziam "nós temos a chance de um negro ser presidente", outras afirmavam que "eles não vão eleger um presidente negro", mas ela nunca tinha visto tanta empolgação em torno de uma eleição. Até mesmo seu pai se ofereceu como voluntário para o Partido Democrata, fazendo telefonemas do escritório local — ele nunca tinha feito nada parecido. Ele bebia, comia e dormia Barack Obama. O divórcio e o novo trabalho haviam provocado uma grande fissura entre ela e o pai, mas eles voltaram a se encontrar por Obama, telefonando um para o outro a fim de trocar histórias sobre a campanha. Uma vez, o pai ligou e disse: "Se mais uma pessoa me disser que não vai votar em Barack Obama porque acha que ele vai ser assassinado, acho que vou me matar".

Na noite da eleição, houve festa com muita pizza nos escritórios do MVOC. Foi a primeira vez que Tammy provou a da Jameson. Quando Obama ganhou e saiu com a família para fazer seu discurso de vitória, Tammy não conseguiu evitar um sentimento de descrença. Quando ela era pequena, Vovó comprara para ela os três volumes da Biblioteca do Sucesso Ebony, sobre as conquistas dos negros ao longo da história, e Tammy por sua vez sempre se esforçou para fazer com que seus filhos se orgulhassem de ser negros. Durante o Mês da História Negra na escola, fazia com que eles escrevessem trabalhos sobre pessoas que não eram os personagens de sempre. Na quinta série, a filha mais velha escreveu sobre a ativista dos direitos civis Ella Baker, mas o professor, que nunca tinha ouvido falar de Baker, rejeitou o trabalho.

As pessoas podiam contestar que alguém fosse um inventor ou ativista importante, mas um presidente negro — isso ninguém podia negar. Não era apenas a história dos negros, era a história americana. Mais tarde, Tammy pendurou uma foto emoldurada do 44º presidente na parede atrás de sua escrivaninha no escritório. Ela mostrava Obama na noite da eleição, acenando para a multidão em Chicago, com uma transcrição das palavras que ele havia dito durante a campanha: "Nosso destino não é escrito para nós, mas por nós".

Dean Price

Barack Obama foi o primeiro democrata em quem Dean votou. Era uma barbada: se Obama fosse branco, 80% do país teria votado nele. Ao contrário de John McCain e Sarah Palin, Obama foi a Martinsville, na Virgínia, no calor de agosto daquele ano eleitoral e disse a uma multidão reunida no ginásio da faculdade comunitária: "Eu vou lutar por vocês todos os dias. Acordarei na Casa Branca pensando no povo de Martinsville e do condado de Henry, e em como poderei tornar melhor a vida de vocês". Obama compreendeu que o sistema antigo tinha fracassado e, sabendo ou não a respeito do biodiesel, insistia em falar sobre uma nova economia verde. Isso era música para os ouvidos de Dean.

Em 2008, o resto do país começou a seguir os passos do Piedmont. Após o colapso de Wall Street, em setembro, milhões de pessoas perderam seus empregos, e janeiro, mês em que Obama tomou posse e prometeu "uma nova era de responsabilidade", foi o pior mês em décadas. Empresas imensas como a General Motors estavam à beira da extinção. O banco Wachovia, que havia sido um pilar de Winston-Salem, foi abaixo, juntamente com outros bancos, de Wall Street a Seattle. Uma após a outra, as instituições tradicionais balançaram e caíram. Os articulistas estavam usando termos como "Grande Recessão" e "o fim dos subúrbios". Era o pior momento desde o pior momento de todos. Dean acreditava que os americanos estavam prontos para mudanças radicais. Eleger um presidente negro era apenas a primeira delas.

A deputada da região de Dean, representante do quinto distrito da Carolina do Norte, era uma republicana de sessenta e tantos anos chamada Virginia Foxx — uma mulher corpulenta, de cabelos grisalhos curtos e um diploma em educação que apoiara com firmeza George W. Bush. O distrito eleitoral ia das montanhas Blue Ridge, na fronteira do Tennessee, até quase Greensboro, sem nenhuma cidade com população superior a 25 mil habitantes, e 90% dos residentes eram brancos. Em outras palavras, Foxx representava o que Sarah Palin (falando em uma campanha de arrecadação de fundos em Greensboro, três semanas antes da eleição) chamou de "América real", e com isso não queria dizer fazendas inativas, aposentadorias por deficiência e crack. Foxx foi reeleita com facilidade, mas em 2008 ela parecia uma relíquia do passado, e o mesmo poderia ser dito de seus eleitores, e talvez até de seu partido.

Do outro lado da fronteira do estado, no quinto distrito da Virgínia, ocorria um pequeno terremoto. Virgil Goode, o conservador democrata que debandara para os republicanos, contrário aos imigrantes e pró-tabaco, tinha a oposição de Tom Perriello, um jovem advogado que se dizia praticante da "convicção política". Perriello tinha 34 anos, mas parecia um lutador universitário se preparando para a luta, baixo e de ombros imponentes, com um rosto largo e achatado, um queixo poderoso e um olhar provocador. No dia em que deveria decidir se iria concorrer, foi picado por cinquenta vespas, entrou em choque anafilático e saiu cambaleando pelo bosque ao lado da casa de seus pais, perto de Charlottesville. Por sorte, seu pai, que era obstetra, estava do outro lado do gramado e viu o que aconteceu, agarrou o EpiPen que estava à mão por causa da reação alérgica recente de sua mãe, correu para o bosque e aplicou o remédio quando o filho já estava com os olhos revirados. Perriello não sabia se aquilo era um sinal de Deus, mas resolveu interpretar dessa maneira e declarou sua candidatura para o lugar de Goode.

Ninguém entendia realmente o que Perriello fazia para viver — ele mesmo se dizia "consultor de segurança nacional", "ativista da justiça social" e "empreendedor público". Ouvia "hip-hop consciente" e erguia o copo de Jack Daniel's "por um mundo melhor". O fato de ser solteiro, de ter usado barba durante um tempo e passado grande parte de sua curta vida adulta em New

Haven, Nova York, Serra Leoa e Darfur dava à campanha Goode um alvo fácil para a versão moderna da guerra setorial-cultural.

Durante muito tempo, o grande mistério para a metade do país que votava nos democratas era por que as pessoas brancas que viviam em lugares pequenos e obscuros viam sua vida piorar ano a ano e mesmo assim se tornavam cada vez mais republicanas; por que o tipo de americano que, um século antes, havia apoiado apaixonadamente William Jennings Bryan estava agora votando em massa no partido que queria desregulamentar Wall Street e zerar o imposto sobre ganhos de capital; por que, ao longo da rodovia 29, ao sul de Charlottesville, havia uma grande placa de Goode diante de um barraco tomado pelo mato. Em 2008, porém, as coisas no Piedmont haviam ficado ruins o suficiente para que algumas pessoas dessem uma guinada. Perriello facilitou as coisas porque não usava a linguagem típica dos liberais da cidade grande: falava constantemente sobre Deus, era a favor das armas, tergiversava sobre casamento gay e parecia radical em termos de economia ao denunciar a "tomada do governo pelas corporações" e pelos grandes bancos e multinacionais, cujo conluio com Washington tornava impossível para os pequenos competirem. Em tudo, Perriello parecia um Bryan do século XXI. Ele não era isso — seus amigos eram ativistas dos direitos humanos, membros de centros de estudos de Washington e colaboradores da *New Republic*, membros da elite do Leste que falavam a linguagem dos entendidos em beisebol e das causas progressistas —, mas no quinto distrito levantava sua voz com paixão genuína pelo agricultor em apuros, pela costureira desempregada, pelo pequeno comerciante. Ele não considerava o grande mistério da política americana muito misterioso. "A hipótese principal é que por algum motivo essas pessoas pobres da classe trabalhadora são ignorantes por votar contra seus próprios interesses", argumentou ele. "Me aponte um democrata rico que não vote contra o seu puro interesse próprio."

Em 4 de novembro, Perriello ganhou de lavada nas zonas eleitorais dos mais instruídos, em torno da cidade universitária de Charlottesville, onde o comparecimento dos jovens foi alto porque Obama estava na cabeça da chapa (Perriello disse que Barack Obama foi o primeiro político que o animou em sua vida), e diminuiu a vantagem de Goode nas cidades em pior situação e nas zonas rurais de Southside, ao longo da fronteira da Carolina do Norte. Na noite da eleição, as urnas mostraram Perriello à frente por 745 votos, de um total de 315 mil. Goode exigiu recontagem. Seis semanas depois, Perriello foi confirmado vencedor. Sua vitória em um distrito conservador foi uma das maiores viradas do ano, e uma das disputas que fizeram as eleições de 2008 parecer um divisor de águas. Perriello era o tipo de político de que Dean gostava, e o quinto distrito da Virgínia era onde Dean havia construído o primeiro posto de biodiesel do país. Em retrospecto, parecia inevitável que os dois homens se cruzassem.

Uma das primeiras medidas de Perriello no cargo foi enviar um assessor para percorrer todo o distrito, que era maior do que Nova Jersey, para descobrir o que seus eleitores precisavam do projeto de incentivo que estava em discussão no Congresso. Nas fazendas e pequenas vilas de Southside, o assessor encontrou sinais de vida em energia renovável: uma fazenda de leite nos arredores de Danville que produzia eletricidade a partir do estrume; um viveiro do outro lado da estrada, onde um ex-engenheiro da Goodyear testava culturas para produção de energia; um aterro sanitário em Martinsville onde funcionários queriam transformar gás metano em energia elétrica. Ninguém havia dito a essas pessoas para fazer aquilo, e se tratava dos tipos de negócio que Perriello queria destacar, exemplos concretos de uma nova economia no Piedmont que não guardavam semelhança com o passado. Em vez de enormes fábricas e grandes lojas de varejo que sugavam a riqueza de uma comunidade antes de abandoná-la, eram projetos de pequena escala, que criavam cinco ou dez empregos de cada vez e mantinham o dinheiro na região.

Perriello acabou por descobrir a Red Birch Energy.

Dean criara uma apresentação de slides do PowerPoint que mostrava a quem se interessasse. Levava sempre consigo três frascos, um com sementes de canola, o segundo com óleo de canola e o terceiro com biodiesel, com um líquido dourado na metade superior e um sedimento de resíduos de glicerina castanho-escuros embaixo. Começava com o seu momento de epifania, a semana em que o Katrina atingiu a costa do Golfo. Ele contava a história da Red Birch Energy e citava Jefferson sobre os cultivadores da terra, além de muitos números ligados à produção de energia a partir da canola, as vantagens do biodiesel sobre o diesel comum, e fazia uma forte defesa do pequeno em relação ao grande e da necessidade de manter o dinheiro na região. Os agricultores e proprietários de pontos de parada de caminhões seriam os novos barões do petróleo! Que a riqueza se irradiasse a partir deles, e não de Wall Street! Ele perguntava quantas pessoas da plateia tinham ouvido falar do pico do petróleo — nunca mais do que 15% ou 20%. Dean acreditava firmemente que haveria uma Red Birch ou haveria 5 mil, e terminava com a história de Roger Bannister, o primeiro homem a correr uma milha em quatro minutos: decorridos cinco anos de sua façanha, mais de uma centena de pessoas haviam feito a mesma coisa. "Ele cruzou uma barreira. Mostrou que aquilo podia ser feito. É assim que nos sentimos em relação à Red Birch Energy."

Com o tempo, ele aperfeiçoou o papo de vendedor, fazendo pequenos ajustes para diferentes públicos. No café da manhã mensal do Kiwanis de Greensboro e no Country Club de Starmount, falou sobre o potencial para investimento em biocombustíveis. Às vezes, não se entendia bem com o público e mais tarde percebia o que tinha acontecido: excesso de citações de presidentes democratas em um condado republicano, explicação insuficiente do processo de refino para um grupo de funcionários do governo. Mas a cada vez — e ele deve ter vendido o peixe para uma centena de públicos diferentes — parecia que a novidade excitante de suas palavras estava lhe ocorrendo naquele exato momento pela primeira vez, porque de fato estava, e que aquele e somente aquele era o caminho para a salvação coletiva, porque de fato era. Um vendedor tinha de acreditar no que estava vendendo, e Dean acreditava com o fervor de um convertido. Ele era um Johnny Appleseed* do biodiesel, espalhando a boa-nova de cidade em cidade.

Dean sempre dizia que havia uma linha tênue separando um empreendedor de um vigarista. O que fazia de Glenn W. Turner uma coisa e não outra? Ele provavelmente acreditava em cada palavra que dizia em seu programa Ouse Ser Grande. Talvez Turner estivesse naquela vida por dinheiro e fama, mas Dean também queria fazer fortuna. Então, qual era a diferença? "Quando comecei, tinha de pôr a mim mesmo em xeque", disse Dean. "Eles estão comigo? Eu sou um chicaneiro? Estou tentando vender óleo de cobra na forma de biodiesel?" Mas o óleo que estava vendendo não era de cobra, e isso fazia a diferença. O biodiesel era tão real quanto a terra. Fazia todo o sentido para quem ouvia: aque-

---

* John Chapman, conhecido como Johnny Appleseed (1774-1845), foi um pioneiro americano que percorreu o país plantando macieiras. (N. T.)

le era o caminho para sair da depressão e avançar para o futuro. Ele dava um beliscão em si próprio, pensando: estou mesmo nesta posição? A minha viagem me trouxe a este lugar, onde estamos no limiar de algo? Era alucinante.

Um dia, no início de fevereiro de 2009, Dean estava no Omni Hotel, em Richmond, preparando-se para vender seu peixe na Cúpula Agrícola da Virgínia, quando foi pegar um café e viu uma pessoa de aparência familiar sentada com um laptop. Era Tom Perriello — Dean conhecia seu rosto de anúncios na TV. Dean apresentou-se, disse "por favor, espere um minuto" e correu ao seu quarto, onde tinha três exemplares da edição de janeiro/fevereiro da *U.S. Canola Digest*, cujo artigo principal falava sobre mudanças em Washington e na América rural: "A Red Birch Energy poderia ser quase a garota-propaganda da administração Obama, pois é independente de energia, sustentável, focada na comunidade e inspiradora". Perriello esperou, e quando Dean voltou com um exemplar da revista e mostrou-lhe a citação, o novo deputado adorou. Eles conversaram por vinte minutos e, antes de sair, Dean convidou Perriello a visitar a Red Birch.

Quanto a Perriello, o encontro com Dean Price confirmou uma coisa em que ele passara a acreditar nos últimos anos e da qual havia feito um princípio de sua campanha: as elites americanas não tinham mais respostas para os problemas das classes trabalhadora e média. As elites achavam que todo mundo precisava se transformar em programador de computador ou analista financeiro, que não haveria emprego entre oito dólares por hora e seis dígitos. Perriello acreditava que as novas ideias para fazer as coisas nos Estados Unidos viriam outra vez de pessoas desconhecidas e de lugares obscuros.

Dois meses depois, no início de abril, Perriello visitou a refinaria Red Birch com o governador da Virgínia, Tim Kaine, e uma comitiva de funcionários, assessores e jornalistas locais. Dean estava de paletó marrom e gravata, com os cabelos pretos divididos nitidamente no meio, parecendo um garoto de fazenda desconfortável entre homens em ternos escuros (Gary Sink estava de azul-marinho). Ele fez seu discurso para os convidados reunidos no interior das instalações. Kaine adormeceu na primeira fila e Dean quase lhe chamou a atenção, lembrando-se do tempo em que seu pai fizera isso com ele quando era menino e dormiu na igreja. Mas Perriello ouviu para valer. Ele não era como os outros políticos que Dean conhecia ou viria a conhecer, que o faziam se sentir como um vendedor de sapatos tentando espremer seu discurso nos poucos segundos disponíveis. Após o evento formal, Dean levou Perriello para os fundos da fábrica e mostrou-lhe as máquinas de trituração, que estavam a pleno vapor. O deputado deu a Dean o número de seu celular e disse que o procurasse em Washington para tomar uma cerveja. Dean telefonou uma vez, mas Perriello não atendeu e ele desligou sem deixar uma mensagem.

Eles se encontraram novamente em julho, numa fazenda ao norte de Danville, onde estavam dois membros do gabinete de Obama — Tom Vilsack, secretário da Agricultura, e Stephen Chu, secretário de Energia — que percorriam a América rural. No mês anterior, Perriello votara a favor da lei de energia do governo — conhecida como "cap and trade",* ou "lei da mudança climática" —, um voto que o tornou muito menos popular entre alguns de seus eleitores, que haviam sido convencidos por empresas de energia e grupos conservadores de que isso geraria um aumento em suas contas de energia elétrica e acabaria com empregos na extração de carvão. Na fazenda, Vilsack e Chu falaram sobre como as energias renováveis poderiam aproveitar a ética do trabalho e os valores rurais americanos, que tinham sido negligenciados e até mesmo perdidos, e Dean ficou com a impressão que as mais altas autoridades do governo do presidente Barack Obama pensavam como ele. Em certo momento, a Red Birch foi mencionada, e Perriello fez Dean se levantar para ser reconhecido.

Dean disse uma vez que Perriello poderia ser presidente um dia, e Perriello lhe falou uma vez que, se havia um americano com quem ele desejava que o presidente gastasse cinco minutos conversando, era Dean. O deputado pôs a Red Birch no radar da Casa Branca e, numa quinta-feira de agosto, chegou à Red Birch um e-mail endereçado ao "Querido amigo", convidando "um grupo seleto de líderes regionais e nacionais no campo da energia" para "se encontrar com secretários do Gabinete e funcionários da Casa Branca a fim de discutir o debate em curso sobre o futuro de nossa energia e como todos podemos contribuir para um resultado positivo". O evento ocorreria na segunda-feira seguinte. No domingo, Dean e Gary pegaram o trem para Washington e passaram a noite em um hotel próximo à Union Station. Na manhã seguinte,

---

* Em tradução livre, "limite e comércio", instrumento econômico segundo o qual uma empresa cujas emissões de carbono fiquem abaixo de sua cota pode vender o excedente a empresas que emitem mais do que seu limite. (N. T.)

Dean vestiu seu único terno — um preto que comprara em dezembro de 2004, para acompanhar a filha de sua terceira esposa ao seu baile de ex-alunos e, em vez disso, acabou usando-o para ir ao enterro de seu pai na mesma semana — e uma gravata verde, e pegou com Gary um táxi até o número 1600 da Pennsylvania Avenue.

Na realidade, eles nunca puseram os pés na Casa Branca. O evento foi realizado ao lado, no terceiro andar do Old Office Building, imensa construção ao estilo do segundo império francês. Mark Twain afirmou que era "o prédio mais feio da América", mas Dean foi tomado por um sentimento de admiração reverente que nunca sentira em nenhum outro lugar. Os salões de granito e as escadas de mármore, a história naquelas salas com nomes de presidentes! O último orador da conferência era o jovem tsar dos empregos verdes do presidente, Van Jones, que era também o mais dinâmico. Ele tinha talento para frases de impacto — quando falou de empregar jovens do centro da cidade para climatizar edifícios, disse: "Nós vamos trocar as armas deles por pistolas de calafetagem!".

Aconteceu de Dean ficar com a última pergunta do dia. Ele se levantou e disse: "Já que estamos todos aqui defendendo a mesma coisa, e vamos sair e pregar o evangelho, uma das coisas sobre as quais precisamos falar é o pico do petróleo, porque sem ele nada do que estamos fazendo faz sentido. Como é que o governo se sente a respeito do pico do petróleo?".

Jones não parecia estar familiarizado com a política de Obama sobre o pico do petróleo, nem ao menos saber o que era o pico do petróleo. Ele passou a questão para uma mulher do Departamento de Energia, que falou por meio minuto, demonstrando não ter muito mais conhecimento sobre o tema que Jones. Mais tarde, Dean decidiu que o pico do petróleo era um tema difícil demais para os políticos. Significava o fim da América industrial, suburbana, das redes de fast-food e até de Wall Street — não era de admirar que a Casa Branca não tivesse uma posição. Mas Dean estava encantado com Van Jones, que trocou um cumprimento de vitória com ele e Gary no final do evento. E ficou triste quando, duas semanas depois, Jones renunciou depois que Glenn Beck e outros conservadores o ligaram a opiniões radicais sobre os ataques do Onze de Setembro e a prisão de Mumia Abu-Jamal, além de usar a palavra "babacas" para se referir aos republicanos do Congresso. Van Jones, porém, jamais seria capaz de recrutar os agricultores do condado de Rockingham para a causa da energia verde. Eles não dariam ouvidos a um negro radical de San

Francisco, e também não gostavam de Obama. Depois da viagem de Dean a Washington, alguns homens lhe perguntaram no restaurante local: "Você foi ver aquele negão?". O único homem a quem eles podiam dar ouvidos era T. Boone Pickens, o bilionário *corporate raider*,* que era velho, branco e aparecera em anúncios de gás natural e energia renovável.

Em sua viagem a Washington, Dean não chegou nem perto de Obama, que estava de férias naquela semana em Martha's Vineyard. Mas, alguns meses depois, ele encontrou o presidente. Em março de 2010, realizou-se um evento na Base da Força Aérea Andrews para anunciar o primeiro caça a jato movido a biocombustível, e Dean foi convidado. Ele levou seu filho Ryan, e eles esperaram na fila enquanto Obama saudava a multidão. Não houve tempo para dizer nada, mas Dean ficou impressionado com o toque da mão do presidente. Foi o aperto de mão masculino mais suave que ele já tinha recebido. E revelou que Obama jamais fizera um pingo de trabalho braçal em sua vida.

A Red Birch Energy estava em busca de uma fração da verba do incentivo que havia sido aprovada pelo Congresso. A empresa precisava de ajuda. Nas últimas semanas de 2008, o preço do combustível havia despencado, de maneira mais intensa e rápida do que nunca. Com o diesel a menos de quatro dólares o galão, a Red Birch viu sua vantagem competitiva desaparecer e começou a perder dinheiro. No primeiro semestre de 2009, quando os plantadores de canola levaram para a refinaria sua carga de sementes, Dean e Gary foram obrigados a dizer que a empresa não tinha dinheiro para pagar pela colheita que haviam se comprometido a comprar. Tudo o que podiam fazer era cobrir os juros de 6% sobre o dinheiro devido. A maioria dos agricultores foi compreensiva, mas alguns deles ameaçaram Gary e Dean, e outros prometeram processar a Red Birch. Um fazendeiro da Carolina do Norte chamado John French — um cara de estilo motoqueiro — estacionou sua grande picape de cabine dupla, do tipo com quatro rodas no eixo traseiro. Antes que descarregasse suas sementes, Dean lhe disse que não tinha dinheiro. Estava certo de que o sujeito ia enchê-lo de porrada ali mesmo.

---

* Investidor agressivo que, através da compra de ações, procura tomar o controle de empresas de capital aberto. (N. T.)

"Deixe a carga aqui, a gente esmaga e tenta vender um pouco de combustível", Dean continuou, falando rápido e direto, "ou leve de volta para sua fazenda e tente vendê-la em outro lugar."

Depois de ouvi-lo falar, era impossível não gostar pelo menos um pouco de Dean. O fazendeiro entrou no seu carrão e levou a carga de volta para a Carolina do Norte. Mas a reputação da empresa ficou muito abalada em todo o Piedmont.

Sem combustível a cinco dólares, era impossível tornar a Red Birch rentável. Essa foi a dura lição que Dean e Gary aprenderam com o fiasco da colheita de canola de 2009. E eles perceberam que a resposta estava em mudar seu modelo de negócio e utilizar o óleo de canola não uma, mas duas vezes: primeiro converter a matéria-prima em óleo apto para uso alimentício e vendê-lo por dez dólares o galão para restaurantes locais; depois, recolher 70% do resíduo desse óleo de cozinha para em seguida fazer o biodiesel. Se pudessem chegar ao óleo comestível, poderiam pagar aos agricultores dezoito dólares por *bushel*, o que aumentaria o volume de sementes entrando e elevaria seus lucros. Mas precisariam de quase meio milhão de dólares para comprar novas máquinas de trituração e fazer a fábrica obedecer aos padrões do Departamento de Agricultura. O gabinete de Perriello os pôs em contato com as autoridades em Richmond, que disseram que a canola para uso alimentício não se qualificava para a concessão de incentivos. Em vez disso, a Red Birch foi estimulada a solicitar um subsídio para a compra de uma microturbina, que poderia gerar energia elétrica a partir dos resíduos de glicerina da produção de biocombustível, tirar a refinaria da rede elétrica e criar uma nova fonte de renda quando a empresa vendesse um excedente de energia para outros usuários. Dean fez o pedido apenas alguns minutos antes do prazo final. Em janeiro de 2010, Perriello foi a Martinsville para anunciar a concessão de 750 mil dólares em fundos de incentivo federal para a Red Birch comprar uma microturbina.

A cerimônia aconteceu no salão principal de um museu de história natural, sob o esqueleto suspenso de uma baleia de 14 milhões de anos de idade. Estavam presentes outros dignitários, além de Perriello, e outros beneficiados, além de Dean e Gary (nessa ocasião, Dean vestia jaqueta e camisa amarelas e calças pretas). Quando Perriello se levantou para falar, a maior parte da energia havia escoado para fora da sala. Usando um broche com a bandeira americana na lapela de seu terno cor de carvão e aparentando ter a metade da idade dos oradores anteriores, Perriello subiu ao pódio com uma espécie de inquietação irada.

"A próxima grande coisa que pode tornar essa região conhecida é a energia limpa", disse ele, e fez uma saudação à Red Birch, chamando Gary e Dean de "combatentes e empresários da liberdade". "Em vez de entrar num dos pontos de parada de caminhões deles e deixar três ou quatro centavos de cada dólar gasto, vocês deixam noventa centavos. Quando as coisas são 'grandes demais para fracassar', talvez elas sejam, antes de tudo, um pouco grandes demais para ser o modelo. Estamos bem no limiar de uma transformação, e é por isso que é tão emocionante. Estamos em uma espécie de momento de revolução industrial." Ele culpou ambos os partidos pelas políticas que favoreciam as grandes corporações e tornavam os pequenos produtores americanos menos competitivos. "Estou cansado disso, estou cansado de comprar tudo da China e do exterior e mandar nossos dólares para petroditadores. Somos o único país na história que financia os dois lados de uma guerra!" Sua voz estava ficando mais alta. "Os políticos de ambos os partidos nunca foram a uma fazenda — só para tirar uma foto. Eles acham que são os empregos do passado, porém estou aqui para dizer que são os empregos do futuro. Esta é uma região que tem sido duramente atingida, mas é habitada por um povo orgulhoso que quer se erguer e voltar a competir."

Equipes jornalísticas filmaram o evento. Os repórteres se aglomeraram para entrevistar Dean e Gary. A concessão era como uma afirmação de cima de que um posto de biodiesel para caminhões não era um esquema leviano, que algumas das pessoas mais poderosas do país achavam que aquilo valia a pena. Aquele dia — 14 de janeiro de 2010 — foi o ponto alto da Red Birch Energy.

Após a cerimônia, Dean voltou para a Carolina do Norte, e Gary foi à fábrica para almoçar com Flo Jackson, uma mulher negra de quarenta e poucos anos que havia contratado para escrever um novo plano de negócios e que estava visitando a Red Birch pela primeira vez. Flo era uma ex-estrela do basquete universitário com um MBA da James Madison. Ela havia gerenciado uma Target e um Wal-Mart, e Gary queria trazê-la para pôr a Red Birch em melhor condição financeira.

O problema mais urgente era a parada de caminhões ao lado, que era o principal cliente da refinaria. Fazia tempo que Dean deixara de dar atenção ao seu posto, onde metade dos funcionários estava roubando e não passaria num teste antidrogas. Em outubro de 2009, Dean entrara com um pedido de concordata preventiva, o que lhe permitia manter aberto seu negócio de parada de caminhões — Red Birch of Martinsville, Inc. — e reorganizar sua dívida. O contrato de Flo Jackson dizia que ela não seria responsável por gerenciar o posto, mas ela acabou passando a maior parte do ano no negócio de Dean, primeiro tentando salvá-lo, depois, desfazendo-o. A contabilidade era uma bagunça — dois lançamentos, totalizando um quarto de milhão de dólares, diziam simplesmente "retirada do proprietário". O ponto de parada de caminhoneiros devia 2 milhões de dólares ao banco, e nenhum comprador assumiria essa dívida. Flo disse a Dean que ele estava dirigindo seu negócio como um sonhador. E Dean começou a ficar magoado, pois ali estava o princípio de realidade, na pessoa de uma mulher dura e franca, trazida por Gary, dizendo-lhe o que não queria ouvir. Com o tempo, ele passou a ir à refinaria com menos frequência. No que lhe dizia respeito, o novo regime o estava expulsando.

Não foi a única má notícia para ele no ano de 2010. Por causa da burocracia, a primeira metade da verba de incentivo demorou nove meses para chegar e, nesse meio-tempo, a notícia da concessão chamou a atenção das autoridades do condado de Henry para a Red Birch Energy. O governo local foi atrás de Dean para cobrar 85 mil dólares em impostos atrasados devidos pelo posto de caminhões entre 2007 e 2009. Dean jurou que era perseguição política, porque a Red Birch estava muito identificada com Perriello, e o condado de Henry era republicano roxo. O condado também citou a refinaria por derramamento de graxa, e a multa continuou aumentando. "O administrador do condado fez tudo o que podia para nos tirar daqui", disse Gary. Ele e Dean, sendo da Carolina do Norte, jamais seriam aceitos em um lugar estreito e fechado como Martinsville.

Da autoestrada, a refinaria de biodiesel e a parada de caminhões pareciam fazer parte da mesma operação, situadas na mesma área escavada na mesma encosta vermelha e separadas por apenas 45 metros de pavimento. Em 2008, quando o futuro parecia brilhante, o arranjo foi celebrado como um "sistema de circuito fechado". Mas, em 2010, os problemas financeiros deixaram claro que se tratava de empresas diferentes cujos interesses eram, em alguns aspectos, opostos. O posto para caminhoneiros — Red Birch of Martinsville — era inteiramente de Dean. A refinaria — Red Birch Energy — era uma sociedade que estava caindo cada vez mais sobre os ombros de Gary. Quando a refinaria se tornou uma das credoras do posto, Gary teve de pegar uma linha de crédito de 80 mil dólares para manter o combustível na bomba. Dean o pagou abrindo mão de ações na Red Birch Energy.

Em 16 de setembro, o Tribunal de Falências dos Estados Unidos no Distrito Ocidental da Virgínia entrou em cena. Além da Red Birch de Martinsville, havia outros 36 devedores no tribunal naquele dia. A empresa de Dean foi completamente liquidada, e a parada de caminhões foi vendida para a Wilco-Hess, uma rede nacional, que derrubou a varanda do segundo andar da loja, com sua balaustrada de madeira — a aparência antiquada de armazém do interior que os clientes de Dean tinham adorado quando ele a construiu, em 1997 — e a substituiu por uma fachada brutal de concreto caiado. O posto parou de vender biodiesel e voltou ao diesel comum número 2, o combustível importado que fora cortado pelo furacão Katrina em 2005, levando Dean à sua epifania. Assim, a Red Birch Energy perdeu seu principal cliente, e logo a refinaria estava funcionando com apenas 10% da capacidade. A placa na frente da fábrica ainda era, estritamente falando, verdadeira: a Red Birch continuou a ser "o primeiro posto de biodiesel da América". Mas sua pretensão à fama acabara. A Red Birch já não plantava, fazia e vendia.

Quatro dias depois da decretação da falência, Dean foi indiciado por um júri de instrução do condado de Henry por não repassar quase 10 mil dólares em impostos sobre refeições que seu negócio havia cobrado em nome do Estado.

Ele sempre temera o poder do governo, quase tanto quanto temia a pobreza. O governo poderia jogá-lo na prisão, e prisão era um de seus pesadelos. Não achava que suportaria perder sua liberdade. Sonhava frequentemente com isso — um sentimento de ansiedade, de que havia feito alguma cagada, ainda que de forma não intencional, e que estavam indo buscá-lo — e acordava desses sonhos aliviado, pensando: graças a Deus que não é real. Certa vez, em 2007, na época em que estava começando a mexer com biodiesel, Dean teve de passar uma noite na cadeia. O acordo de divórcio com a segunda esposa o obrigava a mandar para ela 3,3 mil dólares por mês durante cinco anos (Dean chegou a um acordo de oitocentos dólares por dia de seu casamento), mas, quando sua ex se casou novamente, ele supôs que estava livre da obrigação e parou de pagar. Na verdade, Dean ainda devia o dinheiro, e o juiz do tribunal do condado de Rockingham, em Wentworth, mandou prendê-lo. Ryan, que tinha doze anos, estava com Dean e viu o pai ser preso.

Dean passou a noite numa cela com uma dúzia de outros homens, e nunca mais queria voltar.

Dean não gostava de falar sobre essas coisas. Se alguém lhe fazia uma pergunta difícil sobre o estado de seus negócios ou suas finanças pessoais, ou de seus problemas legais, ele respondia com um "hummm...", um som evasivo que se perdia no ar, dando a entender que a coisa não era tão séria, que seria resolvida, já estava sendo resolvida, e depois mudava o assunto para a sabedoria de Napoleon Hill ou a promessa de uma nova economia verde. Em 2010, era mais fácil viver em sua imaginação sobre o passado e o futuro do que no trecho da rodovia 220 que era a sua vida, e por isso havia muitos telefonemas não atendidos, questões prementes ignoradas, cálculos adiados.

Aquele foi um dos anos mais difíceis da vida de Dean Price, e 2011 seria ainda pior. No entanto, ele sempre jurou que jamais desistiria. Nunca perdeu a fé em sua visão. Não seria como o garimpeiro do Colorado que Napoleon Hill descreveu, que parou de perfurar e vendeu suas máquinas quando, como se soube depois, estava a apenas um metro de distância do filão de ouro.

Apenas negócios: Jay-Z

Tudo precisa ser posto em contexto.

Shawn Corey Carter, nascido em 1969, em Marcy Houses, no país Bed--Stuy, do planeta Brooklyn (Nova York e o universo vieram depois). Quarto e último filho de Gloria Carter, funcionária de profissão; o pai, Adnis Reeves, filho de um pregador. Marcy era uma fortaleza de tijolos, 27 edifícios, seis andares cada, 4 mil pessoas vivendo à esquerda dele, à direita dele, em cima e embaixo dele — festas e estresse, aniversário num dia, tiroteio no seguinte.

Aos quatro anos, Shawn subiu numa bicicleta de dez marchas, pôs o pé para cima e passeou sem pedalar, sentado de lado. O quarteirão inteiro se espantou: "Meu Deus!". Primeira sensação de fama, e ele gostou. Fama era bom.

Mamãe e papai tinham 1 milhão de discos empilhados em caixas de leite: Curtis Mayfield, Staples Singers, ConFunkShun, Jackson 5, Rufus, O'Jays... O que ele mais adorava era Michael Jackson, e quando Gloria chegava em casa do trabalho e punha "Enjoy yourself" para tocar, Shawn cantava e girava ao redor da sala, enquanto as irmãs faziam o acompanhamento vocal. Os anos 1970 não foram ruins em Marcy, uma espécie de aventura para uma criança. Jogos de dados sobre o concreto, futebol em campos com vidro quebrado espalhado, junkies cochilando nos bancos — os garotos desafiavam uns aos outros para ver quem ousava derrubá-los. "Conseguimos contrabandear um pouco da magia daquela civilização moribunda para nossa música e usá-la para construir um novo mundo", escreveu ele mais tarde. "Encontramos nossos pais nos discos, nas ruas e na história."

Em meados de 1978, ele topou com um garoto de Marcy que ninguém nunca havia notado antes no meio de uma multidão, rimando, fazendo dísticos sobre qualquer coisa, sobre os bancos de praça, as pessoas que escutavam, suas próprias rimas, como ele era bom, o melhor de Nova York, durante meia hora, e Shawn pensou: "Taí uma coisa legal. Eu podia fazer isso". Naquela noite, em casa, escreveu versos em um caderno espiralado. Aquilo o satisfazia, rimar tomou conta de sua vida, na frente do espelho todas as manhãs, na mesa da cozinha onde batucava até tarde da noite, enlouquecendo suas irmãs — ele era capaz de fazer aquilo. Quando um garoto mais velho chamado Jaz-O, o melhor rapper de Marcy, gravou a voz deles com um gravador da pesada e tocou para ouvirem, a voz de Shawn soou diferente do que ele ouvia em sua cabeça. "Vi isso como uma abertura, uma maneira de me recriar e reinventar o meu mundo. Depois que eu gravava uma rima, tinha uma pressa inacreditável para tocar o gravador, para ouvir aquela voz."

I'm the king of hip-hop
Renewed like Reeboks
Key in the lock
Rhymes so provocative
*As long as I live**

O pessoal em Marcy começou a chamá-lo de Jazzy.

No sexto ano, ele era um ponto fora da curva em sua turma no colégio — lia como se estivesse no último ano. A escola nunca o desafiava, mas ele vasculhava o dicionário em busca de palavras para usar. Um dia, a professora Louden levou sua turma numa visita de campo à sua casa de três andares de arenito vermelho em Manhattan. A porta da geladeira tinha um compartimento para água e cubos de gelo. Foi a primeira vez que se deu conta de que era pobre. As pessoas que moravam nos conjuntos habitacionais passavam a

---

* Em tradução literal, "Sou o rei do hip-hop/ Renovado como Reeboks/ Chave na fechadura/ Rimas tão provocantes/ Enquanto eu viver". (N. T.)

metade da vida sentadas em cadeiras de plástico em repartições públicas sujas à espera de que seu nome fosse chamado. As crianças tiravam sarro umas das outras a cada pequeno sinal de pobreza, então elas falavam sobre ficar rico de qualquer maneira, e ele tinha essa vontade também — de jeito nenhum ia ficar sentado numa sala de aula o dia inteiro. Quando finalmente conseguiu grana suficiente para comprar um Lexus branco encardido, "eu só senti aquele fedor e aquela vergonha de estar quebrado saírem de cima de mim, e foi lindo. A merda é que você nunca consegue sacudir tudo para fora, não importa quanto dinheiro tenha".

Naquele mesmo ano, 1980, seu pai deu no pé. Pior do que um pai desconhecido era um pai que esteve por perto nos primeiros onze anos, ensinou seu filho a andar pelos atalhos do bairro e lembrar qual armazém vendia sabão para a roupa, se era de propriedade de porto-riquenhos ou árabes, como observar as pessoas em Times Square (qual o número do vestido daquela mulher?), e depois desaparecer. O menino nunca mais quis se apegar a alguma coisa que pudessem tirar dele, não queria sentir aquela dor novamente, não deixaria que alguém partisse seu coração. Tornou-se fechado e frio, olhos apáticos, nenhum sorriso, risada áspera: "Ha ha ha".

No ano seguinte, quando estava com doze anos, seu irmão mais velho roubou algumas de suas joias. Shawn pegou uma arma, viu o diabo nos olhos drogados de Eric, fechou os seus e apertou o gatilho. Atingiu o irmão no braço e pensou que sua vida estava acabada, mas Eric não foi à polícia e até se desculpou por usar drogas quando Shawn foi visitá-lo no hospital. Era só mais um tiroteio em Marcy, e haveria outros, porém ele nunca mais atirou, nunca foi atingido. Teve sorte.

O crack apareceu em 1985, alguns anos depois do rap, e tomou conta de Marcy. Mudou tudo imediatamente e era irreversível — trouxe a cocaína dos banheiros e corredores para a vista do público, transformou adultos em demônios, crianças em vigaristas, fez pais temerem os filhos. A autoridade sumiu e os conjuntos habitacionais enlouqueceram. Shawn Carter viu outra abertura.

Ele entrou no jogo aos quinze anos. Estava apenas seguindo o fluxo — os garotos iam para a faculdade em lugares onde os diplomas faziam parte do dia a dia, e os garotos vendiam drogas em lugares onde o comércio de drogas fazia parte do dia a dia. Seu amigo Hill o pôs em contato com um traficante local e eles foram para o que acabou sendo uma entrevista de emprego. O traficante falou sobre a seriedade do negócio, que exigia dedicação e integridade. Mais tarde, foi assassinado — bolas cortadas e enfiadas na boca, em seguida, um tiro na nuca. O negócio era sério demais. Isso não deteve Shawn. Ele queria entrar.

Estava ajudando a mãe com a conta de luz. Comprando os artigos certos para si, os tênis Ewing, os dentes de ouro, as garotas. Estava sentindo a descarga de adrenalina. Com um primo de Hill começou a dominar um pedaço de uma rua sem saída em Trenton e começou a tomar o trem nos fins de semana. Logo estava morando lá. Escondia seu trabalho e suas armas em jeans *baggy* e casacos largos, botas de operário mantinham seus pés aquecidos nas noites de inverno. Vivia para os negócios. Causou dano à concorrência local com preços mais baixos, porque seus fornecedores, os peruanos de Washington Heights, cobravam menos. Isso o tornou impopular e, uma tarde, houve um confronto no parque, armas foram sacadas, ninguém atirou — era ganhar ou ir para casa. Em outra ocasião, uma prisão — sua primeira, sem acusação — custou-lhe seu estoque, e ele teve de trabalhar sessenta horas seguidas em Marcy para obter seu dinheiro de volta, ficando acordado enquanto comia cookies e escrevia rimas em sacos de papel pardo.

Seu sonho era ser o cara rico no carro legal com a arma grande, Scarface — "Diga olá para o meu pequeno amigo!". O negócio era uma febre paranoica, um olho sempre aberto "excitado com o crime e os luxos pródigos que excitavam minha mente", e ele ficou viciado na adrenalina, assim como os demônios ficavam viciados no que ele vendia. Os caras que punham uniforme laranja e passavam pelos traficantes na esquina a caminho de um emprego no McDonald's eram otários tentando jogar pelas regras. Eles não tinham um sonho, tinham um cheque, sobrevivendo das nove às cinco, mas ele não estava tentando sobreviver — estava tentando viver até o limite. Melhor morrer como um figurão na rua do que viver escondido numa pequena caixa chamada Apartamento 5C. Raramente puxava fumo e quando bebia parava antes de ficar bêbado — permanecer consciente o deixava concentrado no dinheiro. Dinheiro era o que interessava. Ser o segundo melhor não valia muita coisa na rua, então ele aprendeu a competir e vencer como se sua vida dependesse disso.

O jogo do crack não impedia o jogo do rap. Ele voltava a Marcy por algumas semanas e juntava-se a Jaz-O para trabalhar em rimas. Mas seus meses nas ruas o afastaram do caderno de anotações, então ele aprendeu a decorar versos cada vez mais longos, sem escrevê-los, e isso se tornou seu método. Ele tinha um pé no rap, um pé fora. Seu primo B-High considerava a vida no tráfico um desperdício de talento e parou de falar com ele. "Esses rappers são uns viadinhos", sua turma falou. "Algum branco leva todo o dinheiro deles." Secretamente, ele temia não ser capaz de vencer na música. E a indústria fonográfica parecia um passo atrás em termos financeiros — em especial depois que a EMI ofereceu a Jaz-O um acordo de gravação em 1988, levou-o para Londres por uns meses, com Shawn em sua cola, e depois o largou na mão quando seu primeiro single fracassou.

Shawn passou a acompanhar Big Daddy Kane, um lendário rapper do Brooklyn que fazia turnês de ônibus, e assumia o microfone nos intervalos, fazendo rap com o nome de Jay-Z, em troca de comida. Todo mundo que ouvia Jay ficava encantado com sua inteligência verbal, sua confiança, a velocidade de suas rimas com aquele humor sarcástico da periferia — tudo era tão bom, tão fácil, que ele não levava tudo aquilo muito a sério. Quando a turnê acabou, voltou para o tráfico.

Sua turma estendeu a cadeia de distribuição até Maryland e o distrito de Columbia, onde as margens de lucro eram altas, andando de Lexus para cima e para baixo na Interestadual 95, carregando um quilo de cocaína por semana. Sua lealdade era para com seu dinheiro, mas ele tinha medo de continuar nas ruas com mais de trinta anos, de ser um nada. Um dia, em 1994, em Maryland, um rival disparou três tiros contra ele à queima-roupa e errou — "intervenção divina". Depois de uma década de tráfico, decidiu tentar, vendendo discos, ganhar o mesmo que ganhava vendendo pedras.

*I figured, "Shit why risk myself I just write it in rhymes
And let you feel me, and if you don't like it then fine"**

Um produtor do Brooklyn chamado DJ Clark Kent o pôs em contato com um promoter do Harlem chamado Damon Dash, que só o levou a sério quando viu os Nike Air Force 1 de Jay. Mas nenhuma das gravadoras queria Jay-Z — talvez fosse engenhoso demais, talvez real demais —, então ele pegou seus lucros do tráfico e abriu sua própria gravadora com Dash. Deram a

---

* Em tradução literal: "Eu pensei, 'Merda por que me arriscar eu só escrevo isso em rimas/ E deixo você me sentir, e se você não gostar, então tudo bem'". (N. T.)

ela o nome de Roc-A-Fella, caso alguém duvidasse de suas intenções. Eles iam dominar o mundo.

Reasonable Doubt saiu em 1996, depois de 26 anos de elaboração. Era complexo e sinistro, com rimas intensas e batidas sampleadas dos discos que seus pais adoravam na década de 1970, um retrato do rapper quando jovem traficante da próxima geração perdida, pronto para matar e viver com arrependimentos e pensamentos doentios ou morrer tentando ganhar muito dinheiro, diamantes, relógios Rolex, bom champanhe, garotas bonitas, fuga.

This shit is wicked on these mean streets
None of my friends speak
*We're all trying to win**

O álbum não conquistou o mundo, mas fez sucesso. Jay-Z se espalhou pelos clubes e vendeu fitas diretamente para lojas de bairro, até que conseguiu um acordo de distribuição. Ele deu uma voz a Marcy, e o pesadelo que os Estados Unidos haviam trancado no porão estava de repente tocando nos quartos dos adolescentes. Eles queriam viver o sonho americano com um toque de vingança, como Scarface, como Jay-Z, queriam infringir as leis e ganhar, porque só os tolos ainda pensavam que poderiam vencer usando um uniforme cor de laranja ou um terno barato quando o resultado do jogo estava arranjado e poderia haver um atalho com uma grande recompensa. E estava compensando para o ex-Shawn Carter. Todo mundo que conhecia rap entendeu que Jay ia ser um enorme sucesso.

A música era simplesmente mais um negócio. Ele não gostava de se assumir como artista, seu interesse principal ainda era o dinheiro, e não havia por que esconder isso, mas para fazer o negócio funcionar no longo prazo era preciso produzir arte. Ele era tão frio e focado quanto tinha sido nas ruas — sete discos em sete anos, todos de platina. Suavizou as faixas e tornou mais fáceis as letras — vida mais confortável, menos arrependimento — para atingir um público mais amplo e dobrar os dólares. Descobriu-se que muitos jovens brancos po-

---

* Em tradução literal: "Essa merda é foda nestas ruas cruéis/ Nenhum dos meus amigos fala/ Estamos todos tentando vencer". (N. T.)

diam se identificar com *dinheiro grana vadias manos cream* Cristal Lexus azarando zoando exibindo putas gramas pedras berros negrada*. Jay-Z contava a eterna história do rap — "por que eu sou o cara, maior do que você" — de cem maneiras diferentes, não havia dois dísticos iguais, e os garotos acreditavam nele, então usavam o que ele usava, bebiam o que ele bebia, e o deixaram rico.

Lançou uma linha de roupas que rendeu mais do que sua gravadora, centenas de milhões. Abriu um estúdio de cinema, ganhou tênis Reebok com seu nome, distribuiu sua própria vodca, lançou uma colônia, registrou seu matiz de azul Jay-Z, fez promoção de tudo isso ao mesmo tempo. Em 1999, esfaqueou um produtor de discos na área VIP de uma boate da Times Square por piratear seu quarto álbum e citou Pacino em *O poderoso chefão II* enquanto enfiava a faca: "Lance, você partiu meu coração". Refugiou-se no Trump Hotel com seu advogado e sua equipe jogando *guts*, um jogo de três cartas que recompensava o autocontrole. Jurou nunca mais perder a calma e, mais tarde, aceitou um acordo, escapando com liberdade condicional.

Tornou-se um rapper empresarial, um empresário fora da lei que usava tênis na sala de reuniões, como numa *start-up* do Vale do Silício, trabalhando dentro da lei enquanto vivia o sonho do traficante. Aposentou-se do rap em 2003, no Madison Square Garden (mas isso não durou muito tempo) e tornou-se um executivo de música, presidente da Def Jam, o maior selo de hip-hop do mundo. Rompeu com seu antigo parceiro da Roc-A-Fella, levando o nome com ele — "São apenas negócios", Jay-Z disse a Damon Dash, como outro mafioso da tela. E rimou a questão com suas próprias palavras:

I sold kilos of coke, I'm guessin I can sell CDs
I'm not a businessman, I'm a business, man
Let me handle my business, damn!**

Era o mesmo negócio de cima a baixo — estava fazendo no 29º andar do centro da cidade o que fazia na esquina de Trenton. O mainstream abraçou o

---

* Cream: acrônimo de "Cash Rules Everything Around Me" (dinheiro manda em tudo ao meu redor), título de uma música do grupo de rap Wu-Tang Clan. (N. T.)

** Em tradução literal: "Vendi quilos de cocaína, acho que posso vender CDs/ Não sou um homem de negócios, eu sou um negócio, cara/ Me deixa cuidar do meu negócio, caramba!". (N. T.)

rap enquanto o rap copiava o mainstream, e Jay-Z jogava o jogo melhor do que os engravatados porque tinha aprendido nas ruas. Quando os críticos o chamavam de vendido ou materialista, ele mandava: o egoísmo é uma resposta racional à realidade que enfrentava.

Tudo tem que ser posto em contexto.

Ele fez as coisas que as maiores celebridades faziam: tornou-se uma marca de estilo de vida, abriu uma rede de bares esportivos, foi processado por seus funcionários por atraso nos salários, encontrou-se com Bono e Quincy Jones em uma sala de Londres para fumar charutos, endossou causas filantrópicas, entrou para a lista dos quatrocentos da Forbes (valor líquido de 450 milhões), andou com presidentes, entrou em disputas com outras estrelas, associou-se a uma cantora tão grande e famosa quanto ele, deu-lhe uma ilha de presente de aniversário, fechou uma ala de uma maternidade quando ela estava para ter bebê e a transformou em uma suíte privada, tentou registrar como marca o nome da sua filhinha para uso futuro (o Escritório de Patentes negou o registro) e lançou um single quando Blue Ivy Carter tinha quatro dias de idade: "Minha maior criação foi você... Você ainda não sabe o que é muamba".

Quanto mais ele ganhava, mais o adoravam em todos os lugares, viviam através dele, comemoravam seu dinheiro e poder como se fossem deles. Nos shows, os fãs erguiam as mãos e mostravam o logo em forma de diamante da Roc-A-Fella, como se fossem donos de um pedaço do negócio. Ele era um magnata e um revolucionário, um ícone e um bandido (eis o negócio perfeito), adorado por chegar ao topo com um grande foda-se e não em pé numa fila, ainda dizendo ao mundo por que ele era o cara, maior do que você. E, se alguma vez fracassava — quando o bar esportivo em Las Vegas foi à falência, ou seu time de basquete de torneio de verão cheio de jogadores da NBA perdeu, ou seu contrato com a Chrysler para lançar uma edição Jay-Z do Jeep Commander pintado de azul Jay-Z não deu em nada —, todos os vestígios de fracasso eram ocultados, como se a revelação pudesse ser fatal para seu feitiço. Ele tinha de continuar vencendo. O sucesso era um objetivo por si só.

Quando comprou uma parte dos Nets e liderou a mudança da equipe para o Brooklyn, Jay-Z se tornou o chefe e a estrela, o Branch Rickey negro, um Jackie Robinson com pecados. Quando a nova arena foi inaugurada, ele a lotou por oito noites seguidas. No escuro esfumaçado, disse a 16 mil fãs: "Não acho uma coincidência que este tenha sido o lugar onde Jackie Robinson tornou-se o primeiro afro-americano a jogar no esporte profissional e romper a barreira da cor. E não acho que seja uma coincidência que eu faça parte do grupo que trouxe os Nets de Nova Jersey para cá. Vocês ouvem as pessoas dizerem que eu só possuo um pequeno percentual da equipe. Não importa a porcentagem — a história é que um garoto negro criado apenas pela mãe conseguiu sair dos conjuntos habitacionais de Marcy, a cerca de seis minutos daqui. Então, o fato de eu ter qualquer participação nesta franquia é incrível pra caralho. O fato de eu ter qualquer participação neste local é incrível pra caralho. Não deixe que eles diminuam sua realização ou escureçam seu brilho". Jay-Z ergueu o dedo do meio. Dezesseis mil dedos médios responderam.

Havia momentos em que ele olhava para a sua vida e achava que havia cometido um crime perfeito.

Tampa

Aos milhares e milhares, as execuções de hipotecas chegaram. Elas chegaram a Country Walk e Carriage Pointe, ao centro da cidade de Tampa e à distante Pasco, a Gulfport e St. Pete, no nordeste da cidade. Chegaram a casas onde três meses de correspondência jaziam numa pilha na porta da frente, e a casas onde as crianças estavam assistindo a *Dora, a aventureira* e os adultos haviam parado de atender ao telefone, a motéis com 20% de ocupação e entidades de investimento com nomes obscuros e sem endereço conhecido. Vieram na forma de visitas de um oficial de justiça lacônico, o anjo da morte.

Os arrestos começaram como reclamações, sempre iguais: você me deve dinheiro! As queixas foram apresentadas por instituições financeiras de nomes como HSBC Bank USA, EMC Mortgage Corporation, BAC Home Loans Servicing, L.P. (anteriormente conhecida como Countrywide Home Loans Servicing, L.P.), LSF6 Mercury REO Investments Trust Series 2008-1, Citibank, N.A., como agente fiduciário dos detentores de Bear Stearns Alt-A Trust 2006-6 Mortgage Passthrough Certificates Series 2006-6, Deutsche Bank Trust Company Americas (a antiga Banker's Trust Company), como agente fiduciário e depositário para IXIS 2006-HE3 por: Saxon Mortgage Services, Inc. (a antiga Meritech Mortgage Services, Inc.) com poder de procuração. As demandas dessas instituições foram elaboradas por fábricas de execuções hipotecárias como os escritórios de advocacia de J. David Stern, P.A., Marshall C. Watson, P.A., e Florida Default Law Group, e foram entregues como intimações por oficiais de justiça a serviço de ProVest, LLC-Tampa, Gissen & Zawyer Process Service, e do gabinete do xerife do condado de Hillsborough. As intimações foram entregues pessoalmente, ou afixadas na porta da frente, ou deixadas com um vizinho, ou jogadas no lixo perto da casa vazia de Olivia M. Brown et al., Jack E. Hamersma, Mirtha De La Cruz, também conhecida como Mirtha Delacruz, Aum Shree de Tampa, LSC Investor, John Doe e Josephine Givargidze e esposo desconhecido de Josephine Givargidze. A intimação declarava:

> Uma ação judicial foi movida contra você. Você tem vinte dias corridos após receber esta intimação para apresentar ao escrivão deste tribunal uma resposta por escrito à denúncia anexa. Um telefonema não irá protegê-lo; sua resposta por escrito, incluindo o número do processo acima indicado e o nome das partes, deve ser apresentada se você deseja que o tribunal ouça o seu lado do caso. Se não apresentar sua resposta a tempo, pode perder o caso, e seu salário, dinheiro e bens podem a partir de então ser confiscados sem mais nenhum aviso desta corte.

Assim postas em movimento, as ações convergiram para o centro da cidade de Tampa, onde foram reunidas no quarto andar do Tribunal de Justiça George E. Edgecomb, da 13ª Comarca. Do outro lado da baía, elas se acumularam no terceiro andar do Edifício Judicial St. Petersburg, da Sexta Comarca. Elas foram transformadas em milhões de páginas de documentos legais, e os documentos foram amontoados em grossas pastas marrons, e as pastas foram empilhadas em caixas, e as caixas foram carregadas em carros, e os carros foram levados para tribunais por oficiais de justiça que pareciam cansados de tanto esforço. Lá, juízes com togas pretas — alguns tirados da aposentadoria para esse objetivo, a seiscentos dólares por dia, em grande parte pagos por taxas de execução de hipotecas — se dedicaram ao trabalho de limpar as prateleiras da Flórida de meio milhão de casos dessas execuções, tal como gerações anteriores haviam limpado os manguezais que deram lugar a Tampa.

Havia tantas execuções, e a pressão da Suprema Corte estadual para resolvê-las rapidamente era tão grande, que um juiz de cerca de 75 anos podia ficar encarregado de 3 mil processos ao mesmo tempo. Uma pauta diária para uma manhã de dezembro no condado de Hillsborough consistia em sessenta processos, tendo início às nove horas com National City Mortgage *vs.* Christopher Meier e término ao meio-dia, com o Chase Home Finance *vs.* William Martens, o que significava três minutos, e em geral até menos, para que se fizesse justiça em cada um dos casos. Depois do almoço, das 13h30, com Wells Fargo Bank *vs.* Stephanie Besser, até as cinco, com Deutsche Bank *vs.* Raymond Lucas, o juiz decidiu outros sessenta processos.

Se acontecesse de a sra. Besser ou o sr. Lucas serem representados por um advogado, a pauta foguete — pois assim era chamada — podia desacelerar temporariamente e atrasar. Pior ainda era se a sra. Besser ou o sr. Lucas aparecessem em pessoa, pois então o tribunal teria de encarar a face humana de uma execução hipotecária, os traços particulares de ansiedade infligidos pela perspectiva de perder a casa, e criava-se um clima de embaraço em torno do processo, como se um paciente em fase terminal tivesse entrado em uma sala onde os médicos estivessem discutindo com frieza seu prognóstico irremediável, e o juiz talvez se mostrasse mais propenso a fazer algumas perguntas difíceis ao advogado do banco. Felizmente, isso quase nunca acontecia. A maioria dos processos não tinha contestação, e o único advogado presente era o do banco — quase sempre alguém de um dos vários escritórios de advocacia da Flórida conhecidos como fábricas de execuções hipotecárias, designado para o caso por um sistema de computação automatizado —, que às vezes nem mesmo estava lá fisicamente, era apenas uma voz com um diploma de direito no viva-voz do tribunal, liquidando catorze processos em uma ligação de meia hora, e cada processo terminava com o juiz perguntando "alguma coisa incomum neste arquivo? Falta alguma coisa?", para depois definir uma data para o leilão de arresto, dois andares abaixo, na sala 202. Às vezes, a sala do tribunal estava vazia, exceto pelo juiz, um ou dois assistentes judiciais, e o oficial de justiça que trazia e levava os carrinhos lotados de processos. E para economizar tempo e, talvez, manter o curral judicial fora da vista do público, muitas audiências nem eram realizadas na sala do tribunal, ficavam confinadas à obscuridade do gabinete privado do juiz.

Em meados de 2010, na sala 409 do Tribunal George E. Edgecomb, os funcionários começaram a notar a presença de uma mulher na pauta diária das execuções de hipotecas que aparentemente não tinha nada a fazer por lá. Sentava-se na última fileira, nunca dizia uma palavra, mas tomava copiosas notas. Se tinha alguma causa, nunca entrou em pauta, e se parecia mais com uma secretária do que com uma advogada, com sua blusa de decote em V e estampa de pele de cobra, calças pretas, jaqueta bordada e óculos com armação de tartaruga. Era uma mulher baixinha e gordinha de seus sessenta anos, com cabelos cor de palha seca cortados na altura do pescoço e uma expressão cansada — o tipo de pessoa que ninguém notava, a menos que fizesse alguma coisa incomum.

Sylvia Landis — era esse o nome da mulher — era apenas uma cidadã, uma cidadã comum, mas tinha um interesse pessoal pelo modo como os tribunais estavam lidando com a enxurrada de execuções hipotecárias e as pessoas atingidas por elas. Como quase todos os habitantes de Tampa, vinha de outro lugar — Doylestown, na Pensilvânia. Seu pai fora vendedor e desempregado crônico, e ela crescera num caos financeiro. Já estava na casa dos trinta anos quando deixou de ter pesadelos em que morria de fome, mas fez mestrado em administração de pessoal e saltou para a classe média da qual seus pais haviam caído. Foi orientadora de carreira na polícia de Los Angeles durante duas décadas. Em 1999, Sylvia começou a se preparar para a aposentadoria, entrando para a crescente subcultura de pessoas de classe média que se envolviam no mercado imobiliário. Fez um curso com um guru de investimentos do sul da Califórnia chamado Marshall Reddick, que embelezava seus seminários com palavras de inspiração divina e cujo lema era "ajudar a acabar com a pobreza da classe média". O curso se parecia com um encontro de renascimento religioso, com pessoas saindo correndo para comprar casas. Sylvia captou o espírito da coisa e chegou a ter cinco imóveis: duas casas na Califórnia, que ela vendeu com lucro, um apartamento em Asheville, na Carolina do Norte, e duas casas na Flórida — uma em Tampa, que alugava, e uma nova em folha em Cape Coral, onde planejava morar depois que se aposentasse.

Não foi isso o que aconteceu.

Em 2004, um câncer de ovário a forçou a se aposentar mais cedo da polícia de Los Angeles, com uma pensão. Em 2007, mudou-se para o condomínio de Asheville, pensando que começaria uma nova carreira. No início de 2008, quando o mercado estava despencando, teve problemas respiratórios e foi internada na ala de cardiologia de um hospital. Devia 157,5 mil dólares da casa de três quartos em Cape Coral — o epicentro da crise, com a taxa mais alta de execuções hipotecárias no país — e a renda que recebia do aluguel caiu pela metade. Ela sabia que ia perder a casa e, antes que o Bank of America a executasse, tentou se livrar dela numa *short sale*, através da qual venderia o imóvel por menos do que devia ao banco e teria sua dívida quitada. Foi quando Sylvia se familiarizou com o funcionamento dos bancos.

No início de 2009, ela encontrou um comprador (ia perder a metade do seu investimento), mas, apesar de falar ao telefone com o Bank of America todos os dias, sempre transferida de uma pessoa para outra, não conseguiu concretizar a venda; ao mesmo tempo, ela acreditava que o banco estava inflando sua dívida. O termo "robô-signing"* ainda não estava em uso, mas ela recebeu documentos que não pareciam autênticos — cópias geradas por computador, com datas erradas e assinaturas suspeitas, da cessão e transferência de sua hipoteca ao Bank of America depois que ele comprou a Countrywide, o credor original. Ela escreveu para vice-presidentes do banco, para procuradores-gerais do Estado, para Gretchen Morgenson do *New York Times*, para qualquer um que pudesse se interessar. Ficou sem dinheiro para pagar advogados e teve de representar a si mesma. Tudo isso enquanto ainda estava se recuperando do câncer, e não é preciso dizer que o estresse não foi bom para sua saúde.

No final de 2009, ela completou a *short sale* da casa em Cape Coral. Como se isso nunca tivesse acontecido, duas semanas depois, o escritório de advocacia do banco, J. David Stern, processou Sylvia por falta de pagamento. (A firma de Stern foi a maior e mais famosa fábrica de execuções hipotecárias da Flórida, que funcionava como uma indústria jurídica clandestina, com centenas de milhares de casos por ano, a maioria deles da Fannie Mae e da Freddie Mac, ganhando lucros que seu chefe gastou em quatro mansões, dez carros de luxo, dois jatos particulares e um iate de 130 pés, antes de ser fechado por uma investigação estadual de fraude.) Sylvia precisou de mais quatro meses para encontrar alguém no banco que resolvesse a bagunça da execução hipotecária equivocada, mas seu crédito foi atingido.

Àquela altura, ela havia mudado para Tampa. Tinha um capital de 50 mil dólares em sua casa de lá, com uma hipoteca de taxa fixa de 91 mil dólares. Fazia sentido financeiro se livrar do apartamento de Asheville, mesmo com grande perda, e ficar com a casa de Tampa, que lhe rendera o aluguel, para

---

* Termo usado para descrever a prática de assinar, de maneira automatizada — ou seja, sem a devida revisão dos dados —, execuções hipotecárias falsas ou forjadas, bem como outros documentos legais relacionados a essas execuções. (N. T.)

morar. Além disso, seu único companheiro, um pequeno *shih tzu* hiperativo — ela não tinha filhos —, precisava de um quintal. Era uma casa muito modesta, em um loteamento de classe trabalhadora chamado Sugarwood Grove, onde seus vizinhos dirigiam caminhões e consertavam suas próprias casas. Mesmo assim, precisava de alguém para morar com ela. Em 2007, tivera 1 milhão de dólares em ativos. Agora tinha zero. Suas economias se foram — estaria na rua, não fosse a pensão do governo. Ao longo do caminho, havia dado uma boa quantia de dinheiro para Wajed "Roger" Salam, um "especialista em joint-venture" de Tampa, "fundador do Fórum Mastermind" e outrora associado do palestrante motivacional Anthony Robbins. Obviamente, ela nunca conseguiu esse dinheiro de volta. Em Los Angeles, alguns membros do clube imobiliário do guru Marshall Reddick haviam apresentado uma ação coletiva contra seu mentor por vendas fraudulentas de casas na Flórida (de acordo com Sylvia, Reddick criou mais do que erradicou a pobreza da classe média). Ainda assim, embora se arrependesse de não ter confiado em seu instinto e saído do mercado com um monte de dinheiro quando viu a quebradeira a caminho, Sylvia não sentia vergonha de ter começado a mexer com imóveis, ainda que os investidores fossem agora vilipendiados por causa do crash, atribuindo-se a eles o mesmo status dos financiadores de hipotecas subprime. Tomar a iniciativa e ajudar a si mesmo não era a essência de ser americano?

Uma expressão que lera uma vez numa coluna do *New York Times* a descrevia perfeitamente: "a antiga classe média". Ela sabia que muitas outras pessoas estavam fazendo o mesmo percurso descendente. Sylvia sempre fora apolítica, com indiscutível respeito pela autoridade — ela nem sequer sabia o nome de seu sindicato no Departamento de Polícia de Los Angeles —, mas a experiência com o banco a transformou. Ela chamou aquilo de "fraude total", algo que nunca tinha imaginado que fosse possível. Um impulso muito conservador que vinha de Doylestown, um medo do caos e um anseio de lei e ordem a levaram para o Tribunal George E. Edgecomb, da 13ª Comarca. Ela queria ver o que acontecia com as execuções hipotecárias quando chegavam ao Tribunal de Justiça. Achava que suas observações poderiam ser úteis para outras pessoas.

Sylvia sentiu certo temor reverente na manhã de segunda-feira em que foi pela primeira vez ao tribunal. Sua inclinação natural era ser educada e não criar confusão, mas teve dificuldades para encontrar a sala que procurava —

não havia cronograma de audiências públicas. Foi informada por um recepcionista do sexto andar que os processos seriam julgados na sala 513, mas descobriu que essa sala estava numa seção trancada do quinto andar, sem nenhum funcionário à vista. Ela desceu um andar e foi até a sala 409, onde a recepcionista sugerira que talvez houvesse também audiências (embora nada parecesse certo, porque nada estava escrito, e a lei não era nada se não estivesse escrita). A porta da sala 409 estava aberta. Dentro, havia uma oficial de justiça. Ela disse a Sylvia que não havia nada para ver, apenas procedimentos administrativos.

"Existe alguma regra contra a minha presença?", perguntou Sylvia.

Na sala, o juiz Doug Little presidia os trabalhos diante de um telefone e um carrinho cheio de caixas de arquivo. Quem estava no viva-voz era um advogado da firma de advocacia de J. David Stern. "Bom dia, meritíssimo", guinchou o telefone, de acordo com a solenidade do processo. À medida que a pauta foguete avançava, Sylvia tomava notas. Com frequência, o documento original da hipoteca não estava na pasta, e o juiz dizia ao advogado na linha para obtê-lo até o final da semana. Em alguns casos, faltava o arquivo inteiro. Vários réus se apresentaram ou tinham um advogado para representá-los. Havia o caso de Michael Mcrae, que morava em sua casa havia dezoito anos, com dois filhos e um emprego novo, e que estava tentando refinanciar o empréstimo (o juiz prorrogou a data de venda). Havia o caso de Howard Huff, um homem negro de pouca instrução, que não parecia saber onde ficava a casa em questão, pois simplesmente concordara em pôr seu nome numa hipoteca como investimento com um corretor que conhecia, e agora se via processado pelo banco. (Sylvia correu aflita atrás de Huff e o instou a entrar em contato com a defensoria pública. Huff olhou para ela espantado.) Mas a esmagadora maioria dos casos não era contestada. Sylvia sabia como era isso, como os bancos os derrubavam, mentiam para eles, os cozinhavam em banho-maria, não atendiam telefonemas, até que, quando chegava finalmente o dia de ir ao tribunal, a maioria dos réus já desistira havia muito tempo. A justiça se fazia na ausência deles, num piscar de olhos.

"Eu passo mais tempo no guichê de *drive-through* do McDonald's", Sylvia disse mais tarde, "do que as pessoas que estavam perdendo suas casas tinham para se defender." Ao se fazer presente no lugar delas, ela sentiu uma coisa diferente do estresse de seu próprio calvário, algo mais parecido com empatia.

Perto do fim da sessão da manhã, o juiz Little dirigiu-se de repente a ela. "A senhora deseja alguma coisa?"

"Posso ficar com uma cópia da pauta de processos?"

O juiz, hesitante, olhou para o oficial de justiça. O oficial de justiça negou firmemente com um gesto de cabeça. "A pauta é fragmentada todos os dias." Mais tarde, Sylvia viu o oficial de justiça sussurrar alguma coisa a respeito dela para um dos funcionários do tribunal.

Mas, àquela altura de sua vida, Sylvia não se deixava dissuadir com tanta facilidade quanto sua aparência poderia sugerir. Ela esperou até o fim do dia e então pediu novamente a pauta, e dessa vez recebeu uma cópia do funcionário. Com a pauta, pôde juntar os nomes dos proprietários e bancos aos casos que havia testemunhado. Naquela noite, reuniu suas anotações em um relatório e o enviou para uma rede de advogados da Flórida que atuava na defesa de execuções hipotecárias. Foi assim que ela se tornou, sem remuneração, os olhos e ouvidos deles no tribunal. Foi assim que Sylvia Landis entrou para um movimento, o primeiro de que fez parte, "um movimento de classe média", definiu ela, de pessoas preocupadas com a lei e os direitos de propriedade, transparência e democracia, com toda a ingenuidade de classe média de americanos que sempre acreditaram no sistema e nunca o combateram em suas vidas. E foi assim que ela conheceu Matt Weidner.

MATTHEW D. WEIDNER, P.A. ADVOGADO, dizia a placa na janela de vidro. IMOBILIÁRIO CIVIL LITÍGIO FAMÍLIA EMPRESARIAL. Basicamente, Weidner aceitava tudo o que aparecesse: era um advogado de porta aberta, o agricultor de subsistência do mundo jurídico, comissão de 2 mil adiantada. Seu escritório fuleiro ficava entre um botequim e um clube de striptease, numa rua suspeita do centro de St. Petersburg, onde sua escrivaninha curva desorganizada ocupava a maior parte do espaço disponível. De início, Weidner também parecia um pouco suspeito.

Estava em seus trinta e tantos anos, nascido na Flórida. Um cartão de débito antigo, com foto, mostrava que havia sido gordo, mas começou a praticar triatlo e entrou em forma: a parede atrás de sua escrivaninha estava cheia de medalhas emolduradas embaixo de seus diplomas. Era divorciado, tendo deixado uma casa com uma grande hipoteca para uma mulher que não queria vender. Ele percebeu que a queda era iminente quando poderosos jipes Hummer começaram a aparecer em seu loteamento — a arrogância, o absurdo de tudo aquilo. O próprio Weidner financiou um Cadillac branco, sua contribuição para a indústria automobilística dos Estados Unidos, com uma mochila camuflada de sobrevivência no porta-malas. Tinha um rosto rosado e animado, um jeito de caminhar com as pernas arqueadas, e uma frase rápida e descartável para cada situação. Entrava na sala 400 do Judiciário de St. Petersburg, com os olhos azul-claros arregalados de horror simulado diante do conjunto de advogados de terno escuro presentes, e anunciava: "Cambada de capangas neste tribunal". Depois que começava a falar, as sentenças rolavam em ondas fluentes de excitação e indignação. "Estamos consumindo porcaria de todos os lugares, mas não estamos fabricando nada. Como é que vamos fazer pagamentos de hipoteca aqui nos Estados Unidos, quando não fazemos mais nada? E se tivermos um blecaute ou um apagão completamente acidental, mas que desliga Nova York ou Chicago? Quanto tempo vocês acham que vai levar para o pânico absoluto tomar conta?" Depois, no auge da hipérbole, dava um passo verbal para trás a fim de se autoexaminar: "Estou sendo histérico?".

Weidner nem sempre tivera opiniões apocalípticas sobre os Estados Unidos. Iniciara a vida como escoteiro na terra das férias de primavera, Daytona Beach. Seu tio Don era diretor do Partido Republicano da Flórida, quando o estado ainda era em grande parte democrata; com ele, o partido se estabeleceu em todos os 67 condados e realizou sua primeira convenção estadual, em 1979. Matt foi amamentado no peito de Ronald Reagan, comparecia a eventos dos Jovens Republicanos, acreditava devotamente em Deus e na pátria, no excepcionalismo americano, na confiança em si mesmo e no Estado mínimo. Na faculdade, durante a revolução de Gingrich no Congresso, deu o nome de Newt ao seu boxer. Era totalmente a favor da invasão do Iraque: "Faríamos uma boa ação e obteríamos uma base operacional de um posto de gasolina". E, no entanto, olhando para trás, ele via que a podridão já havia se estabelecido com seus pais e a geração deles, na década de 1970. Os avós de Weidner ralaram muito depois da Segunda Guerra Mundial e morreram com a casa paga — diabos, seu avô ainda estava trabalhando enquanto seu pai, com sua hipoteca reversa, aposentou-se e bundou durante uma década. "Nossos pais eram gordos e preguiçosos", disse ele. "Nossos avós jamais teriam hipotecado tudo e vivido de crédito. Se você olhar para o produto interno bruto dos últimos vinte anos, em particular nos últimos dez anos, não é resultado de alguma coisa que tenhamos produzido. Estamos negociando no papel o que foi produzido trinta anos antes disso."

Em 1999, Weidner formou-se em direito pela Universidade Estadual da Flórida e foi trabalhar como lobista para a Academia de Medicina da Dor da Flórida. Sua função era percorrer o estado conversando com médicos e fazer com que representantes dos laboratórios Pfizer e Novartis dessem cheques de 50 mil dólares para a conferência anual da Academia. Participava de reuniões em Tallahassee, onde a sala estava montada de tal modo que o fluxo de lobistas passava pela mesa de comidas para chegar ao legislador que os esperava. O momento da verdade vinha com o aperto de mão, quando Weidner encarava o deputado estadual e puxava o envelope recheado de cheques do bolso, e o deputado o apalpava, sentia sua espessura e determinava quanto tempo Weidner teria para explicar por que era importante barrar uma lei que exigia que os pacientes fossem ao médico cada vez que precisavam de uma receita de hidrocodona, porque as mães não conseguiriam xarope contra a tosse para seus filhos; então, Weidner seria interrompido no meio da frase, hora de seguir em frente.

Com o tempo, esses acontecimentos começaram a deixá-lo fisicamente doente. Ele saía da sala pensando: "Eu quero entrar numa profissão honesta, como a porra da prática do direito".

Em 2001, começou a trabalhar no escritório de advocacia de seu tio Don, em Jacksonville. Em 12 de dezembro, Weidner iria a Fort Lauderdale com seu tio, outro advogado e dois clientes, no monomotor Piper Cherokee de Don. Um telefonema de última hora de um juiz segurou Matt no escritório. Naquela noite, em um forte nevoeiro, o avião caiu em um pântano de pinheiros perto do aeroporto de Jacksonville, matando todos a bordo.

Depois de sua assustadora escapada da morte, Weidner fugiu para St. Petersburg, onde passou a trabalhar sozinho. Nos primeiros anos, não tinha sequer um lugar onde sentar, só pegava uma mesa quando algum advogado do escritório da frente estava no tribunal. Ele batalhou e se virou, principalmente com casos de divórcio, até que, por volta de 2007, começaram a chegar as execuções hipotecárias, aos magotes. Os primeiros casos eram de áreas mais pobres, como o sul de St. Pete. Em seguida, apareceram os profissionais de classe média. Era uma carnificina, mas tudo nas sombras, porque ninguém queria falar sobre aquilo — homens envergonhados que mal conseguiam contar a

Weidner sobre a vigarice da modificação de hipoteca em que haviam caído. Casais chegavam e atacavam um ao outro, a esposa culpando o marido por perder o emprego, o marido culpando a mulher por querer uma casa grande, até que Weidner intervinha: "Ei, pessoal, somos nós contra eles agora, e não importa o que aconteceu, temos que ficar juntos". Ele dava a volta na mesa curva e punha uma cadeira vazia entre eles: "Quero que vocês se concentrem no impacto que isso causa nas crianças".

Alguns clientes apareciam na primeira vez dizendo: "Não vou perder a minha casa, não importa o que for preciso", e Weidner lhes dizia: "Eu sou o cara que você precisa. Vou lutar por você". Durante a maior parte de 2008 e 2009, ele supôs que o governo e os bancos iriam encontrar uma solução: dividir os empréstimos inadimplentes, com o Tesouro pagando aos bancos metade do valor e os bancos dando baixa na outra metade, repassando as hipotecas ao governo federal, que renegociariam com os proprietários e os manteriam em suas casas. Algo parecido com o socorro aos bancos: simplesmente dar um fim a toda aquela dívida fantasma, que nunca teria como ser paga. Mas não houve nenhum socorro para os proprietários. Seus clientes gastariam meses inúteis tentando falar com alguém no banco pelo telefone para conseguir que aceitassem uma *short sale* ou uma modificação do empréstimo, e quando enfim se cansavam, voltavam para Weidner: "Estou pronto para ir embora. Mamãe tem um lugar onde posso morar". Ou: "Vamos alugar alguma coisa no centro".

Weidner lhes dizia: "Eu nunca perdi um caso de execução de hipoteca". Era verdade. Nenhum. Não porque ele fosse tão bom assim, embora os clientes descobrissem que era um advogado destemido. Era porque o sistema era ruim demais.

Weidner descobriu que, assim que oferecia alguma resistência, a causa do banco começava a desmoronar. A nota promissória original estava perdida. Uma busca pelo título não conseguia estabelecer uma cadeia contínua de custódia. O Sistema de Registro Eletrônico de Hipotecas substituíra o bom e velho documento físico no escritório de registro do tribunal do condado por um fac-símile digital que, pelas leis da Flórida, não era suficiente. A papelada tinha uma assinatura fraudulenta, uma data falsa, um selo falso. Ninguém notou nada disso enquanto a economia continuava firme, mas, assim que as coisas foram pelo ralo e as pessoas deixaram de pagar, as hipotecas americanas se revelaram uma vigarice. Uma cliente chamada Arlene Fuino, agente imobiliária e "encarregada de *short sale* e execução de hipoteca", estava sendo processada por inadimplência pela "Associação Nacional de Bancos dos Estados Unidos, como Agente Fiduciário da Structured Asset Securities Corporation Trust 2006-WF2". Que diabos era aquilo? Weidner levou o caso a um juiz da Sexta Comarca e exigiu que o advogado do demandante mostrasse em nome de quem estava atuando. "Tudo o que estamos pedindo é que eles identifiquem quem é a entidade que está pedindo à minha cliente que lhes dê 200 mil dólares." Na prática, Wall Street ("Gotham", ele assim chamava, o ânus, o buraco negro do país que suga todo o dinheiro para lá, o âmago do apocalipse") havia fatiado e embalado as hipotecas tantas vezes por meio de securitização, e depois os bancos tiveram de cortar tantos gastos tentando recuperar os empréstimos podres, que nenhuma instituição era capaz de estabelecer um direito claro sobre a casa de alguém. Mas isso não impedia os delegados do xerife de bater na porta.

Weidner nunca duvidara da integridade dos tribunais, e ficou pasmado com as implicações: "Todo o nosso sistema de propriedade está um caos e um tumulto".

Um dia, ele estava sentado na sala 300 do Edifício Judicial de St. Petersburg, esperando a vez de seu caso, quando a advogada do reclamante de outro caso de execução hipotecária informou ao juiz que, no fim das contas, ela não era a advogada do demandante. Ela havia sido contratada por um computador de uma gigantesca fábrica de execuções hipotecárias chamada Lender Processing Services para representar o banco Wells Fargo, mas descobriu-se que o Wells Fargo não era o detentor da nota promissória — era o U.S. Bank — pelo menos, era o que ela achava. A juíza Pamela Campbell mandou que ela fosse esclarecer as coisas. Quando o caso de Weidner foi chamado, ele pisou no tapete verde-pálido do tribunal e disse: "Meritíssima, minha cabeça está prestes a explodir por causa do que acabamos de ouvir, no último caso".

A juíza Campbell sorriu, constrangida. "Esperemos que eles descubram quem é o demandante de fato."

Os juízes ouviam os argumentos de Weidner e decretavam adiamento das vendas decorrentes de execuções hipotecárias. Mas os magistrados se recusavam a aceitar seus pedidos de encerramento do caso — afinal, seus clientes deviam dinheiro. Assim, os processos jaziam ano após ano no purgatório, enquanto as hipotecas não eram pagas, os tribunais permaneciam entupidos, os bancos rejeitavam pedidos para modificar os empréstimos e os clientes não obtinham solução. Mas, pelo menos, ficavam em suas casas.

Havia, por exemplo, o caso de Jack Hamersma. Quando entrou pela primeira vez no escritório de Weidner, ele era um vendedor de barcos corpulento, um homem de verdade, que fora dono de uma oficina de funilaria e também tinha feito alguns negócios de compra e venda de casas. Acabara de fazer cinquenta anos e devia 600 mil dólares de dois empréstimos feitos em cima de sua casa em St. Pete — uma quantia monstruosa, pois, na época em que Jack contratou Weidner, ela talvez valesse a metade disso. Jack queria que seu advogado e quem quer que o ouvisse soubessem que ele havia trabalhado toda a sua vida e tinha condições de pagar a casa quando a comprou. Depois que Weidner entrou na jogada, os bancos não conseguiram juntar os documentos e a ação se arrastou por anos, durante os quais Jack perdeu o emprego na empresa de barcos, suas economias minguaram e ele teve três tipos de câncer, colorretal, de fígado e linfático. Isso acontecia com muitos clientes de Weidner: o trabalho, a casa e a saúde, geralmente nessa ordem. Weidner viu Jack minguar diante de seus olhos e perder 45 quilos, até que, três anos após a primeira consulta, entrou mancando no escritório para discutir o seu caso, com as pernas definhadas saindo de sua bermuda e um saco de lona pendurado no ombro, do qual um tubo de gotejamento entrava sob um curativo em seu peito. Acabara de sair de cinco horas de quimioterapia e estava no início de 48 horas de bombeamento.

"Vejo que muitos de meus clientes estão doentes", Weidner disse a Jack depois de convidá-lo a sentar-se. "Eu não sei qual é a ligação entre as coisas. Você sabe?" "O grau de estresse é obviamente alto", disse Jack com uma voz que parecia coagulada. Do pescoço para cima, ainda se viam vestígios de boa aparência. "Quando você não pode trabalhar, não tem renda por um período de anos, isso provoca coisas ruins. Você fica sem dinheiro — não é nada intencional, simplesmente você não consegue pagá-los."

"Você é um dos caras que está por aqui há mais tempo", disse Weidner.

"Isso vai continuar depois que eu morrer."

"Não desista ainda." Não era preciso muita coisa para inflamar os ânimos de Weidner, e a presença de Jack era o suficiente. "Queremos fazer nosso trabalho, nossa vocação, queremos prover, e eu estou tão puto porque o nosso governo tirou nossa capacidade de prover qualquer coisa."

"Não sei se cabe ao governo criar empregos", disse Jack, "mas cabe a ele ajudar nessa situação. Quando me inscrevi para ter algum tipo de auxílio, eles me olharam como se eu tivesse três cabeças." Jack estava praticamente falido, o que o desqualificava para o programa de emergência do governo para proprietários. Seu tratamento custava 35 mil por mês e, se a Medicaid rejeitasse seu pedido, teria de ser suspenso. "Estou encurralado em um canto e não consigo achar a saída. Alguma coisa vai entrar em colapso, mais cedo ou mais tarde."

"Não deram à minha mãe mais tempo do que lhe deram, e ela ainda está firme e forte."

"Eu gostaria de pensar que posso vencer. De certa perspectiva, acho que posso — no lado espiritual. Mas, no lado clínico, não, é inoperável. As estatísticas dizem que se vive no máximo dois anos com o que eu tenho."

A conversa voltou-se para o caso de Jack. Parecia estar moribundo. "Não tenho notícias do Bank of America há provavelmente um ano", contou Jack. "Recebo de vez em quando um FedExgram curto do Wells Fargo me dizendo que, se eu pagar 183 mil dólares hoje, eles liquidam o assunto."

"Então, se você recebe isso hoje e eles recebem amanhã…"

"Tecnicamente, é tarde demais." Jack conseguiu dar uma risada. "Eu não vou mexer nesse vespeiro."

"Melhor não avivar as brasas." Weidner estava ficando irritado novamente. Como é que a porra dos 50 trilhões de dólares da dívida dos Estados Unidos poderia ser paga? "Chega-se àquele nível de abstração em que as únicas pessoas que estão pagando nesses dias… Por que você deveria pagar? Essa coisa toda da dívida, estamos apenas alimentando esse monstro que, se todo mundo simplesmente parasse, então eles realmente estariam em maus lençóis."

"Eu não pago mais ninguém", disse Jack. "Não posso, não tenho como." Quando alguém tentou lhe entregar uma cobrança de seu cartão da Home Depot, ele não atendeu à porta.

"A única coisa que é até remotamente possível é um enorme repúdio da dívida em todo o mundo", disse Weidner. "Torrar a porra toda, porque senão seu filho trabalha durante toda a vida e nunca acumula nada, porque está ocupado pagando a dívida pessoal, a dívida pública e a dívida institucional."

"Do meu lado, não posso fazer nada a respeito de nada, e sendo assim o que você faz?"

"Nada."

"Nada", confirmou Jack. "O que não é o meu estado de espírito, não é o meu caráter, não é a minha forma de resolver as coisas, mas estou encurralado a ponto de não ter mais opções."

Era um mistério para Weidner compreender por que os bancos não caíam matando sobre a casa de Jack, que ainda valia algum dinheiro, mas iam atrás de outros com unhas e dentes. Parecia totalmente aleatório, o que era ainda mais assustador do que as outras possíveis explicações: que os bancos queriam manter a dívida em seus livros como ativos para mostrar aos seus acionistas, ou que estavam recebendo incentivos financeiros perversos, ou que achavam realmente que o mercado ia se recuperar em breve. A outra coisa que Weidner não conseguia entender era por que os proprietários de imóveis desempregados sob execução hipotecária em todo o país não se uniam em um movimento de massa. Ele perguntou a Jack sobre isso, e Jack tinha uma resposta.

"Essa coisa afasta você de tudo. Imagine levantar-se todos os dias e não ter um propósito. Você não está trabalhando, sua autoestima vai por água abaixo. Você não interage com as pessoas. Fica em casa. Não quer atender ao telefone. Fica isolado. Não posso nem sair para comer alguma coisa. Não quero gastar nem quinze dólares."

Weidner se recostou na cadeira e cruzou as mãos atrás da cabeça. "A boa notícia é que o mantivemos na casa."

"Isso é uma coisa maravilhosa", disse Jack. "O amanhã virá."

"Isso aí. E você vai estar lá para ver. Você não vai a lugar nenhum."

"Eu prefiro estar quebrado e ainda dar meus chutes do que não chutar. Eles podem matá-lo, mas não podem comê-lo, não é essa a lei?" Jack e Weidner riram juntos.

E assim o caso do BAC Home Loans Servicing, L.P., antigo Countrywide Home Loans Servicing, L.P. *vs.* Jack E. Hamersma se arrastou e Jack continuou a viver em sua casa, até que, dois meses depois, morreu dentro dela.

A cabeça de Weidner estava sempre prestes a explodir. Sua mente se encheu de visões de uma cleptocracia decadente em rápido declínio, instigada por ambos os partidos políticos — as massas americanas alimentadas com veneno industrializado, comprado com um cartão magnético de alimentação, trabalhadores de baixa qualificação estruturalmente incapazes de voltar a contribuir e burros demais para perceber que seus antigos empregos não voltariam, os bancos de Gotham sugando as últimas gotas de riqueza para fora do país, as grandes empresas desprovidas de qualquer noção de interesse nacional, o sistema do direito de propriedade em ruínas, o mundo se afogando em dívidas. Ele era um membro da Associação Nacional do Rifle com licença para andar armado, e mantinha um fuzil AR-15 semiautomático da Smith & Wesson com três pentes de quarenta balas ao lado da cama, mas isso não o fazia se sentir mais seguro; na verdade, deixava-o apavorado, pois via as orgias dos colecionadores em feiras de armas e sabia quantos de seus conterrâneos da Flórida estavam armados: patriotas constitucionalistas como ele, militares veteranos, esportistas em trajes de camuflagem e garotos tatuados das cidades que pareciam estar prestes a criar suas próprias milícias. A coisa toda foi à loucura quando Obama assumiu a presidência — houve uma corrida por munições, e vendedores de armas começaram a vender camisetas que diziam "AVISO: EU SOU UM VETERANO. O Departamento de Segurança Interna determinou que posso ser considerado um radical, uma ameaça à segurança nacional. Aproxime-se por sua conta e risco. VOCÊ FOI AVISADO!". Então, o que aconteceria caso houvesse um apagão em Tampa? Caos. Esse era o futuro — agitação civil, desintegração social.

Weidner plantou uma pequena horta para suprimentos de primeira necessidade no pátio do seu condomínio em St. Pete, cenouras e alfaces, tomates e pimentões. Era incrível saborear verduras e legumes verdadeiros, até mesmo tocá-los. Ele estava pensando em comprar um pedaço de terra no condado de Hillsborough, em uma área remota onde fazia passeios de carro nos finais de semana com sua namorada e parava para comprar mel e leite nas fazendas de subsistência das pessoas que viviam do que plantavam e caçavam veados e javalis. Aquela talvez fosse a única resposta: os americanos teriam de plantar novamente. Todos aqueles corretores e investidores ficariam com sujeira sob as unhas e iriam para a cama queimados de sol e exaustos, e isso cuidaria da ansiedade e da depressão deles. As comunidades mais simples herdariam a terra. Ele usaria o lugar como um refúgio quando a merda baixasse, talvez contratasse um casal de veteranos com hipotecas executadas e treinamento militar para cuidar da propriedade. Não seria nada bom se todos eles ficassem vagando, mentalmente fodidos, sem nada para fazer.

Weidner começou seu blog em 2009. No começo, fez isso para angariar clientes, mas não demorou para encontrar uma voz — bombástica, arguta, maliciosa, indignada — e tornou-se um líder do movimento de defesa das vítimas da execução hipotecária, que se iniciara com um grupo de advogados de Jacksonville, liderados por uma advogada da defensoria pública chamada April Charney, que apresentou Weidner a Sylvia Landis. Blogando sob o lema "Lutando pelo povo americano, manifestando-se enquanto o discurso político continuar protegido", ele escrevia todos os dias, de manhã cedo ou tarde da noite, com frequência textos longos. Na semana do aniversário de Martin Luther King, postou um ensaio ao "Meus Caros Colegas Advogados", tendo por modelo a "Carta de uma Prisão de Birmingham" de King:

> Enquanto estava confinado aqui em um tribunal de execuções hipotecárias, me deparei com a recente declaração de vocês em que chamam minhas atividades atuais de "imprudentes e inoportunas" [...]. Talvez seja fácil para aqueles que nunca sentiram os dardos dolorosos da execução hipotecária dizer "Espere". Mas depois de ter visto famílias decentes jogadas na rua, depois de ter visto bancos derrubarem portas e mudarem fechaduras sem ordem judicial, depois de ter visto a polícia de braços cruzados dizer que "se trata de uma questão civil", depois de ter visto decisões judiciais que são um insulto a leis fundamentais, depois de ter visto executivos de bancos e empresas colherem lucros abusivos, depois de ter visto clientes adoecerem e morrerem devido ao estresse e à dor da execução hipotecária e da sua situação econômica, depois de ter visto mulheres solteiras que vivem com o medo mortal de que sua porta da frente pode ser derrubada pela terceira vez, depois de ver crianças que só conheceram o sofrimento de seus pais — então vocês compreenderão por que achamos difícil esperar.

Weidner foi repreendido pela Sexta Comarca por perturbar o andamento do processo no tribunal quando se ofereceu para ajudar uma senhora idosa que estava se defendendo contra a execução hipotecária. O tribunal disse que ele estava aliciando clientes; ele disse que juízes estavam tentando puni-lo por apelar ao governo federal para que assumisse as pautas foguetes da Flórida. Também foi processado por difamação por uma empresa de Palm Harbor que ele acusara de *robosigning* documentos de hipoteca. Alguns jornalistas chegaram mesmo a lhe atribuir a popularização desse termo. Weidner começou a receber telefonemas do *New York Times* e do *Wall Street Journal* e aparecia com frequência nas páginas do *St. Petersburg Times*. Gostava de conversar com os repórteres — a imprensa era a última esperança para a sua causa, a única instituição em que ainda tinha fé, mais do que a maioria dos jornalistas. No entanto, continuava a ser um advogado todos os dias, exercendo sua profissão num lixo de escritório, dirigindo seu Cadillac branco por seis quadras até o tribunal do condado. "Eu adoraria ser uma Gloria Steinem", disse ele, "porque sou linguarudo e por algum motivo consigo fazer com que as pessoas me ouçam. Mas tenho de ganhar a vida." A única coisa que evitava a iminente explosão de sua cabeça eram os milhões de dólares em honorários advocatícios que seu escritório e seu blog, onde postava as moções que apresentava para que outros pudessem usá-las, estavam custando aos grandes bancos de Gotham.

Um dia, Weidner recebeu um telefonema de uma mulher indiana chamada Usha Patel. Uma firma de empréstimos comerciais, Business Loan Express, estava tentando retomar o Comfort Inn que ela possuía no condado de Pasco. Usha mandou por e-mail para Weidner um maço de documentos, ele os leu e ouviu o que ela tinha a dizer, mas se recusou a assumir sua causa: ele representava proprietários de casas, e ali se tratava de um caso comercial muito complicado. Mais tarde, quando o caso foi para o tribunal, ele se envolveu tangencialmente e ficou contente por isso, porque Weidner nunca conhecera uma cliente como Usha Patel, alguém que lutava tanto, que tinha uma crença tão fervorosa no sonho americano que era quase suficiente para restaurar a dele.

Usha sabia que era responsável pelo empréstimo — afinal, havia assinado a nota promissória — e, no início de 2010, estava tentando negociar um novo cronograma de pagamento com a Business Loan Express quando ela e a família foram a Londres para um casamento. Quando chegou de volta ao aeroporto de Tampa, seu filho olhou para o telefone e disse: "Mãe, temos uma audiência de emergência".

A audiência de emergência de Usha foi só um pequeno ato no grande espetáculo de fraudes e falências que inaugurou o novo milênio. A Business Loan Express, rebatizada como Ciena, falira e estava sendo processada pelo Departamento de Justiça por práticas fraudulentas de empréstimos. Uma falência em

Wall Street era uma ameaça ao motel de Usha no condado de Pasco, já que a Ciena procurava maneiras de pagar seus credores. Weidner disse: "Os titãs das finanças estão lá em Gotham lutando pela carcaça da Ciena, ao mesmo tempo que os tentáculos da Ciena estão aqui agarrados no pescoço de Usha". A firma credora havia enganado Usha: ela não tinha nenhuma intenção de discutir um novo cronograma de pagamentos e, na audiência de emergência de 19 de março, o tribunal do condado de Pasco ordenou uma intervenção no motel em que Usha Patel havia investido toda a sua vida, o que significava passar sua receita para o nome da massa falida da Ciena e seus credores, deixando Usha sem seu negócio. No tribunal, ela chorou. Seu filho lhe disse: "Não, eu tenho dinheiro e vou pagar um advogado antes que o juiz assine essa ordem". Naquele mesmo dia, Usha entrou com pedido de proteção conforme o Capítulo 11 para sua empresa, Aum Shree de Tampa, na corte federal de falências, que lhe concedeu uma suspensão. Então as coisas se complicaram.

Na primeira audiência de falência, Usha descobriu que a demandante não era mais a Ciena, ou a Business Loan Express, ou qualquer outro nome que tivesse ouvido desde que tomou o empréstimo. Seu novo adversário era o HSBC, o segundo maior banco do mundo — o "agente fiduciário" do título lastreado em hipoteca que incluía o empréstimo de Usha. De repente, apareceram documentos que mostravam a hipoteca atribuída ao HSBC, documentos sem selo de cartório, documentos sem testemunhas ou datas, documentos com assinaturas suspeitas de supostos vice-presidentes e, assim, o caso de Usha juntou-se à grande bagunça das execuções hipotecárias que estava varrendo o país. Incapaz de forçar o banco a negociar com ela, Usha recorreu à papelada como única arma para salvar seu motel.

Durante quase dois anos, Usha lutou contra o HSBC e seu exército de advogados. Ela leu todos os documentos que entraram e saíram do escritório de seu representante legal, aprendendo tudo o que podia sobre falência e direito de propriedade. À medida que a súmula se alongava, os documentos enchiam caixa após caixa, que ela enfiava no porta-malas de seu Toyota RAV4, onde os guardava e os carregava entre o motel, sua casa e a loja de informática do filho. Quando seu primeiro advogado teve de abandonar o caso, ela contratou outro e, quando este também desistiu, contratou um terceiro e depois um quarto, e Matt Weidner chegou como conselheiro representando um dos acionistas da Aum Shree, mas Usha conhecia seu caso melhor do que qualquer um deles: era ela que pressionava seus advogados para continuar lutando, e não o contrário. Por fim, suas dívidas jurídicas atingiram 200 mil dólares. Muito antes disso, ela ficou sem dinheiro, mas o filho e o resto da família, nos Estados Unidos, na Inglaterra e em Gujarat, apoiaram Usha em sua luta — porque, ao contrário de Mike Ross, Sylvia Landis e Jack Hamersma, Usha Patel não era uma americana nativa, ou seja, não estava sozinha.

"Este é o meu ganha-pão", disse ela. "Meu coração e meu dinheiro. Se eu não lutar, estarei na rua, depois de vinte anos de trabalho duro."

Nas semanas anteriores ao julgamento, Usha, Weidner e seu último advogado ficaram acordados até bem depois da meia-noite na loja de informática de seu filho, noite após noite, e repassaram o caso palavra por palavra. Dois dias antes da data marcada no tribunal, o HSBC, diante da possibilidade de perder, concordou de repente em negociar. Usha aceitou um novo cronograma de pagamentos, com entrada de 150 mil dólares e 10 mil por mês, a 6% de juros. Não era exatamente uma vitória, mas ela gastou um bom dinheiro comemorando com seus muitos advogados e outros simpatizantes de sua causa no mais antigo restaurante de Tampa.

A batalha que levou uma empresa global de serviços financeiros a um acordo desgastante fez Usha rever sua opinião sobre o país. A justiça, concluiu, era para os ricos, não para ela. Os banqueiros e advogados se beneficiaram, enquanto ela quebrou. Os bancos ganhavam dinheiro acossando peixes pequenos: primeiro tentaram intimidá-la a se render, e depois, quando ela reagiu, a enterraram em papelada, contrataram peritos e inspetores que apresentavam relatórios falsos sobre a condição de seu motel, manchando seu nome. Quando falava sobre o HSBC, seu nariz se enrugava, sua boca virava para baixo e seus olhos se estreitavam, na mesma expressão de nojo com que descrevia os hábitos de trabalho dos americanos nativos.

Ainda assim, Usha não chegara à mesma conclusão que Weidner. Ela não acreditava que os Estados Unidos estavam afundando. Ainda via um futuro brilhante para os seus filhos e até para ela mesma. "Neste momento", disse ela, quando seu caso se encerrou, "Deus abençoe a América. Eu acredito nisso."

PARTE III

Jeff Connaughton

No início de todas as manhãs entre 2009 e 2010, Connaughton dirigia sua porcaria de carro americano pela Massachusetts Avenue até o trabalho, em Capitol Hill, emputecido. Ele estava com raiva de Wall Street por mais razões do que seria capaz de mencionar, consultores financeiros, advogados, contadores — especialmente por deixarem de lado as leis, as regras, os controles institucionais e os códigos de conduta que havia estudado na escola de administração e na faculdade de direito, nos quais ingenuamente acreditava. Estava com raiva de Washington — de ambos os partidos — por deixar que isso acontecesse. Estava irritado com os reguladores, a SEC, OTS, OCC, as agências de classificação e as outras autoridades que não tinham feito o seu trabalho. Estava furioso em nome do povo americano — não pelos pobres, para ser sincero, que sempre existiram, mas pelas pessoas remediadas que haviam (palavras de Clinton) trabalhado duro e jogado conforme as regras, e viram metade da quantia de seu plano de aposentadoria desaparecer quando se aproximavam dos sessenta anos, justamente quando pensavam que haviam economizado para a velhice, e estavam ferrados. Ele estava puto em nome de seus amigos de escola, homens em torno de cinquenta anos de idade em Tampa, Austin e Madison que de repente se perguntavam se conseguiriam manter sua casa. E, por fim, estava com raiva em seu próprio nome. Ninguém ia chorar por ele, mas havia perdido muito justamente quando conseguiu muito pela primeira vez na vida. "Talvez eu tenha sentido tanto assim porque tinha mais coisa em jogo", disse ele. "Eu havia acabado de ganhar uma nota preta quando todo o sistema desmoronou. Se não se pode confiar nos republicanos para proteger a riqueza, eles servem para quê?" Surpreendia-se com o fato de mais pessoas não estarem tão putas quanto ele. Connaughton, que era um democrata moderado, estava em vias de se "radicalizar diante da percepção espantosa de que nosso governo foi tomado por uma elite financeira que dirige o governo para a plutocracia".

Em meados de 2008, quando Biden ganhou a indicação à vice-presidência, Connaughton viu-se de repente no perímetro do círculo interno do jogo de poder mais importante dos Estados Unidos. Era tão grande que ele não pensou duas vezes em reabrir o livro-razão de Biden. A disputa recomeçou, as idas e vindas nauseantes, para lá e para cá, mas dessa vez muito mais rápido, num ritmo vertiginoso. Na convenção de Denver, ele passou do exílio em um hotel distante 25 quilômetros da cidade, sem nenhum papel a desempenhar, ao controle da lista de convidados para a festa VIP de quinta-feira à noite na suíte de Biden — avisando outros ex-membros da equipe que poderia pô-los para dentro, ou deixar de fora gente que fingia ser Biden desde criancinha. Na festa, esperou a sua vez e ganhou um braço em torno do ombro. "Companheiro, nós conseguimos", disse Biden.

A viagem continuou no segundo semestre. Ele estava em lugar nenhum; depois, ajudando Kaufman, que era copresidente da pré-transição à vice-presidência (dois meses compilando uma enorme bíblia de todos os aspectos do cargo, inclusive o espaço do gabinete); então, após a eleição, ficou fora da transição porque os lobistas foram sumariamente banidos do novo governo por dois anos (exceto aqueles que não foram), e não importava que ele nunca tivesse pedido um favor a Joe Biden. Foi um pouco de cinismo da parte de Obama excluir a subclasse de Connaughton da classe permanente — quase todos que ele estava contratando haviam ganhado uma tonelada de dinheiro das empresas de uma forma ou de outra. Connaughton acabou com um péssimo ingresso para assistir à posse de pé numa área distante centenas de metros do palco, onde era impossível ver alguma coisa por causa da multidão, então viu a nomeação do presidente Obama e do vice-presidente Biden pela televisão com um outro ex-auxiliar de Biden no Hawk 'n' Dove, um de seus refúgios no Capitol Hill desde seus primeiros dias como um partidário de Biden.

Sempre que Connaughton começava a deslizar para a escuridão do mundo exterior, uma chamada em seu celular o trazia de volta, e era sempre Ted Kaufman, seu aliado indispensável em Washington. Quando herdou os dois primeiros anos do mandato seguinte de Biden no Senado, Kaufman pediu a Connaughton para ser seu chefe de gabinete — ou melhor, pediu a outro auxiliar de Biden que perguntasse a Connaughton se ele aceitaria o cargo a ser oferecido, porque nesse nível em Washington ninguém quer receber uma resposta negativa. Connaughton teria preferido um cargo na Casa Branca como conselheiro adjunto, mas tinha o estigma de lobista registrado, e Biden não estava usando sua escassa influência para pôr gente em posições importantes. Então, pensou no assunto durante um fim de semana e depois informou Jack Quinn que deixaria a empresa onde tivera seu maior sucesso e fizera alguns de seus amigos mais próximos. Pouco antes de completar cinquenta anos, e encarando um enorme corte de salário, Connaughton voltou ao Senado.

A crise financeira era o maior problema do país, e Connaughton e Kaufman a viam em termos similares. Primeiro, representava um colapso do sistema legal. De que outra forma, senão através de fraude desenfreada, aqueles bancos poderiam estar "tecnicamente insolventes", com apenas um punhado de privilegiados sabendo a verdade? Mas havia causas mais profundas — o desmantelamento das regras que haviam mantido o sistema bancário estável por meio século. Connaughton via Kaufman — setenta anos de idade, com um MBA antiquado de Wharton — como um Rip Van Winkle, acordando na era das "*synthetic collateralized debt obligations*" e "*naked credit default swaps*". Que diabos acontecera com a lei Glass-Steagall, que mantinha um muro entre bancos comerciais e de investimento? (Aprovada pelo Congresso em 1933 e revogada em 1999, com voto bipartidário e assinatura de Clinton.) E que fim tivera a "*uptick rule*", que exigia que os investidores esperassem até que uma ação subisse de preço antes de vendê-la a descoberto? (Estabelecida pela SEC em 1938, abolida pela SEC em 2007.) Era fácil ignorar a paisagem desnuda de livre mercado durante os longos anos de boom — Connaughton fizera exatamente isso —, mas, quando a tempestade explodiu e não havia muros para impedir a entrada do vendaval ou árvores para segurar a terra erodida, todo mundo gritou.

Kaufman seria senador por apenas dois anos. Não havia obrigações eleitorais pairando sobre cada movimento seu como uma guilhotina, ele não tinha de começar a metade de suas manhãs com um café da manhã de arrecadação de fundos na K Street. Connaughton também sentia-se liberado: já havia tirado vantagem uma vez e não precisava atender a ligações de lobistas enquanto calculava suas perspectivas futuras de emprego. Ambos gozavam do luxo de atacar Wall Street sem pensar nas repercussões. "Eu estaria fazendo a mesma coisa se fosse candidato à reeleição", Kaufman disse à imprensa, mas Connaughton estava em Washington fazia tempo demais para acreditar nisso. Aquele era o momento deles, o primeiro ano da presidência de Obama, com a economia perdendo centenas de milhares de empregos.

No mês de outubro do ano anterior, o último da campanha, Connaughton captara sinais com Kaufman de que a equipe de Obama queria trazer Robert Rubin para a Secretaria do Tesouro. "Você não percebe que metade do país quer enforcar Bob Rubin?", Connaughton perguntou quando Kaufman manifestou entusiasmo diante dessa perspectiva. Kaufman diria mais tarde: "Era como um carro que estava quebrado e precisávamos de um mecânico". Obama, inexperiente em governo e principiante em finanças, parecia acreditar que Rubin e seus seguidores eram os únicos mecânicos competentes disponíveis.

Não era necessária mais nenhuma prova de que o establishment (aquele que Clinton invocara naquela noite em seu escritório privado) emergiria do desastre em bela forma. O establishment podia fracassar e fracassar e ainda assim sobreviver, até mesmo prosperar. Estava "viciado" em ganhar, como as máquinas de um cassino, e uma vez dentro a pessoa só perdia sua posição se tomasse uma atitude drástica, como escrever um contundente artigo de opinião (e mesmo assim ganharia aprovação por expressar opiniões públicas espirituosas, a menos que desse nome aos bois). Rubin não era mais viável para o Tesouro, mas eram de sua turma praticamente todos os candidatos considerados por Obama, o qual, afinal de contas, havia aberto seu caminho para o establishment vindo de mais longe do que qualquer um deles. Michael Froman, chefe de gabinete de Rubin no governo Clinton, e depois um dos diretores executivos do Citigroup, apresentou Rubin para Obama, e ele continuou a trabalhar no banco enquanto era diretor de pessoal na transição de Obama, para depois levar um bônus de 2,25 milhões de dólares antes de ingressar no governo. Jacob Lew, outro executivo do Citigroup, tornou-se vice-secretário de Estado, com um bônus de 900 mil dólares no bolso. Mark Patterson, um lobista do Goldman Sachs, foi contratado para chefe de gabinete do Tesouro, apesar da proibição de lobistas. Timothy Geithner, um protegido de Rubin e arquiteto dos resgates de bancos, foi nomeado secretário do Tesouro e sobreviveu à revelação de que pagara menos impostos do que devia à instituição que ia dirigir. Larry Summers, cujas gordas impressões digitais estavam em todas as políticas pró-banca do final dos anos 1990, e que ganhou milhões em honorários dando palestras para vários recipientes de futuros resgates, tornou-se o principal assessor econômico da Casa Branca de Obama. Até mesmo Rahm Emanuel, chefe de gabinete de Obama, um funcionário público de carreira, ganhara 16,5 milhões de dólares em um banco de investimento de Chicago nos trinta meses que passou entre um cargo e outro no governo. Todos profissionais de destaque em suas áreas, todos brilhantes e educados até a morte, todos democratas, todos envolvidos em um fracasso épico, agora contratados para pôr em ordem as ruínas. Como não poderiam ver as coisas da maneira como viam as pessoas do mercado financeiro com quem estudaram, trabalharam, comeram, beberam e ficaram ricos? Promoção social e conflito de interesses estavam embutidos na alma da meritocracia. A Bolha era indestrutível.

Connaughton observava tudo isso com mal-estar. Ele conhecia uma coisa ou outra sobre portas giratórias, favores mútuos e os vieses inconscientes dos poderosos. Também havia mergulhado nesses mundos ao longo de sua carreira — banco de investimento, Congresso, Casa Branca, lobby. No entanto, a crise financeira era um evento sísmico que causava dor considerável a milhões de pessoas, e pela primeira vez um público irado estava prestando atenção. Era a vez de Washington enfrentar Wall Street.

Para causar impacto, um senador tinha de escolher apenas algumas questões. Não havia espaço em sua agenda, ou cabeça, para mais. Quando ambos trabalhavam para Biden e Connaughton queria chamar a atenção do senador para alguma coisa nova, Kaufman costumava dizer: "Jeff, cada vez que você quiser pôr algo dentro do barco, tem de tirar alguma coisa para fora". Desde o início, Kaufman, que nem sequer era membro da Comissão sobre Bancos, centrou-se em duas coisas: fraude e o problema do "grande demais para falir". Foi coautor de um projeto de lei que autorizava 340 milhões de dólares para contratar mais agentes do FBI e financiar promotores federais para ir atrás dos fraudadores — não somente pequenos credores de hipotecas em Long Beach e Tampa, mas altos executivos de Wall Street que haviam escondido o dano até o momento em que todo o edifício desabou. Era função do Departamento de Justiça decidir quem deveria ser investigado, mas presumivelmente incluiria gente como Dick Fuld, do Lehman, Joseph Cassano, da AIG, Stanley O'Neal, do Merrill e, quem sabe, talvez o próprio Lloyd Blankfein, do Goldman. Em maio, quando o projeto de lei sobre fraude foi aprovado e Kaufman (um mero calouro) foi convidado a fazer companhia ao presidente no palco na cerimônia de assinatura na Casa Branca, ele e Connaughton acharam que estavam chegando a algum lugar.

Em setembro, Kaufman e Connaughton pediram uma reunião com Lanny Breuer, um dos adjuntos do secretário de Justiça Eric Holder e procurador-geral assistente para a divisão criminal. (Breuer e Connaughton rememoraram uma década antes, quando se encontraram brevemente na Covington & Burling, Connaughton saindo da advocacia da Casa Branca e Breuer entrando.) A investigação de fraude financeira não revelara nada, e Kaufman queria certificar-se de que o Departamento de Justiça estava no caso e usando o dinheiro. Ele planejava realizar uma audiência de supervisão para ter certeza. Encontraram-se no gabinete de Kaufman, no terceiro andar do edifício Russell. Breuer explicou que estava agindo sob várias restrições, inclusive uma escassez de laptops. Disse que dependia da "tubulação" dos investigadores do FBI de todo o país para trazer casos.

Connaughton viu ali a sua chance. "Lanny, você precisa entrar na sua tubulação e certificar-se de que o FBI e os escritórios da promotoria estão fazendo disso uma prioridade. Sacuda com força a tubulação e faça aparecer os casos — não fique sentado esperando." Processos complexos de fraude eram muito difíceis de montar no curso normal das atividades de um procurador federal sobrecarregado. Os perpetradores contavam com mecanismos sofisticados para apagar seus vestígios e construir sua defesa no mesmo momento em que cometiam os crimes, instigados por advogados e contadores bem pagos, que depois inundavam os investigadores com papelada irrelevante. Em vez disso, algo parecido com uma força-tarefa deveria ser montada para analisar cada instituição sob suspeita, dedicar um ou dois anos à investigação, levar o tempo necessário para aprender o que procurar, examinar cada e-mail e memorando interno. Connaughton referiu-se à sua história comum com Breuer no governo Clinton: "Você precisa ser como Ken Starr. Precisa mirar em alguns desses caras como se fossem chefes de tráfico, assim como Starr estava atrás de Clinton, e espremer cada funcionário novato até conseguir que um deles entregue o jogo".

A reunião deixou-o com a sensação nítida de que não havia grande urgência no Departamento de Justiça.

A audiência de supervisão de Kaufman ocorreu em dezembro. Breuer sentou-se à mesa de testemunha, acompanhado por altos funcionários da SEC e do FBI. Todos disseram que estavam em cima do caso, mas precisavam de gente de dentro que pudesse testemunhar sobre motivos e intenções. Eles precisavam de mais tempo.

Connaughton queria acreditar neles. Mas 2009 passou, entrou 2010, e nada aconteceu.

Em meados de janeiro de 2010, Connaughton e Kaufman viajaram a Nova York para encontrar Paul Volcker, o idoso figurão do Federal Reserve. Volcker havia esmagado a inflação nos governos Carter e Reagan, aumentando de tal forma as taxas de juros que induziu uma grande recessão. Os banqueiros o adoravam por isso, e os agricultores e trabalhadores da construção civil bloquearam o tráfego em Washington para denunciá-lo. Mas Volcker era um membro excêntrico do establishment. Habitava o centro dos mundos sobrepostos das elites políticas e financeiras, porém se tornara um crítico tão escaldante de Wall Street — a engenharia financeira esperta demais, a bonificação excessiva — que era agora um dissidente interno, oficialmente respeitado, não oficialmente visto com suspeita. Certa vez, disse a um grupo de executivos: "A inovação financeira mais importante que vi nos últimos vinte anos é o caixa eletrônico. [...] Encontrei pouquíssimas provas de que a grande quantidade de inovações nos mercados financeiros nos últimos anos teve um efeito visível sobre a produtividade da economia. Talvez vocês possam me mostrar que estou errado. Tudo o que sei é que a economia estava crescendo muito bem nas décadas de 1950 e 1960, sem todas essas inovações. Com efeito, estava bastante boa na década de 1980, sem *credit default swaps*, sem securitização e sem CDOs".

Volcker fazia o contraste perfeito para Obama: poderia ser usado para apaziguar os reformistas e dar respaldo junto ao establishment. O presidente nomeou Volcker para dirigir seu grupo de conselheiros econômicos, mas sem levar seu conselho a sério. A principal proposta de Volcker — proibir os bancos de constituir fundos de hedge ou fundos de *private equity* e de negociar para suas próprias contas com o dinheiro dos depositantes — era meio passo para trás em direção a Glass-Steagall. Depois de seis meses, não deu em nada.

Volcker sentou-se em sua sala de reuniões no centro da cidade com os visitantes de Washington e disse: "Sabem, quase tudo que alguém propuser, não importa o que for, os bancos vão protestar e alegar que restringirá o crédito e prejudicará a economia". Longa pausa do pequeno rosto redondo no alto do corpo delgado, olhos ampliados por óculos, vincos ladinos descendo de ambos os lados da boca. "É tudo conversa fiada."

Kaufman riu. Ele admitiu que sua ambição era restaurar a Glass-Steagall totalmente.

"Eu não vou atrapalhar o caminho de alguém que quiser fazer algo mais drástico", disse Volcker.

Na semana seguinte, Obama anunciou apoio ao que chamou de a Regra de Volcker. Estava tentando tirar sua presidência de seu pior momento: Scott Brown acabara de ser eleito para a vaga de Ted Kennedy no Senado, tirando dos democratas a capacidade de derrotar os obstrucionistas republicanos que dificultavam cada lance que a maioria tentasse fazer no plenário do Senado. O projeto de lei presidencial sobre assistência à saúde parecia estar condenado, e mais americanos estavam desempregados do que em qualquer outro momento desde a Grande Depressão.

Connaughton considerou que o momento para apresentar o projeto da saúde era ruim. Durante a maior parte do ano, ele havia vivido e respirado Washington, e o que exatamente estava sendo feito contra o desemprego e a crise financeira? Talvez fosse o sulista que havia nele, mas duvidava da capacidade de Washington de escrever um projeto de lei de milhares de páginas que pudesse corrigir algo tão vasto e complexo como o sistema de saúde, enquanto o país estava caindo aos pedaços. Participava das reuniões das manhãs de sexta-feira dos chefes de gabinete democratas na sala de conferências do Hart Building, e ouvia os assessores presidenciais se entusiasmarem com a "óptica" das reuniões da Casa Branca sobre saúde, a campanha de "mensagens", que haviam sido bem recebidas nas pesquisas expressões como "corte de custos" — e havia semanas em que a palavra "economia" não era nem mencionada. Mas, em termos de assistência à saúde, Kaufman apenas seguia a liderança democrata. O que importava para Connaughton era Wall Street e, sobre essa questão, ele e Kaufman seguiram seu próprio caminho.

O senador responsável pelo projeto de reforma de Wall Street era Chris Dodd, presidente da Comissão sobre Bancos. Connaughton não gostava de Dodd desde 1995, quando havia estimulado Clinton a combater as corporações na lei de litígio do mercado de capitais (sua primeira experiência em ataques a Wall Street) e Dodd fora o único a resistir. Tendo levantado em Wall Street dezenas de milhões de dólares em dinheiro para campanhas (quase 1 milhão de dólares em 2007-8), Dodd estava tão profundamente em dívida que muitos de seus eleitores pareciam julgá-lo responsável pela crise financeira. Depois que souberam que ele fora favorecido com uma hipoteca da Countrywide e aprovara milhões de dólares em bônus do fundo de resgate para executivos da AIG, os eleitores de Connecticut expressaram sua indignação. Dodd entendeu a mensagem e anunciou que se aposentaria no final de 2010.

Isso deveria liberá-lo para atacar Wall Street com Kaufman, mas Connaughton achava o contrário. Se tivesse de enfrentar as urnas de novo, Dodd se sentiria pressionado a levar adiante um projeto de lei duro. Em vez disso, estava livre para se preparar para a vida após o Senado, onde o poder do dinheiro ainda pairaria sobre sua carreira. Era preciso pensar muito bem antes de atacar o establishment, porque havia diversas maneiras de se construir uma vida muito confortável acompanhando o fluxo (como se tornar o principal lobista da indústria cinematográfica, o que Dodd viria a fazer), mas ir contra o establishment fechava as portas de uma grande parte do país que de outra forma lhe teria arranjado um lugar. Ou a pessoa estava dentro ou estava fora.

Dodd passou todo o inverno negociando com os republicanos a portas fechadas na Comissão sobre Bancos, fazendo concessões, insistindo que queria um projeto de lei bipartidário. Mas não chegou a lugar nenhum — Richard Shelby, do Alabama, não cooperava, e Bob Corker, do Tennessee, não tinha influência suficiente. A Regra Volcker foi perdendo força, Glass-Steagall não estava à vista. À medida que os meses se arrastavam, Connaughton começou a suspeitar que Dodd estava negociando em causa própria, usando os republicanos e os ideais do bipartidarismo como um artifício para enfraquecer a reforma financeira e acabar com um projeto de lei que Wall Street poderia aceitar. Connaughton começou a entender o poder supremo do presidente da comissão para decidir o que se tornaria ou não lei, quais emendas seriam adicionadas na comissão ou no plenário, o que iria sobreviver e o que iria morrer. Uma vez que seu chefe não participava da comissão, Connaughton tinha pouco conhecimento sobre o estado da discussão.

Um dia, ligou para Jack Quinn em sua antiga firma. "Eu não consigo entrar na Comissão sobre Bancos", disse Connaughton. "Vocês estão tendo muita dificuldade para obter informações sobre a lei?"

"Conversei por 45 minutos com Chris Dodd ontem", contou Quinn. Junto com o CEO de uma companhia de seguros que representava, Quinn reunira-se com Dodd e descobrira exatamente o que estava acontecendo. Connaughton, o principal auxiliar de um senador com grande interesse na reforma financeira, estava por fora. Ele escreveu para um outro chefe de gabinete: "Vim para o governo a fim de efetuar a mudança em Wall Street, e agora percebo que a profissão que deixei está tendo mais informações sobre o projeto de lei do que estou tendo de dentro do Senado". O outro chefe respondeu: "Isso é realmente lamentável".

Connaughton mantinha relações com alguns repórteres que concordaram em proteger seu anonimato e, identificado como "um importante assessor do Senado", começou a atacar Dodd na imprensa. "Pelo que sei, Dodd está levando adiante um projeto de lei cheio de concessões", disse à CNBC. "Eu pensava que se fizessem concessões para ganhar o apoio de alguém. Depois de quatro meses de negociações, Dodd fez concessões para conseguir que os republicanos pensem sobre o caso. Realmente não entendo." O mesmo assessor do Senado disse à *Newsweek*: "Só podemos torcer para que o presidente perceba o que está em jogo."

Kaufman decidiu levar seu caso ao plenário do Senado. Com Connaughton e outro assessor, elaborou uma série de discursos sobre os excessos de Wall Street, a crise financeira e a falta de punição para qualquer um dos culpados.

Quando um senador erguia-se e lia o discurso que um funcionário de seu gabinete acabara de colocar no atril de mogno ao lado de um copo de água, ninguém escutava. O presidente em exercício do Senado, algum calouro do partido majoritário, estava empoleirado na cadeira elevada, lendo seu *New York Times* ou mexendo em seu BlackBerry. Não fosse ele, o senador fazia o discurso para uma câmara vazia. Lá pela metade, o próximo senador com direitos de plenário poderia aparecer através das portas duplas no fundo da sala e caminhar até sua mesa, onde daria uma folheada num texto preparado em que não tinha posto os olhos até aquele minuto. Nenhum repórter ouvia ou tomava notas na galeria de imprensa acima da cadeira do presidente — lá estavam as câmeras automáticas da C-SPAN, programadas para girar e fechar o foco no orador, cortando fileiras e fileiras de mesas vazias. Era tão raro que dois senadores ouvissem os argumentos um do outro e os debatessem que uma vez, quando Jeff Merkley, um senador em primeiro mandato de Oregon, entrou no plenário quando um democrata e um republicano estavam engajados em um bate-rebate solitário, ele parou e pensou: "Uau, isso é incomum, há uma conversa ocorrendo em que eles estão apresentando argumentos e contra-argumentos e contestando um ao outro". Era assim que o maior órgão deliberativo do mundo tratava dos assuntos do povo no ano de 2010.

Connaughton sabia que ninguém ouviria os discursos de Kaufman, e tratou de escrevê-los na forma de ensaios longos e detalhados, cheios de explicações históricas e polêmicas complexas, na esperança de que fossem citados na internet por aliados — por Arianna Huffington e pelo economista do MIT e blogueiro Simon Johnson — e amplamente divulgados.

Em 11 de março, Kaufman exigiu do plenário vazio: "Tendo em vista o alto custo da nossa política e as falhas de regulamentação, bem como o comportamento irresponsável de Wall Street, por que aqueles de nós que propõem a volta às ideias de leis e regulamentos comprovadas no passado devem arcar com o ônus da prova?". E continuou: "O ônus da prova deve recair sobre aqueles que só remendam as bordas do nosso atual sistema de regulação financeira. Depois de uma crise desta magnitude, espanta-me que algumas das nossas propostas de reforma mantenham o status quo em tantas áreas fundamentais". Acrescentou ainda que não confiava que os reguladores fariam um trabalho melhor de fazer cumprir as regras da próxima vez que um banco começasse a implodir. O Congresso tinha de fazer o trabalho por eles, aprovando uma lei com linhas claras e simples. O projeto de Dodd não resolveria o problema dos grandes demais para falir. "Precisamos desmembrar essas instituições antes de falirem, não ficar esperando com um plano para ampará-las quando caem."

Em 15 de março, após a divulgação do relatório sobre a falência do Lehman Brothers, que sugeria fortemente que a fraude levara à morte da instituição,

Kaufman foi ao plenário outra vez. Com palavras que lembravam Joe Biden em 1985, ele disse: "No fim das contas, este é um teste para saber se temos neste país um ou dois sistemas de justiça. Se não tratarmos uma firma de Wall Street que esbulhou investidores em milhões de dólares do mesmo modo como tratamos alguém que roubou quinhentos dólares de uma caixa registradora, então como podemos esperar que os cidadãos tenham confiança no Estado de direito?".

Em 22 de março, o projeto saiu da Comissão sobre Bancos de Dodd. Tratava-se de uma versão pálida da Regra Volcker, regulação fraca de derivativos, e nenhuma linha clara sobre quanto risco os bancos poderiam sustentar. Connaughton e Kaufman elaboraram uma crítica cortante.

"Isso vai realmente emputecer Dodd e o Executivo", advertiu Connaughton.

"Estou falando para o futuro", disse Kaufman.

Os discursos começaram a ser noticiados. O *News Journal* de Wilmington falou deles na primeira página e citou-os favoravelmente em seus editoriais, a revista *Time* fez um perfil de Kaufman, e Huffington o elogiou. Dodd ficou suficientemente irritado para ligar para Kaufman da América Central, onde estava à frente de uma delegação do Congresso, e dizer "pare de dizer coisas ruins sobre meu projeto de lei". Connaughton falou com o diretor de pessoal da Comissão sobre Bancos, que o tranquilizou: "Não se preocupe com ser crítico. No fim das contas, Chris sairá como o vencedor."

Era verdade. Para começar, Dodd tinha os outros presidentes de comissões ao seu lado. Também tinha os principais conselheiros do presidente. No início de abril, Larry Summers fez uma visita ao escritório de Kaufman e explicou por que o senador estava errado em querer desmembrar os maiores bancos. Fazer isso seria tornar os Estados Unidos menos competitivos na corrida financeira global, e grandes bancos tinham, na realidade, menos probabilidade de falir do que os pequenos. Kaufman estava determinado a não ser atropelado, e interrompia as interrupções de Summers com um tapinha amigável no braço, citando Alan Greenspan para refutar suas afirmações. Um mês depois, foi a vez de Geithner. Connaughton conversou com o secretário do Tesouro enquanto esperavam do lado de fora do gabinete de Kaufman, e achou-o espirituoso e ágil. Quando entrou no escritório de Kaufman, Connaughton disse ao seu chefe: "Eu o revistei de alto a baixo, ele está limpo". Geithner foi mais conciliador do que Summers, explicando que os grandes bancos iriam encolher de qualquer maneira sob as novas exigências internacionais. Kaufman disse que a regulamentação havia falhado no passado e que a única maneira segura de prevenir outro resgate era limitar o tamanho dos bancos. No fim, eles concordaram em discordar.

Por fim, Dodd tinha a Casa Branca ao seu lado — ele tinha o presidente. Connaughton voltara ao Senado imaginando que Biden seria o aliado-chave deles e instou Kaufman a pegar o telefone e pedir ao velho amigo para pressionar o Departamento de Justiça sobre a falta de processos de alto nível, pressionar o Tesouro para levar a sério a reforma financeira. Como sempre, Kaufman protegeu Biden. Wall Street não era problema de Biden — ela ocuparia a metade do barco, e o barco já estava cheio com o Iraque, as medidas de estímulo e a classe média. Connaughton refletiu sobre a estranheza da situação: o ex--chefe deles ocupava o segundo posto mais alto do país, a poucos passos do Salão Oval, e eles não podiam fazer nada a respeito de Wall Street. Os republicanos eram uma causa perdida, então Connaughton reservou a maior parte de sua amargura para sua própria equipe. "Vocês na verdade estão comprometidos só com a classe permanente", disse ele, "se vão segurar seus golpes em um momento de crise nacional."

No final de abril, Kaufman e Sherrod Brown, de Ohio, apresentaram uma emenda ao projeto de lei de Dodd que limitaria as obrigações dos bancos não advindas de depósitos a 2% do produto interno bruto. Com efeito, a Brown--Kaufman forçaria os bancos que crescessem além de certo tamanho a se desmembrar. Os dois senadores falaram em plenário sem um script. Óculos empoleirados na ponta do nariz, Kaufman ergueu-se imponente, levantou o braço e sua voz trêmula proclamou: "Em 1933, tomamos a decisão que nos ajudou durante três gerações. Por que não aprovamos uma legislação que funcionará nas próximas duas ou três gerações? Uma coisa que funcionará se tivermos um presidente que acredita no fato de que devemos ter ou não livre mercado? Se temos um bom regulador ou um mau regulador? Por que o Senado dos Estados Unidos não deveria fazer o seu trabalho?".

Connaughton estava assistindo pela TV no gabinete do edifício Russell quando sua mente vagou de volta ao passado, e ele disse para ninguém em particular: "Ele é como Biden". Mais tarde, mandou um bilhete para Kaufman: "Não há nada mais honroso do que se levantar e ser a única voz discordante numa questão de princípio".

329

Aquelas semanas do início de 2010 foram as mais intensas da vida profissional de Connaughton. Entrava no escritório às sete e meia e continuava mesmo depois de voltar para casa à noite, abrindo o laptop e lendo até a meia-noite. Passou uma semana inteira devorando o relatório de 2 mil páginas sobre a falência do Lehman para depois elaborar o discurso de Kaufman a respeito do assunto. Era como se uma velha ideia de política que em algum momento lhe havia escapado tivesse voltado — os anos de deriva e frustração, os cafés da manhã e happy hours de captação de fundos, a imersão lenta na resignação, tudo isso desapareceu, e ele estava de volta aonde começou em Tuscaloosa, dedicando-se à mais nobre das vocações.

Mas aquilo acontecera fazia três décadas: nesse meio-tempo, Washington foi capturada — *capturada* — pelo poder do dinheiro. Ele também havia sido capturado, e até então ainda não entendera completamente o quanto a "indústria da influência" — o lobby, as campanhas de mídia, os *grasstops*, a porta giratória — tinha transformado Washington. "Quando volta para o governo, você percebe como ele se tornou imensamente assimétrico em relação ao interesse público. Praticamente ninguém bate em sua porta tentando elucidá-lo a respeito do argumento da opinião pública." Ele passara a se ver como Jack Burden, o narrador de *All the King's Men* [A grande ilusão], contaminado e desiludido com a política. A natureza humana mantinha-se constante, mas, quando o dinheiro crescia tão fora de proporção, corrompia o comportamento humano de mil pequenas maneiras. "Washington me mudou", disse ele. "E, se me mudou, deve ter mudado muitas outras pessoas também."

Havia 3 mil lobistas circulando em Capitol Hill, instando o Congresso a não fazer nada de fundamental a respeito dos estragos que os bancos haviam causado. Quem estava do outro lado? Uma opinião pública irada, mas também abalada, que não sabia como usar as alavancas do poder, e um punhado de blogueiros pregando para os convertidos. Na década de 1980, uma coalizão de sindicatos, advogados e defensores dos consumidores foi à luta, mas em 2010 eles estavam em grande parte desmobilizados. Uma organização chamada Americanos pela Reforma Financeira estava defendendo uma nova agência de defesa dos consumidores, porém Connaughton teve de chamá-los e dizer: "Onde estão vocês? Eu não sinto a presença de vocês no Congresso". Se a emenda Brown-Kaufman fosse uma bênção para a América corporativa, Connaughton estaria trabalhando com uma equipe de lobistas, estrategistas e líderes da indústria para exercer uma pressão enorme sobre Capitol Hill. Em vez disso, ele estava praticamente sozinho.

Kaufman e Connaughton decidiram abordar a fragilidade do mercado de ações. Embora não tivesse causado a crise financeira, o mercado continuava a ser a porta de entrada de milhões de americanos ao mundo das finanças, e levara os investimentos dessas pessoas para o ralo junto com ele. Tal como o crédito, as ações não eram mais o que haviam sido quando Connaughton estava na escola de administração e negócios e em Wall Street. Em vez de algumas transações, em que homens de casacos azuis acenavam com ordens de compra ou venda e gritavam para ser ouvidos, o mercado de ações se transformara num cassino computadorizado, operando em mais de cinquenta locais em todo o país, dominado por *traders* de alta frequência — os tubarões na mesa de pôquer —, que usavam algoritmos avançados para fazer milhares de transações por segundo e lucrar com minúsculas flutuações nos preços das ações. Connaughton passou meses pesquisando esses novos mercados e ficou espantado com a opacidade do labirinto eletrônico. Ele era um investidor bastante sofisticado, mas já não sabia dizer o que acontecia com as ordens de transação que dava — e ninguém de dentro do negócio parecia capaz de lhe explicar. O investidor comum estava numa imensa desvantagem, o mercado vulnerável à extrema volatilidade, e a SEC, anos atrasada em seu monitoramento.

Kaufman começou a pressionar a SEC para melhorar a sua supervisão das transações de alta frequência e, de início, Connaughton achou que fossem conseguir alguma coisa. Mary Schapiro, escolhida por Obama para presidir a Comissão, disse que compartilhava as preocupações de Kaufman e que a SEC iria rever a estrutura dos mercados de ações. Em uma reunião, um funcionário da comissão disse a Connaughton: "Uau, é ótimo ouvir alguém que não é do setor". Ninguém entrava pelas portas da Comissão, na F Street, próximo à Union Station, além do pessoal das finanças com uma queixa sobre algum regulamento. Mas, como Wall Street combatia agressivamente qualquer alteração, por menor que fosse, a inércia tomou conta da SEC e, mais uma vez, nada aconteceu.

Em 6 maio de 2010, a segunda vida de Connaughton no governo começou a acabar. No início da tarde, o mercado de ações despencou setecentos pontos em oito minutos antes de inverter a tendência, com o desaparecimento momentâneo de quase 1 trilhão de dólares. O *flash crash*, como veio a ser chamado, foi causado pelo tipo de negociação automatizada a respeito da qual Kaufman havia advertido. Poucas horas depois, Kaufman estava sentado na cadeira da presidência do Senado quando o democrata da Virgínia Mark Warner explicou o que acabara de acontecer. "Tornei-me um convertido", disse ele, e convidou Kaufman a descer ao plenário e, em essência, dizer ao mundo: "Eu avisei" — o que Kaufman fez. Depois ele falou mais uma vez em defesa de sua emenda, a favor de um retorno às regras e aos limites da era Glass-Steagall.

Na mesma tarde, Chris Dodd, depois de se recusar durante semanas a permitir que a emenda Brown-Kaufman entrasse na pauta, de repente abriu caminho para uma votação de surpresa naquela noite. A emenda vinha ganhando força na imprensa e em Capitol Hill, e até alguns senadores republicanos anunciaram apoio, entre eles Richard Shelby, do Alabama, o membro mais antigo da Comissão sobre Bancos. Era hora de deter a Brown-Kaufman. Pouco antes da votação, Dianne Feinstein, da Califórnia, um dos membros mais ricos do Senado, perguntou a Richard Durbin, de Illinois: "É a respeito do que essa emenda?".

"Desmembrar os bancos."

Feinstein ficou surpresa. "Ainda estamos nos Estados Unidos, não?"

Pouco depois das nove da noite, a emenda foi rejeitada por 61 a 33. Assim que o resultado foi anunciado, Dodd tomou a palavra e disse ao Senado que era aniversário de Richard Shelby. Por volta das quatro da tarde, contou Dodd, a Comissão sobre Bancos lhe oferecera um bolo. "Então, celebramos em meio ao debate. É importante que o povo saiba que podemos ter diferenças muito fortes, mas também podemos trabalhar juntos. Enquanto discordamos uns dos outros sobre questões substantivas, podemos desfrutar da companhia uns dos outros em um nível pessoal, um nível civilizado." E o senador Dodd desejou ao senador Shelby um feliz aniversário.

Mais tarde, naquela mesma noite, Kaufman voltou para seu escritório no Russell. Connaughton perguntou-lhe o que deveria pôr em um comunicado para a imprensa. Kaufman conseguiu pronunciar apenas três palavras: "Eu estou decepcionado". Eles sabiam que a emenda estava condenada, mas o tamanho da derrota foi devastador. No espaço de algumas horas, eles foram justificados pelo *flash crash*, e depois completamente batidos na questão do grande demais para falir. O sulista que havia em Connaughton, o crente romântico em causas perdidas, disse à equipe: "Por algumas coisas, vale a pena lutar".

Em 21 de maio, o projeto de lei de Dodd foi aprovado pelo Senado e, em 21 de julho, o presidente Obama sancionou a Reforma de Wall Street Dodd--Frank e a Lei de Proteção do Consumidor. A Regra Volcker era agora um fantasma de si mesma, com os detalhes deixados para os reguladores. A certa altura, Kaufman decidiu que a lei era fraca demais para ganhar seu apoio, mas no final votou com seu partido.

O principal grupo de lobby a favor de uma lei mais rígida, Americanos por uma Reforma Financeira, deu uma festa e convidou a equipe de Kaufman para comemorar. No fim das contas, a nova lei criava um órgão federal chamado Birô de Proteção Financeira do Consumidor — um lugar à mesa para o público americano —, que era o pedaço da Dodd-Frank de que Connaughton também gostava. O evento foi realizado em um velho teatro alugado longe do centro, e o cardápio era composto por pão de forma, mortadela e Doritos. Connaughton pensou em todos os eventos corporativos a que comparecera, em luxuosas salas de conferências do centro, com camarão e rosbife. Sentiu-se feliz por estar ali.

Ainda restavam quatro meses do curto mandato de Kaufman no Senado, mas as grandes lutas tinham acabado. A maioria delas fora perdida ou deixada em um limbo, o que era pior do que perder. De sua parte, Connaughton dispensaria toda a Dodd-Frank, a Regra Volcker e tudo o mais pelo simples ato de fazer cumprir a lei. Um direto no queixo de Wall Street, com alguns altos executivos na cadeia, causaria mais efeito do que todos os novos regulamentos combinados.

Kaufman, que ia assumir o lugar de Elizabeth Warren na chefia do painel do Congresso que supervisionava o fundo de resgate, perguntou a Connaughton o que ele queria fazer a seguir. Um emprego no governo? Liderar uma organização sem fins lucrativos de Washington pela reforma financeira?

Connaughton imaginou-se como um funcionário do Departamento do Interior, fazendo sua hora de almoço na C Street sw e indo até o vendedor de cachorro-quente: "Você tem chucrute hoje, Harvey?". A ideia de aderir a uma organização sem fins lucrativos era deprimente da mesma maneira. Seria uma coisa se os republicanos estivessem no poder, mas os caras da Casa Branca supostamente pertenciam ao seu time. Se ia atacar o establishment, não via por que fazê-lo na Washington de Obama-Biden. Um dia, no final de agosto, estava zapeando a tevê quando apareceu Glenn Beck, dizendo a uma imensa multidão no Mall que a mudança não vinha de Washington, vinha de pessoas reais em lugares reais de todo o país. Beck era um babaca, mas Arianna Huffington escreveu a mesma coisa em uma coluna dois dias depois. Eles estavam certos. Connaughton sentiu uma simpatia secreta pelo Tea Party.

Ele sempre podia voltar para a Quinn Gillespie, mas, se passasse mais um dia lá, estaria liquidado. Em vez disso, os anos com Kaufman, o maior orgulho de sua vida, podiam ser o selo final em sua carreira em Washington. Aproximava-se dos 51 anos e estava cansado de ser o número dois de alguém. Se ficasse por lá, fazendo não importa o quê, teria de sustentar a ficção de que era um aliado de Biden, e talvez voltar a ser humilhado pelo homem a quem fora leal durante um quarto de século. "Sincera e dolorosamente", disse Connaughton, "com Biden na vice-presidência, eu estava cansado de ser uma fraude. Não me importa quanto dinheiro isso significa, não me importa quantas pessoas queiram me pagar um drinque, eu simplesmente não vou fazer isso. Não conseguiria nem me olhar no espelho caso fizesse." Quanto mais pensava no assunto, mais a ideia fazia sentido: a única coisa a fazer era deixar Washington.

Ele vendeu sua casa em Georgetown no mesmo dia de setembro em que a pôs a venda, e foi embora em 1º de novembro. O dia seguinte era de eleição. Os republicanos retomaram o Congresso, e não havia mais nenhuma chance de responsabilizar os bancos e banqueiros pela última crise e assim prevenir a próxima. Naquela manhã, Connaughton tomou o trem para Nova York. Haviam lhe pedido para substituir um outro assessor do Senado em um debate no New York Federal Reserve Bank, em Manhattan. Seu tema era "Crise financeira e crimes financeiros". Havia trezentas pessoas no auditório do sexto andar — executivos de Wall Street, reguladores, advogados do escritório da promotoria. Ele tentou resumir dois anos de trabalho em quinze minutos.

Começou com algumas perguntas. "Em primeiro lugar, houve fraude no cerne da crise financeira? Em segundo, a reação das forças da lei até agora alcançou níveis eficazes de dissuasão contra a fraude financeira? Em terceiro, as agências federais são suficientemente capazes para detectar fraude e manipulação, em particular em mercados que são cada vez mais complexos? E, por fim, a própria Wall Street deve se preocupar com tudo isso?"

Ele fez uma pausa.

"Em resumo, minhas respostas seriam sim, não, não e sim."

Ele analisou o fracasso do Departamento de Justiça em processar gente de alto nível, apesar das volumosas provas reveladas pela análise da falência do Lehman e pela Subcomissão Permanente de Investigações do Senado. Falou sobre a paralisia da SEC diante da manipulação do mercado de ações por operadores de alta frequência. O auditório estava em silêncio, o público prestando atenção.

"O mandato do senador Kaufman e meu período como funcionário do Senado terminam em doze dias", disse ele, em conclusão, "mas isso não é uma luta para um único senador. São questões que abrangem os fundamentos do Estado de direito e do sucesso econômico futuro dos Estados Unidos. Para o bem comum, espero que vocês respondam bem a elas."

Quando saiu, parou na esquina de Nassau e Wall Street, eufórico. Acabara de se queimar no coração do mundo financeiro americano. Jamais voltaria a ser um membro da classe permanente.

O trabalho de Connaughton no Senado terminou em 15 de novembro. Ele viajou para a Costa Rica e saiu imediatamente para uma caminhada de oito horas. Quando voltou para o quarto do hotel, ligou o chuveiro e entrou sem tirar a roupa, deixando que a água o ensopasse, até sentir-se limpo.

2010

DESIGUALDADE DE RENDA AUMENTA... TEA PARTY ACENDE ESTOPIM PARA A REBELIÃO NA DIREITA... DETALHES EXCLUSIVOS: SNOOKI LARGA EMI-LIO — ACREDITA QUE ELE A ESTAVA USANDO PARA FICAR FAMOSO... @ SenJohnMcCain: @Sn00ki vc está certa, eu nunca taxaria sua cama de bronzeamento! / A política do pres. Obama de imposto/gasto é bem A Situação. Mas admito usar protetor solar!... Se você não tem dinheiro, você se apega a suas liberdades com mais raiva ainda. Mesmo que fumar mate você, mesmo que você não consiga alimentar seus filhos, mesmo que seus filhos sejam abatidos por maníacos com fuzis de assalto. Você pode ser pobre, mas a única coisa que ninguém pode tirar de você é a liberdade de foder com sua vida... **É LEI AGORA: REFORMA DA SAÚDE ASSINADA... BANCOS SE PREPARAM PARA GRANDE BÔNUS E IRA DO PÚBLICO** Goldman Sachs deverá pagar a cada um de seus funcionários, em média, cerca de 595 mil dólares em 2009, um dos anos mais rentáveis em sua história de 141 anos... **FEBRE JUSTIN BIEBER ATINGE MIA-MI... CHINA ULTRAPASSA JAPÃO COMO SEGUNDA MAIOR ECONOMIA... AMBAS AS PARTES BUSCAM FORMAS DE CANALIZAR A IRA POPULISTA...** Tenho certeza de que haverá momentos nos próximos meses em que você vai ficar acordado até tarde estudando para um exame, ou arrastando-se para fora da cama em uma manhã chuvosa, e se perguntando se isso tudo vale a pena. Deixem-me dizer, não há nenhuma dúvida sobre isso... você não usa o nome Barack para se identificar com a América. Você usa o nome Barack para se identificar com o quê? Sua herança? A herança, talvez, de seu pai no Quênia, que é um radical? É isso?... **99 SEMANAS DEPOIS, DESEMPREGADOS TÊM APENAS DESESPERO**... **Não sou uma bruxa. Não sou nada que você já ouviu. Eu sou você. Nenhum de nós é perfeito, mas nenhum de nós pode ser feliz com o que vemos ao nosso redor: políticos que...** Khloe Kardashian esqueceu de se depilar antes que seu marido, Lamar Odom, chegasse à cidade, então sua irmã Kourtney — que se depila sozinha com cera há anos — se ofereceu para fazer o trabalho. A história terminou com uma vagina gravemente queimada... **OBAMA ASSINA REFORMA DO SISTEMA FINANCEIRO... REPUBLICANOS CONQUISTAM CÂMARA DOS DEPUTADOS COM VITÓRIAS EM TODO O PAÍS**... *Nunca pensei em amor quando pensava em casa/ eu ainda devo dinheiro ao dinheiro ao dinheiro eu devo/ O chão está se abrindo para todo mundo que conheço.*

Jornalista cidadão: Andrew Breitbart

Em fevereiro de 1969 — quando o telejornal noturno da CBS com Walter Cronkite, o homem em que os americanos mais confiavam, era assistido por 20 milhões de telespectadores, ou uma em cada seis famílias — um bebê de três semanas de ascendência irlandesa foi adotado em Los Angeles pelo casal Gerald e Arlene Breitbart — ele judeu e dono de um restaurante especializado em carnes, ela executiva de banco — e recebeu o nome de Andrew. Quando Andrew tinha dois anos, o *New York Times* e o *Washington Post* publicaram os Documentos do Pentágono, desafiando as ameaças de Nixon. No ano seguinte, Bob Woodward e Carl Bernstein foram designados pelo *Post* para cobrir um arrombamento na sede do Comitê Nacional Democrata, em Washington. Os anos de infância de Andrew coincidiram com a era de ouro da Velha Mídia.

Os Breitbart eram republicanos de classe média alta (quatro quartos, uma piscina, vista para o cânion) que moravam na rica e liberal Brentwood. Andrew cresceu cercado pela cultura pop americana, *new wave* britânica e por celebridades de Hollywood. "Que pessoas famosas frequentam o restaurante?", perguntava ao pai (os Reagan, Broderick Crawford, Shirley Jones e a família Cassidy, muitas celebridades). Teve aulas de tênis com os melhores profissionais de Malibu e uma vez passou quinze minutos inesquecíveis procurando o instrutor com Farrah Fawcett.

Andrew tinha onze anos quando a Cable News Network entrou no ar, em 1980. Ele tinha treze anos quando *The McLaughlin Group* e *Crossfire* introduziram manchetes gritantes na análise jornalística. Desde cedo, viciou-se em noticiários. Na Brentwood School, compensou o fato de não ser rico nem famoso fazendo palhaçadas em sala de aula e inventando citações divertidas no *Brentwood Eagle* sobre a vida social na escola. Para acompanhar o nível de gastança de seus amigos, teve de trabalhar entregando pizzas e embolsava gorgetas polpudas de gente como Judge Reinhold. Conforme Breitbart escreveu mais tarde, ele era "o típico preguiçoso da Geração X, não particularmente interessado em política, e, em retrospecto, um liberal-padrão. Achava que ir ao cinema quatro vezes por semana, conhecer a grade da televisão e passar horas na Tower Records era o meu direito inato como americano".

Em 1987 — o ano em que a Comissão Federal de Comunicações revogou por quatro votos a zero sua própria Doutrina de Imparcialidade, que estava em vigor desde 1949 e exigia daqueles que tinham concessões de ondas públicas que apresentassem questões importantes de uma forma honesta e justa (decisão que abriu caminho no ano seguinte para que um apresentador de rádio de Sacramento chamado Rush Limbaugh distribuísse em rede nacional seu programa conservador de debates e entrevistas) —, Breitbart entrou na Universidade de Tulane. Passou quatro anos em New Orleans farreando com um grupo de amigos ricos, hilariantes, devassos, bebendo até a inconsciência e apostando o dinheiro de seus pais em jogos de futebol americano e gamão.

Em seu estado fragilizado, Breitbart foi exposto à influência perniciosa de seus professores de Estudos Americanos e suas listas de leitura, que incluíam Foucault, Horkheimer, Adorno e Marcuse, em vez de Emerson e Twain. Felizmente, ele estava bêbado demais para ser doutrinado por completo na teoria crítica, mas a filosofia dominante de relativismo moral corroeu de forma inevitável seus padrões pessoais. Não era um grande passo ir da Escola de Frankfurt a encher a cara todas as noites.

Breitbart formou-se aos trancos e barrancos e voltou para casa em Los Angeles, onde seus pais lhe cortaram a mesada, proporcionando-lhe o grande choque de sua vida. Ele começou a trabalhar como garçom perto de Venice Beach. O trabalho duro era gratificante. "Meus valores estavam retornando do exílio."

No outono de 1991, interessou-se pelas audiências de Clarence Thomas no Senado, esperando ficar ao lado de Anita Hill e os democratas. Em vez disso, ficou indignado ao ver que aluguéis de filmes pornográficos e um comentário isolado sobre pelos pubianos em uma lata de Coca-Cola estivessem sendo usados para destruir um homem honrado porque ele era conservador e negro — com jornalistas supostamente neutros liderando a turba. Os olhos de Breitbart começaram a se abrir, e o ódio surgiu em sua alma amante da diversão. Ele jamais perdoaria a grande mídia.

Passaram-se mais alguns anos até Andrew Breitbart encontrar sua missão na vida. Em 1992 — o ano em que Warren Buffett, um dos principais investidores na Washington Post Company, advertiu que "a força econômica das outrora poderosas empresas de mídia continua a se desgastar, à medida que os padrões de varejo mudam e as escolhas de publicidade e entretenimento proliferam" —, Breitbart conseguiu um emprego de entregador de scripts em Hollywood. Ele preferia ouvir rádio FM em seu Saab conversível a puxar o saco nos escritórios de Michael Ovitz ou ir a festas onde as pessoas diziam: "Eu trabalho na sala de figurinos de *Mad About You*". Mas quando o grunge tomou conta das estações de rock alternativo ("Quem eram aqueles malucos chorões, suicidas?"), ele mudou, de desgosto, para a AM. O rádio não musical esperava por ele.

Descobriu que faria qualquer coisa para ouvir Howard Stern e Jim Rome. Pegava um walkman e continuava a ouvir depois de sair do carro para fazer suas entregas. Mas ainda era um liberal irrefletido que, ao ver o livro de Limbaugh *The Way Things Ought to Be* [A maneira como as coisas deveriam ser] na mesa de centro do pai de sua namorada, um ator de TV chamado Orson Bean, ele zombou.

"Você já ouviu Rush?", perguntou o futuro sogro de Breitbart.

"Sim, ele é um nazista ou coisa parecida."

"Tem certeza de que você já o escutou?"

Orson Bean, presença constante nos programas de auditório da TV a partir dos anos 1960, era o sétimo convidado mais frequente em *The Tonight Show* — sua opinião contava. E, depois de sintonizar Limbaugh por meses durante a campanha de 1992, Breitbart começou a considerar El Rushbo seu verdadeiro professor. "Fiquei maravilhado com a forma como ele era capaz de dar uma notícia de última hora e oferecer uma análise interessante e clara que era diferente de tudo o que eu já havia visto na televisão." A estrutura oculta das coisas estava ficando clara.

Naquele mesmo ano, um amigo de colégio que estava preocupado porque Breitbart estava à deriva o visitou em seu apartamento e lhe disse: "Eu vi o seu futuro, e é a internet".

Breitbart respondeu: "O que é a internet?".

Uma noite, em 1994, ele prometeu não sair do quarto até estar conectado. Foi preciso um frango assado, um pacote com seis Pilsner Urquell e várias horas de esforço suado com um modem primitivo daquela época, mas finalmente ouviu o crepitar de uma ligação e, de repente, Andrew Breitbart estava ligado à internet, o único lugar fora do alcance do Complexo Democratas-Mídia, onde se podia dizer, pensar e ser qualquer coisa, e ele nasceu de novo.

Não muito tempo depois, Breitbart descobriu um boletim de notícias feito por uma única pessoa chamado Drudge Report, uma mistura de política, fofocas de Hollywood e boletins meteorológicos. Ficou viciado e, quando Drudge começou a denunciar os escândalos sexuais de Clinton que a mídia não mencionava, Breitbart descobriu o que queria fazer da vida. Drudge e a internet o resgataram da ironia cínica de sua geração e lhe mostraram o poder de um indivíduo para denunciar a corrupção do Complexo. Breitbart ficou tão impressionado que enviou um e-mail ao reservado Matt Drudge: "Vocês são cinquenta pessoas? Cem pessoas? Existe um prédio?". Drudge o apresentou a uma rica divorciada e escritora de Los Angeles nascida na Grécia chamada Arianna Huffington, que queria fazer o mesmo tipo de jornalismo eletrônico de Drudge. Em meados de 1997 — um ano depois do lançamento da MSNBC e da Fox News —, ela convidou Breitbart a visitá-la em sua mansão em Brentwood e, enquanto comiam spanakopitas e tomavam chá gelado, Arianna lhe ofereceu um emprego. Não demorou para que não conseguisse mais mandá-lo embora para casa.

A internet e o movimento conservador fundiram-se no cérebro de Breitbart. Ele leu Camille Paglia sobre política acadêmica e viu toda a sua vida como uma ilustração do poder totalitário do Complexo. Vivia atrás das linhas inimigas desde o nascimento: o fascismo liberal da elite de Hollywood, o viés esquerdista da grande mídia, os filósofos alemães fugitivos do nazismo de sua grade curricular em Tulane, que haviam se estabelecido em Los Angeles e tomado o ensino superior a fim de destruir o estilo de vida mais legal da história e impor seu marxismo niilista depressivo estilo Kurt Cobain. A esquerda sabia o que a direita ignorava: Nova York, Hollywood e os campi universitários eram mais importantes do que Washington. A guerra política tinha tudo a ver com a cultura. Um autodidata convertido da Geração X, com um péssimo emprego, um diagnóstico de TDAH e viciado em internet estava excepcionalmente bem armado para combatê-la.

Nos oito anos seguintes, Breitbart trabalhou com Arianna e Drudge. Ajudou Arianna em seu maior golpe, fazer com que um camarada de Clinton que havia falsificado sua ficha de serviços na guerra fosse desenterrado do Cemitério Nacional de Arlington. Quem precisava do *New York Times*? "Estávamos fazendo mais em Los Angeles, com o mínimo de recursos, do que a grande mídia estava fazendo em Washington com centenas de jornalistas."

O terreno em que Breitbart penetrava estava diminuindo, desintegrando-se, ficando aberto para ele. Pilares da Velha Mídia estavam se voltando para o *infotainment* e o jornalismo de opinião, a fim de economizar dinheiro e manter o público distraído. Os repórteres estavam amedrontados porque Jayson Blair inventava matérias no *Times* e Dan Rather apresentava documentos falsos no *60 Minutes*, enquanto cães de guarda à direita e à esquerda latiam ferozmente ao menor sinal de viés, e novatos da Nova Mídia zombavam dos guardiões assustados, até que ninguém mais soubesse quem tinha razão e o que era verdade e ninguém mais confiasse na imprensa e a imprensa deixasse de confiar em si mesma.

Era o ambiente perfeito para Breitbart se afirmar.

Em 2005 — o ano em que Rather foi demitido pela CBS, *The Wall Street Journal* reduziu seu tamanho de 38 para trinta centímetros, o *Los Angeles Times* cortou mais 62 cargos na redação e Arianna, então uma liberal convertida, criou o *Huffington Post* com a ajuda de Andrew (mais tarde, ele alegou tê-lo imaginado como uma quinta coluna no Complexo) —, lançou o Breitbart.com. Era um site de agregação jornalística para matérias destinadas a agências de notícias (você podia bater na Velha Mídia e alimentar-se dela ao mesmo tempo) e um fórum para dizer a verdade, no espírito dos Swift Boat Vets e outros jornalistas cidadãos. A grande vantagem da Nova Mídia era que *qualquer um poderia fazê-la*. Breitbart ia a Nova York o tempo todo e fazia questão de ser convidado para festas da mídia, onde bebia os *appletinis* e *pinot noir* deles e os fazia pensar que estava ao seu lado, mas no final do jantar dizia na cara de todos: "Vocês não entendem. O povo americano está agora no controle da narrativa, e vocês não têm como tomá-lo e conduzi-lo para longe do desfiladeiro".

Tudo mudou para Breitbart em agosto de 2009 — ano em que o *Chicago Tribune* eliminou sua editoria de exterior e o *Washington Post* fechou suas três últimas sucursais nacionais, em Nova York, Chicago e Los Angeles —, quando um jovem jornalista cidadão chamado James O'Keefe entrou em sua casa com um punhado de filmagens em estado bruto. Eram a Abu Ghraib da Grande Sociedade. Mostravam O'Keefe e outra jornalista cidadã chamada Hannah Giles posando de cafetão e prostituta que queriam montar um bordel com meninas menores de idade importadas de El Salvador. James e Hannah levaram sua câmera escondida para os escritórios da organização nacional de esquerda ACORN [Associação das Organizações Comunitárias pela Reforma Agora], em Baltimore, estado de Nova York, e outras cidades, onde funcionários de baixo escalão lhes deram conselhos úteis sobre como montar o seu negócio, ao mesmo tempo que faziam o código tributário do governo federal trabalhar a favor deles. "Era como assistir à queda da civilização ocidental de um penhasco."

Breitbart sabia exatamente o que fazer. Fazer notícia dando notícias a conta-gotas. Alimentar a mídia como quem treina um cão, um vídeo de cada vez, em lugar de toda a refeição em uma única dose, pegando a ACORN e as agências de notícias desprevenidas, expondo suas mentiras e preconceitos, ao mesmo tempo que mantinha a matéria viva. Usar uma rede amigável como a Fox News para amplificar o efeito. Permanecer na ofensiva, ser ultrajante. Seu verdadeiro alvo era a mídia tradicional — sinceramente, quem se importava com os proprietários depauperados que a ACORN protegia de credores predatórios, ou com os trabalhadores de baixa renda, cujos salários a organização lutava para aumentar? Dentro de alguns meses, a ACORN deixou de existir, Breitbart tornou-se um herói do Tea Party, e grandes órgãos de comunicação competiam para publicar perfis sobre ele. Parecia que ele estava tomando todos os narcóticos proibidos de classe A simultaneamente.

Foi muito divertido! Dizer a verdade era divertido, ter o povo americano ao seu lado era divertido, ferrar com os chefes de jornalistas nervosos e ajudar a grande mídia a cometer suicídio era divertido. Breitbart foi ao *Real Time with Bill Maher* e defendeu a si mesmo e Rush diante da plateia politicamente correta de sua cidade natal, e foi um momento importantíssimo em sua vida. Ele se viu à frente de um bando desconexo de descontentes patrióticos, e *bem diante dele* estava a mesma oportunidade que os Pais Fundadores da nação tiveram: fazer uma revolução contra o Complexo.

E se calhou de provocar a demissão de uma funcionária do Departamento de Agricultura chamada Shirley Sherrod por divulgar um vídeo enganosamente editado que parecia mostrá-la fazendo comentários racistas contra os brancos quando, na verdade, estava fazendo exatamente o oposto — foda-se, o outro lado jogava limpo? Fosse como fosse, as regras da Velha Mídia sobre verdade e objetividade estavam mortas. O que importava era obter o máximo estrondo com uma matéria, mudando a narrativa. Era por isso que Breitbart estava ganhando, com ampla ajuda de seus inimigos da mídia, e devia estar pelo menos parcialmente sóbrio durante suas aulas na faculdade sobre relativismo moral.

Em 2010, Breitbart estava em toda parte, Manhattan e Washington, a Convenção de Tea Party e o Jantar dos Correspondentes da Casa Branca, Twitter e YouTube, trabalhando no seu BlackBerry enquanto falava ao telefone, virando o rosto corado, os olhos azuis penetrantes e a mecha de cabelos grisalhos para todas as câmeras, falando com a indignação dos justos e um humor pueril, apontando o dedo. *Kate Zernike do* New York Times, *você está na sala? Você é desprezível... Ted Kennedy era uma pilha de excrementos humanos, ele era um escroto, um grandessíssimo filho da puta... Quando as pessoas vêm dizer: "O que você acha que devemos fazer a respeito da saúde?", eu não tenho a menor ideia, é complicado demais para mim... É hora de o caráter supostamente impoluto do deputado John Lewis fazer alguma coisa ou calar-se... Eles acham que podem me derrubar, que podem me ferir. Isso só me faz maior... Foda-se. Você. John. Podesta... Alguma vez você já me viu na TV? Eu sempre mudo o assunto para o contexto da mídia... Mídia é tudo... É uma falha fundamental da minha psique — não me dou bem com a morte... Querem me retratar como louco, transtornado, desequilibrado. O.k., está certo, tudo bem. Fodam-se. Fodam-se. Fodam...*

Em 1º de março de 2012, no auge da glória, menos de um ano depois de acertar o seu maior golpe na forma do pênis ereto do deputado Anthony Weiner fotografado pelo próprio sob uma cueca cinza, logo depois de sair de uma noitada de vinho e conversa num bar de Brentwood, Andrew Breitbart sofreu um ataque cardíaco e morreu aos 43 anos de idade.

Tampa

No início de 2010, o *Times* tirou Mike Van Sickler da área de habitação e mandou-o cobrir a prefeitura de St. Petersburg. Ele entendeu as razões — o orçamento estava apertado, o jornal estava demitindo uns duzentos empregados. Tinha a esperança de levar adiante sua matéria sobre Sonny Kim e investigar quem tornara seus negócios possíveis, mas não sabia dizer aos seus editores exatamente como ia chegar lá e fechar o assunto em três meses, e eles não podiam se dar ao luxo de esperar.

Em junho, Sonny Kim foi indiciado pelo FBI e se declarou culpado de lavagem de dinheiro e fraude. Era um grande caso para o Distrito do Meio da Flórida, mas Van Sickler o havia entregado de bandeja. O gabinete da promotoria dos Estados Unidos anunciou que Kim fizera parte de uma conspiração e a investigação não estava concluída, mas meses se passaram e ninguém mais foi indiciado. Van Sickler se perguntava: "Onde estão as grandes prisões? Onde estão os figurões do mercado financeiro, os advogados, os profissionais do setor imobiliário?". Kim era apenas uma peça de uma rede — e as instituições? O mesmo acontecia em Washington e Nova York: nenhum processo criminal instaurado contra os grandes bancos. Van Sickler estava perplexo. "Será um dos grandes enigmas da história, quando Obama assumir a presidência, descobrir por que Eric Holder não decidiu fazer disso uma prioridade."

Na região de Tampa, 2010 foi o fundo do poço. O desemprego no condado de Hillsborough ultrapassou os 12%. O mercado imobiliário residencial estava em ponto morto, e o de imóveis comerciais começava a afundar. Gente de classe média estava aparecendo nos centros de crise e agências de serviço social, sem saber como navegar pelo labirinto de benefícios do governo. Viam-se histórias na TV sobre famílias de quatro pessoas dormindo em carros, crianças em idade escolar que não queriam dizer a seus colegas onde moravam. Anúncios de metais preciosos no rádio alertavam para o colapso dos mercados de ações, e a depressão hiperinflacionária na nova economia de Washington-Wall Street. Mas ninguém parecia ter alguma solução além de esperar que o mercado imobiliário se reerguesse, o que se supunha que aconteceria por volta de 2015. A comissão do condado voltou a cortar regulamentações e reduzir impostos sobre empreendimentos imobiliários — qualquer coisa para pôr a máquina do crescimento em marcha, embora dezenas de milhares de unidades em todo o condado de Hillsborough estivessem vagas. O sentimento de crise pegava fogo, depois esmorecia sob a umidade. O sol e as praias ainda estavam lá. Era um apocalipse entorpecido.

Havia uma ideia que animava algumas pessoas em Tampa: trens. Quando Tampa era apontada como a próxima Grande Cidade da América, nenhuma de suas rivais no Cinturão do Sol — Charlotte, Phoenix, Salt Lake City — tinha sistema de trens urbanos. Agora, todas tinham, deixando Tampa para trás. Havia planos para uma linha de veículo leve sobre trilhos (ou metrô de superfície), financiada por um aumento do imposto sobre vendas, mas a Comissão do Condado de Hillsborough sempre se recusou a permitir que isso entrasse em votação popular. Em 2010, o vento mudou. Mark Sharpe, o comissário republicano do condado — um aficionado da forma física, leitor voraz e ex-oficial de inteligência da Marinha com corte de cabelo militar — fez do VLT sua causa, dizendo que ele traria desenvolvimento econômico e elevaria finalmente Tampa Bay ao status que merecia havia um quarto de século. Sharpe era conservador — em 1994, tentara participar da revolução de Gingrich, concorrendo ao Congresso com a plataforma contra os impostos de Grover Norquist (perdeu para o democrata que buscava a reeleição). Em 2010, porém, estava chocado com a estreiteza e o extremismo que haviam tomado conta do Partido Republicano. Ele aspirava ser um reformista do tipo John McCain e falava em termos que outras autoridades eleitas republicanas não ousavam, citando John Quincy Adams sobre a necessidade de canais e estradas para unir a nação, Lincoln sobre concessões de terras federais às ferrovias, Eisenhower sobre o sistema rodoviário interestadual. E dizia ao público com uma risadinha: "Era constitucionalmente correto que o governo federal se envolvesse na construção de estradas". Mas agora essas rodovias estavam congestionadas, o preço da gasolina cada vez mais alto e só dava para ampliar a Interestadual 275 até certo ponto. Sharpe zombava abertamente da máquina de crescimento. "Eles constroem uma coisa, chamam de Lazy Oaks e esperam que haja um canal que passe por lá, põem um campo de golfe de nove buracos. Não sei vocês, mas depois de uma ou duas partidas de golfe fico entediado."

Trens leves pareciam bondes, mais lentos e mais baratos do que trens comuns ou metrô. Os planos previam quase 75 quilômetros de trilhos, uma única linha do aeroporto ao centro da cidade de Tampa através de Westshore, indo depois até a Universidade do Sul da Flórida e Nova Tampa. Os trilhos seguiriam algumas das rotas dos bondes que outrora cruzavam Tampa. Em 2010, a Comissão do Condado de Hillsborough decidiu enfim incluir um referendo a respeito do imposto de um centavo sobre vendas na eleição de novembro.

Van Sickler amava trens desde quando era adolescente, e pegava o Cleveland Rapid para ir ao Estádio Municipal e ao Flats. Ele via no VLT a resposta para a expansão imobiliária desordenada que prejudicara Tampa. A construção das linhas e estações criaria empregos, mas, o mais importante, o metrô de superfície elevaria a qualidade de vida na cidade. As pessoas sairiam do trem e caminhariam, e caminhar (sem medo de morrer no trânsito) mudaria a paisagem urbana, do shopping center, estacionamento, posto de gasolina e placa de beira de estrada para casas na cidade, cafés, livrarias, os tipos de lugares que encorajariam os pedestres a se demorar na rua, e a presença deles estimularia outros negócios a se agruparem, e em pouco tempo haveria densidade — o paraíso de Jane Jacobs. Estranhos teriam encontros acidentais não traumáticos e trocariam ideias. Tampa se tornaria um ímã para jovens instruídos, *start-ups* tecnológicas e sedes de empresas que outras cidades parecidas com trens urbanos já haviam atraído, pondo a economia sobre uma base mais sólida do que o mercado imobiliário. O centro de gravidade voltaria para a cidade, longe de Country Walk e Carriage Pointe, que cairiam na irrelevância. Se havia uma resposta para a máquina de crescimento fatal, ela estava nos trilhos.

Filha de um oficial militar aposentado, Karen Jaroch cresceu em Tampa. Em 1980, quando tinha dezesseis anos, tomou coragem para segurar uma placa na esquina da Westshore e Kennedy em favor de Reagan e Paula Hawkins, uma republicana que se tornou a primeira senadora da Flórida na vitória arrasadora dos conservadores naquele ano. Essa foi a última manifestação política pública de Karen por quase trinta anos. Ela se casou com um colega da Universidade do Sul da Flórida, que era a pessoa mais liberal que já conhecera, e no início eles não conseguiam falar de política, mas ao longo dos anos, à sua maneira calma e razoável, ela o trouxe para o seu lado. Ambos formaram-se em engenharia e moravam ao lado de um campo de golfe, em Nova Tampa, um *boomburg* não incorporado na periferia norte da cidade, e criaram quatro filhos enquanto Karen se tornava uma dona de casa em tempo integral, frequentadora da igreja, membro da Associação de Pais e Mestres (PTA) e, em todos os sentidos, uma mulher de classe média comum, até o seu sotaque geograficamente indeterminado.

Ela tinha um rosto quadrado e usava o cabelo escuro com franja eriçada, ao estilo dos anos 1980. Sempre votou nos republicanos, embora não gostasse do que Bush fez com a lei de prescrição de medicamentos do Medicare e do programa Nenhuma Criança Deixada para Trás — aquilo era governo demais. Ela e o marido sempre viveram conforme seus meios, eram proprietários de uma casa de 250 mil dólares, e quando encontraram num jantar um casal que ganhava muito menos que seu marido e eles disseram que a casa deles valia 700 mil, ficou estarrecida. "Eles estavam tentando ganhar um dinheirinho em cima da bolha. Iam morar nela por um ano e pagar apenas os juros. Tinham planos grandiosos, e nós ali, fazendo tudo certo. Dava para saber que ia dar problema." Ela também culpava o governo por isso — não a desregulamentação, Wall Street, ou credores hipotecários. A Lei de Reinvestimento Comunitário de 1992 forçou os bancos a mudar suas regras e dar empréstimos subprime a pessoas não qualificadas para que mais americanos pudessem ter casa própria. Era o governo dirigindo os bancos, e não o contrário. Por que os bancos quereriam perder dinheiro?

Ainda assim, Karen nunca participou ativamente de política, até 2008. No início daquele ano, ela recebeu seu cheque de estímulo de Bush — seiscentos dólares — e pensou: "O que é isso? Por que estão mandando isso para todo mundo? Não é o papel do governo arrecadar dinheiro e redistribuí-lo." Mas ela ficou fora da eleição, porque não se interessou por John McCain. Então surgiu Sarah Palin, em agosto. Palin eletrizou Karen. "Havia várias coisas que eu gostava nela — sua coragem de manifestar as opiniões que eu também tinha e dizê-las sem nenhuma vergonha. Tinha a mesma idade que eu, se casara com a mesma idade que eu, a questão dos filhos, de participar da PTA, a forma como ela via a economia." Karen era vegetariana, mas não a incomodava o fato de Palin gostar de caçar, desde que comesse a carne. Palin não era da elite — era com isso que Karen se identificava. Tampa estava sob o controle de uma poderosa elite empresarial, pessoas como Al Austin, que construiu Westshore, pessoas que vinham cometendo os mesmos erros sem parar com governo demais. A primeira experiência política de Karen havia sido Reagan, alguém de fora que entrou e contrariou o sistema. Como Palin. Era por aquilo que Karen estava procurando.

O socorro aos bancos, depois o pacote de estímulos de Obama, como o oferecido à indústria automotiva — dinheiro para latas velhas —, os gastos estavam fora de controle, e parecia que o *big business* estava em conluio com *big government*. Alguém estava ganhando dinheiro, e não era a gente miúda. Karen não sabia que um terço do estímulo era composto de cortes de impostos, e não precisava saber, porque foi contra desde que ouviu falar sobre projetos *shovel-ready*.* Pessoas como ela, que tinham feito o que se esperava que fizessem, eram solicitadas a socorrer os gastadores despreocupados, repetidamente, sem fim. A julgar por suas ações, Obama não acreditava no ideal americano de que o trabalho duro compensa e de que cada um viva com o que ganha. Seu pai comunista, aquele sobre o qual ele escreveu um livro inteiro, e seus mentores radicais incutiam outras ideias na psique de Obama.

Karen começou a temer que o país em que havia crescido não estaria disponível para seus filhos. Um dia, estava ajudando seu filho a estudar para o exame de meio de ano, que era sobre o Egito antigo, e aquilo a fez pensar. No início, todos cultivavam as terras às margens do Nilo e davam arroz aos faraós, mas depois os faraós resolveram construir pirâmides para celebrar a si mesmos e começaram a tributar as pessoas. A mesma coisa aconteceu em Roma.

---

* *Shovel-ready projects*: literalmente, "projetos prontos para a pá", expressão empregada por Barack Obama para se referir a projetos de infraestrutura prontos para receber estímulo financeiro imediato do governo. (N. T.)

A mesma coisa estava acontecendo nos Estados Unidos. O país estava em declínio, e seus filhos talvez não tivessem as oportunidades que ela tivera.

Havia tempo que Karen era ouvinte de Glenn Beck — ele teve sua chance no rádio em Tampa, em 2000 — e, como ele expressava agora muito do que ela sentia, ela gravava em DVR seu novo programa de televisão na Fox News. O programa de Glenn Beck pegou fogo logo após a eleição de Barack Obama, com uma audiência de quase 3 milhões de pessoas todas as tardes. No início de fevereiro de 2009, poucas semanas depois da posse, Beck falou aos seus telespectadores para se encontrarem uns com os outros: "Existe mais gente como vocês por aí do que vocês pensam". Essas palavras inspiraram Karen a gastar dez dólares e criar um site de encontro on-line para organizar a primeira reunião do Projeto Tampa 12/9. A cruzada de Beck baseava-se em nove princípios, tais como "A América é Boa" e "Eu trabalho duro pelo que tenho e só compartilharei com quem eu quiser", e doze valores, entre eles Reverência e Esperança.

Em 13 de março de 2009, pessoas se reuniram para se conhecer pessoalmente em Hebron, no Kentucky, e Golden Valley, no Arizona, além de diversas outras cidades em todo o país. Oitenta pessoas reuniram-se na Tampa Ale House. Eram cinco da tarde, e o programa de Glenn Beck estava no ar. Depois de um vídeo sobre o Onze de Setembro de 2001 e a bravura e a unidade que se seguiram aos ataques, Glenn Beck apareceu nos bastidores de seu cenário, com os cabelos loiros cortados à escovinha, terno risca de giz e tênis, perto da câmera, com seu rosto enchendo o quadro, segurando as lágrimas. "Você está pronto para ser aquela pessoa que era naquele dia depois de 11 de setembro, no dia 12? Eu lhe disse durante semanas: 'Você não está sozinho'." Beck olhou para cima e estendeu os braços. "Estou me transformando em um maldito tele-evangelista!" E sua voz estava embargada, os olhos com olheiras, as feições inchadas com a mágoa abatida dos mil fracassos e queixas que ele carregava por milhões de pessoas que o assistiam. Ele enxugou uma lágrima. "Desculpem-me. Eu simplesmente amo o meu país e temo por ele. Parece que as vozes de nossos líderes, dos interesses especiais e da mídia estão nos cercando — um som intimidante! Mas quer saber? Puxe a cortina. Você vai perceber, não há ninguém lá! São umas poucas pessoas que estão apertando os botões e suas vozes são, na verdade, muito fracas." Ele se inclinou para mais perto, e sua expressão se endureceu. "A verdade é que eles não nos cercam. Nós os cercamos. Este país é nosso."

Os estranhos que se reuniram na Tampa Ale House não assistiram ao programa inteiro. Estavam mais interessados em conversar uns com os outros. Karen sempre fora tímida, até a idade adulta — o simples fato de assumir pela PTA a responsabilidade pela competição de ortografia da escola a assustava —, mas agora se sentia cada vez mais corajosa. "De certo modo, todos nós nos conhecíamos", disse ela. "Não nos conhecíamos pessoalmente, mas nos sentíamos conectados. Nunca tivemos uma voz e estávamos começando a criar a nossa própria voz." Eram gente como ela, não republicanos do country club, apenas pessoas que achavam que alguma coisa estava errada. E ela as havia reunido. Aquele foi o começo da vida de Karen Jaroch na política.

O verão trouxe o Obamacare e uma rebelião em todo o país. Em 6 de agosto, Kathy Castor, a deputada democrata de Tampa, realizou uma reunião na prefeitura numa sala pequena demais para as 1500 pessoas que tentavam entrar. O caos começou quando os membros do Projeto 12/9, enfurecidos por Castor, enfurecidos pelo Obamacare, enfurecidos porque as portas da sala lotada foram fechadas para centenas de manifestantes, começaram a gritar: "Você trabalha para nós! Você trabalha para nós! Tirania! Tirania!", até Castor desistir de falar e ter de ir embora escoltada. Karen estava lá e, na tarde seguinte, recebeu um telefonema de um produtor da CNN. Ela poderia ir ao centro da cidade para aparecer naquela noite no programa de Campbell Brown? Três horas mais tarde, estava sentada sozinha em um estúdio conectado a um satélite, a voz em seu fone de ouvido fora de sincronia com a pequena tela de vídeo logo abaixo do buraco negro da câmera na qual ela tentava manter o olhar, sentindo-se como um cervo ofuscado por faróis.

Campbell começou com ela. "Sou a favor do engajamento cívico, mas me explique qual o sentido de fazer calar sua deputada, de gritar com ela. O que você ganha com isso?" Karen tentou responder, mas Campbell interrompeu. "Vou deixar você terminar, mas ninguém estava sendo ouvido lá, aquilo era o caos total, todo mundo gritando."

"As pessoas estão frustradas", disse Karen, com a franja caindo sobre seu olho esquerdo. Sua cabeça compartilhava uma tela dividida com Campbell, ou ocupava um oitavo da tela ao lado dos três especialistas, um estrategista republicano, um analista da TV a cabo e um jornalista da internet — convidados pelo programa para falar sobre o incidente. "Os americanos médios se sentem desprivilegiados. Não estamos sendo ouvidos. Nossos congressistas estão apressando as coisas", disse ela. "As pessoas estão com medo de perder a assistência à saúde. Isso vai criar enormes déficits que vão durar mais do que meus filhos."

Campbell perguntou quem eram os seus líderes.

"Somos da base", disse Karen, de fala mansa, mas pé firme. "Somos organizações locais. Não recebo um centavo de ninguém." Ela achava que Campbell estava manipulando as coisas contra o Tea Party, fazendo parecer que fossem mais desordeiros do que eram. Não importava: as pessoas que ela conhecia se informavam com outras fontes. Mais tarde, seus amigos do movimento a felicitaram por defender os americanos esquecidos e fazer a mídia tradicional parecer preconceituosa e burra.

Então veio o trem. Nada que Obama e o Congresso tenham feito deixou Karen tão elétrica quanto a proposta de um sistema de veículo leve sobre trilhos em Tampa, subsidiado pelos contribuintes. A questão consumiu sua vida durante todo o ano de 2010. Ela criou um grupo chamado "No Tax for Tracks" [Nada de imposto para trilhos] e atualizou-se com a leitura de um relatório da Fundação Heritage contra esses sistemas. Ela argumentava que o sistema era caro demais, não criaria empregos, não teria usuários, havia fracassado em outros lugares e oneraria a região com décadas de dívida. Quando um fato ameaçava minar uma linha de argumentação, ela mudava para outra, pois a verdadeira objeção de Karen ao referendo ia muito além de dólares por quilômetro.

No século XIX, a ferrovia era o futuro do transporte, o motor da riqueza americana. No século XX, era um tema chato para as políticas públicas e especialistas em orçamentos. Em 2010, simbolizava tudo o que a direita americana temia e odiava — intervenção estatal, impostos e gastos, o socialismo de estilo europeu, uma sociedade em que as pessoas eram obrigadas a compartilhar serviços públicos com estranhos e pagar por eles. Os trilhos eram uma ameaça ao estilo de vida de Nova Tampa, onde a linha deveria terminar. Em Nova Tampa, você ia de carro ao supermercado uma vez por semana (em vez de caminhar ou tomar o ônibus todos os dias, como na cidade), depois carregava a minivan no Home Depot nos fins de semana. Karen fez discursos em que condenava a influência dos planejadores urbanos e advertia contra a Agenda 21, uma resolução não vinculante das Nações Unidas pelo "desenvolvimento sustentável" de 1992 que muitos adeptos do Tea Party consideravam um cavalo de Troia para a governança mundial, um perigo para a soberania americana e uma ameaça sinistra às suas casas unifamiliares, estradas pavimentadas e campos de golfe. O fato de o presidente Obama fazer das ferrovias interurbanas de alta velocidade o ponto central de sua lei de estímulo só confirmava suas piores suspeitas. Assim, os bondes foram absorvidos na fúria nacional, e se tornaram a questão central do Tea Party de Tampa em 2010, assim como os cortes de impostos e o aborto haviam sido para gerações anteriores de conservadores.

Uma vez, quando estava nos bastidores, antes de um debate na televisão com Pam Iorio, o prefeito de Tampa que era a principal força política por trás do VLT, Karen mencionou que seu marido fora recentemente demitido de seu emprego de engenheiro civil. Eles estavam prestes a perder o seguro-saúde e passavam por um momento difícil.

"Karen, esta iniciativa não vai inseri-lo de volta no mercado de trabalho?", perguntou o prefeito.

"Não, seu plano não vai criar nenhum emprego", respondeu Karen. Era um princípio sagrado, e ela não deixaria que o infortúnio de sua família a enfraquecesse. Para Karen, a batalha contra os trilhos era vista como Davi contra Golias. Havia um monte de forças poderosas no outro lado — a Câmara do Comércio, a elite de South Tampa, a página editorial do *St. Petersburg Times* e o comissário Mark Sharpe —, e os autores da proposta haviam gastado mais de 1 milhão de dólares. Do lado de Karen estava outra incansável organizadora do Tea Party chamada Sharon Calvert, cujo Dodge Durango estava enfeitado com adesivos que declaravam NÃO PISE EM MIM e RESGATE A AMÉRICA! E também David Caton, um ex-viciado em pornografia-cocaína-álcool-Quaaludes-Ativan-e-masturbação que virou um cruzado cristão contra pornografia, homossexualidade e trilhos. E lá estava Sam Rashid, um empresário de Brandon nascido em Karachi, com o olhar ameaçador de um jogador profissional de pôquer (o que era de fato), que financiava candidatos de direita, inclusive Mark Sharpe — até ele se tornar um traidor, mentiroso e RINO (republicano só no nome) ao apoiar o imposto ferroviário, uma transgressão imperdoável, quando então Rashid prometeu puni-lo com a derrota nas eleições seguintes, junto com sua amada ferrovia.

Em 2 de novembro, o VLT foi derrotado no condado de Hillsborough por 58 a 42%. O esforço de Karen Jaroch e do Tea Party havia superado o dos empresários e políticos do centro da cidade, uma vez que os eleitores dos *boom-*

burgs não incorporados e subdivisões-fantasmas não viam benefício no transporte ferroviário nem queriam pagar um centavo a mais de impostos nas profundezas da recessão. Rick Scott, um herói Tea Party, que se recusara a se encontrar com qualquer conselho editorial de jornal e não recebeu nenhum apoio deles, foi eleito governador, dando continuidade ao domínio republicano na Flórida, que datava de 1998. Logo após assumir o cargo, Scott decidiu rejeitar 2,4 bilhões de dólares em dinheiro de estímulo federal para uma linha ferroviária de alta velocidade que ligaria Tampa a Orlando, cuja construção estava marcada para ter início dentro de algumas semanas (o dinheiro foi para a Califórnia). O terreno de 28 hectares para o novo terminal ferroviário no centro de Tampa tornou-se um vasto campo abandonado ao lado da rodovia interestadual. Uma empresa de pesquisa que estudou dados estatísticos de cinquenta áreas metropolitanas, levando em conta desemprego, tempo de viagem, suicídio, uso de bebidas alcoólicas, crime violento, crime contra o patrimônio, saúde mental e dias nublados, anunciou que Tampa era a cidade mais estressante dos Estados Unidos. Oito das dez primeiras da lista estavam no Cinturão do Sol. Cinco eram na Flórida.

Mark Sharpe sobreviveu ao confronto com um candidato do Tea Party escolhido a dedo por Sam Rashid. Depois de ser reeleito para a comissão do condado, Sharpe votou a favor de pôr Karen Jaroch no conselho da Autoridade Regional de Trânsito da Área de Hillsborough. Afinal de contas, o lado dela havia vencido a guerra dos trilhos — e, entre seus muitos detratores do Tea Party, ele achou que Karen era a mais razoável.

Algumas semanas após a eleição, Mike Van Sickler foi designado para cobrir uma reunião da Força-Tarefa do Transporte do Condado de Pinellas, que estava acontecendo em algum lugar perto do aeroporto de St. Petersburg--Clearwater, num complexo de utilização comum governo-universidade-comércio chamado EpiCenter. Dirigindo seu carro entre prédios residenciais de dois andares, shoppings e unidades de escritórios, sem números de rua, ele não conseguia encontrar o EpiCenter para salvar sua vida. "Perdido em Clearwater", murmurou Van Sickler, segurando o volante do seu Ford Focus. "Não me venham com esse papo de falta de orientação. Deem-me uma placa!" Rio Vista, Bay Vista — esses nomes falsos! Ele odiava aquele lugar. Se gritasse, ninguém o escutaria.

A derrota do VLT deprimira Van Sickler mais do que ele esperava. Era como se os Estados Unidos estivessem se transformando em um país que já não acreditava em si mesmo. "Não podemos, não podemos, não podemos. Não vamos fazer esse projeto ferroviário porque não vai funcionar. Não podemos tentar ser a próxima grande cidade. Vamos nos contentar com o que temos. Não estamos felizes com o que temos, mas não podemos fazer melhor." Aquele não era o país em que ele havia crescido. Ele crescera num país muito mais otimista.

Van Sickler chegou ao EpiCenter com meia hora de atraso, com o rosto vermelho de irritação. A Força-Tarefa do Transporte do Condado de Pinellas estava debatendo se devia continuar com sua própria iniciativa ferroviária após a derrota em Hillsborough. Havia uma centena de pessoas na sala, entre elas, Karen Jaroch. Na primeira fila estavam dois homens na casa dos vinte anos, um de camiseta verde com um trevo, emblema da Irlanda, o outro com uma camiseta vermelha com a frase AINDA ESTOU ESPERANDO POR MEU SOCORRO FINANCEIRO! Sempre que um membro da força-tarefa dizia algo como "continuamos falando sobre 'quando a economia virar' — parte do motivo de fazer isso é virar a economia", os dois sujeitos de camiseta cobriam o rosto ou jogavam a cabeça para trás, num riso silencioso.

Depois da reunião, Van Sickler, de jaqueta de veludo e gravata, caderneta na mão, abordou o que estava com a camiseta da sorte irlandesa e se identificou como repórter do *St. Petersburg Times*. O sujeito lançou-lhe um olhar duro. Van Sickler perguntou o que ele achava da discussão.

"Eu acho que eles são um bando de comunistas filhos da puta que querem aumentar os impostos. Se você ouvir tudo o que dizem, descobre como vão jogar areia nos olhos do público. Eles querem impor sua agenda ao povo. Você andaria nisso? Ele não vai para onde eu quero ir. Quem vai pegá-lo em Pasco — as vacas ou as cercas?" O nome do sujeito era Matt Bender. Ele era um trabalhador da construção civil desempregado, à procura de qualquer tipo de trabalho, mas se recusava a se candidatar ao seguro-desemprego. "Eu vou fazer o meu próprio caminho", disse Bender. "Nós temos a busca da felicidade, não a garantia. Estou cansado de ambos os partidos não ouvirem o que o povo quer, e a corrupção, as negociações escusas, os acordos de bastidores. Temos de eliminar a classe política aos poucos."

Enquanto voltava à redação para escrever sua matéria, Van Sickler pensou sobre a maneira como Bender olhara para ele. O desprezo. Exatamente como os comentários que vieram depois que uma de suas matérias foi divulgada pela internet — eles não tentaram nem entender o que ele havia escrito, suas cabeças já estavam feitas, cada questão local era abafada pelos gritos nos noticiários nacionais da TV a cabo. Já não havia fato sobre o qual todos os americanos pudessem concordar a princípio. Por exemplo, seu jornal fizera um grande esforço e gastara um bom dinheiro para descobrir informações sobre os benefícios, bem como os custos, de um sistema de veículo leve em Tampa, e nada disso fizera efeito. O que havia pegado era *"No tax for tracks"* — talvez porque o trem leve parecesse meio fantasioso para pessoas do condado de Hillsborough que só queriam viver sua vidinha, criar suas famílias, agarrar-se aos seus empregos. O mesmo acontecera com Sonny Kim, sua grande matéria sobre a crise financeira. Van Sickler esperara dois anos para que cabeças em níveis mais altos rolassem e, em vez disso, a promotoria não tinha nada para mostrar, exceto um reles fraudador de hipotecas. Van Sickler começava a se perguntar sobre a relevância do trabalho no jornal. As semanas e os meses que um repórter investigativo levava para levantar a matéria, acertar os detalhes e publicá-la, com a esperança de que algo pudesse mudar — e depois, *nada* acontecia. Para que ele estava fazendo aquilo — satisfazer seu ego? Porque não parecia importar para mais ninguém.

Mas ele não estava disposto a deixar de acreditar no jornalismo. "Você tem de acreditar em alguma coisa", disse ele. "Eu não acredito em Deus, acredito nisso. Acredito na possibilidade de que o homem pode se aperfeiçoar, que nós, como uma sociedade civilizada, podemos ficar melhores, e o jornalismo é a parte que garante que as coisas estão funcionando." Durante a maior parte do século XX, as coisas nos Estados Unidos funcionaram melhor do que em qualquer outro momento da história da humanidade. Mesmo que isso não fosse mais verdade, e a maioria dos americanos não confiasse mais em repórteres como ele, qual era a alternativa? Quem mais ia ser os olhos e os ouvidos do público? Ele não via representantes dos blogs Daily Kos ou Red State na prefeitura, não via gente do Google ou do Facebook na comissão do condado.

Numa manhã de domingo, Van Sickler passou protetor solar (embora ainda fosse primavera) e foi até o condado de Hillsborough. Queria ver o que estava acontecendo em Carriage Pointe, o loteamento com mais dificuldades do condado, que ele havia visitado uma dúzia de vezes e sobre o qual escrevera muito. O lugar ainda parecia bastante deserto — casas onde ele havia entrevistado gente estavam agora abandonadas. Mas, enquanto caminhava pelas ruas

— nenhum pedacinho de sombra por perto — e parava para conversar com uma mulher de Jersey que estava trabalhando em seu quintal, e um homem negro de West Palm Beach que estava sentado com sua família numa garagem aberta, uma imagem começou a surgir: as pessoas estavam se mudando para lá novamente. A maioria não tinha dinheiro para comprar, mas estavam alugando, porque o aluguel era barato. Não sabiam nada sobre os vizinhos e, se dependessem do centro comunitário das proximidades, estavam perdidas, porque ele estava fechando devido a cortes no orçamento do condado, e o preço da gasolina engolia uma grande parte de seus salários, pois os empregos mais próximos ficavam a 45 minutos de distância e, se o carro quebrasse, estavam completamente ferrados.

Mas Carriage Pointe ainda estava viva e, ao ir embora, Van Sickler teve uma visão do lugar cinco ou dez anos depois: uma favela no meio do nada. Os ricos morariam nas cidades, os pobres viveriam nas *exurbs* e Tampa ficaria parada durante a Depressão até que a máquina do crescimento voltasse a funcionar.

Dean Price

Nas semanas anteriores às eleições de 2010, ao andar de carro pela região de Southside, na Virgínia, ou de Piedmont Triad, na Carolina do Norte, viam-se outdoors pretos ao longo da estrada que anunciavam NOVEMBRO ESTÁ CHEGANDO. Os cartazes eram vagos e sinistros, mas todos sabiam o que significavam. Um ônibus preto "Novembro está chegando" percorria as estradas da região, enfeitado com números sobre o custo do "Estímulo fracassado", "Estatização da saúde" e "Imposto sobre energia Cap & Trade". Os outdoors e o ônibus eram pagos por uns tais Americanos pela Prosperidade, um grupo de que Dean nunca ouvira falar, financiado pelos irmãos Koch, uma dupla de bilionários do petróleo e gás do Kansas que acreditava que o presidente Obama estava deliberadamente destruindo o sistema de livre-iniciativa.

O Tea Party era tão forte na região de Dean que ele não divulgava suas opiniões pessoais; para ele, seus adeptos eram parecidos com os camisas pardas nazistas. Seus vizinhos nunca deram uma chance a Obama. Eles o chamavam de socialista, radical e muçulmano, mas a palavra que atingia o cerne da questão começava com N. Gente como aquela era facilmente enganada por um mascate como Glenn Beck. Dean costumava vê-lo quando ele tinha um programa na CNN e, como era um canal de notícias respeitado, quando Beck fez todos os tipos de previsões após o Onze de Setembro —

havia um outro complô, uma bomba iria explodir na hora tal de amanhã —, Dean pensava: "Senhor, tenha piedade, se isso acontecer, este país está ferrado". Depois de algumas vezes, concluiu que Beck era um maluco — mais um animador de auditório do que qualquer outra coisa, um vigarista. Mas ele tinha seguidores, inclusive nos fundos da casa de Dean. Por outro lado, a MSNBC era impossível. Rachel Maddow parecia sapatona demais, e Dean simplesmente não conseguia suportar Keith Olbermann.

Dean tinha suas próprias questões a respeito de Obama. Ele ainda gostava do presidente e o respeitava, mas não conseguia entender por que não fazia mais para explicar suas ideias sobre a nova economia. Washington deixou o crédito fiscal dos biocombustíveis expirar em 2009, e os investidores não sabiam para onde as coisas estavam indo. Atrelar tudo ao aquecimento global apenas complicava as coisas, tornava a questão partidária demais. Obama ainda falava sobre energia renovável, mas parecia que não tinha a menor ideia do que fazer, ou não achava que o país pudesse lidar com a verdade, ou ainda tinha a velha mentalidade de que quanto maior melhor. Seu secretário de Agricultura, Vilsack, tinha um slogan que promovia a pequena escala de produção — "conheça seu agricultor, conheça sua comida" —, mas não daria as costas para o agronegócio. Eles estavam jogando para ambos os lados. Todo mundo acreditara que Obama chegaria lá e diria a verdade, não ficaria do lado das multinacionais, mas talvez elas o tivessem comprado. Podia ser isso? Ou ele simplesmente contratou as pessoas que, antes de mais nada, ajudaram a causar os problemas? Summers, Geithner — era como pôr as raposas no galinheiro. Mas o povo americano pretendia uma mudança radical em 2008, não a manutenção do status quo.

Dean pensava muito sobre Obama, questionava, discutia com ele, perguntava-se sobre ele, era quase como se se conhecessem. Também continuava sonhando com ele — não sabia por quê, mas tentava estimular esses sonhos. Era importante que os últimos pensamentos antes de dormir fossem sobre as coisas que se gostaria de ver na própria vida. Você quase tinha de querer isso. Porque, depois que dormisse, seu subconsciente trabalharia nisso, atraindo as coisas em que você se concentrava continuamente. Isso era Napoleon Hill. Deitado na cama, Dean pensava sobre o que faria depois que conquistasse sua fortuna. Tinha uma visão muito específica disso. Então, adormecia e sonhava em estar com o presidente. Estavam sentados sozinhos em uma sala, e Obama ouvia enquanto Dean falava. Ele nunca se lembrava de suas palavras — era apenas a causa, a causa, a causa.

Em novembro, o Tea Party foi para cima de Tom Perriello.

Os primeiros anúncios de TV contra ele apareceram antes que completasse um mês no cargo — justamente na época em que seus colegas republicanos no Congresso pararam de atender a seus telefonemas. "Houve uma decisão tomada pelos mais altos níveis de liderança, que não deixariam suas impressões digitais em nada", disse ele. "Eles eram espertos o suficiente para saber que a economia não poderia virar antes de novembro de 2010, e poderiam concorrer contra nós. É provável que tenha sido um lance estratégico inteligente, mas era uma coisa fundamentalmente imoral e antipatriótica. Para mim, isso é quase diabólico."

No distrito de Perriello, a recessão era tão grave que as autoridades locais tiveram de escolher entre fechar escolas e aumentar o imposto sobre propriedades, e de início não houve praticamente nenhuma oposição a aceitar recursos federais. Um banqueiro republicano de Danville, que havia sido presidente da Associação dos Bancos da Virgínia, perguntou por que não havia dinheiro na lei de estímulo a obras públicas para a reforma da agência central dos correios construída na época da Grande Depressão — as coisas estavam nesse ponto. O próprio Perriello considerava o estímulo uma "coisa bastante tímida" — ele queria algo maior e mais visionário, como uma "rede nacional inteligente" —, mas a Lei de Recuperação levou 300 milhões de dólares ao seu distrito, dinheiro que manteve professores nas salas de aula e pavimentou estradas que necessitavam de pavimentação. Porém com o tempo, à medida que os meses se passavam e a depressão prosseguia, e não havia nenhum sinal de início dos trabalho incluídos no projeto de estímulo, como a reconstrução da decrépita ponte Robertson sobre o rio Dan, e os republicanos em Washington e os Glenn Becks continuavam denunciando pelo rádio tudo o que o governo fazia, repetindo sem parar a mentira de que o estímulo não tinha criado um único emprego, a opinião pública no Quinto Distrito começou a se voltar contra Obama e Perriello.

Então veio o verão infernal de 2009. Em junho, depois que Perriello e a Câmara votaram a favor da lei de energia do presidente, o distrito foi inundado por dinheiro de grupos anti-Obama, como o Americanos pela Prosperidade. O Tea Party organizou um protesto no estacionamento diante de seu escritório em Charlottesville, cinquenta ou cem pessoas se reuniram e, quando Perriello saiu para conversar, elas atacaram a política federal de energia, estavam convencidas de que a lei daria poder para invadirem suas casas a fim de verificar a eficiência de seus refrigeradores. Mas isso foi apenas um aquecimento para a questão da saúde. Em agosto, Perriello realizou 21 reuniões nas prefeituras do distrito — mais do que qualquer um no Congresso. Onde quer que fosse, quinhentas, mil, 1500 pessoas lotavam o centro da terceira idade ou o teatro, armados com os pontos de discussão que tinham baixado da internet e levado em uma folha de papel, em alguns casos com tanta raiva que chutaram e cuspiram em membros da equipe de Perriello. Fizeram fila para vociferar contra "mesas-redondas da morte" e violações da Constituição ("Você quer que o governo controle as decisões dos médicos? Você é louco, burro, ou simplesmente maldoso?"), e Perriello ficou lá com um microfone, parecendo ter 22 anos de idade em sua camisa azul, gravata e calça cáqui, suando, acenando com a cabeça, tomando notas, bebendo água, ouvindo até que o último eleitor tivesse terminado, e respondendo até perder a voz ("Nos últimos duzentos anos, a Suprema Corte interpretou o artigo I de uma forma incrivelmente expansiva"), mesmo que levasse cinco horas.

"Ninguém se converteu", disse mais tarde. "Era uma questão de resistência."

As prefeituras apareceram no noticiário da TV e deram a impressão de que todo mundo no distrito se opunha à reforma da saúde, embora muitas pessoas que compareceram (e muitas que ficaram em casa) fossem a favor ou indecisas, mas a voz delas era mais serena e, às vezes, quando se manifestavam, eram caladas aos gritos e, à medida que o mês avançava, as pessoas com vozes mais moderadas, tendo assistido as estridentes reuniões anteriores na TV, decidiram não perder mais tempo, de modo que no final de agosto o Tea Party no distrito de Perriello acreditava que o deputado estava ignorando uma oposição quase unânime.

O espetáculo das prefeituras era tão feio que grupos cívicos antigos, os Rotary Clubs e Garden Clubs, pilares apartidários da comunidade, deixaram de mandar convites de cortesia ao seu deputado para encontrá-los, por medo de ficarem constrangidos com os protestos. E Perriello também notou que as associações comerciais tradicionais, como as dos pequenos empresários e banqueiros da comunidade, que costumavam dar a seus membros informações úteis baseadas em fatos e explicar como estavam negociando o melhor acordo possível com o governo, agora murchavam sob o calor popular e se recusavam a participar do jogo.

No final daquele primeiro semestre do governo Obama, era possível ter a impressão de que a maior parte do país estava em revolta aberta contra um presidente que obtivera uma vitória retumbante apenas nove meses antes.

Perriello deu um voto difícil a favor da lei da saúde, e depois que a lei foi aprovada, em março de 2010, um militante do Tea Party postou o que era supostamente o endereço da casa de Perriello, nos arredores de Charlottesville, exortando as pessoas a ir até lá e manifestar suas opiniões. Tratava-se, na verdade, do endereço de seu irmão, da esposa dele e seus quatro filhos; no dia seguinte, alguém cortou a ligação de gás da família.

Perriello começou a achar que o primeiro político a inspirá-lo também o estava deixando na chuva para se molhar. Por um lado, Obama tinha "uma disposição incrível de fazer o que me levou à política, que é atacar os problemas que nenhum dos partidos teve a coragem de enfrentar durante toda a minha vida". Por outro lado, o presidente passou seu primeiro ano tentando fechar acordos com republicanos que nunca cederiam um centímetro, e se desviou de seu caminho para deixar que banqueiros desacreditados pela crise financeira evitassem uma punição. O presidente falava sobre "uma nova era de responsabilidade", mas isso não parecia aplicar-se àqueles sujeitos. A equipe de Obama estava cheia de assessores sem imaginação, que eram amistosos demais com Wall Street e não sabiam como criar empregos nas pequenas cidades. "Se você só conhece gente de Wall Street que ganha milhares ou milhões de dólares, tudo o que tenta fazer é voltar para a década de 1990", disse Perriello. "Bem, naquela época, as pessoas do meu distrito perderam um monte de empregos." As elites se voltaram para outras elites, mesmo depois de terem falhado de forma generalizada. "Os impérios declinam quando as elites se tornam irresponsáveis." Obama era um *insider* progressista, não um *outsider* populista, e Perriello não teve apoio do governo quando saiu para enfrentar seus eleitores belicosos, irados e desinformados.

O barulho dos gritos nas prefeituras e nas rádios AM, TV a cabo e internet; os comerciais hostis e anônimos na mídia, pagos pelas empresas de carvão e de seguros e pelos irmãos Koch; o emaranhamento de dinheiro, grupos de interesse e covardia no Capitólio; a estranhamente ineficaz Casa Branca de Obama; a depressão em curso no Piedmont: em meio a tudo isso, quem saberia ou se importaria com a Red Birch e os esforços de Perriello em seu nome?

Seis republicanos o desafiavam. O vencedor da primária foi um senador chamado Robert Hurt, do tipo que segue a direção do vento para sempre se dar bem. Um dia, em agosto, três meses antes das eleições, Perriello começou a vomitar e não conseguia parar. Ficou sem dormir por várias noites. Após dois anos de café e Coca Diet durante o dia todo, e uísque ou Jack Daniel's à noite, e nunca água suficiente, estava completamente desidratado.

Novembro chegou. No dia anterior à eleição, Perriello fez freneticamente campanha ao lado do senador Mark Warner, em Martinsville. Na Sirloin House, os dois políticos foram de mesa em mesa cumprimentando os clientes, alguns dos quais não quiseram levantar os olhos de suas batatas fritas com queijo. Dean Price estava lá — aparecera para dizer oi e boa sorte — e ele e Perriello se abraçaram.

"Você aguentou um monte, eu aguentei um monte", disse-lhe Perriello, "mas estamos no caminho certo, o caminho da retidão! Você sabe que acredito no que está fazendo, mantendo o dinheiro na comunidade, em vez de enviá-lo para petroditadores."

As câmeras de televisão estavam rodando, e Dean pegou a deixa. "É o que chamo de efeito do balde furado. Noventa centavos de cada dólar de petróleo e 86 centavos nos hipermercados deixam a comunidade."

Perriello baixou a voz. "Depois que esta loucura passar, em duas semanas, vamos sentar e tomar uma cerveja."

Não havia tempo para dizer mais. Perriello estava a caminho do próximo lugar — Pigs-R-Us Barbecue —, e o dia mal começara.

Na manhã seguinte, uma mulher chamada Lorna votou no Ridgeway Ruritan Club, um prédio térreo de blocos de concreto numa rua arborizada, perto da autoestrada ao sul de Martinsville. Depois, ela se posicionou na calçada com um cartaz que dizia FERIDA. Lorna era professora aposentada, com cerca de setenta anos, baixa e redonda dentro de um casaco de lã verde com um capuz pontudo. A armação de seus óculos escuros tinha um padrão de pele de leopardo e, sob o batom carregado, sua boca estava apertada.

"Este país não é socialista, nos baseamos em princípios judaico-cristãos", Lorna quase cuspiu, "e eu vou protestar na rua se precisar. Nunca tive tanta vergonha como tenho da maneira como esse homem rebaixou a presidência. Ele não se veste adequadamente, chama certas pessoas de inimigos e fala sobre determinadas redes. Ele é apenas o que é, um agitador de Chicago. Não tem qualidades presidenciais, não representa todo o povo. Tivemos estadistas — agora tudo o que temos são políticos. Eu nunca vi um presidente que tenha tentado mudar este país — este país não precisa de mudança —, transformar radicalmente este país, e não precisamos disso de um agitador de Chicago."

Lorna escutava rádio e assistia à Fox News porque os outros eram tão obviamente tendenciosos — aquela coluna de David Broder no dia anterior, dizendo que Obama era muito mais inteligente do que todos os outros! E havia também Al Gore, morando em sua mansão e viajando em seu jato particular, enquanto Lorna deveria pagar tudo o que tinha em impostos, mesmo que ela e o marido nunca tivessem feito um cruzeiro e não comprassem carros extravagantes e economizassem cada centavo que ele ganhava trabalhando como supervisor na fábrica da DuPont para que pudessem aproveitar a vida juntos e ele pudesse jogar golfe depois de se aposentar, mas nunca tiveram essa chance. Se ele pudesse ouvi-la abrindo a boca assim, se reviraria no túmulo e diria: "Lorna, cala a boca", mas, agora que estava aposentada da escola, podia dizer o que quisesse, e tinha muita coisa na cabeça. "Eu quero comer o que quiser, e se eles me disserem que não posso comer batatas fritas ou Coca-Cola — de jeito nenhum! Eles querem me dizer o que pensar. Pensei por mim mesma a vida inteira e me dei bem. Eu vim do nada e nunca estive tão desanimada como agora. Você não pode ser a superpotência mundial se a economia está fraca. Eu só espero e rezo para que este país possa voltar ao caminho certo."

A fúria de Lorna estava diminuindo. Ela não havia mencionado seu deputado nenhuma vez.

Naquela noite, Perriello, sua família e a equipe esperaram pelos resultados nos escritórios de uma pequena empresa de serviços financeiros, em cima de uma adega de vinhos no centro histórico de Charlottesville, o próspero polo do Quinto Distrito.

"Tudo bem, gente", Perriello gritou, "nós vencemos em Danville por mil votos!" Ouviram-se gritos de aplauso. Às oito horas, metade das urnas havia sido apurada e Perriello perdia por 53% a 45%, mas eram de áreas predominantemente rurais. As de Charlottesville começaram a chegar, porém a vantagem de Hurt se mantinha. O assessor de imprensa de Perriello tentava evitar os telefonemas das redes de televisão. Perriello deu um sorriso amargo. "Estamos subindo de volta! Não muito. Mas estamos melhorando. Vamos continuar crescendo." Às oito e meia, o condado de Henry enviou finalmente seus resultados, e Perriello foi liquidado por lá. A Red Birch não fizera diferença alguma.

Ele perdeu por 51% a 47%. Chegou mais perto do que outros democratas da Virgínia que foram derrotados, inclusive veteranos, até aqueles que tinham votado com mais cautela. O assessor que viajou pelo distrito no início de 2009 em busca de projetos para financiar disse a Perriello: "Nós demos de frente com a força de um vendaval". Em todo o país, foi uma derrota fragorosa para o partido do presidente.

Perriello reuniu a família. Alguns estavam chorando. Ele era a pessoa mais alegre na sala.

"Vou lhes dizer uma coisa, não sei por quê, mas me sinto ótimo. Fizemos o máximo possível. Nem todos os que perderam esta noite lutaram para que 40 milhões de americanos obtivessem cobertura de seguro-saúde e para doenças preexistentes. Nem todos os que perderam esta noite apresentaram uma estratégia nacional de energia. Esta é a maneira como fazemos as coisas — alto risco, alta recompensa, fazendo sempre o máximo possível." Perriello estava sorrindo. "Eu meio que me sinto livre de um peso."

Certa vez, quando Ryan tinha em torno de treze anos, Dean o levou à grande feira de artigos usados e de armas do Dia do Trabalho, em Hillsville, na Virgínia. Por recomendação de Dean, Ryan gastou seu dinheiro em uma máquina de chiclete. A ideia era pô-la na loja de conveniência ao lado da refinaria de biodiesel em Bassett e começar a ganhar um pouco de dinheiro. "Era uma espécie de lição", disse Dean. "A razão pela qual a maioria das pessoas fica pobre, na minha opinião, é por não saber a diferença entre um ativo e um passivo. A maioria das pessoas pensava que suas casas eram um ativo, mas eram um passivo. A melhor maneira de saber a diferença é: se alguma coisa põe dinheiro no bolso, é um ativo; se tira dinheiro do seu bolso, é um passivo, simples assim. Comprar uma máquina de chiclete e obter um retorno sobre aquele ativo, achei que era uma lição muito valiosa."

No ano seguinte, quando a empresa de postos para caminhões de Dean foi liquidada e ele perdeu a loja, a máquina de chiclete teve de ser levada para casa e guardada em um armário. Dean odiou ver Ryan perder seu investimento dessa maneira. Mas Napoleon Hill disse que em cada adversidade havia uma semente de igual benefício.

Dean estava procurando por esse benefício.

Sentia-se inútil na refinaria. Suas ações da Red Birch Energy se reduziram a quase nada, e Gary e Flo estavam cuidando de tudo. Dean disse a Gary que toda a sua abordagem estava errada: Gary estava tentando ganhar muito dinheiro rápido, em vez de construir o negócio. Estavam perdendo clientes em potencial do licenciamento do modelo Red Birch porque Gary pedia preços exorbitantes — tinha acontecido com um empresário em Nova Jersey. "Um leitão engorda", Dean disse a Gary, "e um porco é abatido."

"O que você disse?", redarguiu Gary, que estava bastante acima do peso. Ele era agora responsável por toda a dívida da empresa, quase 1 milhão de dólares, o que o obrigou a dar sua casa e seu barco como garantia. Do ponto de vista de Gary, Dean estava sempre disposto a gastar o dinheiro de alguém, exceto o seu. O terceiro sócio, Rocky Carter, queria vender sua parte porque seu negócio de construção havia levado um grande golpe com a crise imobiliária, mas Gary não tinha dinheiro para pagar. A dívida deixara os três enroscados como cobras.

Gary e Dean discutiam constantemente. "Eu não gosto mais de você", Gary disse a Dean um dia. "Você não é mais a pessoa com quem eu comecei." Passou a questionar se Dean era mentalmente estável e insinuou que ele poderia acabar como o pai. Isso deixou Dean mais puto do que qualquer outra coisa. Ele estava por baixo, e seu sócio o estava sabotando.

No inverno de 2011, tudo começou a se desfazer de uma só vez.

Primeiro veio o caso do imposto. O condado de Henry, na Virgínia, havia indiciado Dean em setembro do ano anterior por não pagar quase 10 mil dólares em impostos sobre refeições. Em 27 de janeiro de 2011, ele foi considerado culpado de contravenção e condenado a pagar uma multa de 2500 dólares e cem dólares em custas judiciais, além dos impostos devidos. Naquele mesmo inverno, a Red Birch foi auditada pela Receita Federal. Uma vez que Dean estava no conselho diretor, com a sua dívida fiscal, a autorização da empresa para fazer combustível foi retirada, e a Red Birch ficou inativa por sete semanas.

Em março, Dean renunciou ao seu cargo, renunciou a suas ações remanescentes por dez dólares e abriu mão de seu salário. A Receita Federal suspendeu a interdição, e a refinaria recomeçou sem ele. Esse foi o fim para Dean

Price e a empresa de biodiesel à qual havia fornecido o nome e a inspiração. Não muito tempo depois de sua saída, apareceu um aviso no site da Red Birch Energy que dizia. "Alteração recente na propriedade e administração", linkado a um "press release", que anunciava: "<u>Dean Price</u>, ex-coproprietário da Red Birch Energy Incorporated, <u>não está mais associado à Red Birch Energy e não faz parte de forma alguma da empresa desde abril de 2011</u>".

No entanto, Gary continuava a receber informações de que Dean estava falando sobre a Red Birch e sobre si mesmo como parte dela. Em julho, Gary enviou-lhe uma carta.

Dean,

É realmente difícil para mim chegar a esse ponto em nosso relacionamento e lhe escrever esta carta, mas você escolheu esse caminho e me deixou sem alternativa. Eu fiz várias tentativas em vão para que você se comunicasse comigo.

Sei que sua vida está de cabeça para baixo agora e odeio aumentar esse fardo, porém, mais uma vez, não tenho outra escolha a não ser chegar à seguinte conclusão.

A conclusão é que você está representando a RBE como acha melhor e isso não vai funcionar para nós. [...] <u>Eu realmente sinto muito, mas tenho de insistir para que você deixe de representar a Red Birch Energy de qualquer forma daqui para a frente.</u>

Dean, como você sabe, nós oferecemos seguro-saúde para você e sua família. Como você não vai se envolver mais conosco, teremos de deixar de fornecer essa cobertura para você a partir de 1º de setembro de 2011.

Dean, uma observação muito pessoal, estou muito desapontado que tudo tenha chegado a esse ponto. Eu realmente gostaria que isso não tivesse acontecido. Quando começamos, você era um grande parceiro, mas quando a parada de caminhões começou a fracassar, você mudou. Sim, você ainda é uma boa pessoa, mas evitou todas as responsabilidades para com a empresa, cortou toda comunicação com qualquer um de nós, mentiu para nós em muitas ocasiões. [...] Eu poderia continuar, mas não vou. Tudo o que posso dizer é que lhe desejo tudo de bom e espero que você encontre uma maneira de pôr a sua vida em ordem.

Atenciosamente,

Gary N. Sink

Presidente

368

Dean nunca respondeu. "Eles me chutaram quando eu estava por baixo e me expulsaram."

Enquanto isso, a liquidação do seu negócio não resolvera o problema de suas dívidas. Um de seus credores na parada de caminhoneiros tinha sido seu fornecedor de combustível, a Eden Oil, uma pequena empresa do condado de Rockingham. Dean considerava o dono, um homem chamado Reid Teague, seu amigo, mas, quando a Eden Oil processou Dean por 325 mil dólares em contas de combustível não pagas, Teague tornou-se seu pior inimigo. Primeiro, cortou o fornecimento de combustível para o posto, o que o forçou a apelar para o Capítulo 7. Mas a liquidação da Red Birch de Martinsville não bastava para proteger Dean, pois Teague também estava atrás de seus bens pessoais. Em fevereiro de 2011, Dean soube que sua casa — a casa que seu avô Birch Neal construíra em 1934 nas terras que ganhara em um jogo de pôquer, onde sua mãe havia crescido e a família Neal plantara tabaco durante décadas, onde seu pai lhe batera na última noite em que moraram juntos sob o mesmo teto, para onde ele havia retornado da Pensilvânia, em 1997, a casa que passara um ano removendo colina abaixo e reconstruíra sobre novos alicerces, a casa que ele transformara em um lar para Ryan quando seu filho veio morar com ele, que era também a casa de sua mãe e da qual eles eram donos em conjunto — estava programada para ser leiloada nos degraus do Tribunal do Condado de Rockingham, em Wentworth, no dia 15 de maio. Ele não contou para a mãe, mas um aviso foi publicado no jornal local. Uma prima distante apareceu no domingo anterior ao leilão, sob o pretexto de rememorar o passado, porém, ao ir embora, disse a Dean que estava ali para conferir o valor de venda da casa.

Dean vinha pensando em declarar falência pessoal desde o final de 2009, mas, por uma razão ou outra — estava concentrado no biodiesel; seu advogado deixara de atender a seus telefonemas depois de receber seus honorários de 1500 dólares; ninguém queria encarar a ruína —, não havia feito isso. Porém na segunda-feira, 9 de maio, seis dias antes do leilão marcado, Dean entrou, como "empresário independente", com um pedido de falência pessoal no Tribunal Federal de Falências para o Distrito do Meio da Carolina do Norte, em Greensboro. Fez isso para salvar sua casa. Outros 26 devedores apareceram no tribunal naquele mesmo dia. Em todo o país, ao longo do ano, houve 1 410 653 falências.

As dívidas de Dean totalizavam 1 milhão de dólares. Seus ativos — sua metade da casa em Stokesdale, sua quarta parte de dezoito hectares, que era o remanescente da fazenda de tabaco Price, seus móveis, trator, roupas, livros e espingardas, suas placas antigas, sua picape Ford 1988 e o jipe Wrangler que dera de presente para Ryan quando ele completara dezesseis anos — tudo isso estava dentro das isenções permitidas na Carolina do Norte, assim que ele pôde mantê-los. Precisou passar por um treinamento sobre uso consciente de crédito e fazer um curso de gestão financeira.

Em 25 de julho, foi ao tribunal em Greensboro para a reunião de credores, realizada em uma sala no primeiro andar. Em vez de credores, que raramente compareciam a uma audiência, Dean viu-se cercado por seus colegas devedores, gente idosa, sentada em cadeiras de rodas ou apoiada em bengalas, usando respiradores, à espera que seu nome fosse chamado pelo administrador da massa falida, e eles o fizeram lembrar de seu pai, que fora destruído pelo fracasso. Nunca sentira a sombra de seu pai pairando sobre ele daquela forma. O vinco em suas calças.

Enquanto estava em processo de falência, ele de fato pensou algumas vezes em acabar com tudo. Mas jamais poderia fazer isso com seus filhos — seria a saída mais fácil. E, de certa forma, a falência era uma coisa maravilhosa, pois permitia um novo começo. Graças a Deus, ele não vivia em um país onde cortavam sua cabeça se você não pagasse uma dívida.

Em 30 de agosto, o caso de Dean foi encerrado. Ele sentiu a mão do Senhor sobre ele o tempo todo.

Àquela altura, já via o caminho certo a seguir. Depois de ser expulso por Gary, chegou muito perto de abandonar o biodiesel, mas aquilo acabou por ser uma das melhores coisas de sua vida. De outra forma, ele nunca teria elaborado sua nova ideia. Teria ficado na Red Birch até morrer tentando.

Havia uma citação de Henry Ford que ele lera em algum lugar: "O fracasso é simplesmente a oportunidade de começar de novo, dessa vez de forma mais inteligente".

Tammy Thomas

Tammy adorava manifestações. Ela adorava o palco maior, o movimento maior. Falar em público a assustava, mas em 2009, quando a organização se juntou a sindicatos e outros grupos em manifestações a favor da reforma da saúde e outras causas em Ohio e em Washington, ela estava na frente do ônibus liderando os cantos e as palavras de ordem. Tammy tinha senso dramático e sabia como mantê-lo vivo quando estava esmaecendo. Certa vez que, diante de um Chase Bank em Columbus, um organizador com um megafone tentava iniciar um refrão de "*Si se puede*", a versão em espanhol do "*Yes we can*" de Obama, mas quase não havia hispânicos na multidão, Tammy acabou por pegar o megafone e fez todo mundo repetir. Mais um "*Si se puede*" e a manifestação morreria.

Em Mason, Ohio, uma cidade branca de população conservadora, eles invadiram o saguão da United Healthcare cantando e gritando slogans. Em Washington, Tammy e outras pessoas de Youngstown — gente que ela havia recrutado, como Miss Hattie — uniram-se a um grupo progressista nacional na K Street e fecharam um cruzamento, e de lá marcharam para o Bank of America a fim de denunciar Wall Street, depois protestaram nos gramados da frente das casas de executivos do banco. Chovia, e Tammy acabou ensopada, apesar do saco de lixo que transformara em poncho. Ficou doente depois, mas foi revigorante. Fez com que ela se sentisse tipo "ei, tomem essa! Nós e todo mundo aguentamos vocês desde sempre. Agora aguentem um pouco da retribuição." Ela estava se posicionado e dizendo — fosse verdade ou não — "eu não vou mais aguentar isso". Tammy pensou em todas as execuções hipotecárias que havia visto, a prática discriminatória de bancos em bairros negros como a zona leste e os abusos de empréstimos sobre salários. "Não aguento mais pessoas se aproveitando de outras pessoas. E você se aproveita das pessoas que já têm menos? Isso não é a América? Essa é a natureza da besta, e parece que estamos nos afundando cada vez mais nela." Ela pensou sobre ser forçada a se aposentar da Packard, e o CEO e o pessoal de escalão superior recebendo seus bônus, ao mesmo tempo que deixavam todas aquelas pessoas sem emprego, dizimando uma comunidade, e alguns dos bancos sendo socorridos com o dinheiro dos impostos, e no fim ela não conseguia obter nem um empréstimo, apesar de ter de de pagar sua hipoteca todos os meses. "Isso me faz querer dizer: 'Que porra é essa?'. É a injustiça da situação."

As ações puseram seus líderes num palco com que nunca haviam sonhado. Miss Sybil, recém-aposentada depois de anos carregando cimento na fábrica da Ohio Lamp, foi a Washington e se reuniu com Shaun Donovan, secretário de Habitação e Desenvolvimento Urbano de Obama. Ela lhe disse que alguns dos dólares de estímulo às cidades em dificuldades deveriam ir para demolições. Levou o mapa do MVOC e explicou que o problema em Youngstown não era gentrificação, como em Nova York ou Chicago — Youngstown não precisava da construção de habitação de baixa renda, precisava que casas vazias fossem demolidas. Após três reuniões, o secretário entendeu do que se tratava e também se lembrou de seu nome.

Miss Hattie tornou-se uma celebridade local. Tammy a levou para falar em toda a cidade, a respeito de seguro-saúde, casas vazias, o que os bancos estavam fazendo ao bairro, a ponto de as pessoas irem até ela no mercado e dizerem: "Você não me conhece, mas eu sei quem é você, eu a vi na TV. Você fala por todos nós que não podemos falar". Então Tammy a levou a Washington, e Miss Hattie quase morreu de nervoso ao ficar diante do que lhe parecia ser milhares de pessoas no Capitol Hill. Quando ela começou a gaguejar e disse algumas coisas erradas, Tim Ryan, o deputado de Youngstown eleito depois de Traficant, abraçou-a. "Você é uma oradora dinâmica", ele disse, "vou querer você me apresentando sempre." Foi como sua mãe lhe dando um tapinha nas costas e dizendo: "Vai dar tudo certo". Depois disso, ela deslanchou. "Tammy fez de mim a líder que eu sou", ela diria mais tarde.

Do outro lado da rua, na frente de seu jardim, em outro terreno baldio, Miss Hattie começou a Horta Comunitária das Meninas de Fairmont e Arredores. Fez uma cerca branca de madeira, como nos subúrbios ricos, e construiu canteiros elevados de pedaços catados de madeira e aglomerado, e recipientes de compostagem de páletes de fábrica. O restaurante de Georgine despejava quase quinze quilos de composto orgânico em sua picape todos os dias, e seu médico lhe dava estrume de cavalo de sua fazenda. Tammy fez um pedido de subvenção para a Fundação Wean, e Miss Hattie recebeu 3700 dólares para começar. Ela estava tentando embelezar o bairro e ensinar as crianças uma coisa que ninguém pudesse tirar delas. "No começo, você pode odiar, mas pode cozinhar com verduras e não precisa comer carne o tempo todo. Pode comer barato ou de graça, desde que dê duro. O esforço é a chave para tudo. Eu não sabia disso quando era jovem, mas imagino que ganhei sabedoria com a idade." A horta era um ambiente sereno — fazia Hattie lembrar da horta de seu pai. Mas as crianças do bairro eram todas adolescentes agora, e era difícil fazê-las se interessar. Não ajudou em nada quando a casa ao lado de sua horta teve um incêndio no sótão porque um menino de sete anos de idade estava brincando com fósforos, e o proprietário começou imediatamente a tirar o revestimento de alumínio para vender como sucata.

Miss Sybil também começou uma horta comunitária em seu quarteirão da zona leste. Era uma horta urbana, com terra preta e resíduos vegetais em cima do concreto. "Nós todos voltamos para a terra", disse ela, "tudo volta para a terra." Não sabia nada sobre horticultura, apenas comer, mas ela e seus vizinhos plantavam tudo que fosse comestível para o homem. A política era: entre e escolha o que quiser, só não destrua a horta. Marmotas e cervos eram os únicos que não cumpriam a regra.

Tammy e o MVOC fizeram um segundo levantamento de Youngstown, dessa vez de mercearias. O mapa mostrou que Youngstown era um deserto alimentar — quase não havia mercearias decentes em toda a cidade. De certas partes da zona leste, demorava-se quatro horas de ida e volta no ônibus para comprar mantimentos frescos, e fez uma grande diferença quando uma Bottom Dollar foi aberta na zona sul. Uma boa mercearia de esquina podia ter um pouco de batatas, algumas cebolas e alfaces começando a ficar pretas, mas a maioria era como o F&N Food Market, ao lado de casa demolida de Vickie, na Shehy Street, que vendia fast-food, bebidas alcoólicas e cigarros. A organização pressionou os donos de mercearias de esquina a assinar um acordo para estocar alimentos frescos e nutritivos e impedir que suas lojas se tornassem pontos de traficantes.

A campanha pelos alimentos pôs Tammy em contato com uma igreja evangélica para brancos ao sul de Youngstown, onde o ministro, Steve Fortenberry, havia iniciado uma cooperativa agrícola em doze hectares de terra. Sua congregação tinha alguns membros mais velhos e mais conservadores, céticos em relação a qualquer coisa que tivesse a ver com ambientalismo, por isso ela apresentou o projeto como uma forma de alimentar os famintos, que era mais fácil de vender. Adolescentes, pessoas com deficiência e ex-presidiários de Youngstown trabalhavam na fazenda da igreja durante o verão, e Tammy e Fortenberry fizeram arranjos para levar os alimentos de caminhão aos centros comunitários e mercados de agricultores em Youngstown.

Na vida que levava antes, Tammy jamais teria conhecido alguém como Steve Fortenberry. Ela não teria conhecido Kirk Noden. Não sabia que existiam pessoas como Noden, com tamanha paixão pelas vítimas da injustiça social. Ela o descrevia como "o cara branco mais negro que conheço". O trabalho estava tomando conta de sua vida. Não tinha mais tanto tempo para a família, não ia à igreja com tanta frequência como antes, não conseguia limpar toda a casa. Mas o MVOC também abriu seus olhos para pessoas e experiências diferentes, até mesmo diferentes culinárias (Kirk desafiou-a a comer polvo, e ela aprendeu a amar comida indiana). Ela costumava olhar para pessoas brancas que usavam dreads e pensar: "Por que eles estão tentando usar seus cabelos como uma pessoa negra?". Isso não a perturbava mais, tampouco as peculiaridades da igreja unitária — uma mulher abrindo uma reunião com um cântico e um gongo — ou de qualquer outra religião. Era tudo parte de uma experiência cultural. Depois de seu divórcio, quando se envolveu tão profundamente na Casa do Senhor, havia parado de beber, mas agora ela e os outros organizadores realizavam longas sessões sobre estratégia acompanhadas de comes e bebes, e sempre acabavam contando histórias de guerra, comparando vitórias e cicatrizes. Ela nunca estivera junto de pessoas que fossem tão apaixonadas por seu trabalho. Havia muito mais coisas na vida do que ela havia conhecido. E nada a deixava mais furiosa do que quando certas pessoas que conhecia diziam que Kirk estava tentando tirar vantagem dos negros, ou que ele era racista. "Está brincando? Você sabe o que ele fez por mim e por minha família? Ele não precisava me contratar. Eu não tinha nenhuma experiência, não tinha diploma. Ele viu que alguma coisa precisava ser feita aqui e tinha algumas respostas. Se quer mesmo consertar e melhorar as coisas, por que não fez isso nos últimos vinte anos? O que está esperando?"

Quando Tammy deixou a Delphi, sua demissão voluntária rendeu-lhe em torno de 140 mil dólares. Parecia um monte de dinheiro, até se perceber que equivalia a dois anos e meio de salário, sem qualquer garantia de outro emprego. Ela perdeu mais da metade de sua pensão, porém acabou entre os sortudos que conseguiram um bom trabalho. Sua melhor amiga, Karen, dez anos mais velha, aceitou a demissão voluntária, mas não achou outro emprego, e ela e o marido passaram por momentos difíceis, como quase todo mundo que Tammy conhecera na fábrica. A empresa foi eficiente em assustar seus trabalhadores, e tantos aceitaram a "oferta" que a Delphi precisou trazer algumas centenas de volta para a fábrica de Warren como temporários para completar o quadro de 650 funcionários. Tammy conhecia algumas pessoas que voltaram a trabalhar na ala de prensa de alta velocidade, cuidando de três ou quatro máquinas por treze dólares a hora — o dobro do trabalho por metade do salário.

Os meios de comunicação previam greves pela ameaça de cortes, mas os sindicatos se recolheram enquanto negociavam a perda acentuada de salários e benefícios de seus membros. A Delphi saiu da concordata em 2009, com a maioria de suas operações vendidas para a GM, a empresa que fora sua dona de 1932 a 1999 (em 2009, a GM também foi reorganizada conforme o Capítulo 11, com um investimento de 50 bilhões de dólares do governo americano). Os ativos remanescentes da Delphi eram de propriedade de um grupo de investidores privados, que deu um novo nome à empresa que havia sido outrora Packard Electric, depois Delphi Automotive Systems, depois Delphi Corporation: era agora DLPH Holdings Corp. O gestor de fundos de hedge John Paulson, que ganhara quase 4 bilhões de dólares com a venda a descoberto de hipotecas subprime em 2007, descarregou 20,5 milhões de ações na nova entidade e teve um lucro de 439 milhões de dólares em cima de um investimento de 14 milhões. Àquela altura, a empresa empregava menos de 20 mil pessoas nos Estados Unidos, apesar de contar com uma força de trabalho mundial de quase 150 mil.

As fábricas onde Tammy trabalhou — Unidade 8, Hubbard, Thomas Road — foram fechadas e logo passaram a fazer parte da paisagem das janelas quebradas, asfalto com capim e estacionamentos vazios que se estendia pelo vale do Mahoning. Os restaurantes e bares frequentados por Tammy e seus colegas de trabalho perderam a maior parte de seus clientes.

A Delphi foi elogiada como um modelo de redução de custos através da falência.

Em 2007, depois de pagar os impostos sobre o dinheiro de sua demissão, Tammy ficou com 82 mil dólares. Ela gastou parte disso ajudando a mãe e os filhos, e pôs uma parte num CDB que rendia 3%. Mas, em 2007, ainda não tinha sido contratada pelo MVOC e estava pensando novamente em deixar Youngstown. Queria ganhar um pouco mais em cima do resto do dinheiro, a fim de ter condições para ir embora, e para receber pagamentos periódicos, porque estava estudando. Havia um parente seu por casamento que era corretor imobiliário na região e que ajudara Tammy e Barry a financiar a casa deles, na zona sul. Ele admirava Tammy, chamava-a de batalhadora — alguém que sabia como sobreviver e não ficava muito deprimida — e sempre a convidara para trabalhar para ele (tinha também uma empresa de conservação de gramados, uma creche e uma firma sem fins lucrativos que ajudava pessoas a sair da prisão). Às vezes, até a chamava de "filha". Ele se ofereceu para investir o dinheiro dela em imóveis. Redigiu um contrato prometendo um retorno anual de 10% em pagamentos mensais, e Tammy lhe deu os últimos 48 mil dólares da demissão voluntária.

O primeiro ano foi ótimo. Os cheques chegavam todos os meses e eram suficientes para cobrir os pagamentos da casa e do carro. Em meados de 2008, quando começou a queda do mercado imobiliário, ele pediu a ela para deixar o dinheiro por mais um ano e negociou uma taxa menor de 8%. No Natal, ele já estava lhe pagando apenas 5%, e o dinheiro chegava atrasado. Em 2009, ele deixou de vir.

A saúde de sua mãe estava piorando, e Tammy queria tirá-la de um lar de idosos e levá-la para uma casa decente. Ela pediu ao parente para apostar 15 mil dólares de seu investimento no leilão de uma casa que provavelmente valia o dobro disso. Ela venceu o leilão, mas ele não pôde dar a entrada de 5 mil dólares, e ela percebeu que alguma coisa estava errada. Quando exigiu seu dinheiro de volta, ele respondeu que não tinha. "Sinto muito", disse ele, "eu vou resolver isso. Estou tentando não declarar falência, porque se fizer isso ninguém vai ser pago. Vou me recuperar e então você vai terá o seu dinheiro."

Tammy sabia que ele estava em apuros. Sem os pagamentos, ela não podia manter sua casa em Liberty, e o banco se preparava para executar a hipoteca; ele deu um jeito de lhe passar os 1200 dólares de que ela precisava para conseguir uma modificação do empréstimo. Mas ainda não conseguia devolver o dinheiro que ela investira com ele, e Tammy começou a desconfiar que ele havia montado um esquema Ponzi, usando o dinheiro dela para pagar outras pessoas, e que fora apanhado pelo colapso do mercado, tal como Madoff no mesmo momento. Ela começou a ouvir histórias sobre outras pessoas, algumas na Califórnia, que haviam investido com ele e nunca receberam o dinheiro de volta, e boatos de que ele havia transferido hipotecas para parentes usando sua licença de corretor e refinanciado sem que eles soubessem. Seus empregados não estavam sendo pagos. Ela o confrontou e lhe disse que estava pensando em ir à polícia. O parente, que era diácono na sua igreja, disse: "Isso não é o que cristãos fazem uns aos outros".

Tammy estava tentando ser uma boa cristã e fazer a coisa certa. De qualquer modo, o que ganharia com uma denúncia à polícia? Ela não o entregou e só contou sobre o ocorrido para poucas pessoas da família. Por fim, ele lhe deu um cheque de parte do que lhe devia. Quando foi descontá-lo, foi devolvido por falta de fundos. Foi quando ele parou de atender a seus telefonemas e desapareceu. Ela nunca mais ouviu falar dele e nunca mais viu seu dinheiro de novo — dinheiro com que ela contava para os anos de vacas magras depois da Delphi e para sua aposentadoria. Estava furiosa consigo mesma. Deveria ter posto o dinheiro em um CDB seguro com um baixo retorno, talvez reservar uma parte dele para experimentar o mercado de ações. "Você é tão burra", xingou a si mesma. "Não sei por que fez isso. Por que confiou nele?" Estava com mais raiva de si mesma do que dele e, apesar de tudo, sentia um pouco de pena do sujeito, porque ele estava arruinado.

Em meio a essa debacle, Tammy perdeu os pais. Ao longo de sua vida, seu pai fora muitas vezes ácido e agressivo, e desde a adolescência ela o desafiou, mas perto do fim viu uma suavidade escondida naquele homem que lhe possibilitou acreditar que ele a amava. Em setembro de 2009, ele morreu de câncer de fígado enquanto dormia, depois de sair do hospital e ir para casa para ficar com a mulher e os filhos e comer churrasco, melancia, uvas, acompanhados de uma cerveja.

Mas com Vickie foi diferente. Sua saúde estava ruim havia anos, com a desintegração de seus ossos, hepatite C e os efeitos devastadores da heroína. Ela estava deprimida, desvanecendo-se mentalmente, e Tammy estava tentando descobrir uma maneira de levá-la para casa e cuidar dela. No Dia de Ação de Graças, Vickie foi hospitalizada no St. Elizabeth's, onde Tammy a visitava. Mas Tammy tinha uma cirurgia marcada para 2 de dezembro, com um mês de recuperação depois. Ela não achava que poderia tirar uma folga da atividade de organizar da mesma forma que havia feito na Packard se alguém a cobrisse. Passou os dias anteriores à operação tentando recuperar o atraso no trabalho e, embora tivessem se falado por telefone três vezes, não conseguiu ir ver a mãe novamente. Enquanto Tammy estava no hospital, sua mãe, sem lhe contar nada, pediu que seu tratamento fosse interrompido. Tammy foi liberada do hospital em 4 de dezembro e foi para casa. Dois dias depois, sua mãe foi levada para o pronto-socorro com insuficiência cardíaca congestiva e morreu com 61 anos. "Ela estava sozinha", disse Tammy. "Não consegui chegar ao hospital a tempo. Prometi a ela que estaria ao seu lado. Minha mãe precisava de mim e eu não pude estar lá com ela." Esse pensamento jamais abandonaria Tammy. Elas ainda tinham muito para viver. Mas havia muito tempo que Vickie estava pronta para partir, embora soubesse que Tammy não deixaria. E, depois que ela se foi, Tammy sentiu falta de subir na cama ao lado dela, sentar junto dela sem dizer nada, seu abraço, a mão acariciando seus cabelos, um conforto que ninguém poderia substituir porque, apesar de tudo, ela era sua mãe.

Depois disso, por muito tempo Tammy questionou a si mesma e seu trabalho, que a impedira de ver a mãe no final, e que, pelo amor de Deus, havia preenchido sua vida com tanta luta e tirado tantas coisas que ela amava — tudo, exceto seus filhos.

Tampa

Ao sul de Tampa, onde a península encontra a baía, a South Dale Mabry Highway terminava no portão de frente da Base da Força Aérea MacDill, sede do Comando Central dos Estados Unidos. Ali, generais de quatro estrelas mundialmente famosos — Tommy Franks, John Abizaid, David Petraeus — traçaram planos de guerra para o Afeganistão e o Iraque, comandaram centenas de milhares de soldados em batalha, decolaram em seus jatos pessoais para voar ao redor de sua Área de Responsabilidade, cometeram grandes erros estratégicos e tentaram corrigi-los tardiamente. Eles gozavam da hospitalidade pródiga das anfitriãs da sociedade de Tampa enquanto moldavam a política externa americana e o destino das nações na região mais explosiva do mundo, do Egito ao Paquistão, com a autoridade de procônsules romanos. Depois da Casa Branca e do Pentágono, nenhum lugar do país exerceu mais poder durante a guerra contra o terrorismo do que MacDill. E a quatro quarteirões de distância morava a família Hartzell.

A família era composta de Danny e Ronale, seu filhos Brent e Danielle, o irmão mais moço de Danny, Dennis, e quatro gatos. Eles moravam na South Dale Mabry, em frente ao Motel MacDill e a Bay Check Cashing, em um apartamento de dois quartos no andar térreo de um conjunto habitacional onde os vizinhos traficavam drogas e ficavam furiosos se alguém lhes lançasse um olhar enviesado. Os Hartzell costumavam assistir à HGTV, que se dedicava ao setor imobiliário, mas eram pobres demais para especular com casas, perdê-las numa execução hipotecária, ou acabar como clientes de Matt Weidner. Eles nem sequer tinham carro, o que os deixava à mercê dos ônibus do Transporte Regional da Área de Hillsborough. Danny nunca ganhou mais de 20 mil por ano, e o único momento em que tinham dinheiro sobrando era na época do imposto de renda — em determinado ano, gastaram o crédito fiscal para famílias de baixa renda num computador; no ano seguinte, em uma poltrona de vinil preto e um sofá; depois, em uma televisão de tela plana barata. Estavam afastados dos parentes, que em sua maioria bebiam demais. Tinham alguns amigos, e nenhuma igreja (embora fossem cristãos), sindicato (embora pertencessem à classe trabalhadora) ou associação de bairro (embora desejassem que a região fosse segura o suficiente para que as crianças pudessem sair para pedir guloseimas no Halloween). Quase não pensavam em política. O que eles tinham era um ao outro.

Em 2008, quando a recessão atingiu Tampa, Danny foi demitido de seu emprego de dez dólares por hora em uma pequena fábrica perto da base chamada Master Packaging, que fazia sacos plásticos para lanches. O pior de tudo foi que seu supervisor, que fora colega de escola de Danny, mandou outra pessoa lhe dar a notícia. Danny trouxe o bilhete azul para casa e o mostrou a Ronale, e ela perguntou: "O que vamos fazer agora?". Isso foi em março. Danny passou o resto do ano à procura de emprego. Candidatou-se a vagas na Home Depot, no Sam's Club, no Publix e sessenta outros lugares, precisou fazer longas viagens de ônibus para as entrevistas, mas era sempre o 25º candidato a uma vaga. Estava com trinta e tantos anos, era baixo, barrigudo, usava um cavanhaque ralo e cobria a cabeça quase careca com um boné dos Steelers. Faltavam-lhe muitos dentes, e falava com uma voz rouca e alta em consequência da surdez de um ouvido. Ele mesmo se classificava como "um cara do tipo colarinho azul", não um "cara do tipo atrás do balcão eis o seu dinheiro posso ajudá-la a encontrar o vestido do seu tamanho", mas os únicos empregos que restavam eram no varejo, e ele precisava da aparência e da conduta certa.

Uma noite, logo depois do Natal, a família sentou-se em sua sala de estar apertada, com um programa de jogos para adolescentes na TV, as crianças de mãos dadas no tapete cinza, que já vivera dias melhores. Brent, que tinha doze anos e era pequeno para sua idade, e Danielle, que estava com nove anos, ainda acreditavam em Papai Noel, já que não viam como seus pais poderiam comprar presentes. Com efeito, Danny e Ronale dependeram de caridade no Natal daquele ano. Danny não gostava de precisar fazer isso — outras pessoas estavam em pior situação do que eles — e odiava não poder colocar Danielle na aula de dança ou Brent na de futebol. Agradecia a Deus todos os dias por Ronale, mas, para ser sincero, estava começando a perder a esperança. "Por que todas aquelas pessoas me veem como um sujeito tão ruim? Elas não me conhecem, não conhecem a minha história de trabalho, não vão me dar uma chance. Comecei a me perguntar o que há de errado comigo. Você trabalha para ter o que tem, isso é tudo que alguém pode fazer, e então, de repente, a economia fica tão ruim que, em vez de trinta pessoas à procura de trabalho, há 3 mil."

E, mesmo assim, Danny de alguma forma se culpava. Largara o colégio no último ano e agora se arrependia profundamente, achava que o mundo o estava escolhendo para uma vingança terrível, que o problema devia ser culpa dele, que o fracasso era só dele e que não tinha direito à ajuda de ninguém. Dos banqueiros em Wall Street aos proprietários de imóveis no escritório de Weidner, ninguém mais parecia ter essa visão de si mesmo.

Danny vinha dos arredores de Pittsburgh. Seu pai alcoólatra trabalhara na manutenção da ferrovia, depois na companhia de energia, depois numa faculdade local, antes de se mudar com a família para Tampa, quando Danny tinha em torno de doze anos e as siderúrgicas estavam fechando, no início dos anos 1980. Passou a beber ainda mais na Flórida. Ensinou Danny a dirigir defensivamente e amar os Steelers, mas, afora isso, ninguém o mandava escovar os dentes ou fazer qualquer outra coisa.

Ronale tinha uma história muito pior. Era natural de Tampa. Ambos os pais eram alcoólatras, a mãe era uma mulher rancorosa de olhar maligno. Eles se separaram quando Ronale tinha sete anos, e ela foi arrastada através da Flórida e da Carolina do Norte pela mãe (que era capaz de beber álcool puro se não pudesse encontrar bebida e se amigava com qualquer homem que a aceitasse), às vezes morando no carro, faltando muito à escola, roubando tortinhas Reese's porque sua mãe era muito viciada e egoísta para comprar-lhe comida se dissesse "mamãe, estou com fome". Desde cedo, Ronale decidiu que jamais seria aquele tipo de mãe.

Quando Danny estava no décimo ano e Ronale no nono, tornaram-se vizinhos no sul de Tampa, perto da base. Doug, o irmão mais velho de Danny, deu em cima de Ronale e, por puro ciúme, Danny entrava na sala sempre que eles começavam a dar uns amassos. Ele passava por Ronale na calçada, olhava firme nos olhos dela e dizia "puta", e ela respondia "e você é um tremendo babaca", e quando eles descobriram que gostavam de falar um com o outro foi o começo de um amor para toda a vida. Ronale largou a escola mais cedo do que Danny — estava cansada de ser intimidada. "Muita gente queria literalmente me matar", contou Ronale. "Encurralada nos cantos e sem ninguém para me ajudar e coisas assim, e tudo mais." Ela foi trabalhar numa lavanderia automática, e Danny conseguiu um emprego de esmerilhador numa oficina de soldagem em St. Petersburg. Em 1995, quando ela ficou grávida de Brent aos 22 anos, foram morar juntos num trailer. Em 1999, com Danielle a caminho, eles se casaram.

Trabalhando contra os Hartzell quando eles se estabeleceram na vida estava a quase completa falta de instrução, dinheiro, família ou apoio de qualquer espécie, além de uma cota incomum de problemas de saúde: a surdez e os dentes apodrecidos de Danny, a obesidade, o diabetes e os dentes apodrecidos de Ronale, o TDAH e o problema do hormônio do crescimento de Brent, a deficiência auditiva e ansiedade de Danielle. Trabalhando a favor deles: Danny tinha uma profissão, os pais não bebiam nem usavam drogas, as crianças eram respeitosas, a família ficaria junta em qualquer circunstância, eles se amavam. De acordo com a moralidade convencional, o lado positivo deveria mantê-los à tona e, em outro momento e outro lugar, talvez isso tivesse acontecido.

O primeiro desastre aconteceu em 2004. Foi a costumeira espiral descendente de circunstâncias e erros. Primeiro, a oficina de soldagem mudou-se para New Port Richey, e Danny não teve condições de se mudar com ela, então perdeu o emprego. A família alugava um trailer em St. Pete, Danny fazia biscates para o proprietário com a ideia de que o comprariam assim que recebessem o crédito fiscal. Mas o dono nunca pagou Danny e depois mandou os Hartzell embora, alegando que Danny lhe devia aluguéis atrasados. Uma noite, o pai e o irmão Doug de Danny se embebedaram e decidiram destruir o trailer em seu nome. A polícia foi chamada e prendeu Danny no motel onde a família estava, e ele passou a pior noite de sua vida sobre a laje de concreto de uma cela, com uma centena de outros sujeitos. No dia seguinte, o juiz deu uma olhada em sua ficha impecável e lhe concedeu liberdade provisória sem fiança, mas agora a família não tinha onde morar.

Eles vagaram por St. Pete durante um mês, dormindo no carro. Ronale estocou caixas de refeição conseguidas no banco de alimentos e, quando as crianças sofreram queimaduras por causa do sol, esfregou-os com vinagre para acelerar a cicatrização. Brent estava entediado sem seus videogames, e Danielle tinha medo de ruídos noturnos. Mais tarde, ela se lembrou de estar sentada no carro uma noite, junto à praia sob a Ponte Gandy. "Havia uma pilha de caixas de comida na minha frente, e eu olhava para as caixas de alimentos e depois para a trilha de areia até o mar". De manhã, Danny e Ronale punham as crianças no ônibus escolar, como se nada tivesse acontecido.

Conseguiram voltar para Tampa, encontraram o apartamento na rodovia South Dale Mabry por 725 dólares por mês, e Danny foi contratado na Master Packaging. Nos quatro anos seguintes, as coisas se estabilizaram. Dennis, o irmão mais moço de Danny, dormia no sofá da sala e ajudava nas despesas com o dinheiro de um emprego de meio período no Wal-Mart, onde recolhia carrinhos de compras. O salário de Danny, a renda da seguridade social de Danielle e os vales-refeição eram suficientes para manter suas cabeças acima da água. Então veio o bilhete azul, e uma coisa levou à outra. No primeiro semestre de 2009, Danielle foi diagnosticada com osteosarcoma — câncer ósseo na perna esquerda. No ano e meio seguinte, a vida dos Hartzell foi absorvida por hospitais, exames, cirurgias e quimioterapia. Quase tudo foi pago com caridade. Com uma doação em dinheiro de um completo estranho, compraram um Chevy Cavalier 2003 para ir aos compromissos. Danny parou de procurar emprego para dar à filha atenção completa, e Ronale, que estava sempre reclamando dos erros cometidos por professores, patrões, senhorios e vizinhos, adorou os médicos de Danielle e entrou para grupos de pais de filhos com câncer: pela primeira vez em sua vida sentiu-se parte de uma comunidade. O apartamento encheu-se de frases inspiradoras emolduradas:

O QUE O CÂNCER NÃO PODE FAZER
Não pode aleijar o amor
Não pode estraçalhar a esperança
Não pode extinguir o espírito
Não pode destruir a confiança
Não pode apagar memórias

Uma prótese que exigiria ajustes periódicos de quatro milímetros à medida que ela crescesse foi costurada dentro da pequena perna magra de Danielle. Ela passou um ano inteiro livre do câncer. Eles agradeceram a Deus. Afora isso, nada mudou para os Hartzell.

No final do primeiro semestre de 2011, Danny Hartzell teve um sonho: mudaria com a família para a Geórgia.

Havia morado em Tampa desde os doze anos e agora se sentia preso. As paredes do apartamento estavam ficando cada vez mais estreitas, especialmente depois que o casal ao lado foi preso por negligenciar seus dois filhos pequenos, deixando tudo imundo, com embalagens de fast-food jogadas por todo lado, e as baratas migraram através da parede para o apartamento de Danny. Eram pequenas, numerosas, deixavam um rastro negro de larvas no local onde a parede da sala se encontrava com o teto, corriam sobre os móveis de vinil, entravam na pia do banheiro e nos Tupperware da cozinha, nos dutos de ar--condicionado e espalhavam o cheiro horrível de suas fezes por todo o apartamento. Por causa das baratas, Ronale parou de cozinhar e passou a comprar comida congelada no Wal-Mart, pizzas, Velveeta Cheesy Skillets, seis bifes Salisbury por 2,28, o que era mais barato do que cozinhar — custava menos comprar um bolo do que fazer em casa — ou então fervia miojo, que Danny chamava de uma das maiores invenções do homem. Não havia nada que pudessem fazer a respeito das baratas, exceto dedetizar o apartamento, o que significaria pagar por três noites em um motel. As baratas envergonhavam Danny e Ronale, que se orgulhavam de manter o lugar limpo. Enquanto isso, a nova família que se mudou para o apartamento ao lado gostava de gritar e tocar música em alto volume à uma da manhã. Um dia, os vizinhos de cima deram a descarga e abriram um buraco no teto de gesso em cima do vaso sanitário dos Hartzell quando Ronale estava no banheiro. O administrador do prédio nunca consertou o estrago.

Durante um tempo, Danny teve um emprego de meio período na Target, descarregando mercadorias e abastecendo prateleiras de madrugada, antes que a loja abrisse, ganhando 8,50 dólares por hora. No começo, tinha trinta ou quarenta horas por semana, o suficiente apenas para sobreviver, mas depois dos feriados a loja cortou suas horas e, na primavera, ele estava trabalhando uma média de dez horas por semana, ganhando 140 dólares a cada duas semanas, descontados os impostos, e a empresa contratara três novos funcionários para seu departamento por salários mais baixos. Ele não podia deixar de pensar que ganharia mais se fosse despedido e começasse a receber o seguro-desemprego, isso sem mencionar que seus vales-refeição dobrariam. Um dia, Danny entreouviu seus gerentes falando sobre números de vendas da loja do dia anterior, que chegavam a 52 mil dólares. Ele fez um cálculo rápido. "Quase 400 mil por semana, e eles não podem se dar ao luxo de me pagar? É pura ganância."

Quando a Target o contratou, mostraram-lhe um vídeo sobre os males dos sindicatos e lhe disseram que, se alguém o abordasse e falasse sobre como se sindicalizar, ele deveria comunicar o fato à gerência. Danny nunca pensara muito sobre sindicatos, mas se perguntou o que havia de tão errado neles. Uma noite, ele e Ronale assistiram a um programa no History Channel que falava sobre a Batalha de Blair Mountain, uma greve dos mineiros de carvão da década de 1920. O que chamou a atenção de Danny foi o fato de que os mineiros do resto de Virgínia Ocidental se deslocaram para ajudar os do sul do estado que estavam tentando se sindicalizar, e muitos deles foram mortos por capangas da companhia de carvão. Esse tipo de coisa já não acontecia. As pessoas estavam amedrontadas demais para aderir a um sindicato, e as empresas tinham dinheiro demais, elas simplesmente os ameaçavam com um processo. Ultimamente, era difícil conseguir que as pessoas concordassem em fazer qualquer coisa juntas. Ele sabia que os pobres naquela época não tinham uma vida nem um pouco mais fácil. Era capaz de lembrar de quando era menino na Pensilvânia e se aconchegava ao redor do fogão da cozinha para se aquecer, comia feijão e manteiga de amendoim do governo em latas preto e brancas. Mas o que havia mudado desde então era o povo. No mundo em que ele vivia, um pisava no outro, era cada um por si.

Numa manhã em que a Target chamou Danny quando Danielle tinha uma consulta médica, ele faltou ao trabalho sem avisar, algo que nunca havia feito antes, o que praticamente convidou a empresa a demiti-lo, o que ela fez. Ele se candidatou ao seguro-desemprego. Estava de volta exatamente para onde havia começado.

Os Hartzells estavam cansados da Flórida. Cinco em cada dez pessoas eram idiotas, segundo Ronale. Danny e Ronale não haviam votado na última eleição, mas odiavam o novo governador, Rick Scott, que estava cortando tudo o que as pessoas pobres precisavam, inclusive escolas. Os dois se perguntavam por que americanos como eles estavam afundando, enquanto os novos imigrantes, como os indianos que moravam do outro lado da Dale Mabry, conseguiam comprar lojas de conveniência. Danny ouvira dizer que os primeiros cinco anos deles no país eram isentos de impostos. Ele não era racista, mas, se isso fosse verdade, era injusto.

Quando Danielle estava doente, Ronale entrara no Facebook, e através da página dela Danny havia restabelecido contato com um amigo de infância de Tampa. O amigo operava uma empilhadeira na Geórgia, numa pequena cidade chamada Pendergrass. Num feriado de Quatro de Julho, os Hartzell foram passar um fim de semana com ele e a filha e adoraram as árvores, a pesca, poder sair da casa do amigo e não ver outra casa. As escolas pareciam boas, e o custo da moradia menor, e Ronale achou que apenas duas em cada dez pessoas eram idiotas. Supostamente, havia uma abundância de empregos. Até mesmo o Wal-Mart era mais simpático na Geórgia — Ronale ouviu dizer que a empresa dava folga para as pessoas no fim de semana do Quatro de Julho. Se a família quisesse mudar-se para a Geórgia, o amigo os convidava a ficar com ele até tomarem pé.

De repente, no início de junho, decidiram mudar. Queriam um novo começo. O contrato do aluguel terminava no final do mês, mas transferir-se para outro apartamento em Tampa que não tivesse baratas mudaria somente seu lugar, não a situação deles. "É como se eu tivesse caído naquele buraco de rotina de onde não dá para sair", disse Danny. "Talvez a culpa seja em parte minha — talvez eu tenha parado de tentar. Lutei por tanto tempo que cansei e larguei de mão. Talvez algumas pessoas sejam melhores nisso. Todo o meu processo de pensamento é: se você não pode sair do buraco, por que não se mudar?"

O sonho de Danny era entusiasmante e assustador. Os Hartzell agarraram-se a ele como a uma escada no fundo de um poço. Danny não sabia se estava fazendo a coisa certa para a sua família, mas não fazê-lo parecia pior. Ronale estava cansada de chegar ao fim do mês com 29 dólares e ter de esperar pelo próximo cheque da seguridade social de Danielle para que pudesse comprar Diet Pepsi ou Dr. Pepper. "Algumas pessoas têm medo, mas às vezes é preciso dar um grande salto", disse ela. "Mantenha sua fé e faça suas orações." Ela não sentiria saudade de nada da Flórida, exceto dos médicos de Danielle e da Disney World. Danny não tinha um emprego engatilhado, mas o Wal-Mart prometia uma vaga numa loja da Geórgia para Dennis, que iria com eles, e as crianças ficaram felizes em ir para um lugar novo. Não havia quase ninguém de quem se despedir.

No último dia de junho, um dia antes da mudança, Danny e Ronale puseram dentes novos. Foram com as crianças a um pronto-socorro odontológico ao lado de uma casa de crack, em um bairro ruim de East Tampa. Ambos tinham gengivas infectadas e dentes que precisavam ser extraídos, o que levou semanas, de modo que, no momento em que estavam prontos para pôr dentaduras, estavam completamente desdentados. "Vai ser estranho", disse Danny na sala de espera. "Papai vai comer um Doritos amanhã. Eu não como Doritos há uns oito anos." Ele entrou no consultório da dentista e saiu de lá meia hora depois com um sorriso brilhante de dentes perfeitamente uniformes, pagos, em sua maioria, pela Medicaid. Os dentes faziam com que parecesse mais jovem e menos pobre. Danielle sentou no colo dele e instruiu o pai: "Diga 'them'. 'Zebra.' 'Tycoon.' 'Dolphin.' 'Wal-Mart.'" Danny começou a gostar da sensação de usar dentaduras. "Eu poderia arranjar uma namorada com eles", disse, contraindo as sobrancelhas sugestivamente.

Os dentes de Ronale demoraram uma hora para ser colocados. Vozes se levantaram no consultório e ela saiu furiosa. "A de cima machuca minha gengiva", gritou.

A dentista, uma mulher latino-americana, explicou pacientemente que a boca de Ronale ainda estava dolorida por causa das extrações. Por alguns dias, ela deveria tirar as dentaduras a cada quinze minutos e lavá-las em água morna e sal. "Se você pudesse voltar na próxima semana, eu ficaria muito contente de fazer um ajuste."

"Eu estou indo embora amanhã", disse Ronale. "Isso dói muito. Sinto muito se seus outros clientes não se importam com a dor, eu não sou perfeita. É como um palito entrando na minha gengiva."

"Mas estava solto demais", disse a dentista. "Ia cair."

"Quero ir embora. Estou cansada de ser tratada como se fosse burra."

No caminho para casa, Ronale reclamou da dor e que as dentaduras empurravam seus lábios de modo que ela parecia um gorila. A de Danny se encaixava melhor. "Sorte sua que não dói", disse ela. "Com a minha, dói até para falar."

"Então tira", brincou Danny.

"Você é um idiota."

Logo as crianças estavam jogando o jogo das palavras com a mãe, fazendo-a pronunciar "zebra" e "Wal-Mart". Quando chegaram de volta ao apartamento, estavam todos rindo, inclusive Ronale, que aderira à brincadeira entre as queixas. Em casa, ela tirou os dentes e nunca mais os pôs. Por solidariedade ou inércia, Danny fez o mesmo.

Na manhã seguinte, 1º de julho, Danny alugou um caminhão de mudança da Budget de cinco metros com todo o dinheiro que conseguiu juntar e o encostou na porta do apartamento. Ele e Dennis passaram o dia carregando suas coisas. Televisão, computador e sofá. Caixas de alimentos secos. Bicicletas das crianças. O material escolar de Hannah Montana de Danielle. A grande coleção de videogames de Danny e Brent (Ronale estava cansada de ver a nuca do marido quando ele desaparecia no World of Warcraft por dez horas seguidas). Tentaram se livrar de tudo o que estava infestado, inclusive da poltrona de vinil preto, mas Danny teve de se conformar com o fato de que algumas baratas fariam a viagem para a Geórgia com eles.

No meio do dia, chegou uma carta oficial de Tallahassee: o juiz de apelação do conselho de indenização do desemprego decidiu que Danny fora demitido da Target por justa causa, e sua reivindicação de benefícios foi rejeitada. "Acho que é só mais água debaixo da ponte a essa altura", disse ele, deixando de lado a carta. "Uma vez que vamos para lá para reivindicar novos direitos. Certo, Brent? Acho mesmo que as coisas vão ficar melhores por lá. Tudo será novidade. Acho que essa é a coisa certa a fazer. As coisas não vão ficar melhor para nós aqui."

Para escapar do trânsito e do calor, esperaram a maior parte do dia para partir: Danny, Brent e um gato no caminhão de aluguel, Dennis, Ronale, Danielle e os outros três gatos no Chevy Cavalier. Quando o sol se pôs, os Hartzell já haviam deixado Tampa para trás.

Eles ficaram pouco mais de um mês na Geórgia.

O amigo de Danny tinha uma nova namorada, e ela não queria os Hartzell por perto. Ele era um anfitrião ranzinza que exigia reembolso de entradas de cinema, insinuava que eles deveriam sair o mais rápido possível, tratava-os como inferiores, e até mesmo tirava sarro do peso de Ronale, o que deixava Danny muito ofendido. Um dia, as crianças foram passear na mata e Brent voltou com carrapatos. No dia seguinte, Dennis mexeu em um vespeiro no quintal e levou várias picadas. Mudaram-se para o primeiro trailer que puderam encontrar, ao lado de uma estrada movimentada. O ar-condicionado não funcionava, mas as crianças tinham medo das picadas de formigas-feiticeiras, então ficavam dentro do trailer sufocante dia e noite. A boa notícia foi que Danny encontrou um emprego de soldador, trabalhando em carretas com uma turma de mexicanos por 12,50 dólares a hora, mas em seu primeiro dia pegou uma peça de aço que estava caindo e agravou uma antiga lesão nas costas. No dia seguinte, mal conseguiu sair da cama. Depois de anos de desemprego e de varejo, não estava em forma para o trabalho pesado. Brent estava bem — era capaz de ficar bem em qualquer lugar, desde que tivesse sua família e seus videogames —, mas Danielle sentia falta de suas amigas, e seus pais perceberam tarde demais que as oito horas de viagem periódicas ao hospital em Tampa para ajustes em sua prótese seriam árduas e dispendiosas. Na Geórgia rural, toda viagem era longa — o novo Wal-Mart de Dennis ficava a quilômetros do trailer, o leite começou a estragar antes que Ronale chegasse em casa de volta do mercado, e estavam gastando todo o dinheiro em gasolina. O pior de tudo era o isolamento. Não falavam mais com o amigo de Danny. Em Tampa, tinham ao menos os médicos, o grupo de apoio. Ali, não tinham ninguém.

No início de agosto, já estavam exaustos. Voltar para Tampa foi menos uma decisão do que um colapso. Um benfeitor do hospital achou para eles um trailer perto de Brandon chamado River Run. Ronale olhou para as fotos on-line e fez um depósito de duas semanas de quatrocentos dólares. Alugaram outro caminhão e deixaram a Geórgia pouco antes da meia-noite de uma sexta-feira. Quando chegaram a River Run na manhã seguinte e viram os buracos nas paredes do trailer, as janelas com venezianas que não abriam, a porta sem tranca, a falta de qualquer aparelho doméstico, queriam cair de joelhos e chorar. Não havia como as crianças morarem lá. Foram para Tampa e deixaram Dennis no Wal-Mart para pleitear seu antigo emprego de 7,60 por hora de volta. Depois, começaram a procurar um motel. Algum instinto de migração levou a família de volta para a região em torno de MacDill, onde pegaram um quarto de 45 dólares por noite no Crosstown Inn, junto à South Dale Mabry Highway, poucas quadras ao norte de seu antigo apartamento. Tinham uma torradeira, e comeram cachorros-quentes torrados uma noite, pequenas pizzas feitas de pão, molho de tomate e queijo fatiado na noite seguinte. Todas as suas coisas estavam no caminhão de aluguel, já com um dia de atraso na devolução, o que significava a metade do depósito. Haviam perdido o depósito do trailer de River Run. Tinham dinheiro suficiente para cerca de uma semana no motel. Depois disso, uma mulher que conheciam do hospital talvez pudesse tomar conta de Brent e Danielle enquanto Danny, Ronale e Dennis dormiam no carro.

Danny estava no fim de suas forças. Ele tentou manter a confiança, mas continuava se repreendendo — não havia pensado bem a coisa, todas as consequências, e agora até mesmo a decisão mais simples o deixava paralisado. Um dia, estava com a filha no carro, no estacionamento do Wal-Mart, se preparando para entrar e comprar sanduíches de carne, pão e salada de batatas para o jantar no motel, e Danielle começou a chorar. Ela estava com medo de que, caso ficassem sem teto novamente, os gatos morreriam. Danny sempre tentava ser um pai forte na frente dos filhos, mas ao abraçar Danielle, não conseguiu segurar as lágrimas.

No meio da crise, Danny experimentou uma clareza dolorosa. Ele sabia duas coisas: tudo tinha de girar em torno da saúde de Danielle e tudo dependia de ele encontrar um emprego. Deixando para trás o entorpecimento que o dominara, começou a circular por toda a cidade, inscrevendo-se em todos os lugares que estavam contratando, lanchonetes ou qualquer outra coisa, não importava. Com uma ajuda do supervisor de Dennis no Wal-Mart, Danny foi contratado para descarregar e estocar produtos ganhando oito dólares por hora. Com os empregos dele e de Dennis no Wal-Mart, conseguiram alugar um apartamento de 745 dólares por mês num conjunto habitacional na South Lois Avenue. Tinha um quarto a mais do que o antigo na Dale Mabry, que ficava a um quilômetro e meio de distância, fazendo com que eles completassem um círculo, como se Deus quisesse que esquecessem de ir para outro lugar para começar de novo e, em vez disso, tentassem fazer as coisas funcionarem ali onde tinham os pés plantados.

Populista da pradaria: Elizabeth Warren

Ela tinha duas histórias para contar. Uma era sobre si mesma; a outra, sobre os Estados Unidos.

Elizabeth Herring era uma boa garota de Oklahoma. Seus pais eram sobreviventes do Dust Bowl* que nunca foram para a costa, metodistas conservadores aferrados à respeitabilidade. Tinham três filhos muito mais velhos. Quando Elizabeth chegou, em 1949, um sócio havia fugido com o dinheiro que seu pai guardara para abrir uma concessionária de veículos. O sr. Herring teve de trabalhar como zelador de um prédio de apartamentos de Oklahoma City para pagar suas dívidas e alimentar a família.

Os pais falavam inglês correto e ensinaram os filhos a não dizer *ain't*, e Liz os deixava orgulhosos com suas notas. Apesar do emprego do pai, ela estava tão convencida de que a família era de classe média que ficou chocada ao saber que sua mãe não se casara usando um belo vestido de noiva.

Quando Liz tinha doze anos, seu pai sofreu um ataque cardíaco. Ele foi rebaixado no trabalho, e entre isso e as contas médicas a família não conseguiu pagar as prestações do Oldsmobile cor de bronze com ar-condicionado e o

---

* Período de repetidas tempestades de areia que ocorreram nas pradarias do centro dos Estados Unidos durante a década de 1930 e que prejudicaram gravemente a agricultura. (N. T.)

perdeu. A fim de segurar a casa, que haviam comprado no melhor distrito escolar de Oklahoma City, a sra. Herring teve de aceitar um emprego na Sears, atendendo telefonemas no departamento de compras pelo correio. No primeiro dia de trabalho, Liz viu sua mãe chorando, tentando se enfiar num velho vestido preto com espartilho.

"Este vestido está muito apertado?", perguntou a mãe.

Liz mentiu que estava ótimo.

A mãe reclamava por ter de voltar a trabalhar e culpava o marido por não sustentar a família. Ele recolheu-se à sua humilhação. Liz não interferia — ao longo de sua vida, conservou o hábito de se recusar a olhar um desastre de frente — e mantinha as aparências. Trabalhou de babá e garçonete, costurava suas próprias roupas e fazia com que o pai a deixasse a uma quadra da Northwest Classen High School, para que seus colegas não vissem o estado do velho Studebaker que outrora fora branco. Ela entrou para o Pep Club e venceu o prêmio Betty Crocker de Dona de Casa do Amanhã.

Era meados dos anos 1960, mas nenhuma das revoltas da época chegou aos Herring. Oklahoma City ainda era segregada. Don, o irmão de Liz, estava lutando no Vietnã e, evidentemente, eles apoiavam o filho e a guerra. Liz recitava a oração diária no início das aulas. Ela sabia que as duas opções de uma garota eram enfermagem ou magistério e que escolheria a segunda.

Entrou para equipe de debates e revelou-se muito boa nisso. Assinou a *Time* e a *Newsweek*, passou um ano pesquisando desarmamento nuclear e o Medicare, e venceu a competição estadual. Fora uma visita à sua escola primária de um de seus ex-alunos, o astro da tevê James Garner, quando ela tinha oito anos, o debate foi o primeiro indício para Liz de que ela poderia se dar bem no mundo. Aos dezesseis anos, ganhou uma bolsa de estudos integral para a Universidade George Washington. Àquela altura, a família já havia recuperado a sua posição na classe média baixa.

Dentro de alguns anos, no início dos anos 1970, ela se tornou Elizabeth Warren, casada com seu namorado de escola, um engenheiro da Nasa; formara-se em fonoaudiologia pela Universidade de Houston e tinha uma filha pequena. Poucos anos depois, seguindo o marido de emprego em emprego, ela se formou em direito na Universidade Rutgers e teve um filho. O marido queria que ficasse em casa e cuidasse da família, mas ela estava inquieta. Em 1978, divorciou-se e começou a lecionar direito na Universidade de Houston. Era republicana de carteirinha porque o partido apoiava o livre mercado, que ela achava que estava sob demasiada pressão do governo.

Nesse mesmo ano de 1978, o Congresso derrotou um projeto de lei que criava uma nova agência de proteção ao consumidor, mas aprovou outra que facilitava a declaração de falência. Elizabeth Warren decidiu fazer uma pesquisa acadêmica sobre esse tema obscuro. Queria saber por que os americanos acabavam no tribunal de falências. Ela assumiu a atitude de sua mãe implacável. "Propus-me a provar que eles eram um bando de trapaceiros", diria mais tarde. "Eu ia denunciar essas pessoas que estavam se aproveitando do resto de nós."

Com dois colegas, Warren passou a década de 1980 fazendo sua pesquisa. E foi aí que a primeira história que contou, a sua própria, cruzou com a segunda, que era a história do país.

A partir de 1792, com George Washington, houve crises financeiras a cada dez ou quinze anos. Pânicos, corridas aos bancos, congelamentos de crédito, quedas, depressões. As pessoas perdiam suas fazendas, famílias eram aniquiladas. Isso continuou por mais de cem anos, até a Grande Depressão, quando Oklahoma virou pó. "Podemos fazer melhor do que isso", disseram os americanos. "Não precisamos voltar ao ciclo de altas e baixas." A Grande Depressão produziu três regulamentações:

A Agência Federal Seguradora de Depósitos (FDIC) — os depósitos bancários estavam garantidos.

A Lei Glass-Steagall — os bancos não poderiam fazer loucuras com seu dinheiro.

A Comissão de Valores Mobiliários (SEC) — os mercados de ações seriam rigidamente controlados.

Durante cinquenta anos, essas regras impediram os Estados Unidos de cair em outra crise financeira. Nenhum pânico, colapso ou congelamento. Elas deram aos americanos segurança e prosperidade. A atividade bancária era maçante. O país produziu a maior classe média que o mundo já vira.

A vida de Warren começou naqueles anos e, embora tivesse visto sua cota de momentos difíceis quando menina, seus pais e irmãos estavam bem de vida e ela conseguiu chegar à idade de trinta anos em boa situação financeira.

Então vieram o final dos anos 1970 e o início dos 1980. "Regulamentação? Ah, é um saco, é caro, não precisamos disso." Então o governo começou a desfazer o tecido regulamentador. O que aconteceu depois? A crise das instituições de poupança e empréstimo.

No final da década de 1980, setecentas instituições financeiras foram a pique justamente quando Warren e seus colegas estavam se preparando para publicar a pesquisa sobre falências. O que eles descobriram era o oposto do que Warren esperava e mudou drasticamente o que ela pensava sobre mercados e governo. A maioria dos americanos em falência não era de caloteiros enganando o sistema. Era gente de classe média, ou que queria sê-lo, e havia feito tudo o que podia para não acabar num tribunal. Eles davam duro para manter-se, para pagar uma casa (como os pais de Warren), em um distrito que ainda tivesse escolas decentes, para que seus filhos pudessem ficar na classe média ou alcançá-la, mas a perda de um emprego, um divórcio, uma doença, haviam levado suas poupanças. Viviam cada vez mais na dependência de crédito e, por fim, buscaram refúgio na falência, para não passar o resto da vida profundamente endividados. A maioria das pessoas em processo de falência não era irresponsável, era responsável demais.

Quando menina, Warren soube o que significava a dívida. Agora, ela começava a ver a ruína financeira através dos olhos do pai, em vez dos de sua mãe, não como uma vergonha social, mas como uma tragédia pessoal que quase nunca era resultado de um caráter fraco. Na verdade, era uma consequência de regulamentações fracas. Quanto mais os bancos pressionavam o Congresso para se livrar das regras, mais pessoas faliam. Os números estavam explodindo.

Esse trabalho mudou a vida de Warren. Ela continuou a pesquisar e escrever nas duas décadas seguintes (Harvard a contratou em 1992). Foi convidada a assessorar uma comissão sobre lei federal de falências. Observou como as empresas de cartão de crédito e os bancos atropelaram as associações de consumidores, despejando milhões de dólares no Congresso. Em 2005, com a ajuda de democratas como Joe Biden, Chris Dodd e Hillary Clinton, o Congresso aprovou uma lei que restringia o direito de pedir falência. Foi uma grande vitória para o lobby empresarial. Ela aprendeu uma coisa ou duas sobre os caminhos de Washington.

E a segunda história continuou.

Em 1998, o fundo de investimentos Long-Term Capital Management entrou em colapso e quase levou os bancos de investimento com ele, mostrando que esse mundo financeiro cada vez mais autônomo estava perigosamente interligado em todo o planeta. Alguns anos mais tarde, a Enron caiu, revelando que os livros fiscais estavam sujos. E a Casa Branca e o Congresso continuavam a desfiar o tecido.

Enquanto os salários permaneciam achatados, a dívida mantinha cada vez mais famílias à tona. Enquanto as escolas se deterioravam, a luta dos pais para manter seus filhos na classe média reduzia-se a possuir uma casa no distrito da escola certa. Enquanto o custo dessas casas subia, os pais trabalhavam mais do que nunca. (Com sua filha, Warren escreveu um livro sobre esse ciclo de esforço.) Os bancos perceberam que a classe média era o maior centro de lucro de todos. Começaram puxando os fios que sustentavam hipotecas, cartões de crédito e empréstimos ao consumidor, e esses também cederam. Os reguladores estavam espalhados por sete agências, movendo-se em sete direções diferentes, e nenhum deles tinha o consumidor como foco principal. Não foi difícil para os bancos tirar esses bedéis do caminho e começar a vender hipotecas, cartões de crédito e até financiamentos automotivos cada vez mais perigosos. Os bancos transformaram as promessas que as famílias americanas fizeram de reembolsá-los em fatias de dívida, que empacotavam e voltavam a empacotar como títulos, vendidos a investidores.

Três coisas aconteceram:

Os lucros subiram muito.

Os bônus subiram mais ainda.

O risco se tornou estratosférico.

Então, tudo caiu por terra, e os banqueiros se viraram para o povo americano e disseram: "Uau, há um problema danado aqui e é melhor vocês nos salvarem, ou vamos todos morrer". Então o povo americano os socorreu.

Foram necessários trinta anos para Warren conseguir contar essa história em cinco minutos de *The Daily Show*.

Àquela altura, o país estava em crise profunda, e a crise era o material de trabalho de sua vida. O presidente Obama a conhecera em 2004 e sabia dos "empréstimos predatórios". Ele leu um artigo que ela publicou em 2007, no início da crise imobiliária, propondo uma nova agência de proteção financeira do consumidor. "É impossível comprar uma torradeira que tem uma chance em cinco de explodir em chamas e queimar sua casa" — assim começava o artigo. "Mas é possível refinanciar uma casa existente com uma hipoteca que tem a mesma chance de uma em cinco de pôr a família na rua, e a hipoteca nem mesmo trará a divulgação desse fato para o proprietário." A ideia de Warren era criar uma nova agência federal, independente do Congresso, que forçasse bancos e empresas de cartão de crédito a divulgar em termos claros os riscos e as penalidades em seus produtos financeiros. Obama gostou da ideia. Pouco depois de ele vencer a eleição, Warren foi nomeada presidente do painel que supervisionava o fundo de socorro.

Então ela foi para Washington. Era um tipo estranho na sede do governo. Em primeiro lugar, não se parecia com uma mulher de Washington. Usava uma franja simples nos cabelos, óculos sem aro, pouca maquiagem, suéteres e blusas de gola rulê de professora, grandes e folgadas sobre seu corpo franzino.

Também não falava como uma criatura da capital. Era professora de direito de falências, mas sua linguagem era tão simples quanto seu penteado. Não fazia nenhuma tentativa de conciliar ou agradar. Na verdade, parecia odiar os bancos. Chegara ao radicalismo, como muitos conservadores antes dela, ao ver as instituições que tinham sustentado o velho modo de vida entrar em colapso. Às vezes era sarcástica ou irritadiça e falava em deixar "muito sangue e dentes" no chão. Embora quisesse muito dirigir a nova agência do consumidor que havia inventado, não fez nada para ajudar a própria causa política, sujeitando as mesmas pessoas de cujo apoio precisava a perguntas duras sobre o dinheiro dos contribuintes. Warren não jogava o jogo.

Ela parecia ter entrado na sala de audiência e tomado seu assento vinda do passado, da época em que a pradaria americana criava defensores irados e eloquentes da gente comum, como William Jennings Bryan e Robert LaFollette, George Norris e Hubert Humphrey. Sua simples presença deixava os *insiders* inquietos porque os lembrava da corrupção cômoda e acolhedora que se tornara a maneira normal de fazer negócios em Capitol Hill. E isso era imperdoável.

Os banqueiros jamais poderiam perdoá-la. Eles a consideravam "o Diabo encarnado", e jogaram dinheiro no Congresso para impedi-la de dirigir a agência dos consumidores. Chamavam-na de ingênua, mas o que não podiam perdoar era o fato de ela conhecer muito bem o jogo deles.

Os republicanos jamais poderiam perdoá-la. Ela não recuava nem oferecia as cortesias habituais, e assim eles a intimidavam verbalmente, chamavam-na de mentirosa e se dedicaram a matar a agência de proteção ao consumidor quase como se estivessem apontando a faca para aquela mulher tão ousada.

Alguns democratas jamais poderiam perdoá-la. A Casa Branca a considerava "um pé no saco". Dodd sugeriu que o problema era o seu ego. Timothy Geithner, irritado a ponto de quase gritar em uma audiência de supervisão, não a suportava.

E o presidente não sabia o que fazer com uma mulher assim. Eles tinham a Escola de Direito de Harvard em comum, e Warren falava sobre as mesmas coisas que Obama — a classe média pressionada, a necessidade de um campo de jogo justo, os excessos do mundo das finanças. Mas ela não falava sobre essas coisas como membro das elites. Ela não dizia ao mesmo tempo "não é pessoal, gente, sejamos razoáveis e cheguemos a um acordo". Por essa razão, alguns dos adeptos mais fervorosos de Obama estavam se afastando dele e se aproximando dela.

Em meados de 2011, o presidente apareceu no Rose Garden depois de uma prolongada negociação consigo mesmo e, para evitar uma luta invencível, anunciou que nomearia o assessor de Warren, Richard Cordray, para ser chefe da nova agência dos consumidores. Então, deu um beijo carinhoso no rosto de Warren.

Mas ela já tinha ido embora, de volta a Massachusetts, para concorrer a uma cadeira no Senado, onde as vozes de políticos como Robert La Follette, o Bob Combatente, e Hubert Humphrey, o Guerreiro Feliz, outrora entusiasmavam as almas dos homens e mulheres comuns.

Wall Street

Kevin Moore* nasceu e cresceu em Manhattan, e foi trabalhar em um banco americano de primeira linha logo depois de sair da faculdade, em 1998. Foi o ano em que o Long-Term Capital Management quebrou, quase levando Wall Street com ele, um ano antes da revogação da Lei Glass-Steagall. Nada disso significava muito para Kevin na época: aconteceu anos antes de ele entender o significado daquilo. Ele foi a última pessoa contratada para o curso de treinamento — só conseguiu o emprego porque a maior parte dos concorrentes que saíam da faculdade estava migrando para o oeste, em busca da corrida do ouro no Vale do Silício — e foi considerado o mais provável de ser dispensado primeiro.

Mas Kevin descobriu rapidamente que a atividade bancária não era tão difícil. Wall Street usava uma linguagem propositadamente opaca para intimidar pessoas de fora, mas, para ter sucesso, bastava sentir-se um pouco confortável com a matemática, ou então com a enrolação — a primeira entrava na área de negócios, a segunda nas vendas, e um analista quantitativo capaz de mentir ganhava muito dinheiro. Para chegar ao topo era preciso ser um merda e trair outras 57 pessoas — essa era a única coisa que o separava dos próximos dez caras

---

* Não é seu nome verdadeiro. (N. A.)

abaixo — e Kevin não tinha interesse em chegar lá. Seu objetivo era trabalhar o menos possível e levar a vida que queria, o que significava muitas viagens ao exterior, boa comida, música, design e amigos legais. Ele começou na sede do banco, no distrito financeiro, ganhando 80 mil por ano, com um bônus de 8 mil dólares. O máximo que ganhou em seus primeiros seis anos foi talvez um quarto de 1 milhão. A chuva de dinheiro veio depois.

Na manhã de 11 de setembro de 2001, Kevin estava no escritório falando sobre os negócios do dia quando sentiu o chão tremer. De repente, todos os seus papéis começaram a voar pelas janelas. De um lado do edifício tinha-se uma visão direta das chamas saindo da Torre Norte. Todos os aparelhos de TV na mesa de operações estavam sintonizados na CNBC, que tinha o monopólio de Wall Street — a CNN não era forte o suficiente em finanças, a BBC era muito suave e internacional, a Reuters não tinha rede, a Fox ninguém levava a sério —, e a CNBC começou a mostrar imagens da torre. Diziam que se tratava de um avião pequeno, mas Kevin percebeu ao olhar pela janela que não era um avião pequeno porra nenhuma. A trajetória de voo não era normal — nada parecia certo.

Ele voltou ao trabalho, e estava ao telefone quando os títulos do Tesouro americano subiram de repente — Londres os estava comprando. Ele disse ao cara na linha: "Acho que estamos liquidados aqui", e rasgou o bilhete. O fogo estava piorando. As televisões sobre a mesa de operações foram sintonizadas na CNN e, de repente, na imagem ao vivo entrou um segundo avião. Puta merda, outro maldito avião! E... bum. Pareceu um terremoto.

"Todo mundo fique calmo", disse o chefe da mesa.

"Eu não vou ficar calmo", disse Kevin. "Estou caindo fora daqui." Diziam que o chefe dos bombeiros estava a caminho, todos deviam seguir o procedimento de treinamento de incêndio, mas Kevin já estava indo para os elevadores. "Fodam-se você e seu procedimento de treinamento de incêndio", disse ele. "Se quiser me demitir, me demita. Pra mim já deu." Ninguém mais se moveu. *Traders* brilhantes que ganhavam 2 milhões de dólares por ano ficaram à espera de orientações de algum palhaço que não tinha nenhuma informação. Eles avaliaram mal os dois aviões.

Na rua, multidões saíam das estações do metrô com a maior tranquilidade. Tudo parecia normal. Kevin pegou o metrô para o norte, na direção do apartamento de seus pais, e era provavelmente a única pessoa a bordo que sabia o que havia acontecido. Seus colegas de trabalho acabaram sendo evacuados e já estavam na rua quando a Torre Sul caiu e os cobriu de pó. Em uma crise, percebia-se que a sociedade funcionava sem ninguém saber, no fundo, que diabos estava acontecendo.

O banco teve de mudar suas operações para fora da cidade por umas duas semanas. Mercados tornaram-se compradores com rapidez surpreendente, e estavam certos — os ataques não mudaram as coisas tanto assim. As companhias aéreas se ferraram, mas não foi necessariamente muito pior do que seria depois de quatro acidentes de avião terríveis. O Fed continuou cortando os juros. Em pouco tempo, um boom financeiro estava em andamento.

Em 2004, Kevin deixou seu emprego seguro e chato para se juntar à mesa de operações com carteira própria de um grande banco europeu, com zero de estabilidade no emprego e enorme potencial — uma das decisões mais corajosas e corretas de sua vida. O banco europeu estava prestes a entrar em obrigações de dívida colateralizadas (CDOS). O mercado de ações determinava o tamanho de seu apartamento e se você tinha um fogão Viking — ou seja, quem era rico e quem não era. O mercado de títulos determinava se a merda funcionava ou todo mundo estava comendo areia, quem estava vivo e quem não estava. Desde a década de 1980, o crédito era a maior força motriz. Todas as coisas que mais tarde dariam errado, crédito estruturado, *default swaps*, eram invenções boas; elas mitigavam o risco ou ofereciam soluções financeiras para empresas e investidores. O problema era a execução. Em meados da década de 2000, quando havia dinheiro demais em cima da mesa, a bússola moral moveu-se.

A cultura da mesa de carteira própria era extremamente agressiva. Os banqueiros apáticos da Europa queriam alavancar sua base de depósitos, então entregaram o controle para os caubóis de Nova York e Londres, que começaram a dirigir por aí bebendo e atirando em janelas. A mesa de operações com carteira própria ficava em um piso inferior — depois do Onze de Setembro, as mesas de operações foram transferidas para baixo a fim de manter vivos os que faziam dinheiro; assim, os caras que ganhavam milhões olhavam para a lanchonete do outro lado da rua, enquanto a turma do RH que ganhava 40 mil ficava em cubículos nos pisos superiores, com vistas deslumbrantes para o rio. Na mesa própria não havia equipe, apenas um monte de sujeitos, todos jogando com um pedaço do balanço do banco para obter recompensas enormes.

400

Kevin negociava derivativos de crédito e títulos privados — coisas como dívidas de companhias aéreas.

Quando se estava numa mesa própria e fazia direito as coisas, não havia nada melhor em Wall Street, e durante dois anos ele fez a coisa certa. Ganhava perto de 1 milhão de dólares por ano, a maior parte em bônus — muitíssimo mais do que ganhava antes — e teria faturado mais caso se importasse mais com isso. Pagou a hipoteca de seu apartamento no East Village, vivia do salário e economizava os bônus. Não tinha carro ou barco. Tornou-se um entendido nos melhores restaurantes de Nova York e pagava a conta para seus amigos artistas sem grana. Não precisava de mais.

Não foram apenas as hipotecas americanas que explodiram o mundo — foi o crédito global. Kevin fazia parte disso e, em meados da década, assistiu à bolha de crédito inflar. Ele não estava fazendo nada de errado — tinha muita coisa em andamento na mesa de operações e não queria estragar tudo. Ele não era como os caras que diziam "basta imprimir a porra da CDO, vamos faturar os bônus este ano e, quando a coisa explodir em três anos, nem vamos estar aqui". Mas Kevin sabia que algo estava fora de ordem. Tinha uma namorada no país europeu onde o banco era sediado e, numa visita, viu todo mundo usando seus cartões de caixa eletrônico e pensou: "Isso aqui é um banco normal, porra. Não é Bear Stearns ou Merrill". Para cada dólar que sua namorada punha em sua conta de poupança, Kevin estava comprando quarenta dólares em títulos. A certa altura de 2005, um vendedor do Deutsche Bank mostrou-lhe um enorme negócio. Greg Lippmann, gerente da mesa de CDO do Deutsche, estava vendendo a descoberto no mercado imobiliário — talvez tenha sido o único operador de títulos de uma grande firma de Wall Street que viu que todo mundo na Flórida e em Nevada estava prestes a começar a dar calote em suas hipotecas — e ele precisava de alguém para assumir um pouco de seu risco em derivativos de crédito. "Veja, esse é o negócio", disse o vendedor, "há todas essas porras de hipotecas e elas estão todas cheias de merda." Mas Kevin recusou. Tudo fazia sentido — ele nunca entendeu por que todas aquelas casas em lugares como Tampa valiam alguma coisa —, mas não conhecia o mercado de hipotecas o suficiente para entrar naquilo e depois sair na hora certa. Isso acabou por ser a escolha correta, porque teria perdido uma tonelada de dinheiro logo de cara, e ele deixou a mesa própria bem antes de o negócio render milhões para Lippmann e 1,5 bilhão de dólares para o Deutsche Bank.

No final de 2005, quando estava com quase trinta anos, Kevin foi com seu chefe para a mesa de operações do mercado emergente, trabalhando entre Londres e Nova York, negociando títulos privados e viajando para lugares divertidos, como Buenos Aires e Kiev. Ele tinha status de platina em todas as companhias aéreas e conhecia algumas cidades estrangeiras muito melhor do que os lugares nos Estados Unidos onde as pessoas enchiam suas picapes com gasolina subsidiada e dirigiam cinquenta quilômetros até o trabalho. Em 2006, tudo decolou, as pessoas estavam comprando qualquer ativo financeiro em que pudessem pôr as mãos. Os preços em Londres estavam tão absurdos que Kevin comprava meias para um mês na Century 21, em Manhattan, ia para Londres e as jogava fora depois de usá-las, porque era mais caro lavá-las em Mayfair do que comprá-las em Nova York. Isso dizia que algo estava errado pra cacete, que não poderia durar, e no final do ano ele vendeu a descoberto.

Achou duas ou três vezes que o mundo ia explodir antes que isso finalmente ocorresse. O mercado de crédito era um tamanho jogo de confiança que, quando começou a balançar, todo mundo ficou muito assustado, porque sabiam que era grande demais para poderem sair. A primeira oscilação aconteceu em fevereiro de 2007, quando houve uma disputa colateral entre o Merrill Lynch e um fundo de hedge do Bear Stearns. O próprio mercado se cagou por uma semana — ninguém queria ser o último cara na piscina com um monte de torradeiras. Kevin pensou que era o começo do fim e não cobriu sua posição, mas o mercado voltou com força total durante cinco meses — e ele entendeu tudo completamente errado. Se tivesse acertado, estaria morando em 1800 metros quadrados.

Em julho, logo após Kevin ter vendido um monte de títulos ucranianos, um cara de seu departamento lhe disse: "Você é a única pessoa em todo esse andar que está vendendo a descoberto. Você é um tremendo maricas".

"Há mais de trezentas pessoas aqui", reagiu Kevin. "Você não acha que deve ter mais de um cara na mesma situação? Vá em frente, aqui estão os preços — você pode ter 5 milhões de tudo o que quiser até 100 milhões, vendo tudo para você." O cara disse que voltaria, mas Kevin nunca teve notícia dele — então, quem era o maricas?

Naquele mês, aconteceu a segunda oscilação. O fundo de hedge Bear Stearns teve outro pedido de cobertura adicional, e dessa vez a coisa foi tão feia que o Bear teve de intervir e fechar o fundo. Em vez de engolir a perda, o banco decidiu assumir o financiamento, o que significava que o Bear agora tinha o vírus, e isso levou diretamente à terceira oscilação em março de 2008, quando o Bear despencou e a mesa de Kevin foi uma das primeiras a puxar o fio.

Kevin passou o verão de 2008 viajando o tempo todo, às vezes a trabalho, às vezes para se divertir — Argentina, China, Ucrânia. Em meados de setembro, desceu em uma ex-república soviética às quatro da manhã, ligou seu BlackBerry e viu em seu aplicativo Bloomberg que o Lehman havia declarado falência. O Bear era apenas uma financeira de hipotecas; o Lehman Brothers era algo completamente diferente, um *player* global em derivativos, e o banco de Kevin tinha uma tonelada de dinheiro nele. Kevin demorou 24 horas para voltar a Londres, e de lá para Nova York, onde tinha um bom lugar reservado para ver o fim do mundo.

Em algumas semanas, ele percebeu a escala da destruição, o número de negócios que tiveram de ser desfeitos: foi uma época fascinante para acordar e ir trabalhar. Era o tipo de momento seminal que poucas pessoas chegavam a experimentar. Descobria-se como as pessoas eram de fato. Os soldados rasos que estavam ao lado dele nas trincheiras continuaram bastante unidos, e seu chefe permaneceu leal, mas não foi a nata da ética que subiu ao topo. Por causa da exposição do banco ao Lehman, alguém da direção apareceu um dia à procura de bodes expiatórios e perguntou: "Quem fez essa merda?". Os caras do topo davam cotoveladas para chegarem antes ao bote salva-vidas, ao mesmo tempo que diziam: "Vocês vão ficar bem. Fiquem aqui e ajudem aquele patrimônio a sair do risco e estarão aqui para um novo começo no próximo ano". Kevin não se deixou enganar: "Cara, estou sentindo o ponto vermelho na minha testa". Ele era uma torre, e o jogo dizia respeito ao que rainhas e reis decidiam. No final do ano, metade das pessoas da mesa de operações fora embora, com boas verbas rescisórias, inclusive Kevin.

Estava contente por estar fora do mundo das finanças, com uma visão muito distanciada da coisa toda. Quem era o responsável? Era difícil dizer diante de uma coisa tão grande. De certo ponto de vista, ele sempre pensou que finanças eram enrolação. Ele não estava fazendo o trabalho de Deus — era um emprego, ao qual nunca atribuiu qualquer valor. Ao mesmo tempo, um bom sistema financeiro era benéfico para muita gente. Mantinha os custos dos empréstimos baixos, significava que se podia andar com um cartão de plástico no bolso, em vez de carregar moedas de ouro. Sem a grana de

Wall Street por trás, algo como o Vale do Silício não poderia ter explodido da forma como o fez.

Mas quando sociedades privadas, como o Salomon, começaram a abrir o capital na década de 1980, e os bancos de investimento tipo butique se tornaram casas comerciais enormes, e os bancos europeus apáticos como o UBS ficaram importantes em renda fixa, e a revogação da Lei Glass-Steagall apagou as linhas claras que mantinham as coisas sob controle, e os incentivos salariais se descolaram da realidade, e o dinheiro enlouqueceu — então o pessoal de Wall Street se tornou ganancioso. Alguns dos piores eram criminosos, outros estavam fazendo algo que entendiam ser totalmente errado. Kevin não sabia se a resposta era restaurar a regulamentação ou a limpeza moral da casa. Era ridículo que um gestor de fundos de hedge como John Paulson faturasse 3,8 bilhões em um ano simplesmente por não fazer nada, mas como se poderia deter isso? Era muito tarde para restaurar a Glass-Steagall e voltar à década de 1950. O setor financeiro se tornara grande demais — aquelas cabeças de Wall Street deveriam estar procurando a cura da energia renovável ou iniciando o próximo boom tecnológico. O importante era o futuro do país, não da banca.

Kevin passou um ano viajando e visitando amigos em todo o mundo. Perdeu a maior parte da recessão nos Estados Unidos e, de qualquer modo, Nova York se reergueu muito rápido — houve um breve momento no primeiro semestre de 2009 em que as pessoas se perguntaram se ainda poderiam ir a restaurantes. Wall Street voltou também, mais rápido do que o esperado, e em 2010 Kevin recebeu uma oferta de outro banco europeu com um balanço seguro. Ele não acumulara o suficiente em seus primeiros dez anos para ficar fora do jogo, então aceitou. Em Wall Street, a crise financeira parecia ter sido uma lombada para reduzir momentaneamente a velocidade.

Nelini Stamp ouviu que uma revista canadense tinha convocado algum tipo de manifestação em torno de Wall Street ao meio-dia de sábado, 17 de setembro de 2011 — era o assunto do momento no Facebook e, além do mais, ela conhecia um dos organizadores —, mas, quando foi ao centro, as pessoas já haviam deixado a estátua do Touro de Wall Street na praça Bowling Green porque fora isolada pela polícia. O que corria era que todos tinham ido para poucas quadras ao norte pela Broadway, para uma praça embaixo de uma grande coisa vermelha. Chamava-se Zuccotti Park — quase ninguém em Nova York sabia de sua existência —, do outro lado de Trinity Place para quem vinha do Marco Zero, onde estavam terminando o Memorial do Onze de Setembro. Nelini chegou lá no meio da tarde e encontrou cerca de trezentas pessoas, entre elas alguns de seus amigos, de pé ao lado de uma escultura gigante de vigas de aço vermelhas que se erguiam como braços estendidos por três andares para o céu. Ela caminhou ao redor da praça com seus amigos por um longo tempo, enquanto o número de pessoas aumentava. Estava bem legal. Seu amigo que tinha ajudado a planejar a manifestação informou: "Teremos uma assembleia geral". Nelini disse: "O.k. Quero ver isso".

A assembleia geral começou às sete nos degraus de granito que davam para a calçada da Broadway. Alguém gritou "*Mic check!*", e outras pessoas gritaram de volta "*Mic check!*".

"O que significa isso?", perguntou Nelini.

"Vamos usar o microfone do povo", disse a amiga.

"O que significa isso?"

O que a pessoa que estava falando dissesse seria repetido por quem estava ao seu redor tão alto quanto pudessem, algumas palavras de cada vez, depois de novo em duas ou três ondas do centro para fora, de modo que, no fim, todos na multidão poderiam ouvir sem uso de amplificação, porque não tinham licença para isso. Nelini achou que aquilo também era legal. Envolvia as pessoas de uma forma que um microfone normal não fazia. Não havia líderes, apenas facilitadores que tinham sido treinados na técnica do consenso. A assembleia não era para fazer uma lista de reivindicações. As pessoas estavam na praça para expressar indignação em relação aos bancos, às grandes empresas e ao poder que tinham sobre a vida das pessoas e a democracia.

Depois da assembleia, eles se separaram em grupos de trabalho, e Nelini escolheu Ampliação, porque já estava pensando que precisavam obter o apoio de sindicatos e ela conhecia muita gente do movimento operário. Havia seis ou sete pessoas no setor de Ampliação, e elas conversaram até quase meia-noite, e de repente alguém chegou com caixas de pizza. Todo mundo estava tuitando loucamente, e a notícia chegara a uma pizzaria da região, que doou as redondas. Nelini não usava o Twitter, não gostava de toda essa coisa da rede social, porque as pessoas agiam como se ela fosse a vida real, e não era. Estava no

Facebook porque era a única maneira de se comunicar com alguns de seus amigos. "O que vocês estão tuitando?", perguntou Nelini.

"Ocupem Wall Street."

Ela teria de entrar no Twitter. Era uma espécie de maluquice, a coisa toda era uma loucura, mas decidiu não ir para casa naquela noite. Não queria desistir da praça e precisava ver o que aconteceria de manhã. Zuccotti Park estava sob administração privada; os organizadores pesquisaram e descobriram que a Brookfield Properties tinha de manter a praça aberta ao público 24 horas por dia. Naquela noite, cerca de sessenta pessoas dormiram lá. Fazia um frio de enregelar para setembro. Nelini pôs um pedaço de papelão no chão de granito duro junto aos vasos da Cedar Street, aconchegou-se com seus amigos e tentou dormir um pouco antes do primeiro dia completo da ocupação.

Ela era uma garota do Brooklyn de 23 anos, a apenas dois créditos de distância de um diploma do ensino médio. Sua mãe era porto-riquenha e trabalhava no atendimento aos clientes da Time Warner Cable; seu pai era de Belize, tinha quatro filhos de quatro mulheres, e não fazia parte de sua vida. Nelini era baixa e hiperativa, com boca grande, pele cor de caramelo e cabelos que podiam ser crespos ou lisos, pretos ou pintados com hena, dependendo de seu humor. Gostava de usar saias curtas com meia-calça, botas até o tornozelo e suéteres sobre malhas de gola canoa. Fumava cigarros Camel e falava rápido, emendando uma coisa na outra, e tinha uma risada rouca em staccato. No início de 2011, fez uma tatuagem no antebraço direito, com os nomes dos cinco bairros originais de Nova York, em holandês antigo, porque gostava de história, e também porque queria lembrar que as coisas mudam.

Quando era menininha, a mãe assumiu que era lésbica, e os avós de Nelini deixaram de falar com ela por um tempo. Nelini achava esquisito que as pessoas não gostassem de gays tanto quanto dos héteros — sua mãe era sua mãe, e normal. A companheira dela trabalhava no Smith Barney, e o dia de 1998 em que foi anunciada a fusão de Travelers/Salomon Smith Barney e Citicorp — a maior da história americana — era também o Dia de Levar sua Filha ao Trabalho. Nelini, com dez anos de idade, e as outras crianças foram levadas a uma sala grande, onde uma entrevista coletiva estava terminando. O novo logotipo do Citigroup, a maior empresa de serviços financeiros do mundo, estava projetado em uma tela com o guarda-chuva vermelho, e Sandy Weill era todo sorrisos (ele havia conversado com Clinton e sabia que a Lei

Glass-Steagall, o único obstáculo legal para o negócio, seria revogada). Nelini não sabia o que era uma fusão, mas no dia seguinte, na escola, cantou vantagem com os amigos: "Vocês ouviram falar do Citigroup?".

A companheira de sua mãe perdeu o emprego logo antes do Onze de Setembro, e então elas se separaram, e Nelini e a mãe acabaram alugando uma casa em Staten Island, cercadas por famílias irlandesas e italianas. Nelini adorava música, teatro e dança. Quando criança, teve um agente, atuou em alguns filmes e tocou violoncelo em Divas Live 98, no VH1 — então as coisas ficaram apertadas e ela teve de abandonar suas aulas particulares. O mundo das artes cênicas era uma fonte permanente de estresse. Era preciso ter o corpo certo, o cabelo certo, e estourar aos vinte anos, e o que era o sucesso, por falar nisso? Ser contratada por uma grande gravadora e produzir música de merda? Mas a outra metade de sua personalidade, a metade realista, era atraída por histórias de trabalhadores e lutas. Na escola, ela adorava ler sobre a Grande Depressão e FDR — tudo parecia tão real. Gostava de olhar para a imagem icônica dos trabalhadores almoçando na viga de aço no Rockefeller Center, bem acima de Manhattan, e mergulhou de cabeça numa enorme biografia do mártir trabalhista Joe Hill. Ela sempre achou que a mãe pertencia a um sindicato, e quando soube que não era o caso, ficou arrasada.

Desde o quinto ano Nelini queria frequentar a LaGuardia High School of Performing Arts, mas em seu último ano lá deixou de se entusiasmar com seu futuro. Tinha problemas de autoestima e ficou deprimida. A escola era grande demais, e o sistema educacional não se importava com ela, então parou de ir às aulas, e quando não pôde participar da formatura porque ainda precisava frequentar a escola de verão, ela disse "fodam-se" e abriu mão do diploma, o que deixou sua mãe realmente louca. Nelini sentia-se mal por ser mais uma pessoa de cor que abandonava os estudos, mas a escola só a queria como um número nas estatísticas de graduação. Passou o ano seguinte em casa lendo, e o dinheiro era tão apertado que a certa altura Nelini atendeu à porta e recebeu um aviso de despejo de um policial.

Ela precisava de um emprego, e o encontrou no Partido das Famílias Trabalhadoras, uma organização política relacionada com sindicatos. Eles tinham escritórios apertados e desordenados no centro do Brooklyn. Nelini ganhava 30 mil por ano fazendo campanha porta a porta para candidatos progressistas nas eleições locais e discutindo questões como a reforma do financiamento de campanhas e pagamento de dias não trabalhados por doença. Ela revelou-se um cabo eleitoral de primeira. Era capaz de descobrir a humanidade nas pessoas, mesmo quando fechavam a porta em sua cara, e não ficava desanimada. Não desistira da música e das artes, mas também queria organizar, sujar as mãos, estar na luta.

Nelini tinha vinte anos quando Obama surgiu na campanha de 2008. Ela pensou que seria incrível ter um negro na presidência, mas se perguntou se viria a ser tão progressista quanto Hillary — ele sabia jogar em ambos os lados. Então, de repente, começou a parecer que um movimento popular estava em ascensão, por coisas como sistema de saúde financiado pelo governo, e se Obama era a razão para esse movimento, ela o apoiaria. Quando a crise de Wall Street estourou, pouco antes da eleição, ela pensou: "É isso, o sistema financeiro está chegando ao fim". Esperava um retorno aos anos 1950 e 1960, com regulamentos rigorosos e uma economia de classe operária, mas sem a intolerância (porque naquela época o sonho americano não dava espaço para gente como ela e sua mãe). Então Obama assumiu o poder e nada disso aconteceu. Ao contrário, os bancos estavam de volta aos negócios, as corporações e os ricos ganhavam mais e mais dinheiro, enquanto o resto do país sofria. Nelini mudou-se para um quarto minúsculo em uma casa coletiva onde morava com outros ativistas em Bed--Stuy, a duas quadras de Marcy Houses. Ao fazer campanhas para o Partido das Famílias Trabalhadoras durante a recessão, ela começou a pensar que o sistema democrático fora criado para proteger o capital, com lobistas e tudo mais, e a única maneira de mudar alguma coisa seria se livrar do capitalismo.

Mas a luta demorava demais, era cheia de pequenas batalhas que precisavam ser repetidamente travadas, a maior parte do tempo na defensiva, tentando conseguir a reeleição de um vereador em Yonkers ou evitar cortes no orçamento de Nova York. Havia muito cinismo, e todas as queixas de injustiça que rolavam em todas as salas de estar e bares jamais chegavam a se inflamar de fato — até aquele sábado logo após o décimo aniversário do Onze de Setembro, quando um pequeno grupo de pessoas acendeu uma fogueira a uma quadra do lugar dos atentados.

Durante duas semanas Nelini acordava no saco de dormir que levou para a praça, ia de metrô para o trabalho, voltava depressa ao centro no horário de almoço, com pilhas de panfletos que copiara no escritório, retornava ao trabalho, ia para casa em Bed-Stuy a fim de tomar banho e trocar de roupa, voltava à praça para a assembleia geral da noite, onde outros ocupantes lhe diziam "você está bonita", e por fim passava mais uma noite dormindo ao relento. Tanta coisa estava acontecendo, e ela se movia com tanta rapidez, que as pessoas que se tornaram suas melhores amigas no movimento lhe disseram mais tarde que naqueles primeiros dias ela estava muito agitada e distraída para manter uma conversa.

Em uma semana, havia 2 mil pessoas no Zuccotti Park. Os ocupantes rebatizaram o lugar de Liberty Square, inspirados na praça Tahrir do Cairo. No segundo sábado, marcharam pela Broadway até a Union Square cantando *"Todo o dia, toda a semana, Ocupem Wall Street!"* e *"Nós — somos — os 99%!"*. Nelini dançava, pulava e liderava os slogans, um dervixe rodopiando por impulso emocional, e depois tudo enlouqueceu, com manifestantes bloqueando o tráfego e policiais fazendo dezenas de prisões, e ela jamais vira algo parecido, amigos seus sendo arrastados, e de repente começou a chorar. Um policial de camisa branca esguichou spray de pimenta no rosto de quatro mulheres, e quando Nelini e alguns outros perceberam que o vídeo estava se espalhando como um vírus pelo YouTube, enquanto ainda estavam marchando, voltaram correndo para a praça e deram uma entrevista coletiva rápida. "Estamos aqui para sermos não violentos", disse ela às câmeras, e naquela noite sua mãe a viu no canal New York 1 e ligou para ela.

"Eu vi você lá — o que está fazendo?"

"Estou aqui há uma semana, mãe."

A praça, o vídeo e a marca fundiram-se, e de repente a mídia ficou obcecada por Ocupem Wall Street, o nome estava em todos os blogs e tweets. Cantores, atores e estudiosos começaram a aparecer no Zuccotti e, embora ninguém soubesse exatamente do que se tratava — uma vez que o movimento avançava pelas linhas "horizontais" da prática anarquista, e não havia demandas, nem estruturas, tampouco líderes —, os visitantes percebiam a eletricidade no ar, a sensação de que algo amplamente sentido, mas enterrado ou disperso havia muito tempo, explodira espontaneamente para o mundo naquela forma caótica, de mil cabeças.

O chefe de Nelini no trabalho, Bill, sabia que ela estava envolvida, e um dia lhe perguntou: "Você tem andado no Ocupem, certo? O que é isso?".

Ela respondeu: era uma coisa muito legal, era um movimento, estava realmente acontecendo, mais e mais pessoas estavam se envolvendo, todos os tipos de gente, e não apenas militantes políticos.

"Os sindicatos querem fazer uma marcha de solidariedade", disse Bill, mas eles também tinham receio do Ocupem, do que ele era ou no que poderia se transformar. "Tudo bem fazer isso?" Nelini concordou em ajudar a organizar uma marcha de solidariedade até Foley Square com milhares de sindicalistas e estudantes. Ela tornou-se o elo entre a ocupação e os grupos externos. A palavra "líder" estava praticamente banida, mas ela estava se tornando um deles. Seu chefe decidiu deixá-la trabalhar em tempo integral na ocupação e, mesmo depois que parou de dormir na praça, ela só ficava duas ou três horas por noite em casa, estava cheia de adrenalina e com um milhão de coisas a fazer. Sua visibilidade chamou a atenção de alguns sites de extrema direita, e eles exibiram a afiliação da Nelini ao Partido das Famílias Trabalhadoras como prova de que a coisa toda estava sendo controlada secretamente pela ACORN, a extinta organização comunitária, que ajudara a fundar o partido.

No final da noite de domingo, 2 de outubro, um dia depois de ter sido presa com setecentos outros na ponte do Brooklyn, Nelini recebeu um telefonema de Max, seu novo amigo no Ocupem. Haveria uma conferência em Washington na segunda-feira de manhã, organizada pelo Reconstruam o Sonho, grupo de ativistas de Van Jones, uma resposta de esquerda ao Tea Party. Max trabalhava para o grupo, e Jones lhe pedira que escolhesse alguém do Ocupem para ir até lá e falar, mas o primeiro escolhido acreditava em conspirações globais e homens-lagartos, então teve de ser dispensado no último minuto. Nelini poderia pegar um trem para Washington? Ela chegou à Penn Station às quatro e meia da manhã, mas seu cartão de crédito não passou, então ligou para Max, que estava sem dinheiro e acordou seu chefe no Reconstruam o Sonho, que comprou para Nelini uma passagem de avião, pois o trem chegaria tarde demais. Em Washington, ela foi correndo do táxi para a conferência e estava sem fôlego quando subiu ao palco e começou a falar.

"Eu fui até lá e não me dei conta de que aquilo ia mudar minha vida", contou ela, esforçando-se para alcançar o microfone no púlpito e pôr a emoção inacreditável das duas últimas semanas e meia em palavras. "Eu comecei a dormir sobre papelão e pressionar as organizações trabalhistas e comunitárias a vir e conferir. [...] Muita gente tem perguntado sobre demandas. Não precisamos de demandas. Se exigirmos alguma coisa de Wall Street, estaremos dizendo que eles têm o poder. E nós temos o poder, porque estamos em maior número."

Nelini começara a pensar que Ocupem Wall Street era o início de uma revolução.

A praça era um pequeno bloco retangular pavimentado com granito, com 55 pés de espinheiro-da-virgínia, à sombra dos arranha-céus. Na extremidade oeste, em frente ao enorme canteiro de obras do Marco Zero, um círculo de tambores emitia sua intensa e incessante batida, adrenalina para os ocupantes e aborrecimento para os vizinhos. A área dos batuqueiros era chamada de "gueto", composta por militantes anarquistas e velhos moradores de rua, um mundo em si mesmo, onde os intrusos sentiam que não eram bem-vindos. As barracas foram proibidas pela polícia, então os ocupantes da noite deitavam-se em lonas estendidas sobre o granito inclemente. O centro da praça estava ocupado por vários pontos dedicados à auto-organização da ocupação: a lona da cozinha, onde a comida preparada fora era servida para quem entrasse na fila; a estação de conforto, onde os ocupantes podiam obter artigos doados, como lenços umedecidos, produtos de higiene e peças de vestuário; o local de reciclagem, onde as pessoas faziam compostagem de resíduos alimentares e se revezavam pedalando uma bicicleta ergométrica para gerar a energia da bateria; a biblioteca, que chegava a vários milhares de volumes empilhados em cima de mesas; o estúdio ao ar livre, onde computadores e câmeras transmitiam imagens ao vivo da ocupação 24 horas por dia.

Na extremidade leste, ao longo da calçada larga ao lado da Broadway, sob a escultura de aço vermelha denominada *Joie de Vivre*, a ocupação e o público se misturavam. Os manifestantes compunham uma fileira, exibindo placas como se vendessem mercadorias, enquanto trabalhadores em hora de almoço, turistas e transeuntes paravam para olhar, tirar fotos, conversar, discutir. Uma mulher idosa estava sentada numa cadeira e lia em voz alta trechos de "A ponte", de Hart Crane. Outra mulher permanecia em silêncio, segurando um exemplar de *Confidence Men* [Homens de confiança], um livro sobre a presidência de Obama — dia após dia. Um velho de casaco esportivo e boné de golfe segurava um cartaz que dizia: A FAVOR: CAPITALISMO REGULADO.

CONTRA: DESIGUALDADE OBSCENA. NECESSÁRIO: PROGRAMA DE EM-
PREGOS EM MASSA. Um eletricista sindicalizado de capacete: OCUPEM WALL
STREET. FAÇAM ISSO POR SEUS FILHOS. Uma mulher de jaleco azul: ESTA
ENFERMEIRA ESTÁ ENOJADA COM A GANÂNCIA DE WALL STREET. A CON-
FIANÇA FOI ROMPIDA. Uma jovem de jeans: PARA ONDE FOI MEU FUTU-
RO? A GANÂNCIA O PEGOU. Havia um ESTAMOS AQUI. SOMOS OBSCUROS.
SE ACOSTUME COM ISSO, e também ALGUMA COISA ESTÁ ERRADA.

Todos que não seguravam um cartaz estavam tirando fotos. A multidão era
densa, as conversas se sobrepunham: "... parte do esforço para destruir a classe
média em todo o mundo...", "O objetivo é fazer com que todo mundo ajude a
decidir qual é o objetivo...", "Quando a Glass-Steagall foi promulgada?".

Duas amigas estavam de pé na calçada, Shira Moss e Mazal Ben-Moshe,
uma de trinta, a outra de 27 anos. Shira era formada em obstetrícia, mas estava
sem emprego, Mazal estava estudando assistência social. Shira chegara à praça
às cinco e meia da manhã — estava esperando por aquilo durante toda a sua
vida. Mazal fizera trabalho voluntário por Obama em 2008 e ficou entusiasmada quando ele foi eleito, mas depois disso desapareceu, nem se incomodou em
votar em 2010, e agora se sentia envergonhada e queria participar. Alguns
operários de capacete, na pausa para o almoço da construção do 4 World Trade Center, passaram e deram uma olhada nos cartazes. Um deles, chamado
Mike, saudou os manifestantes. "Não há mais trabalho para nós — ficamos
fora do mercado por um ano", disse ele. "É por causa deles" — apontou para
as gargantas estreitas do distrito financeiro. "Esse pessoal é um peso para nós.
Os bancos, o governo, quem controla o dinheiro."

Dois homens de meia-idade pararam diante de Shira e começaram a discutir com ela com forte sotaque russo. "Cuba, Coreia do Norte, Venezuela é o
destino final do que vocês estão fazendo", disse o primeiro russo.

"Minha esposa é parteira, ela tem emprego", disse o segundo homem.

"Parabéns, isso é ótimo", respondeu Shira.

"Você também pode conseguir trabalho."

"Eu adoraria. Não consigo encontrar."

"Isso é um desperdício de tempo. Vá procurar emprego — use seu tempo
para isso."

"Conclusão: vá para a Coreia do Norte", disse o primeiro russo. "É o seu
destino final."

Um quarentão de boné de beisebol que estava escutando a conversa disse ao primeiro russo: "Há oligarcas na Rússia. Você vê alguma conexão entre isso e o que ela está dizendo?".

"Isso é problema do governo, não é problema dos bancos."

O segundo russo começou a se queixar das pessoas na praça. "Eles fumam na praça! Isso é ilegal. Eles acham que são superiores."

"Verdadeiro ou falso", disse Shira, "as coisas são absolutamente justas para todos neste país."

"Verdade", disse o segundo russo.

Um coro de vozes: "Falso!".

Ray Kachel viveu seus primeiros 53 anos de vida dentro de um raio de três quilômetros em sua cidade natal, Seattle. Ele era um faz-tudo autodidata da indústria de informática. Em 1984, comprou seu primeiro Mac, um 512K, abandonou a Seattle Central Community College e foi contratado por uma empresa que convertia material impresso em arquivos digitais. À noite, era DJ na Tugs Belltown Tavern, tocando Eurobeat, Men Without Hats, Prince. Nas noites de segunda-feira, também tocava sintetizador e bateria eletrônica numa banda chamada 5 Sides Collide, que acabou quando a cantora decidiu que o negócio dela era mulher. Celebridades iam até lá para cheirar cocaína — Elton John foi visto pelo menos uma vez —, e Ray usou pó por vários meses, vendendo para sustentar o vício, até que um dia decidiu que odiava o jeito como se sentia e largou as drogas. A cena noturna se desfez entre meados e o final dos anos 1980, e Ray perdeu também o emprego diurno. Mas, nas duas décadas seguintes, ganhou a vida decentemente às margens do mundo da tecnologia de Seattle, mantendo-se atualizado com os avanços na produção de áudio e vídeo e trabalhando como freelance na edição de conteúdos on-line. Entre empregos de tecnologia, trabalhava no negócio de zeladoria de seus pais. Gastava seu dinheiro em uns poucos prazeres, como cerveja de microcervejarias e sua vasta filmoteca de DVDs. Seu filme favorito era *Stalker*, uma ficção científica de 1979 dirigida por Andrei Tarkovsky. "Três caras perambulando no mato — é visual e auditivamente muito, muito estranho", disse Ray. "Tarkovsky é famoso por tomadas dolorosamente longas, criando um ambiente que é desconfortável, sem que fique claro o porquê."

Ray morava sozinho num apartamento de um quarto. Era um tipo que passava despercebido — baixa estatura, cabelos curtos, roupas desbotadas e modos suaves. Depois que seus pais morreram, tornou-se uma espécie de eremita, com poucos amigos. Vendo por esse lado, um grande número de trabalhadores da área de tecnologia era antissocial. A economia da informação empregava milhões de freelances esquisitos, mas qualificadíssimos, culturalmente alfabetizados. Enquanto a nova economia teve espaço para ele, Ray levou a vida que queria.

Quando a recessão bateu, as fontes de trabalho nessa área em Seattle começaram a secar. Após a morte do proprietário de sua principal cliente, uma empresa que fazia personalização de DVDs, Ray descobriu que não tinha mais contatos para outro trabalho. Cortou as despesas e parou de beber cerveja. No final de 2010, encomendou da Amazon um pen drive verde em forma de maçã que continha toda a coleção dos Beatles; pouco antes de enviarem a encomenda, cancelou o pedido. "Naquela época, comecei a perceber que gastar 250 dólares em alguma coisa não era uma boa ideia", disse ele. "Estou contente por ter tomado essa decisão, porque, de qualquer modo, não teria gostado da mixagem em estéreo."

Em março de 2011, a boca de Ray ficou seca. Sentia-se mal, ansioso e quase não conseguia comer. Deu-se conta de que suas economias estavam chegando ao fim. Poderia sobreviver trabalhando em um café ou como motorista de entregas, mas não achava que fosse capaz de conversar com os clientes durante todo o dia e parara de dirigir anos antes. Candidatou-se a todas as vagas na área de tecnologia que encontrou, porém recebeu somente uma oferta, da Leapforce, empresa que avaliava os resultados de busca da internet. Ray entrou como um "agente independente em casa", para trabalhar em seu iMac por treze dólares a hora, mas quase imediatamente as horas encolheram para vinte ou trinta minutos por dia. Esse foi o seu último emprego.

Durante o verão, Ray entrou no eBay para vender seu equipamento de informática, como um fazendeiro atingido pela seca que come as sementes de seu milho: primeiro seu Mac-Book Air, depois o iPad, em seguida, o iMac. Ele achou compradores para sua coleção de DVDs, que tinha mil títulos, depois de fazer cópias digitalizadas de tudo. A última coisa que Ray vendeu foi sua cópia do Final Cut Pro, suíte de edição de última geração da Apple. "Eu tinha esperança de que, segurando aquilo, se eu encontrasse outro projeto, poderia trabalhar na máquina de outra pessoa. Mas isso não estava acontecendo de jeito nenhum." As vendas renderam cerca de 2500 dólares. Em setembro, não conseguiu mais pagar o aluguel. A única coisa pior do que ser sem-teto, pensou ele, era ser um sem-teto em sua cidade natal.

Ray começara a tuitar em 2009, como uma forma de se tornar mais social. No Twitter, conheceu muitas pessoas que estavam na mesma situação desesperadora, sem emprego e enfrentando a miséria. E, pelo Twitter, ficou sabendo, nos últimos dias de setembro, quando se preparava para desocupar o apartamento, de uma erupção que havia estourado no baixo Manhattan.

Os manifestantes do Ocupem Wall Street estavam irados com coisas que Ray reconhecia a partir de sua própria vida: a injustiça de um sistema em que os ricos e os poderosos sugavam a vida da classe média. Havia muito tempo que criticava os bancos, as companhias de petróleo, as grandes corporações que não pagavam impostos. Em particular, preocupava-se com o método da fratura hidráulica para aumentar a produção de gás. Era também um seguidor obsessivo de Rachel Maddow — adorava sua inteligência, sua afabilidade —, e ela estava começando a falar sobre Ocupem Wall Street em seu programa de notícias na TV a cabo.

Ray tinha 450 dólares da venda de sua cópia do Final Cut Pro. Por 250, era possível viajar de ônibus para qualquer lugar dos Estados Unidos pela Greyhound. Em direção ao leste, nunca passara de Dallas, mas Nova York era tão densa e diversificada, tão cheia de ideias e maneiras de ganhar dinheiro, que se conseguisse aprender a existir por lá com certeza encontraria um lugar para existir. Na última noite de setembro, foi para a cama dizendo a si mesmo: "Ah, isso é absolutamente maluco, você não pode fazer isso". Acordou de manhã com uma ideia clara: "Isto é exatamente o que vou fazer".

Ray não contou sobre seu plano para seus poucos amigos. Mas, na noite de 3 de outubro, escreveu em seu blog no WordPress, para quem pudesse estar lendo: "Prestes a embarcar em um ônibus para Nova York. Não tenho certeza se um dia voltarei para Seattle. [...] Tive alguns momentos de pânico, me perguntando se tinha enlouquecido. Isso é perfeitamente possível. Mas esses momentos passam logo e meu senso de aventura toma conta e eu estou ainda mais pronto para pegar a estrada". Havia abandonado a maior parte de seus bens remanescentes; viajou com uma bolsa de lona e uma mochila pequena que não continham muito mais do que algumas mudas de roupa, um disco rígido portátil com alguns de seus filmes e um telefone celular não muito inteligente com memória suficiente para enviar e baixar tuítes. O ônibus saiu à meia-noite. Às cinco da manhã do dia 6 de outubro, Ray chegou ao terminal de ônibus de Port Authority, em Manhattan. Às dez, já estava na ocupação.

As folhas dos espinheiros-da-virgínia ainda estavam verdes. A praça estava cheia de pessoas que seguravam cartazes, tocadores de tambor, trabalhadores da cozinha, grupos realizando reuniões, gente gritando sobre esse ou aquele assunto. Sonolento e faminto, Ray foi tomado por uma sensação de déjà-vu — tudo ao seu redor parecia estranhamente familiar. Sentou-se no muro da Liberty Street e ouviu uma conversa entre algumas pessoas próximas, e sua cabeça ia explodir — era como se já tivesse estado fisicamente naquele espaço, conversado com aquelas pessoas, sabido exatamente o que iam dizer. A certa altura, alguém lhe disse que podia arranjar um banho de chuveiro se fosse até a estação de conforto, no meio da praça. Na linha do tempo do déjà-vu, ele havia tomado banho e sua vida continuara de maneira normal, contente, levando-o de volta para sua cama quente, pois ele decidira não ocupar Wall Street; mas na realidade não havia chuveiro e, de repente, Ray viu-se diante do fato de ser um sem-teto e sem grana numa cidade estranha. Fechou-se em si mesmo, sem falar com ninguém, encolhendo-se para dormir em sua casca de lã impermeável nos degraus próximos ao lado leste da praça.

Um dia, Ray ouviu um grupo de jovens ocupantes que estavam sentados nos degraus, a poucos metros de distância, falando sobre ele, como se não estivesse ali. "Ele não vai sobreviver aqui fazendo isso", disse um deles. "Ele não está se cuidando." Tinham razão — suas meias e seus sapatos, encharcados por uma tempestade, estavam molhados havia vários dias. Ray viu que não poderia sobreviver ali como um satélite independente de si mesmo. Precisava tornar-se parte do coletivo, sem reservas — algo que nunca tinha feito em sua vida.

Ofereceu-se para participar do recém-formado Grupo de Trabalho de Limpeza. Para manter-se quente depois do anoitecer, passava parte de cada noite esfregando os caminhos e as calçadas. Outro ocupante, ao ver Ray trabalhando, deu-lhe um saco de dormir e uma lona. Ele começou a fazer amigos: Sean, um imigrante irlandês do Bronx que trabalhava no turno da noite pulverizando retardante de fogo em aço e depois ia para Manhattan, passar o dia na Zuccotti; um professor substituto sem-teto com uma licenciatura em física; Chris, um andarilho de Tarpon Springs, na Flórida, que ficara tão indignado com o vídeo do spray de pimenta no YouTube que tomou o trem para Manhattan a fim de defender a honra feminina.

Ray achou um cartaz que dizia PROÍBAM A FRATURA HIDRÁULICA JÁ e, depois de cumprir sua tarefa, passou alguns dias falando com estranhos na calçada do lado sul da praça. Era um pouco como representar, e ele descobriu uma voz dentro de si que era capaz de se manifestar. Tuitava regularmente, e o número de seus seguidores, que não passava de algumas dezenas em Seattle, de repente cresceu para mais de mil.

8 de outubro: Há elementos de vida comunitária. é uma experiência realmente incrível embora totalmente fora do meu nível de conforto.

22 de outubro: Surpreende-me que eu tenha um anjo da guarda. não me surpreende que seja um cara irlandês esforçado, de fala mansa, do Bronx.

23 de outubro: Caro sr. ferguson. vivo em Nova York há mais de duas semanas. ela não cheira a xixi.

27 de outubro: Continuo vendo referências ao "horrendo abuso policial" re: ows. estou aqui +2 semanas e não vi nada e ouvi pouco.

13 de novembro: Morei no meu antigo apartamento em Seattle por quase uma década e mal conhecia dois outros inquilinos [...]. vivo na Praça da Liberdade há pouco mais de um mês e converso habitualmente com muitos dos meus vizinhos e fiz muitos novos amigos.

Assim, não entrou em pânico quando, numa noite varrida pela chuva, sua bolsa foi roubada enquanto dormia, e entrou água na lona na qual ele estava enrolado, ensopando seu saco de dormir, e manteve a calma na manhã seguinte, quando sua mochila — inclusive o disco rígido portátil, foi levada por membros zelosos do Grupo de Trabalho de Limpeza que estavam tirando objetos encharcados, deixando Ray sem nada, exceto a roupa do corpo. Pediu ajuda aos seus novos amigos e lhe deram um saco de dormir seco. Àquela altura, ele pertencia à ocupação. A Praça da Liberdade era a sua casa.

Na quarta-feira, 12 de outubro, o prefeito Bloomberg e o Departamento de Polícia da Nova York anunciaram que a praça seria esvaziada na sexta-feira para limpeza. Os vizinhos estavam reclamando do batuque ininterrupto na extremidade oeste, da aparência lixenta do lugar, dos incidentes relatados de gente urinando e defecando em público. Nelini passara boa parte de seu tempo tentando fazer com que o círculo de tambores se acalmasse. Participou de reuniões do conselho da comunidade local, ouviu as queixas e tentou elaborar um acordo segundo o qual o batuque seria limitado a duas horas por dia. Mas, quando veio o anúncio da cidade, ela e outros ocupantes o tomaram como um plano disfarçado para expulsá-los.

Eles soaram o alarme através da mídia social e, por toda a cidade, pessoas que apoiavam o movimento bombardearam as autoridades eleitas com telefonemas e mensagens no Facebook. Na quinta-feira à noite, milhares de pessoas já estavam na praça para impedir a polícia de evacuá-la. A Zuccotti nunca estivera tão lotada — até mesmo pessoas céticas em relação à ocupação, que achavam o círculo de tambores irritante e não gostavam dos lugares-comuns dos ativistas, estavam lá por acreditar que algo importante, alguma coisa que pertencia a todas elas, estava sob ameaça.

Ninguém do Ocupem falaria com o gabinete do prefeito por princípio (embora o princípio continuasse obscuro). Bill, o chefe de Nelini, estava negociando febrilmente com o vice-prefeito nos bastidores para manter a praça aberta. Nelini foi para casa tarde da noite a fim de ter uma hora de sono porque a praça estava muito lotada. Quando voltou, às cinco da manhã, os ocupantes já estavam acordados. Durante a hora seguinte, a Zuccotti encheu de novo, e às seis horas as pessoas já se espremiam em cada metro de granito, da Broadway à Trinity Place. Ainda estava escuro quando o telefone de Nelini tocou.

"Nós ganhamos", disse o seu chefe.

"O quê?"

"Não seremos expulsos. Vá encontrar Becca já."

Becca, uma amiga de Nelini, estava em pé no topo dos degraus da Broadway. Havia uma mensagem de Bill no telefone dela, e Nelini começou a lê-la para a multidão.

"Na noite passada!" Ela esperou que o microfone humano levasse suas palavras de leste a oeste em três ondas. "Recebemos uma notificação dos proprietários do Zuccotti Park! Brookfield Properties! Que eles estão adiando a limpeza!" O rugido começou antes que primeira onda levasse a mensagem até o outro lado da praça e continuou por quase um minuto inteiro. Milhares de mãos ergueram dezenas de milhares de dedos e os agitaram na linguagem não verbal anarquista de aprovação. Nelini começou novamente: "A razão pela qual! É porque! Eles acreditam que podem fazer a um acordo com a gente! Mas também! Porque nós temos um monte de gente aqui!".

Mais tarde, ela mal conseguia lembrar do que aconteceu durante o momento mais dramático de sua vida, era tudo surreal. Seu amigo Max disse: "Isso será um momento excelente no filme".

"Você está estragando tudo", disse Nelini.

"Me pergunto quem vai fazer o seu papel."

Quando o movimento de ocupação começou, os colegas de Kevin Moore no banco o encararam com desdém. Um sujeito do escritório disse: "Deviam simplesmente pegar a porra dos cassetetes e entrar lá". Mas, depois de terminar a sua jornada de trabalho no centro de Manhattan (a maior parte de Wall Street não estava mais em Wall Street), Kevin fez questão de descer até lá para ver, e depois continuou a voltar. Gostava do livre fluxo de conversas na Broadway, o espetáculo da praça. A cena na Zuccotti o lembrava da cidade na década de 1980, quando frequentava uma escola particular, ouvia Run-D.M.C., e ia à Times Square para assistir ao jogo das três cartas e às batidas da polícia — quando Nova York era mais selvagem e mais esfarrapada. A ocupação da praça causava uma grande pressão sobre a força policial e o bairro, e simplesmente ficar sentado ali era algo que se desgastaria muito rápido. Teriam de descobrir uma outra maneira de manter as questões em foco. Mas ele estava contente que alguém estivesse chamando a atenção para essas questões. Conhecia algumas delas em primeira mão.

Havia coisas de que Kevin não gostava no Ocupem. Os manifestantes precisavam de um diretor de marketing, e ele achava que deveriam falar em 0,1%, já que ele fazia parte do 1% e não tinha controle sobre os políticos. Também não gostou da forma como alguns manifestantes demonizavam todos os que trabalharam em finanças, do mesmo modo como seu colega de banco demonizava todos os que estavam na praça. Era como os democratas e republicanos, que só falavam e não escutavam uns aos outros. Uma vez, numa viagem a Londres, Kevin viu alguns caras tipo Ocupem atacando o que pensavam que era uma firma de investimento, mas erraram de edifício — era apenas uma agência bancária comum, e as bolas de neve estavam atingindo simples escriturários. Kevin sabia sobre os pecados de Wall Street, mas o nível de causticidade dos manifestantes o surpreendeu. Se queriam mudanças, teriam de apelar para os bons anjos da natureza de um banqueiro.

Do baixo Manhattan, a chama proteica espalhou-se por todo o país e pelo mundo. Em poucas semanas, havia 25, cinquenta, cem ocupações. O slogan do movimento, "Nós somos os 99%", era simples e abrangente o bastante para abarcar uma multidão de descontentamentos e desejos. Tornou-se o nome de um blog no Tumblr, que recolheu uma galeria de centenas de rostos em fotos enviadas por leitores, algumas obscurecidas ou meio escondidas pela declaração autobiográfica anônima que cada pessoa escrevia num pedaço de papel e mostrava para a câmera. Um rosto na escuridão:

Fiz tudo o que me disseram para ser bem-sucedido.

Tirei só notas boas e uma bolsa de estudos.

Fui para a universidade e tenho um diploma.

Agora estou afundando em dívida estudantil, incapaz de conseguir um emprego.

Tenho uma ordem de despejo na minha porta, e nenhum lugar para ir.

Tenho apenas $42 no banco.

EU SOU OS 99%!

O rosto borrado de uma mulher espiando por trás do papel:

Tenho 37 anos e ganho $8,00 por hora num cargo administrativo. Nossos assistentes e gerentes-gerais ganham salários de cinco dígitos para não fazer nada, senão falar sobre empregados/clientes. Não tenho dez minutos de intervalo, nem horário de almoço de trinta minutos.

Depois de pagar:

Seguro

Impostos federais e estaduais

Previdência Social

Medicare

Me resta trabalhar pelo dinheiro da gasolina para chegar ao trabalho.

ESTOU PUTA!

Lidas por dezenas, essas histórias de vida comprimidas e improvisadas acumulavam a força moral da pesquisa documental de tempos difíceis, ou de um romance de Steinbeck. E explicavam por que Ocupem Wall Street se tornou uma marca instantânea.

O uso da expressão "desigualdade de renda" quintuplicou nos meios de comunicação, e o presidente Barack Obama fez um discurso sobre o assunto, falando sobre o 1%. Todas as celebridades e figuras públicas tinham uma opinião sobre a ocupação. Colin Powell expressou simpatia cautelosa e lembrou de um momento anterior, quando seus pais em South Bronx podiam sempre contar com um emprego. Robert Rubin falou sobre trinta anos de queda dos salários reais médios (exceto no final dos anos 1990): "Eles identificaram questões que são realmente fundamentais para o que vai acontecer com a nossa economia". Peter Thiel disse a um entrevistador: "Na história do mundo moderno, a desigualdade só acabou mediante revolução comunista, guerra ou colapso econômico deflacionário. É uma questão perturbadora saber qual desses três vai acontecer hoje, ou se há uma quarta saída". Elizabeth Warren, em campanha para o Senado, declarou: "Eu criei boa parte do fundamento intelectual do que eles fazem". Newt Gingrich, em campanha para presidente, foi vaiado por manifestantes do Ocupem em Harvard, e depois disse à plateia num fórum sobre valores familiares em Iowa: "Todo o movimento Ocupem começa com a premissa de que todos nós devemos tudo a eles. Eles tomam uma praça pública pela qual não pagaram, usam banheiros das proximidades pelos quais não pagaram, pedem comida em lugares e não querem pagar, para obstruir aqueles que vão trabalhar para pagar os impostos que sustentam os banheiros e sustentam a praça, de modo que possam farisaicamente explicar que são os modelos de virtude aos quais devemos tudo. Ora, isso é um belo sintoma do quanto a esquerda entrou em colapso como sistema moral neste país, e de por que vocês precisam reafirmar algo tão simples como dizer-lhes: 'Vá tomar um banho e procurar um emprego'". Ao perguntarem sua opinião, Andrew Breitbart respondeu: "Depende, se você está falando do ângulo fecal, do ângulo de masturbação pública, do estupro, ou do ângulo da agarração do Ocupem Wall Street. Estamos cobrindo todo o circo". Ele narrou um filme-denúncia chamado *Occupy Unmasked* [Ocupem desmascarado], o último projeto que terminou antes de sua morte, lançado postumamente. Jay-Z começou a vender uma linha de camisetas Rocawear com a frase "ocupem todas as ruas", porém mais tarde defendeu empreendedores que pertenciam ao 1% de ataques do Ocupem Wall Street. "Isso é livre-iniciativa", disse Jay-Z. "É o alicerce dos Estados Unidos."

Ao longo de outubro, surgiram ocupações em toda parte. Ocupem Youngstown atraiu alguns veteranos do Salvem Nosso Vale, o movimento para manter as usinas siderúrgicas aberta do final dos anos 1970. Em 15 de outubro, setecentas pessoas marcharam pelo centro de Greensboro, passando pelos bancos e pelo museu dos direitos civis instalado no antigo edifício Woolworth, em direção ao Festival Park. Dean Price era uma delas. Ele fora à reunião de planejamento do Ocupem Greensboro, e depois da marcha conversou com a garotada que armou barracas no estacionamento da Associação Cristã de Moços ao lado do parque e estava servindo macarrão para homens sem-teto. Eles contaram a Dean suas histórias de empregos de baixos salários, sem seguro-saúde, montanhas de dívidas estudantis, e isso o deixou com raiva de pensar que qualquer um que tivesse começado por volta de 1950 ou 1960 teve tudo e não fez merda nenhuma com isso, apenas sentou-se à mesa e se fartou até se entupir, deixando os restos para a próxima geração. Agora os jovens estavam protestando em Wall Street porque a coisa toda estava amarrada, mas Dean tentou fazer com que os manifestantes vissem a mudança que estava por vir, bem ali em Greensboro.

Em Tampa, Matt Weidner começou a blogar sobre o Ocupem alguns dias depois que os manifestantes tomaram a praça, e não deixou o assunto cair. Comparou-o com a Rebelião de Shays logo após a Guerra de Independência dos Estados Unios, descreveu-o como um "Tea Party com cérebro", e num post intitulado "Sr. presidente — derrube este Wall (Street)"* escreveu:

> O movimento Ocupem Wall Street é apenas o começo. Pequeno, admite-se, mas poderoso e francamente muito perigoso. Tanto para a ordem estabelecida como para o modo de vida pelo qual este país está infectado. Este modo de vida atual não é sustentável. Este país tornou-se uma mentira. Tornou-se uma mentira porque nossos líderes, ambos os eleitos e os empresariais, tornaram-se totalmente corruptos. Verdade e consequências já não importam. Mentiras e ganância conduzem tudo. Wall Street e Goldman Sachs suplantaram os ideais e princípios encarnados em nosso antigo centro nacional, Washington.

* "Wall Street" significa "Rua do Muro". (N. T.)

Ocupem Tampa levou centenas de manifestantes a um parque no centro. Danny Hartzell queria estar lá, porque gostou da mensagem sobre a ganância empresarial, mas não tinha tempo entre o Wal-Mart e os filhos, e além disso tinha de pensar no preço da gasolina. Sylvia Landis foi até lá e viu aposentados como ela, estudantes endividados, famílias, pessoas desempregadas com casas debaixo d'água. Alguns dos manifestantes mais jovens pareciam sem rumo, e sua retórica anticapitalista preocupou Sylvia. Ela não se considerava parte do Ocupem, mas levou sobras de um macarrão com queijo que fizera para uma festa e convidou um grupo deles para uma sessão de treinamento dado por advogados de defesa de execuções hipotecárias em Sarasota. Porém, depois de algumas semanas, algumas ventanias tropicais e várias prisões por invasão de propriedade, o centro voltou ao seu caráter despovoado habitual, e o Ocupem Tampa minguou para oito ou dez manifestantes solitários que seguravam cartazes na margem do rio, enquanto algum carro que passava dava uma buzinada ocasional; por fim, eles concordaram em se mudar para um parque isolado em West Tampa cujo proprietário era dono de um clube de striptease chamado Mons Venus.

No final de outubro, a ordem contra barracas no Zuccotti Park foi relaxada. Ray, que herdara um saco de dormir zero grau e uma barraca individual quando o professor substituto conseguiu uma vaguinha num loft, reivindicou um pedaço de terreno de 45 centímetros por quase dois metros no lado sul. A praça se encheu rapidamente de barracas, de tal modo que ficou difícil caminhar por ela, e Ray descobriu que isso fechava o local para o público, tornando-o menos alegre e mais sujo. Levantava-se cedo todas as manhãs e caminhava algumas quadras para ver o sol nascer sobre o East River, depois explorava o Lower East Side e Chinatown antes de voltar para o Zuccotti Park. A densidade de aquário da praça começava a incomodar — a letra da velha canção do xtc "Overtime Senses Working" não saía de sua cabeça. O círculo de tambores começava a ter a atmosfera do *Satyricon* de Fellini. Ray sentia falta de ter uma televisão para se distrair — havia deixado Seattle antes dos dois últimos episódios de *Breaking Bad*, a série mais brilhante desde *The Wire*. Passava os dias a recarregar seu celular na Starbucks e cuidar de outros assuntos mundanos. Usava seu cartão de vale-refeição para comprar algumas frutas e uma barra de chocolate sem açúcar 80% no Whole Foods, ao norte do Marco Zero. Comia tão pouco que não importava se lhe restavam apenas alguns dólares, desde que a cozinha da praça continuasse aberta. Por volta de nove horas da noite, Ray fechava-se na sua barraca, olhava o *feed* do Twitter do programa de Rachel Maddow em seu telefone, depois ia dormir cedo para descansar algumas horas antes que o barulho dos jovens em festa ali perto o acordasse. Nunca dormia mais do que quatro ou cinco horas. Uma noite, o parque se encheu de um coro sustentado de uivos.

Ray descobriu que não era fácil se manter na ativa no Ocupem Wall Street. Envolveu-se num grupo do Ocupem Central Park, mas não deu em nada quando a prefeitura se recusou a dar uma licença. Raramente participava da assembleia geral noturna junto à escultura vermelha, onde o microfone humano transmitia por horas a fio e nada era resolvido. O movimento parecia estar perdendo sua influência sobre o público em geral. O mesmo número do seu jornal, o *Occupied Wall Street Journal*, foi entregue durante semanas. Um sujeito lunático que falava alto perturbava as conversas na Broadway. Havia dezenas de "grupos de trabalho", e muitos deles realizavam reuniões a alguns quarteirões do parque, no átrio do edifício do Deutsche Bank, no número 60 da Wall Street. Mas alguns ativistas pareciam dominar esses grupos, em uma conversa insular sobre "o processo" que voltava sempre à ideia de reestruturação em grupos menores, a fim de aperfeiçoar o processo e torná-lo "mais inclusivo". Começava a surgir uma divisão entre os ativistas que falavam no átrio e os ocupantes da praça. Em uma reunião do Grupo de Trabalho de Facilitação, um homem perguntou a Ray — um rosto não familiar — por que ele estava lá.

Ray sabia por que estava lá. "Como um símbolo, a praça precisa ficar ocupada", disse ele. "Se eles dizem 'O.k., vamos ouvir o que vocês estão dizendo, vamos todos relaxar e voltar para casa e continuaremos a discussão', o foco vai embora, os caminhões das tevês vão embora, e as pessoas se tornam complacentes e mergulham em seus reality shows, e quem sabe que tipo de bolha explode."

Por volta da época em que Ray estava ficando desencantado, Nelini também começou a se frustrar. Na euforia das primeiras semanas, quando setecentas pessoas participavam de uma Assembleia Geral, uma pessoa sozinha não conseguia atrapalhar. Mas, quando as reuniões encolheram para trinta ou quarenta pessoas no átrio, duas ou três pessoas do Grupo de Trabalho Democracia Direta, por exemplo, podiam iniciar uma discussão ou bloquear o consenso e perturbar a coisa toda, e às vezes usavam raça ou gênero como pretexto, e por isso era muito difícil para um homem branco como Max chamar a atenção deles. Nelini não sabia se eram provocadores, mas queria que alguém interferisse e lhes dissesse: "Na verdade, o que você está dizendo não tem nada a ver com o que eles estavam tratando e isso precisa parar".

O movimento Ocupem estava dominado pelo tipo de gente que dirigia a *Adbusters*, a revista canadense que dera início à coisa: anarquistas pós-modernos muito cultos. Nelini tinha vergonha de nunca ter concluído o ensino médio — eles tinham lido tantos livros dos quais ela nunca ouvira falar —, e às vezes também sentia que não era suficientemente radical. Ela era uma organizadora e temia que o Ocupem estivesse ficando restrito demais, e queria descobrir como transformá-lo em um movimento duradouro que pudesse se dedicar a alcançar objetivos práticos, como fazer as pessoas fecharem suas contas em grandes bancos e mudar os sem-teto para casas vazias em consequência de execuções hipotecárias. Ela achava que em algum momento o Ocupem precisaria apresentar demandas. Estava até começando a pensar que talvez fosse melhor sair do Zuccotti Park.

Em novembro, quando as folhas dos espinheiros-da-virgínia ficaram amarelas, a ocupação começou a se desfazer. O parque adquiriu um aspecto desesperado — parecia mais uma Hooverville* do que uma manifestação política. Perto de onde ficava Ray, o surgimento de um sofá surrado tornou-se uma fonte de tensão considerável. Chris, o andarilho da Flórida que ficara indignado com o vídeo das mulheres sendo atacadas com spray de pimenta, trouxe o sofá de uma rua de Manhattan. Mas atraiu gente que não tinha interesse no movimento e tomou um espaço que poderia servir para duas barracas, e depois de muita discussão foi entregue ao círculo de tambores. E então, numa noite, o sofá apareceu de novo. Enquanto Ray estava enrolado dentro de sua barraca, a poucos metros de distância, Chris, que bebera vodca, e um outro homem começaram uma discussão sobre o sofá que terminou com Chris desferindo um soco e sendo preso. Dentro de alguns dias, ele estava de volta.

Logo depois da meia-noite de 15 de novembro, Nelini estava em seu quarto em Bed-Stuy quando recebeu um telefonema de seu amigo do Ocupem

---

* Nome dado às favelas construídas pelos sem-teto durante a Grande Depressão da década de 1930 nos Estados Unidos. (N. T.)

Yotam, desejando-lhe um feliz aniversário — ela acabara de completar 24 anos. Enquanto conversavam, ela verificou seu Twitter. Questlove, o baterista de The Roots, um de seus grupos de hip-hop favoritos, havia tuitado às 11h38: "Aimeudeus, dirigindo para o sul rua perto do #ows. Algo prestes a acontecer, juro que contei mil policiais da tropa de choque prestes a fazer ataque furtivo #cuidem-se todos".

Nelini disse a Yotam: "Acho que eles estão invadindo o parque".

Ray acordou com um clamor de vozes. Logo percebeu o que as pessoas estavam dizendo: a polícia estava chegando. As lâmpadas da praça foram desligadas, e a luz de holofotes vindos do lado norte inundou as barracas. Ray pôs os sapatos, saiu da barraca e viu um policial andando pela praça, distribuindo panfletos que instruíam os ocupantes a saírem, caso contrário seriam presos. Alto-falantes faziam o mesmo anúncio: o Zuccotti Park estava sendo fechado devido a preocupações com incêndio e saúde. Rapidamente, Ray desmontou sua barraca. Enfiou seus pertences em uma caixa de plástico e levou-a para fora da praça, juntamente com o seu saco de dormir e uma almofada. Estava atravessando a Broadway quando uma onda de policiais varreu a praça e destruiu tudo em seu caminho.

Nelini chegou de táxi ao baixo Manhattan por volta de uma da manhã. Os policiais da tropa de choque estavam por toda parte e haviam bloqueado a Broadway ao norte da Liberty, vans da polícia estavam estacionadas nas ruas laterais, ônibus para transporte de prisioneiros, caminhões de lixo, carretas carregadas com barricadas de metal, e até mesmo uma retroescavadeira retumbou pela Broadway, e helicópteros lançavam luz sobre o distrito financeiro. A uma quadra de distância, a escultura vermelha estava banhada pela luz dos holofotes, e de um alto-falante saíam frases incompreensíveis. As ruas estavam cheias de pessoas que souberam da notícia e correram para demonstrar sua raiva da polícia: "Vão se foder! Caiam fora do meu país!", "Prendam os verdadeiros criminosos!", "Vocês estão deixando bin Laden orgulhoso, caras! Obrigado por servir ao Talibã! Deixem seus irmãos e irmãs que morreram no Iraque e no Afeganistão orgulhosos! Servir e proteger os Estados Unidos: quem vocês estão protegendo?". Começou um coro que dizia: "*Nós — somos — os 99%!*", e depois: "*É assim que um estado policial se parece!*".

"Eu sei como um estado policial se parece", falou um policial negro. "Não é assim."

Nelini conhecia gente que pertencia ao Departamento de Polícia de Nova York — suas duas tias e um amigo de sua mãe. Costumava pôr a culpa da brutalidade nos dirigentes, mas depois das prisões na Union Square pensou "o.k., todos os camisas brancas são loucos"; por fim, chegou a uma conclusão definitiva — talvez houvesse alguns indivíduos bons espalhados pelos escalões mais baixos, mas ela não tinha absolutamente nenhum respeito pela instituição.

Ela estava em um grupo que estava sendo empurrado Broadway acima, perto de Maiden Lane, de costas para os policiais, com as mãos para cima, para que não tivessem uma desculpa para agarrá-la. Estava falando no celular quando se virou e sentiu o spray atingir o lado direito de seu rosto. Sua lente de contato saltou para fora e seu olho direito queimou como se tivesse sido esguichado com suco de limão. Ela correu para dentro de uma loja com outras pessoas que haviam sido borrifadas e comprou leite e água para derramar em seu olho. Algum tempo depois, viu seu amigo Jeremy ser preso e correu na direção dele gritando, e quando um policial a pegou, as pessoas a puxaram de volta e ela fugiu. Mas, por volta das três da manhã, estava caminhando com os amigos em outro ponto da Broadway quando um carro da polícia parou — "é ela, é ela" — e três policiais saltaram e a derrubaram no chão, enquanto ela gritava "meu chapéu!".

Puseram-lhe algemas de metal, levaram-na de volta à praça e a transferiram para uma van, onde ficou sentada com quatro policiais durante o que pareceram horas. Ela disse a um dos policiais que estava menstruada, e ele expressou compaixão — também tinha filhas adolescentes. Por fim a levaram à Police Plaza para ser fichada. No caminho, cruzou com seu amigo Yotam, que acabara de ser libertado. "Feliz aniversário, querida", disse ele. "Vejo você mais tarde."

Nelini passou o primeiro dia e a primeira noite de seu aniversário de 24 anos na prisão, cantando canções revolucionárias, pensando na próxima fase e tentando dormir um pouco.

Quando o distrito financeiro se tornou uma zona militarizada, o único pensamento de Ray foi fugir. Decidiu sair pela rota de suas caminhadas matinais, agora arrastando seus pertences. Passou pelo Federal Reserve Bank de Nova York, pelo Chase Manhattan Bank (onde ainda tinha 42 centavos numa conta que abrira no Washington Mutual antes que o banco implodisse durante a crise financeira e fosse comprado pelo Chase), pelo edifício AIG, depois sob a FDR Drive em direção ao East River. Queria ficar longe de todo o tumulto e achou um local isolado ao sul da ponte do Brooklyn, onde se sentou num banco e tuitou: "mais cedo do que de costume, estou no que se tornou meu lugar preferido pela manhã. Temo que não sou mais um ocupante, pois deixei para trás meus companheiros". De vez em quando aparecia um helicóptero da polícia, mas ele estava muito bem escondido.

Ray estava de olho no Twitter, mas até as quatro da manhã não havia nenhuma notícia sobre onde os ocupantes despejados iam se reunir novamente. A bateria do telefone estava acabando. Ele estava sozinho: um homem sem-teto em Nova York.

Ao amanhecer, começou a chover. Zuccotti Park, cercada por barricadas de metal, estava vazio, exceto pelos guardas de segurança com coletes verde-limão — novamente um simples retângulo de granito esperando os primeiros trabalhadores que começariam o dia em Wall Street.

2012

DOIS BILHÕES É O PREÇO DA ELEIÇÃO PRESIDENCIAL... Mas na sexta-feira, a cavalaria chegou: um cheque de 5 milhões de dólares do sr. Adelson para Winning Our Future, um "super PAC" que apoia Gingrich... "Você se formou na faculdade há dois anos. Estamos sustentando você há dois anos e já chega." "Vocês sabem como a economia está louca agora? Quer dizer, todos os meus amigos ganham ajuda dos pais"... Com o capuz levantado para se proteger da chuva, Trayvon dirigiu-se a um condomínio fechado entre muitos, o Retreat at Twin Lakes. Passou por uma dúzia de lojas, quatro delas vagas. Passou por placas e outdoors que gritavam "Agora Arrendando!" e "Aluguéis Especiais!". Era um passeio por um trecho pós-colapso de Sanford... @ **BarackObama** **"Pessoas do mesmo sexo deveriam poder se casar." — Presidente Obama**... **DOIS JOGADORES DA NFL BATEM CABEÇA SOBRE CASAMENTO GAY**... Os jovens, selecionados por sorteio, matam-se uns aos outros com o desespero de matar ou morrer em "Jogos vorazes". A selvageria é um ritual anual determinado pelo regime tirânico de Panem, uma nação quebrada construída depois de uma terrível guerra... **POR QUE OS BILIONÁRIOS SE SENTEM VÍTIMAS DE OBAMA?**... Os Kelley eram conhecidos por suas festas suntuosas, com bufês extravagantes, champanhe aos borbotões, estacionamento com manobrista e charutos para convidados da vizinha Base da Força Aérea MacDill, entre eles David H. Petraeus e o general John R. Allen, que agora comanda tropas… **O QUE FERROU A IPO DO FACE-BOOK?**… 47% das pessoas vão votar no presidente, aconteça o que acontecer. Tudo bem, há 47% que estão com ele, que são dependentes do governo, que acreditam ser vítimas, que acreditam que o governo tem a responsabilidade de cuidar deles, que acreditam que têm direito a seguro-saúde, à alimentação, à moradia, à… Estreia em 5 de novembro *Start-Ups: Vale do Silício*, um reality show que segue as vidas de seis empreendedores. "Estávamos à procura de um lugar que não tivesse sido saturado com um monte de realidade", disse Evan Prager, um dos produtores executivos… *Vimos as luzes do brilho espiritual/ Ficando mais perto a cada minuto*… **A NOITE DE OBAMA**… **"Algo melhor nos espera"**… **À MEDIDA QUE O ELEITORADO MUDA, PREOCUPAÇÃO NOVA PARA O PARTIDO REPUBLICANO**… *Então perdemos o trem e começamos a falhar/ E fracassamos, e não é suficiente/ pensar que chegamos muito perto/ Eu quero caminhar como um gigante na terra.*

Vale do Silício

A última vez que Peter Thiel esteve no Fórum Econômico Mundial foi em janeiro de 2009. Davos era um sinalizador de status altamente visível para a elite global, mas a presença naquele ano parecia apontá-lo como membro do grupo de pessoas que haviam bagunçado o mundo. Thiel foi embora decidido a, na década seguinte, ter status curto e substância longa. Se uma espécie de desagregação estava acontecendo na América, os marcadores de status torna-ram-se estranhamente problemáticos — em uma sociedade ferrada, eles não podiam ser as coisas verdadeiras, corretas. Quase nada do que tinha status elevado era uma coisa boa para se investir.

Após a crise financeira global, Thiel desenvolveu uma teoria sobre o passado e o futuro.

Ela remontava a 1973 — "o último ano da década de 1950". Foi o ano do choque do petróleo, o ano em que os salários médios dos americanos começaram a estagnar. Foi na década de 1970 que as coisas começaram a dar errado. Muitas instituições pararam de funcionar. Ciência e tecnologia pararam de progredir, o modelo de crescimento emperrou, o governo já não funcionava tão bem como no passado, a vida da classe média começou a se fragilizar. Depois vieram os anos 1980 — quando Thiel se formou no ensino médio, em 1985, as coisas pareciam muito otimistas, tudo era possível. E os anos 1990

— a internet substituiu o céu, fizeram-se fortunas, a vida cotidiana com um mouse pad parecia uma espécie de milagre. Depois da virada do milênio e do crash pontocom, uma década de queda — Bush filho, violência e guerra, economia fraca, exceto em Wall Street, levando aos eventos sísmicos de 2008 e a uma nova depressão. Quatro décadas — para baixo, para cima, para cima, para baixo. Depois de quarenta anos, estagnação.

Isso era mais difícil de ver durante os anos intermediários, quando as coisas pareciam estar melhorando. Era ainda mais difícil de ver do Vale do Silício, onde os anos após o estouro da bolha pontocom ainda foram muito bons — a IPO do Google, o Facebook, o resto da mídia social. Mas, cinquenta quilômetros a leste do vale, as pessoas não estavam indo bem, especialmente depois que seu único patrimônio, a casa própria, perdeu metade do valor. Com efeito, essas décadas intermediárias foram uma espécie de veranico após a década de 1970, e durou tanto tempo — cerca de um quarto de século, a contar do fim da recessão de Reagan, em 1982, até o colapso imobiliário, em 2007 — que seria quase impossível voltar para onde estavam as coisas no começo e tentar reiniciar. Durante todo o veranico, as mesmas instituições fundamentais continuaram a se erodir, com muitos anos de recessão e pânicos financeiros ao longo do caminho. Uma maneira de ver o veranico era como uma série de bolhas: a bolha dos títulos, a bolha da tecnologia, a bolha do mercado de ações, a bolha dos mercados emergentes, a bolha imobiliária… Uma a uma, todas haviam explodido, e a explosão mostrou que haviam sido soluções temporárias para problemas de longo prazo, talvez fugas desses problemas, distrações. Com tantas bolhas — tanta gente perseguindo coisas efêmeras, todos ao mesmo tempo —, ficou claro que, em seus fundamentos, as coisas não estavam funcionando.

No primeiro semestre de 2011, Mitt Romney passou pelo Vale do Silício em busca de apoiadores e deu uma parada na casa de Thiel em San Francisco para tomar o café da manhã. Romney disse que sua campanha se concentraria na economia, não em questões sociais, e deixaria que os números mostrassem que tinha razão. Thiel achou-o extremamente polido e impactante, e fez uma previsão para Romney: "Acho que o candidato mais pessimista vai ganhar, porque se você for demasiado otimista, parece que está fora de contato com a realidade". Em outras palavras, seria um erro Romney apenas argumentar que Obama era incompetente e que as coisas seriam automaticamente muito melhores com um outro presidente. Reagan pôde fazer essa acusação contra Carter em 1980, mas naquela época apenas 50% das pessoas achavam que seus filhos estariam em situação pior do que elas, enquanto em 2011 esse número estava perto de 80%. Seria mais inteligente Romney dizer que as coisas poderiam ser muito melhores, mas que chegar lá seria bastante difícil e exigiria mais do que uma mudança de presidente. Porém tratava-se de um argumento que Romney era incapaz de compreender. Ele supunha que o candidato mais otimista sempre ganhava. Supunha que as coisas estavam funcionando.

Por exemplo, o que dizer da era da informação? Não estava funcionando incrivelmente bem? Thiel, que enriquecera com ela, já não pensava assim. No Café Venetia, no centro de Palo Alto — o lugar em que Thiel e Elon Musk, enquanto tomavam café, haviam decidido em 2001 abrir o capital da PayPal, a cinco quadras dos escritórios iniciais da PayPal, na University Avenue, que ficavam em frente aos escritórios originais do Facebook e dos escritórios atuais da Palantir, a dez quilômetros do campus do Google, em Mountain View, menos de dois quilômetros em uma direção e metade de uma quadra na outra direção daquele templo secular da nova economia conhecida como uma loja da Apple, no coração do coração do Vale do Silício, rodeada por mesas cheias de pessoas esbeltas, saudáveis, vestidas de forma desleixada, usando aparelhos da Apple enquanto discutiam criação de ideias e investimentos de anjos —, Thiel tirou um iPhone do bolso das calças jeans e disse: "Não considero que isto seja um avanço tecnológico revolucionário".

Em comparação com o programa espacial Apollo ou o jato supersônico, um smartphone parecia uma coisa menor. Nos quarenta anos que antecederam 1973, houve enormes avanços tecnológicos e os salários aumentaram seis vezes. Desde então, os americanos, enganados por meras engenhocas, haviam esquecido que o progresso poderia ser expansivo.

Um dos livros favoritos de Thiel era *O desafio americano*, do jornalista francês J. J. Servan-Schreiber, publicado em 1967, ano do seu nascimento. Servan-Schreiber afirmava que as forças dinâmicas da tecnologia e da educação nos Estados Unidos estavam deixando o resto do mundo para trás, e previa uma utopia pós-industrial na América por volta do ano 2000. Tempo e espaço não seriam mais barreiras à comunicação, a desigualdade de renda encolheria e os computadores libertariam as pessoas: "Haverá apenas quatro dias úteis de sete horas diárias por semana. O ano será composto de 39 semanas de trabalho e treze semanas de férias. [...] Tudo isso dentro de uma única geração". A era da informação chegou no tempo previsto, mas sem a utopia. Os carros, trens e aviões não eram muito melhores do que em 1973. O aumento do preço do petróleo e dos alimentos mostrou um fracasso completo no desenvolvimento das tecnologias energética e agrícola. Os computadores não criaram empregos suficientes para sustentar a classe média, não produziram melhorias revolucionárias no processo industrial e na produtividade, não elevaram os padrões de vida em todas as classes. Thiel passara a pensar que a internet era "uma vantagem líquida, mas não grande". "A Apple era "principalmente uma inovadora no design". O Twitter daria segurança no emprego para quinhentas pessoas na próxima década, "mas quanto valor ele cria para toda a economia?". O Facebook, que fizera de Thiel um bilionário, tinha um "saldo positivo", porque era radical o suficiente para ser banido na China. Mas isso era tudo o que ele diria a favor da famosa era da mídia social. Todas as empresas em que investia empregavam provavelmente menos de 15 mil pessoas. "Você tem mudança vertiginosa onde não há progresso."

A própria informação era um sinal do problema. A criação de mundos virtuais tomara o lugar dos avanços no mundo físico. "Pode-se dizer que toda a internet tem uma coisa muito escapista", disse Thiel. "Temos todas essas empresas de internet criadas na última década, e as pessoas que as dirigem parecem meio autistas, esses casos leves de Asperger parecem ser bastante disseminados, não há necessidade de vendas, as próprias empresas têm uma natureza estranhamente não social. O Google é uma espécie de arquétipo. Mas em uma sociedade onde as coisas não são excelentes e um monte de coisas é bastante disfuncional, esse pode ser, na verdade, o lugar onde se pode adicionar mais valor. Temos um mundo confuso real, onde as coisas são incrivelmente difíceis e decadentes, e há uma política maluca, é difícil eleger gente boa, o sistema não funciona muito bem. E tem também um mundo virtual alternativo em que não há coisa alguma, é tudo zeros e uns em um computador, você pode reprogramá-lo, pode fazer o computador reproduzir o que quer que seja. Talvez seja essa a melhor maneira de poder ajudar de fato as coisas neste país."

O problema se resumia a isso: os americanos, que inventaram a linha de montagem, o arranha-céu, o avião e o circuito integrado, não acreditavam mais no futuro. O futuro estava em declínio desde 1973. Thiel chamava isso de "desaceleração tecnológica".

Eis um exemplo: os romances de ficção científica das décadas de 1950 e 1960, aqueles que ele crescera lendo, com visões utópicas de viagens espaciais e cidades submarinas, pareciam artefatos de uma época distante. A ficção científica era agora sobre tecnologia que não funcionava, ou funcionava para o mal. "Em 1970, a antologia das 25 melhores histórias de ficção científica era do tipo 'eu e meu amigo robô fomos dar um passeio na Lua'", disse Thiel. "Em 2008, era do tipo 'a galáxia é dirigida por uma confederação islâmica fundamentalista, e há gente que caça planetas e mata por diversão'." Junto com Sean Parker e outros dois amigos, Thiel criara uma empresa de capital de risco para empreendimentos em estágio inicial chamada Founders Fund. Ela publicou um manifesto on-line sobre o futuro que começava com uma queixa: "Queríamos carros voadores, em vez disso temos 140 caracteres".

Não havia uma causa única para a desaceleração tecnológica. Talvez não houvesse mais problemas tecnológicos fáceis: todos tinham sido resolvidos pela geração anterior, e o que restava eram os grandes problemas realmente difíceis, como fazer a inteligência artificial funcionar. Talvez a ciência e a engenharia estivessem perdendo prestígio junto com seu financiamento federal. O libertário que havia em Thiel apontava o excesso de regulamentação de coisas como energia, alimentos e medicamentos — não era coincidência que o crescimento mais rápido tivesse acontecido em uma das indústrias menos regulamentadas, a de computadores — e do tipo de ecologismo estreito que queria que todas as soluções se parecessem com a natureza, de modo que centenas de novos reatores nucleares não estavam no radar. Talvez (e essa ideia em especial perturbava Thiel, que tinha uma profunda aversão à violência) a perda de um inimigo como a União Soviética houvesse tirado o incentivo de trabalhar em inovações militares e a disposição maior de fazer sacrifícios — talvez uma paz prolongada deixasse pessoas com menos razões para trabalhar duro, e o declínio do futuro começara, na verdade, em 1975, com o voo conjunto Apollo-Soyuz, que acabou com a corrida espacial. Talvez a educação, particularmente o ensino superior, fosse parte do problema. Um amigo mais jovem de Thiel descreveu a orientação para calouros na Universidade de Yale, onde um reitor dissera aos estudantes que chegavam: "Parabéns, vocês estão com a vida feita". As pessoas jamais deveriam pensar que estão com a vida feita.

Thiel era um membro da elite entre as elites, mas direcionava seu fogo intelectual contra sua própria classe, ou gente poucos degraus abaixo — profissionais que ganhavam 200 mil ou 300 mil por ano. As elites se tornaram complacentes. Se não conseguiam captar a realidade de uma desaceleração tecnológica, era porque seu próprio sucesso os inclinava numa direção otimista, e a desigualdade de riqueza os impedia de ver o que estava acontecendo em lugares como Ohio. "Se você nasceu em 1950 e estava entre os 10% mais ricos, tudo ficou automaticamente melhor por vinte anos. Então, após o final dos anos 1960, você fez uma boa pós-graduação e obteve um bom emprego em Wall Street no final dos anos 1970, e então chegou ao boom. Sua história foi de progresso incrível e incessante por sessenta anos. A maioria das pessoas que estão com sessenta anos de idade nos Estados Unidos — essa não é, de forma alguma, a história delas." O establishment vinha em ponto morto fazia muito tempo e não tinha respostas. Seu fracasso apontava para novas direções, talvez marxista, talvez libertária, junto com uma trajetória explosiva que ele não podia mais controlar.

As ideias de Thiel encontravam resistências em todo o espectro político. À direita, o fundamentalismo de mercado tomou o lugar da reflexão séria sobre a inovação (foi por isso que Romney não entendeu o argumento de Thiel na reunião de café da manhã). À esquerda, havia um enfatuamento oficial quanto à inovação — apenas gaste mais dinheiro —, enquanto, no fundo, escondia um pessimismo inconfesso. O presidente Obama provavelmente acreditava que não havia muito a fazer a respeito do declínio, exceto administrá-lo, mas ele não poderia fazer outro discurso do "mal-estar" (depois do que aconteceu com Jimmy Carter, ninguém jamais faria isso de novo), por isso, sua imagem do futuro permanecia estranhamente vazia. Tanto Obama como Romney acabaram no lugar errado: o primeiro achava que o excepcionalismo americano não era mais verdadeiro e deveria ser abandonado, enquanto o outro pensava que o conceito ainda era aplicável. Nenhum dos dois estava disposto a dizer aos americanos que eles não tinham mais nada de excepcional, mas deveriam tentar recuperar o terreno perdido.

Thiel já não era um titã dos fundos de hedge, mas quando começou a expressar suas ideias, em ensaios publicados e no tipo de sessão de discussão/ conexão entre elites que proliferou em todo o país, transformou-se no provocador intelectual que sonhara ser em Stanford. Em meados de 2012, foi convidado para a conferência Fortune Brainstorm Tech, em Aspen, no Colorado, na qual debateu com Eric Schmidt, o presidente do Google, sobre o futuro da tecnologia. Schmidt, que era exatamente o tipo de liberal otimista que irritava

Thiel, disse à plateia que transistores, fibra ótica e análise de dados estavam tornando o mundo um lugar cada vez melhor, e que a Lei de Moore, segundo a qual o poder de computação dobraria a cada dois anos, ainda tinha ao menos uma década a mais pela frente.

"Eric, acho que você faz um trabalho fantástico como ministro de propaganda do Google", começou Thiel.

O moderador interrompeu: "Você disse que ia ser simpático".

"Bem, ele faz um trabalho fantástico." Thiel, com seu blazer azul abotoado no meio e sua camisa branca com vários botões abertos no peito, expôs sua argumentação sobre a desaceleração tecnológica. Como libertário, pôs a maior parte da culpa na regulamentação. "Nós basicamente tornamos ilegal tudo o que tem a ver com o mundo das coisas", disse ele, "e a única coisa que você tem permissão para fazer é no mundo dos bits. E é por isso que tivemos um grande progresso em computadores e finanças. São as duas áreas em que houve uma enorme inovação nos últimos quarenta anos. Parece que as finanças estão em processo de proscrição, então a única coisa que resta a esta altura são os computadores, e se você é um computador isso é bom. E essa é a perspectiva que o Google assume."

Schmidt sorriu para reprimir a irritação. O moderador apontou para o presidente do Google. "Você não o está acusando de ser um computador, não é?"

"Sabe, em muitos casos eles gostam de computadores mais do que de pessoas", continuou Thiel. "É por isso que perderam a revolução das redes sociais. Mas, olhando da perspectiva de daqui a quarenta anos, a Lei de Moore é boa se você for um computador. Porém a questão é se ela é boa para os seres humanos e como isso se traduz em progresso econômico para a humanidade?"

Thiel adora escandalizar as opiniões mais respeitáveis. Um trecho de um de seus ensaios, "A educação de um libertário", circulou pela web em 2009 e provocou a ira dos *bien-pensants*: "A década de 1920 foi a última da história americana em que se poderia ser genuinamente otimista em relação à política. Desde 1920, o vasto aumento do número de beneficiários do bem-estar social e da extensão do voto às mulheres — dois grupos de eleitores notoriamente difíceis para os libertários — transformaram a noção de 'democracia capitalista' em um oximoro". Thiel tentou explicar que não queria tirar o direito de votar das mulheres — em vez disso, desejava encontrar uma forma de contornar a democracia, que era incompatível com a liberdade. Ele tinha um longo histórico de doações para causas políticas. Em 2009, financiou James O'Keefe, cujos vídeos secretos desmantelaram posteriormente a ACORN. Em 2011 e 2012, doou 2,6 milhões de dólares para o Super PAC de Ron Paul e outro milhão para o Clube pelo Crescimento, defensor do livre mercado, ao mesmo tempo que promovia uma arrecadação de fundos para um grupo conservador gay, GOProud, em seu loft da Union Square, tendo Ann Coulter como oradora de destaque. Mas queria cada vez mais ficar longe da política, uma forma bastante ineficiente de efetuar mudanças. Continuava comprometido com as ideias de seus anos de adolescência, mas os americanos não votariam nos libertários.

A tecnologia, por outro lado, poderia mudar o mundo sem a permissão de outras pessoas. No mesmo ensaio, ele escreveu:

> No nosso tempo, a grande tarefa para os libertários é encontrar uma fuga da política em todas as suas formas, desde as catástrofes totalitárias e fundamentalistas às massas irrefletidas que guiam a chamada "democracia social". [...] Estamos em uma corrida mortal entre política e tecnologia [...]. O destino do nosso mundo talvez dependa do esforço de uma única pessoa que construa ou propague a maquinaria da liberdade que torna o mundo seguro para o capitalismo.

Thiel dispunha-se a ser essa pessoa.

Em uma manhã chuvosa de primavera no Vale do Silício, Thiel, de blusão e jeans, estava ao volante de sua Mercedes SL500 azul-escura, tentando encontrar um endereço em um parque industrial entre a Highway 101 e a baía. O endereço era de uma empresa chamada Halcyon Molecular, cujo objetivo era encontrar a cura para o envelhecimento. Thiel, que era o maior investidor da empresa e membro de seu conselho diretor, estava dirigindo sem cinto de segurança. Ele não era muito convicto a respeito da questão do cinto de segurança — o argumento a favor do cinto era que é mais seguro, e o argumento contra era que, se soubesse que não estava tão seguro, você seria um motorista mais cauteloso. Empiricamente, seria mais seguro se você usasse o cinto de segurança e fosse cauteloso ao mesmo tempo. Ele fez uma curva à esquerda e pôs o cinto de segurança.

Apesar de ser não ser muito intransigente sobre a questão do cinto de segurança, Thiel nunca perdeu o espanto primordial dos três anos de idade diante da notícia da morte. Recusava-se a se submeter ao que chamava de "ideologia da inevitabilidade da morte de cada indivíduo". Via isso como um problema a ser resolvido, e quanto mais cedo melhor. Com o estado atual da pesquisa médica, esperava viver até os 120 anos — um número medíocre, tendo em vista as grandiosas possibilidades de prolongamento da vida. Mas 150 estava se tornando possível, e a imortalidade não estava fora de questão. Em seus últimos anos, Steve Jobs fez palestras dizendo o quanto se sentia motivado pela perspectiva da morte, mas Thiel não concordava. A morte era muito desmotivadora. Ela acabava tendo um efeito depressivo, dava um tom desesperado às coisas e impunha restrições ao que as pessoas tentavam realizar. Seria mais saudável viver cada dia como se a vida fosse durar para sempre. A imortalidade faria as pessoas tratarem melhor umas às outras, se achassem que iriam continuar convivendo para sempre. Havia um verso da antiga canção "American Pie" que dizia: "sem tempo para recomeçar". A ideia de nosso declínio era como a ideia do declínio do país: queríamos estar em um lugar onde nunca fosse tarde demais para começar de novo.

Em 2010, Lucas Nosek, amigo e sócio de Thiel na Founders Fund, falou-lhe sobre uma *start-up* de biotecnologia que estava desenvolvendo uma maneira de ler a sequência inteira do DNA do genoma humano através de um microscópio eletrônico, o que possibilitaria que os médicos soubessem tudo sobre a composição genética de seus pacientes rapidamente, por cerca de mil dólares. O trabalho da Halcyon Molecular trazia a promessa de melhorias radicais na detecção e reversão de doenças genéticas, e Thiel decidiu fazer da Founders Fund o primeiro investidor externo da empresa. Ele sabia muito pouco sobre sequenciamento de DNA por microscopia eletrônica, mas nem os jovens cientistas da Halcyon o haviam dominado — ninguém tinha feito isso, motivo pelo qual Thiel ficou entusiasmado. Ele notou o talento e a paixão deles, e quando lhe pediram 50 mil dólares, deu-lhes uma primeira cota de 500 mil.

Thiel finalmente encontrou os escritórios da Halcyon, estacionou e correu para dentro. No corredor, uma fileira de cartazes perguntava E SE TIVÉSSEMOS MAIS TEMPO? Uma foto de uma biblioteca futurista, uma gaiola gigante de estantes de metal, ganhou uma legenda: "129 864 880 livros conhecidos. Quantos você já leu?". Na sala de conferências, uma reunião geral estava em andamento: cerca de quarenta pessoas, quase todas em seus vinte ou trinta anos. Elas se revezavam nas apresentações de slides sobre o progresso de suas equipes, enquanto o fundador da Halcyon, William Andregg, fazia perguntas ocasionais. Andregg, um magricela de 28 anos de idade, estava usando calças cargo e uma camisa cor-de-rosa amarrotada para fora das calças. Um dia, quando estudava bioquímica na Universidade do Arizona, fizera uma lista de todas as coisas que queria realizar na vida, o que incluía viajar para outros sistemas solares. De repente, percebeu que nunca viveria o suficiente para fazer até mesmo uma fração daquilo tudo. Mergulhou no desânimo durante algumas semanas, antes de decidir pôr a "cura do envelhecimento" no topo da lista. No começo, era cauteloso em relação ao uso da expressão, mas Thiel o instou a fazer dela a mensagem da empresa: algumas pessoas poderiam pensar que era loucura, mas outras seriam atraídas.

Na reunião, Thiel ouviu com os lábios franzidos numa careta de concentração e tomou notas em um bloco amarelo tamanho ofício. "Sei que esta é uma pergunta perigosa de fazer, mas qual é a sua estimativa para o protótipo A?"

"Cinquenta por cento até o início do verão", disse o cientista na tela, laser pointer na mão. Seu cabelo e sua barba pareciam ter sido cortados por um macaco. "Oitenta por cento até o final do verão."

"Muito legal."

Como parte da reunião semanal, vários membros da equipe fizeram apresentações de si mesmos. Michael Andregg, irmão de William e diretor de tecnologia da Halcyon, mostrou um slide que listava seus hobbies e interesses:

criogenia, caso todo o resto falhar
jogo de queimada
autoaperfeiçoamento
arquivização pessoal digital
superinteligência através de inteligência artificial ou Upload

Antes de sair, Thiel deu alguns conselhos de negócios: na segunda-feira seguinte, todos os funcionários da empresa deveriam trazer os nomes das três pessoas mais inteligentes que conheciam. "Tanto quanto possível, devemos tentar construir coisas através das redes existentes", disse à assembleia. Era o que ele havia feito na PayPal. "Temos de construir esta empresa como se ela fosse ser extremamente bem-sucedida. Depois que atinge esse ponto de inflexão, você fica sob uma incrível pressão para contratar pessoas para ontem." Biologia unida à computação para prolongar a vida: esse era o tipo de futuro radical em que Thiel estava pondo seu esforço e dinheiro. Na corrida mortal entre política e tecnologia, ele estava investindo em robótica (carros dirigidos por robôs acabariam com os congestionamentos, e não seria mais necessário construir novas estradas nos Estados Unidos). Após a venda da PayPal, Elon Musk, antigo colega de Thiel, fundou uma empresa chamada SpaceX, de transporte espacial comercial a preços acessíveis, e a Founders Fund foi seu primeiro investidor externo, com 20 milhões de dólares. Através de sua fundação, Thiel financiou pesquisas em nanotecnologia. Doou 3,5 milhões de dólares para a Fundação Matusalém, cujo objetivo era reverter o envelhecimento humano, e apoiou uma entidade sem fins lucrativos chamada Humanity Plus, dedicada ao transumanismo: a transformação da condição humana através da tecnologia. Quando um amigo contou a Thiel sobre um reality show em que mudavam a vida de mulheres feias graças a medidas extremas, como cirurgia plástica, lipoaspiração e clareamento dental, ele ficou entusiasmado e se perguntou que outras tecnologias estavam disponíveis para transformar o corpo humano.

Thiel era o maior patrocinador e membro do conselho do Instituto Seasteading, um grupo libertário sem fins lucrativos fundado por Patri Friedman, um ex-engenheiro do Google e neto de Milton Friedman. "Seasteading" referia-se à fundação de novas cidades-estados em plataformas flutuantes em águas internacionais — comunidades fora do alcance de leis e regulamentos. O objetivo era criar formas mais minimalistas de governo, que forçariam os regimes existentes a inovar sob pressão competitiva. (Thiel chegara à conclusão de que a Constituição dos Estados Unidos era inviável e tinha de ser descartada.)

Se havia uma tecnologia inovadora, era provável que fosse a inteligência artificial (IA). Quando os computadores se tornassem capazes de melhorar a si mesmos, acabariam por ser mais inteligentes do que os seres humanos, com resultados imprevisíveis — um cenário conhecido como "a singularidade". Fosse para melhor ou pior, isso seria extremamente importante. A Founders Fund investiu em uma empresa britânica de IA chamada Deepmind Technologies, e a Fundação Thiel dava 250 mil dólares por ano ao Instituto da Singularidade, um *think tank* do Vale do Silício. A IA poderia resolver problemas para os quais os seres humanos não poderiam sequer imaginar soluções. A singularidade era tão esquisita e difícil de visualizar que estava fora do alcance, completamente desregulada, e era nisso que Thiel gostava de se concentrar.

Por outro lado, se esquivava de investir na área que daria ajuda mais imediata aos americanos batalhadores: alimentos e energia. Eram áreas regulamentadas demais, políticas demais. Havia algo desigual em seus investimentos, mas cada avanço tecnológico tinha um componente desigual — você estava fazendo uma coisa nova que quase nunca podia ser transmitida instantaneamente para todo mundo. O exemplo mais gritante era a extensão da vida: a forma mais extremada de desigualdade acontecia entre as pessoas que estavam vivas e as que estavam mortas. Era difícil conseguir maior desigualdade do que essa. As primeiras pessoas a viver até os 150 anos seriam provavelmente ricas, mas Thiel acreditava que todo avanço tecnológico acabava por melhorar a vida da maioria e, de qualquer modo, nada disso aconteceria se fosse deixado à votação popular.

Os cientistas da Halcyon Molecular eram refugiados de universidades de pesquisa, desencantados com a ciência acadêmica, convencidos de que a melhor maneira de mudar o mundo era abrir uma empresa — ideia perfeita para Thiel, que acreditava que a mais nova bolha da economia americana era a educação. Ele comparava os administradores universitários a corretores de hipotecas subprime e descrevia os recém-formados sobrecarregados de dívidas como os últimos trabalhadores servis do mundo desenvolvido, incapazes de se libertarem até mesmo através da falência. Em nenhum outro lugar a complacência do establishment, com a sua fé cega no progresso, era mais evidente do que em sua atitude em relação a um diploma de elite: desde que meu filho vá para as faculdades certas, a mobilidade ascendente continuará. A educação universitária tornou-se o equivalente a uma apólice de seguro caríssima, a possuir uma arma. "O futuro é assim-assim, mas você pode meio que se dar bem nele se tiver uma casa com uma arma, uma cerca elétrica e um diploma universitário. E, se não fizer isso, está simplesmente ferrado. O que deu errado? Por que as coisas são assim? Se todos os debates são sobre como faremos para que todos tenham uma arma, podemos estar ignorando o problema da criminalidade." No meio de estagnação econômica, a educação tornou-se um jogo de status, "puramente posicional e extremamente dissociado" da questão de seus benefícios para o indivíduo e a sociedade.

No Vale do Silício, não era preciso ir muito longe para encontrar provas disso. As escolas públicas que outrora eram o orgulho da Califórnia pertenciam a um sistema estadual classificado em 48º lugar no país, cronicamente sem dinheiro e em crise. As escolas particulares tornaram-se a opção para mais e mais famílias, mas o mesmo aconteceu com algo novo na história americana: a educação pública privatizada. Escolas em cidades prósperas do Vale do Silício passaram a depender da arrecadação maciça de fundos para se manter no topo. A escola primária de Woodside, com 470 crianças, era apoiada por uma fundação — iniciada cinco anos depois da Proposição 13, em 1983, para salvar o trabalho de um professor de alunos especiais dos cortes orçamentários — que aportava 2 milhões de dólares por ano. Pelo menos meio milhão era arrecadado no grande leilão anual noturno realizado na escola. O tema em 2011 foi "Rockstar". Pais vestidos com camisas com estampa de oncinha, minissaias justas e perucas no estilo Spinal Tap ou Tina Turner, comeram bifes de fraldinha "Jumpin' Jack Flash", dançaram ao som de uma banda dos anos 1980 chamada Notorious e foram incitados pelo leiloeiro a dar lances mirabolantes em Pimp My Hog! e Rockin' Goddess Retreat. Um passeio pelo famoso jardim japonês de Larry Ellison, CEO da Oracle, o terceiro americano mais rico e o executivo mais bem pago da década, saiu por 20 mil dólares; um jantar tendo por tema *Mad Men* para dezesseis pessoas em uma casa particular ("Em meio às libações e fumaças, inibições são deixadas de lado e seu comportamento é digno apenas de arrependimento") foi arrematado por 43 mil dólares por um investidor imobiliário e sua esposa.

A poucos quilômetros de distância, em East Palo Alto, escolas de ensino fundamental que não tinham fundações por trás careciam cronicamente de livros didáticos e equipamentos de sala de aula. Uma longa queda esperava as escolas públicas da Califórnia.

O mesmo acontecia nas universidades. O sistema de primeira linha da Universidade da Califórnia teve o orçamento reduzido em quase 1 bilhão de dólares, mais de 25% em quatro anos, e com a perspectiva de mais alguns bilhões em cortes subsequentes, estava à beira do colapso em 2012. Nesse ano, Stanford anunciou que obteve 6,2 bilhões de dólares numa campanha de cinco anos de levantamento de capital, durante uma crise financeira e a recessão — a maior quantia da história da educação superior. Enquanto o Vale do Silício estava bombando, Stanford construiu novas faculdades de medicina, de administração e negócios, um centro de engenharia, um instituto de design, um prédio de direito interdisciplinar, um prédio de meio ambiente e energia, um centro de tecnologia e pesquisa em nanoescala, um prédio de imagens cognitivas e neurobiológicas, um centro de bioengenharia, instalações de inovação automotiva e uma sala de concertos. A universidade deu à luz mais de 5 mil empresas e registrou 8 mil invenções que arrecadaram 1,3 bilhão de dólares em royalties. Áreas do campus que nos anos 1970 eram vazias agora pareciam uma visão resplandecente de Oz.

Aos olhos de Thiel, essa busca frenética pela educação em uma sociedade estratificada era mais um sinal de que as coisas não estavam funcionando. Ele tinha Stanford em altíssima conta, estudara lá por sete anos e às vezes dava cursos no campus. Mas a universidade parecia estranhamente separada do Vale do Silício — as novas empresas eram criadas por estudantes, não por professores, que estavam cada vez mais especializados em áreas esotéricas. Ele não gostava da ideia de usar a universidade para encontrar um foco intelectual. Graduar-se em ciências humanas lhe parecia ainda mais imprudente, uma vez que levava, com demasiada frequência, à escolha-padrão do curso de direito. As ciências acadêmicas eram quase tão dúbias quanto as primeiras — tímidas e estreitas, impulsionadas por disputas territoriais, e não pela busca de avanços inovadores. Acima de tudo, a educação superior não ensinava nada sobre empreendedorismo.

Thiel pensou em abrir uma universidade, mas concluiu que seria muito difícil desmamar os pais do prestígio de Stanford e da Ivy League. Depois, em um voo de Nova York para San Francisco, ele e Lucas Nosek tiveram a ideia de dar bolsas de estudo a jovens brilhantes para que pudessem largar a faculdade e iniciar seus próprios negócios de tecnologia. Thiel gostava de agir com rapidez e estardalhaço (fazia isso habitualmente). No dia seguinte, na Tech Crunch, uma conferência anual em San Francisco, anunciou as Thiel Fellowships — 22 bolsas de 100 mil dólares por um ano para jovens com idade inferior a vinte anos que tivessem uma ideia empreendedora que faria do mundo um lugar melhor. Os críticos o acusaram de corromper a juventude para perseguir riquezas, ao mesmo tempo que causava um curto-circuito na sua formação. Ele ressaltou que os vencedores poderiam voltar a estudar no final da bolsa, mas grande parte de seu objetivo era atingir as melhores universidades e roubar alguns dos seus melhores alunos.

Depois da visita à *start-up* de biotecnologia, Thiel subiu a península até a sede da Clarium, em San Francisco. Tinha uma rodada de entrevistas agendadas com alguns candidatos a bolsas do grupo de cinquenta que sobrara dos seiscentos iniciais. O primeiro candidato a sentar-se à mesa de conferência pintada de preto era um estudante de graduação sino-americano dos arredores de Seattle chamado Andrew Hsu. Um prodígio de dezenove anos de idade, ainda tinha aparelho nos dentes. Aos cinco anos, resolvia problemas simples de álgebra; aos onze, ele e o irmão fundaram um grupo sem fins lucrativos, a Organização Mundial da Criança, que fornecia livros escolares e vacinas para crianças em países asiáticos; aos doze, entrou na Universidade de Washington; aos dezenove, no quarto ano do doutorado em neurociências em Stanford, decidiu deixar a faculdade e abrir uma empresa que fazia videogames educativos baseados nas mais recentes pesquisas neurocientíficas. "Meu objetivo principal é provocar uma ruptura nos setores de jogos e de educação", disse ele, falando como se fosse Peter Thiel.

Thiel expressou sua preocupação de que a empresa viesse a atrair pessoas com uma atitude sem fins lucrativos, que achassem que "não se trata de ganhar dinheiro, estamos fazendo uma coisa boa, então não temos que dar muito duro. E, cá entre nós, acho que isso tem sido um problema endêmico na área de tecnologia limpa, que tem atraído um grande número de pessoas muito talentosas que acreditam estar fazendo do mundo um lugar melhor".

"As pessoas não se esforçam tanto?", perguntou Hsu.

"Você já pensou em como mitigar esse problema?"

"Então você está dizendo que a empresa ter um viés educativo pode ser um problema?"

"Sim", disse Thiel. "O principal motivo de nossa predisposição contra investir nesse tipo de empresa é que você acaba atraindo pessoas que simplesmente não querem trabalhar tanto. E isso, de certa forma, é minha teoria mais enraizada sobre o motivo de elas não funcionarem."

Hsu compreendeu a insinuação de Thiel. "Tudo bem, é uma empresa de jogos. Eu não a chamaria de uma *start-up* educacional. Diria que é uma *start-up* de jogos. O tipo de pessoa que eu quero trazer são desenvolvedores dedicados. Então, não acho que são do tipo de pessoa que iriam amolecer."

Hsu ganharia uma Thiel Fellowship. Assim como um segundanista de Stanford de Minnesota, obcecado pela energia e escassez de água desde os nove anos de idade, quando tentou construir a primeira máquina de movimento perpétuo. "Depois de dois anos de fracassos, percebi que, mesmo que resolvêssemos o movimento perpétuo, não o utilizaríamos se fosse caro demais", ele contou a Thiel. "O sol é uma fonte de energia perpétua, mas não estamos aproveitando isso. Então me tornei um obcecado pela redução de custos."

Aos dezessete anos, aprendera a respeito de helióstatos fotovoltaicos, ou rastreadores solares — "espelhos rastreadores de acesso duplo que dirigem a luz solar direto para um ponto". Se pudesse inventar uma maneira barata o suficiente para produzir calor utilizando helióstatos, a energia solar poderia se tornar financeiramente competitiva com o carvão. Em Stanford, ele abriu uma empresa para trabalhar nesse problema, mas a universidade se recusou a contar suas horas no projeto como créditos acadêmicos. Então ele saiu de licença e pediu uma Thiel Fellowship.

"Acho que estou pegando as melhores coisas possíveis de Stanford", disse ele. "Estou numa casa empreendedora chamada Black Box. Fica a cerca de doze minutos do campus. E assim vai ser muito divertido, porque é muito próximo ao nosso escritório, e eles têm banheira de hidromassagem e piscina, e depois é só ir a Stanford para ver meus amigos nos fins de semana. Você tem tudo de melhor da vida social, mas trabalha fundamentalmente no que ama."

Dois calouros de Stanford — um empreendedor chamado Stanley Tang e um programador chamado Thomas Schmidt — chegaram em seguida, com uma ideia para um aplicativo de telefone celular chamado QuadMob, que permitiria localizar seus amigos mais próximos em um mapa em tempo real. "É só pegar o telefone e saber onde estão seus amigos agora, se estão na biblioteca ou na academia", explicou Tang, que veio de Hong Kong. Ele já havia publicado um livro chamado *eMillions: Behind-the-Scenes Stories de 14 Successful Internet Millionaires*. [eMilhões: histórias dos bastidores de 14 milionários bem-sucedidos da internet]. "Todas as semanas, na sexta-feira à noite, eu vou a uma festa e acabo me perdendo dos amigos — as pessoas vão a festas diferentes. E sempre tenho de mandar mensagem para eles, 'onde está você, o que você está fazendo, em que festa você está?'. E tenho de fazer isso para uns dez amigos, e isso é muito chato, é bem irritante, e acho que essa é a razão pela qual estamos resolvendo um problema que experimentei, assim como provavelmente a maioria dos estudantes universitários."

Schmidt, outro nativo de Minnesota, explicou o nome do aplicativo. "Nos anos 1980, 1970, antes do Facebook, antes da internet, o Quad Center de Stanford era o lugar para frequentar — tipo, as pessoas iam lá relaxar, conversar com os amigos, e agora o Quad está totalmente deserto, exceto pelos turistas e as pessoas que passam de bicicleta por lá, e por isso sinto que é meio bobo, está destruindo a interação social. Há muita gente legal aqui e você acaba não conhecendo a maior parte."

Tang foi questionado sobre como o QuadMob mudaria o mundo. "Nós estamos redefinindo a vida universitária, estamos conectando as pessoas", disse ele. "E, uma vez que isso se expande para fora da vida universitária, estamos na verdade definindo a vida social. Gostaríamos de pensar que estamos estabelecendo uma ponte entre os mundos digital e físico."

Thiel não se convenceu. Parecia com muitas outras *start-ups* de risco que procuram encontrar uma brecha entre o Facebook e o Foursquare. Aquilo certamente não iria impulsionar o país para fora da desaceleração tecnológica. Os candidatos do QuadMob não ganhariam uma Thiel Fellowship.

Naquela noite, Thiel organizou um pequeno jantar em sua mansão na Marina. Um tabuleiro de xadrez e uma estante cheia de títulos de ficção científica e filosofia eram os únicos indicadores de quem morava lá. Elegantes empregados loiros vestidos de preto reabasteciam as taças de vinho e chamaram os convidados para o jantar. Um cardápio em cada lugar em torno da mesa anunciava uma jantar de três pratos, com uma escolha entre salmão selvagem cozido com aspargos grelhados, cebolinha, arroz negro e um molho ravigote com aroma de limão Meyer, ou polenta com pimentão assada na panela com cogumelos de inverno salteados, couve *cavolo nero* refogada, cippolini caramelizadas e purê niçoise de azeitona.

Os convidados de Thiel pareciam tão deslocados nessa formalidade à luz de velas quanto seu anfitrião. Lá estava David Sacks, amigo de Thiel de Stanford e da PayPal, coautor de *The Diversity Myth* e fundador da Yammer, uma rede social empresarial. Estava presente Lucas Nosek, outro *mafioso* da PayPal e o especialista em biotecnologia do Founders Fund — era membro da Alcor Life Extension Foundation, uma organização sem fins lucrativos dedicada à criogenia, e havia se alistado para ter seu corpo preenchido de nitrogênio líquido após sua morte oficial, para que pudesse ser restaurado à saúde integral depois da invenção de novas tecnologias. Outro presente era Eliezer Yudkowsky, um pesquisador de inteligência artificial e cofundador do Singularity Institute — autodidata que nunca passou da oitava série, era o autor de uma *fanfic* on-line de mil páginas chamada *Harry Potter and the Methods of Rationality* [Harry Potter e os métodos da racionalidade], que reformula a história original, para explicar a magia de Harry através do método científico. E também estava lá Patri Friedman, fundador do Seasteading Institute. Homem baixo e delicado, com cabelo preto curto e uma linha fina de barba, vestido da maneira excêntrica de um Raskolnikov. Morava em Mountain View numa "comunidade intencional" de libertários do amor livre, assunto sobre o qual escrevia habitualmente em blogs e no Tweeter: "Poliamor/competitivo gov paralelo: mais escolha/competição produz mais desafio, mudança, crescimento. O que resistir é mais forte".

Durante o jantar, Nosek argumentou que os melhores empreendedores do mundo eram tomados por uma única ideia a que dedicavam sua vida. A Founders Fund apoiava esses visionários e os mantinha no comando de suas próprias empresas, protegendo-os contra a intromissão de outros capitalistas de risco, que eram propensos a substituí-los por executivos convencionais.

Thiel retomou o tema. Havia quatro lugares nos Estados Unidos para onde os jovens ambiciosos iam, segundo ele: Nova York, Washington, Los Angeles e o Vale do Silício. Os três primeiros estavam cansados, esgotados. Wall Street perdeu seu encanto após a crise financeira; o entusiasmo da capital com a presidência de Obama acabou; Hollywood não era uma meca cultural havia anos. Somente o Vale do Silício ainda atraía jovens com grandes sonhos.

Nosek lembrou que fora reprovado em inglês no colégio, em Illinois, porque o professor afirmou que ele era incapaz de escrever. Se algo como as Thiel Fellowships existisse na época, ele e outros poderiam ter sido poupados de muito sofrimento. Muitas pessoas talentosas passavam por faculdade e pós-graduação sem nenhum plano para o futuro. As bolsas de estudo Thiel encontrariam esses talentos e possibilitariam que se tornassem empreendedores antes de se perderem ou serem liquidados pelo establishment. A educação, disse Thiel, era como um "torneio", com estágios cada vez mais difíceis de competição. "Você tenta ser o número um. O problema da universidade é o que ela faz com sua confiança quando você descobre que não é mais o número um."

Havia vinho sobre a mesa, mas os convidados mais falavam do que bebiam. Durante o jantar, os dois assuntos permaneceram os mesmos: a superioridade dos empreendedores e a inutilidade do ensino superior. Às quinze para as dez, Thiel empurrou de repente a cadeira para trás.

"A maioria dos jantares dura tempo demais ou não dura tempo suficiente", disse ele.

Os convidados se foram para o frio da noite de San Francisco. O Palácio das Belas-Artes estava brilhantemente iluminado, e sua rotunda se refletia na lagoa. Quase cinquenta quilômetros ao sul, os laboratórios do Vale do Silício ardiam com suas luzes fluorescentes. A uns cinquenta quilômetros a leste, as pessoas passavam dificuldades. Thiel retirou-se para o andar de cima a fim de responder e-mails sozinho.

Jeff Connaughton

Connaughton mudou-se para Savannah. Queria viver no Sul de novo, próximo do mar, por isso comprou uma casa vitoriana de três andares com torres, do final do século XIX — o dobro do tamanho de sua casa em Georgetown pela metade do preço —, perto de praças bonitas cercadas de carvalhos e barba-de-velho. Por trás de sua elegância pitoresca, Savannah era apenas mais uma cidade duramente atingida pela crise. Em seu bairro havia uma placa de venda de uma casa de 930 metros quadrados cujo preço foi remarcado de 3,5 milhões para 1,5 milhão de dólares. O sujeito que promovia passeios históricos em Savannah era um banqueiro de hipotecas desempregado. Logo depois da chegada de Connaughton, seus vizinhos o convidaram para um encontro mensal em que cada um levava um prato de comida; o anfitrião daquele mês era um homem de aparência próspera de seus sessenta anos, que tinha participações no setor imobiliário. Uma semana depois, ele soube que o homem se suicidara — corria o boato de que ficara superendividado.

Connaughton prestava serviço voluntário uma vez por semana no escritório de serviços jurídicos do lugar. Adotou uma cadela do abrigo, mestiça de chow-chow com golden retriever, e lhe deu o nome de Nellie. Era um animal estressado, com um passado duro e um caso grave de dirofilariose. Depois de uma rodada de vacinas, levou-a para casa e passou a dar-lhe antibióticos. Uma noite, a respiração de Nellie acelerou até três ou quatro vezes por segundo e ele passou a noite ao lado de sua caminha, mantendo-a calma. Após dez dias de convalescença em casa, levou-a a passear num parque nas proximidades. Em questão de semanas, Nellie passou a ser sua companheira constante.

Em Washington, Connaughton costumava passar toda a manhã de domingo zapeando entre os programas de entrevistas da TV, como todo mundo na cidade, ao mesmo tempo que lia o *Times* e o *Post* durante os comerciais. O diálogo ritual entre apresentadores e convidados de alto escalão era combustível essencial para as conversas da semana na capital. Em Savannah, isso parecia completamente absurdo. Com exceção de seus amigos mais íntimos de Washington, todos haviam sumido, como se ele tivesse mudado para o outro lado do planeta. Enquanto tivesse dinheiro, seria fácil isolar-se dos problemas do país — desistir de mudar Washington e desfrutar de sua vida longe do pântano, enquanto o país prosseguia em seu declínio a longo prazo. Era capaz de sentir essa tentação e a outra também — a coceira do serviço público, a coceira Biden. Ela ainda estava lá. De vez em quando alguém fazia uma sondagem, um lugar na Casa Branca, um bom emprego sem fins lucrativos. Ele sempre dizia não.

Ele queria fechar suas portas na capital, para que nunca mais pudesse sucumbir e voltar à sua antiga vida. Com Nellie deitada a seus pés, passava todas as manhãs escrevendo um livro sobre o que tinha acontecido a Washington nos anos em que lá esteve. Seu título seria *The Payoff: Why Wall Street Always Wins.** O livro contaria tudo.

---

* *Payoff* tem vários sentidos, entre eles lucro, recompensa, suborno e desfecho, todos pertinentes aqui para explicar *por que Wall Street sempre ganha.* (N. T.)

Tampa

Os republicanos convergiram para Tampa no final de agosto, junto com o furacão Isaac, o que obrigou a cancelar o primeiro dia de sua convenção. Na última hora, a tempestade desviou para oeste, na direção do Golfo do México, deixando a cidade encharcada, mas ilesa. Enquanto isso, 50 mil republicanos, jornalistas, manifestantes, agentes de segurança e gente em busca de emoção desembarcaram no centro de Tampa. O comitê de recepção preparou a cidade, limitando o acesso ao novo corredor comercial à beira do rio, desviando o trânsito para longe do centro de convenções e fechando suas grades com cercas de arame preto, barreiras de concreto e caminhões basculantes do condado de Hillsborough. A população local deixou a cidade ou manteve distância, e na segunda-feira do cancelamento os edifícios de escritórios e os estacionamentos de superfície do centro estavam quase vazios. Apesar da diminuição do tráfego de automóveis, a cidade se parecia ainda menos com o céu de Jane Jacobs, as calçadas ainda mais desertas do que o habitual, os únicos olhos na rua eram os dos agentes de segurança agrupados em cada esquina — policiais de Tampa montados em motos pretas, subdelegados de condados de toda a Flórida, policiais estaduais, guardas nacionais em uniformes militares, seguranças privados, negros contratados temporariamente vestindo camisetas brancas tamanho XXL que diziam, sem outra explicação, STAFF. Esquifes armados patrulhavam o rio Hillsborough, helicópteros passavam continuamente a poucas centenas de metros de altura. Todas as lixeiras públicas foram retiradas. Tampa nunca esteve mais segura, ou mais morta.

Depois da violência na convenção republicana de 2008, em Minneapolis, do fenômeno do Ocupem Wall Street e suas réplicas e presságios, das previsões de que Tampa 2012 ia ser equivalente a Chicago 1968, a cidade preparou-se para um tumulto. Nos dias que antecederam a convenção, o blog de Matt Weidner escalou novos picos retóricos:

> [...] você não está preparado de verdade para que sua cidade se transforme em uma zona de guerra fortificada até que se veja no meio dela. E, ao me dirigir para o trabalho, percebi que estou no Marco Zero da Convenção Nacional Republicana aqui em Tampa/St. Petersburg. [...] Então é esse o ponto a que esta democracia fracassada chegou? O edifício do Departamento de Polícia de St. Pete, localizado a poucos passos do meu escritório, está sendo transformado em um bunker, mas, fileira após fileira, dezenas de quilômetros de barreiras de concreto e cercas são o que realmente chamam a atenção e fazem meu coração gelar. Trata-se de um comentário verdadeiramente perturbador sobre nossa política nacional o fato de ser preciso tanto esforço para proteger a classe dirigente dos camponeses e proletários.

O radicalismo de Weidner não era natural na política americana. Apesar de sua crença no repúdio em massa da dívida em todo o mundo, ele era libertário o suficiente para se tornar um entusiástico defensor de Ron Paul. Quando os delegados de Paul foram proibidos de levar seus cartazes para o salão da convenção em Tampa, vinte de seus delegados do Maine foram despojados de suas credenciais, Paul não teve permissão para falar porque não havia endossado o candidato indicado, Weidner anunciou que estava abandonando sua velha filiação ao Partido Republicano. Mas não se tornaria democrata — o partido de Obama, o "estatista em chefe" —, "então estou optando por mudar meu registro eleitoral para 'nenhuma filiação partidária'!". Ele instou seus leitores a fazer o mesmo. Depois, saiu com sua nova esposa e seu bebê de quatro semanas de idade da zona de guerra e foi para a Flórida rural, onde esperou que acabasse "esse espetáculo que monopoliza todas as atenções".

* * *

Mike Van Sickler estava cobrindo a convenção para o *St. Petersburg Times*, que no primeiro dia do ano passou a se chamar *Tampa Bay Times*. Sua missão era acompanhar a delegação da Flórida. O Partido Republicano da Flórida estava sendo punido pela direção nacional por precipitar-se na agenda da primária, e fazia parte da punição o exílio de seus delegados no Innisbrook Golf and Spa Resort, em Palm Harbor, distante uma hora de carro do local da convenção. Uma noite, devido ao congestionamento de ônibus e ao mau funcionamento do trânsito, os delegados chegaram aos seus quartos de hotel às três da manhã, e Van Sickler escreveu um artigo irônico imaginando como as coisas poderiam ser diferentes se Tampa Bay tivesse trens urbanos, como Charlotte, onde se realizaria a convenção democrata na semana seguinte.

Após as convenções, Van Sickler iria para a sucursal de Tallahassee do jornal, onde ficaria no setor encarregado do governador Rick Scott. Ele passara sua carreira cobrindo prefeituras e comissões de condados, fazendo buscas de títulos e mapeando execuções de hipotecas, matérias em que não havia estrategistas de comunicação e ataques da imprensa, apenas os fatos obscuros de loucura e corrupção, que ele sabia desenterrar tão bem quanto qualquer repórter do pedaço. Jamais fizera cobertura da verdadeira política e estava nervoso como o diabo, adorando a ação, movido a adrenalina e medo, tentando imaginar o que perguntar.

Por exemplo, o que deveria dizer à mãe do governador Scott? Lá estava ela, na segunda noite da convenção, com uma grande saia preta e blusa florida, sentada com os delegados da Flórida bem na frente do palco, ouvindo Janine Turner, do seriado *Northern Exposure* (falsa loira, como a maioria das mulheres presentes), à espera da fala da esposa do candidato. Deveria fazer à sra. Scott uma pergunta tipo pegadinha? Para quê? As chances de conseguir alguma notícia quente eram pequenas. Ela provavelmente nem sequer responderia. Decidiu deixá-la ouvir os discursos.

Van Sickler preocupava-se por não ter a rapidez e a fluência dos grandes profissionais. Ele sabia que teria de jogar com Rick Scott, prestar atenção às nuances, ser um crítico de teatro depois de um discurso sobre o Estado do Estado, negociar com seus assessores para ficar no jogo e conseguir que atendessem aos seus telefonemas. Era assim que a política era coberta nos níveis mais altos, e isso não lhe era uma coisa natural. Ele era muito melhor agindo a céu aberto — fazendo-os falar porque havia desenterrado fatos. Os fatos eram a força de Van Sickler, e ele decidiu se ater a isso, tanto quanto possível, nessa nova fase de sua carreira.

A convenção era em Tampa, mas dentro do salão era raro ouvir alguém mencionar a crise imobiliária, os loteamentos fantasmas, *robo-signing*, fraudes em hipotecas, falências ou falta de moradia. Nenhum orador contou a história de como Wall Street e os credores, empreiteiros e autoridades locais criaram as condições para uma catástrofe ainda presente na baía de Tampa. Ninguém falou por Usha Patel ou Mike Ross, ou pelo falecido Jack Hamersma, ou pelos Hartzell. Em vez disso, os líderes republicanos subiram ao palco um após o outro para louvar o empresário bem-sucedido e o investidor que assume riscos.

Os republicanos não estavam entusiasmados com seu candidato. Eles o haviam escolhido segundo o critério que os democratas usaram em relação a John Kerry, na esperança de que os outros gostassem dele mais do que eles mesmos. O cabeça da chapa não representava nenhum alívio para a febre, era incapaz de enobrecer o ódio escaldante contra o presidente e sua América, que havia provocado o ressurgimento das bases republicanas desde 2009. O coração pulsante do partido não se encontrava no frio salão de convenções, onde apenas os delegados fiéis e visitantes com as credenciais certas podiam entrar, trazidos de ônibus por uma única via de acesso obstruído, conduzidos a pé através de um único ponto de controle, entrando com brilhantes vestidos vermelhos e saltos altos entre barreiras de concreto, suando nas axilas enfiadas em paletós esportivos, enquanto caminhavam na escuridão sob a Crosstown Expressway e olhavam ao redor em busca uma loja que vendesse água mineral.

Quatro décadas depois de sua primeira candidatura ao Congresso, Newt Gingrich estava em Tampa, posando para fotos com Callista, com o paletó abotoado que enfatizava sua largura, falando em sua "Universidade Newt" móvel duas horas por dia, diariamente, inclusive no dia do evento cancelado, arengando no Royal Palm Ballroom do Wyndham Tampa Westshore sobre a questão do futuro energético dos Estados Unidos para quem quisesse ouvir. Joe Scarborough ouviu por alguns minutos, depois fez uma entrevista rápida com Gingrich no corredor. Todo mundo sabia que Gingrich e o candidato se detestavam. Morning Joe perguntou por que Newt estava em Tampa para emprestar seu apoio. "Como você evita tornar isso pessoal?"

"Temos um entendimento mais amplo de que, no fim da contas, somos todos americanos", respondeu Gingrich. "Isso é o que nos torna tão poderosos, porque podemos nos aliar de uma forma que Adolf Hitler, Tojo ou Khruschóv jamais poderiam." Aquecendo-se para seu tema da unidade cívica mais elevada do que a política, ele abriu um sorriso que o fez parecer um menino que pensou numa resposta inteligente. "Acho que foi uma coisa notável que eu tenha podido concorrer. É uma coisa notável que eu possa estar no seu programa. Amo muito ser um cidadão."

Morning Joe fez algumas piadas com Gingrich, agradeceu e correu para fora do hotel. Gingrich voltou-se para uma câmera de TV francesa e foi perguntado sobre as razões para votar no candidato indicado. Gingrich parou de sorrir, seu rosto se fechou, os cantos de sua boca voltaram-se para baixo em sulcos profundos e, sob o capacete de cabelos brancos, seus olhos se estreitaram em um olhar duro e sério. "Obama representa valores fundamentalmente radicais que transformarão os Estados Unidos", respondeu de forma rápida e automática, pela milésima vez, demasiadas vezes para que se soubesse se de fato queria dizer isso, ou se na verdade o que importava era que no fim das contas somos todos americanos, ou se estava, ainda que subliminarmente, consciente da contradição, mas isso não importava, porque ele já estava a caminho de volta para o Royal Palm Ballroom, onde havia mais discursos a fazer, sempre mais, pois não falar seria morrer.

Gingrich era um dos heróis pessoais de Karen Jaroch. Ela o apoiara nas primárias da Flórida depois que sua primeira escolha, Herman Cain (cuja campanha dirigira no condado), desistiu. Uma noite, durante a semana da convenção, ela participou do comício Fé e Liberdade no Teatro Tampa e ouviu Gingrich falar, com outros de seus heróis, entre eles Phyllis Schlafly, que tinha 88 anos de idade, mas ainda parecia a dona de casa agitadora (assim como Karen Jaroch) da campanha de Goldwater em 1964. Karen se conformara com o candidato indicado pelo partido para 2012 — "qualquer um, menos Obama" —, mas não se interessou muito pela própria convenção, o tipo de evento do establishment que a mantivera longe da política durante a maior parte de sua vida. De certa forma, Karen não precisava estar lá, porque em Tampa os radicais estavam na plateia, no palco e na plataforma. Havia até mesmo uma placa que condenava a Agenda 21, a resolução da ONU de vinte anos antes que obcecava os adversários do trem urbano.

Karen estava trabalhando em tempo integral em um novo emprego. No início do ano, tornara-se diretora de campo dos Americanos pela Prosperidade no condado de Hillsboroug, o grupo a favor da livre-iniciativa financiado pelos bilionários irmãos Koch. Na semana anterior à convenção, ela abriu o escritório de campo num pequeno centro comercial de North Tampa, ao lado de uma casa de massagem terapêutica sérvia e no andar de baixo de uma imobiliária. Karen estava fazendo milhares de telefonemas, tentando identificar potenciais simpatizantes e encaminhá-los para o site do grupo. No escritório, havia mesas vazias à espera de telefones, computadores e voluntários. Uma noite, um grupo viera assistir a uma exibição de *Quem é John Galt?*, segunda parte de uma versão cinematográfica de *Atlas Shrugged* [A revolta de Atlas], de Ayn Rand. Jaroch não lera o romance — não era uma grande leitora de livros —, mas concordava completamente com os seus princípios. Ela havia encontrado um propósito na vida, entrara para uma organização nacional com aportes infinitos de dinheiro e dedicava-se com a energia incansável de um adepto cuja visão de mundo não pode ser perturbada por nenhum argumento ou fato. Sob sua postura política estava um sentimento elementar de que ela e o marido sempre jogaram de acordo com as regras, sem nunca pegar atalhos ou pedir ajuda.

Aquele trabalho era o primeiro de Karen em anos e, embora tivesse jurado não fazer uma carreira da política quando iniciou o Projeto Tampa 12/9, sua família precisava do salário. Mas ela o faria, mesmo sem o dinheiro. "É aqui que está meu coração."

Os Hartzell passaram algum tempo assistindo à convenção, mas não tanto quanto passaram vendo "Sexy and I Know It", um videoclipe do LMFAO,* um duo de eletropop, enquanto Brent e Danielle dançavam na sala. Não tanto tempo quanto Ronale gastou no laptop alugado participando de concursos da

---

* Acrônimo de Laughing my Fucking Ass Off, que pode ser traduzido por "Rindo pra caralho". O grupo teve vida efêmera. (N. T.)

Disney World e em bolões. Nem perto do tempo que Danny passou jogando on-line League of Legends, nível 30.

Não que Danny e Ronale não se interessassem por política. Eles andavam pensando e falando sobre a política mais do que costumavam. O trabalho no Wal-Mart jogava o assunto na sua cara. Danny ganhava 8,50 dólares por hora — Dennis ainda ganhava 8,60 depois de dois anos — e odiava o emprego. Odiava a atitude de superioridade dos gerentes, a forma como empurravam as batatas e cebolas velhas para o fundo da caixa, os clientes que o interrompiam quando estava guardando mercadorias na prateleira para perguntar onde estavam as malditas bananas, o fato de que era um "associado" em vez de um "empregado" realmente, o falso carro da polícia de Tampa que a loja alugava por 30 mil por mês e ficava estacionado na frente, como um dissuasivo para furtos. Em sua pausa para descanso, Danny saía para o estacionamento e ficava lá, com seu uniforme de calças cáqui e camisa azul, fumando 305 — pegara o hábito trabalhando no Wal-Mart — e pensava em seu antigo emprego de soldador. Gostava de trabalhos sujos, nos quais se fazia alguma coisa e se tinha uma sensação de realização. Ele era um operário, e se de alguma forma conseguisse um empréstimo e abrisse seu próprio negócio de solda, se sentiria como um rei, mas isso não ia acontecer. Havia lido que 47% dos americanos estavam pobres demais para pagar imposto de renda. Quarenta e sete por cento! Como isso aconteceu? Ganância. Simplesmente ganância empresarial. Às vezes, pensava que seria melhor se livrar do dinheiro e voltar para o sistema de escambo, trigo em troca de leite e ovos. Ali estava Danny, o cara baixinho fazendo trabalho pesado e ajudando a clientes — a espinha dorsal da força de trabalho —, ganhando 10 mil por ano, enquanto o sujeito que estava sentado atrás de uma mesa e não fazia nada, exceto olhar o baixinho, ganhava 8 ou 9 milhões. Por que isso era justo? Os ricos ficavam mais ricos, os pobres, mais pobres. Você nunca avançaria. Você simplesmente se acostumava com isso — assim era a vida. Àquela altura, ele estava seguindo em frente pelos filhos, na esperança de que teriam uma situação melhor.

A única pessoa rica que Danny respeitava era Bill Gates, porque ganhou seu dinheiro de forma honesta e depois o gastou salvando países do Terceiro Mundo. Sam Walton parecia ser um homem bastante decente, mas depois que morreu seus filhos ficaram gananciosos. Ronale queria apertar a mão de Warren Buffett, e também de Oprah, e de Michelle Obama porque ela era muito sincera, pulava corda com as filhas e as fazia comer coisas saudáveis. Ronale gostava de ver *Secret Millionaire* porque toda semana uma pessoa rica tinha de viver como pobre, e no final do programa mudava seu coração e dava centenas de milhares de dólares para uma instituição de caridade. Mas ela também tinha uma visão perturbadora da ganância que está por trás de tudo: "No fundo, há um pesadelo horrível que está por trás do bem, ficando cada vez maior, e é como uma nuvem negra e está consumindo tudo e na realidade tirando a vida das pessoas".

Ao mesmo tempo, Ronale comprava tudo no Wal-Mart, porque seus preços eram imbatíveis. A não ser a carne, porque Danny e Dennis lhe contaram que deixavam as prateleiras de alimentos fora do refrigerador por horas. Mas todo o resto. Você era obrigado a se render. Danny começava a pensar que o Wal-Mart e grandes petrolíferas mandavam no mundo todo e, quando a família ia fazer compras, ficava no carro.

Então, numa manhã, não muito tempo antes da convenção, ele contou a alguns colegas de trabalho durante o descanso o quanto odiava o seu trabalho, e a conversa chegou ao gerente, que confrontou Danny na seção dos produtos agrícolas e o humilhou na frente dos clientes. No dia seguinte, Danny acordou com as palavras do gerente queimando em seus ouvidos e não aguentou, seu orgulho impotente se enfureceu e ele não foi ao trabalho. Assim eles voltaram ao ponto onde haviam começado.

No último dia da convenção, Danny, Ronale, Dennis, Brent e Danielle estavam sentados em sua sala. A televisão estava ligada na HGTV. Brent tinha o cabelo cortado curto — estava no nono ano e entrara para o Junior ROTC.* Danielle estava no computador fazendo sua lição de casa. A família não conseguira inscrevê-la numa escola decente, por isso estava matriculada no sexto ano da Escola Virtual de Hillsborough (o que funcionou bem até que eles não puderam mais pagar pela internet e perderam o serviço). Danny tomava uma Pepsi Diet e ajudava Danielle na lição. Ele já lamentava a cabeça quente que lhe custara o emprego.

Ronale ainda estava furiosa com o discurso da esposa do candidato. "Ela estava fazendo o maior teatro, e eu não entendo como não notaram a falsidade. 'Eu tive câncer de mama, tive esclerose múltipla'— mas querem acabar com o

---

* Corpo de Treinamento de Oficiais da Reserva. (N. T.)

Planned Parenthood. É assistência para as mulheres que não podiam pagar por mamografias, exames de Papanicolau, câncer preventivo. Se uma mulher é diagnosticada com câncer de mama, o que ela vai fazer se não tiver dinheiro?"

Danny disse: "Meu ponto de vista sobre tudo — se você quer mudar este país, tem de colocar uma pessoa no poder que nunca tenha estado lá. Ponham um cara comum como eu, alguém que viveu a vida e nunca fez outra coisa senão vivê-la". Ele tomou um gole de Pepsi Diet. "Nós estamos lutando, mas não estamos morrendo de fome. Não há vida, mas há um teto sobre sua cabeça."

"É o preço da liberdade", disse Dennis. "Eu posso voltar para casa, tenho uma cama para dormir, tenho comida, um refrigerante para beber, ou chá — eu estou bem. Gostaria de poder ter mais, como todo mundo, mas nunca vai ser perfeito, desde que o mundo funciona do jeito que funciona e as pessoas tomam as decisões que tomam."

Era o penúltimo dia de agosto. Enquanto os republicanos concluíam sua convenção de 123 milhões de dólares a quinze minutos de distância, os Hartzell, depois de pagar todas as suas contas, tinham cinco dólares até o dia 1º de setembro.

Tammy Thomas

Um dia, na primavera de 2012, Tammy deixou sua bolsa no Pontiac e caminhou até a porta da frente da casa de alvenaria na Tod Lane. Ela não conseguia encontrar o nome da rua, e se perguntou o que teria acontecido com o jardim de rosas sob as janelas da frente, mas aquela era a casa — lá estavam o pátio curvo do lado direito, a árvore que lhe valeu uma surra por ter subido nela. Os cães já estavam latindo antes que reunisse coragem para bater. A porta se abriu, e uma mulher branca baixinha de cabelos brancos apareceu.

"Pois não?" A mulher de pernas arqueadas vestia moletom e uma camiseta que dizia BODYWORKS.

"Olá!" Tammy ficou no caminho circular ao redor dos degraus da frente. "Imagino que deve estar se perguntando por que esta senhora está na entrada da minha casa."

A mulher retirou-se para afastar os cães que latiam e depois voltou para a porta.

Tammy disse: "Posso subir e apertar sua mão?".

"Hã-hã."

Tammy se aproximou, e a mulher aceitou sua mão com cautela. "Meu nome é Tammy Thomas e quero lhe dizer que a senhora que morava nessa casa…"

"Purnell?"

"Miss Purnell. Minha bisavó costumava trabalhar para ela, e quando Miss Purnell — lembro dela muito vagamente — quando ela faleceu, nós ficamos aqui por um tempo."

"Sim. Hã-hã."

"E eu tenho muitas lembranças vivas dessa casa" — a voz de Tammy estava ficando embargada — "e andei pensando se são apenas lembranças, ou se são verdade." Ela mencionou o roseiral e o pátio curvo, o salão de baile no andar de cima, a escadaria grandiosa e o banheiro comprido de Miss Lena, com os azulejos dourados e o box do chuveiro. "Comecei a frequentar o jardim de infância aqui", disse Tammy, "e nem sei mais o que dizer."

A mulher confirmou que todas as lembranças eram reais, mas foi a emoção nos olhos e na voz de Tammy que a fez dizer: "Você pode entrar e dar uma olhada. Estou fazendo uma reforma".

Tammy entrou. A grande escadaria ficava bem em frente — apenas um lance de escadas com uma passadeira puída. O hall de entrada e a sala de estar, onde ela aprendera a andar de bicicleta, parecia muito menor do que guardava na memória. O parquet do piso tinha o mesmo padrão, mas o brilho estava gasto e estava todo arranhado. Não havia mais campainha na sala de jantar.

O nome da mulher era sra. Tupper. A casa custara 200 mil dólares em 1976, mas agora valia menos do que isso. Seu marido era executivo da Packard Electric, porém falecera havia muito tempo, seus filhos se mudaram e ela explicou o mau estado das coisas com o jeito de alguém que vive sozinha e completamente absorta numa tarefa. "Como eu disse, não vou estar aqui por muito mais tempo, e o carpete original — não troquei o carpete por causa dos cachorros. Todo carpete tem hoje em dia uma parte de baixo áspera, e isso destruiria o piso. Destruiria tudo. Tem de ter um avesso macio. Mesmo que você tenha um estofo por baixo, ainda assim não ajuda."

A sra. Tupper tinha acabado de chegar de sua aula de balé. Ainda fazia dança naquela idade, mas os joelhos começavam a enfraquecer quando se ficava mais velho, e ela não fazia mais sapateado. Tammy a seguiu de aposento em aposento, olhava para as paredes e os tetos, perdia-se na memória (aquele era o lustre original?), depois voltava ao presente e àquela mulher, para descobrir onde estava — em uma casa que ela mesma estava reformando lentamente, com dificuldade, com a ideia de vendê-la antes de morrer —, sabendo instintivamente como estabelecer uma conexão com uma mulher idosa.

Quando estavam no pátio curvo de frente para o jardim, a sra. Tupper olhou de repente para Tammy como se fosse a primeira vez. "Eu sei o que se sente ao voltar e ver coisas."

Ela e a irmã tinham nascido em Ohio, foram levadas para Washington por seus pais ricos e depois abandonadas, internadas em um lar para crianças, e ela havia recentemente voltado a Washington para vê-lo. "Eu cresci na época em que tínhamos reformatórios. Mães, se vocês não cuidarem de seus filhos, eles irão para um reformatório se forem maus, e se vocês não querem cuidar deles, podem pô-los em um lar para crianças. Não é uma coisa errada. Perfeito. Deram-me mais do que eu jamais pude dar aos meus filhos."

O quintal da sra. Tupper dava para os campos vazios do outro lado da rua, onde outrora ficava a Rayen High School. Era a escola que Barry, o ex--marido de Tammy, pai de seu primeiro filho, frequentara, e também de Genebra, sua melhor amiga, que fora jogada na rua e levara um tiro na ca-beça. Construída em 1922, demolida depois que fechou, em 2007. A sra. Tupper ficou contente com seu fim. A casa entre a dela e a escola era um antro de drogas, e os Crips e Bloods costumavam brigar ali. Uma vez, dois garotos armados estavam perseguindo e atirando em um terceiro, que arre-bentou a cerca, correu até a varanda e entrou em sua casa. A sra. Tupper o fez sentar e lhe fez um monte de perguntas, mas tudo o que ele disse era que estava com a gangue, ele era um Crip e eles eram Bloods, estavam atrás dele e ele estava salvando sua vida. Alguns dias depois, ele voltou ao ponto de venda de drogas com uma arma, porque não aguentava mais. Do segundo andar, a sra. Tupper ouviu um menino gritar por sua mãe pouco antes de a arma disparar. Um garoto foi até o pátio da escola e lá morreu, o outro ficou na calçada até a chegada da ambulância que sra. Tupper chamou, mas já estava morto.

"Isso foi no final dos anos 1980, início dos anos 1990?", perguntou Tammy.

"Por aí."

"Você se lembra dos nomes deles?"

"Não. Nunca saiu no jornal. As únicas coisas que poderiam ser o motivo de estarem atrás dele — ele não quis dizer — eram drogas ou uma mulher."

"Foi provavelmente drogas", disse Tammy.

"Pois é. Eu não percebi porque ele parecia tão jovem. Foi muito triste."

"Sim, claro."

"Quando eles têm treze ou catorze anos, acredito em pô-los no reformatório, e quando digo reformatório, o que significa reforma? Eles podem reformá-lo para querer ser um bom cidadão, e depois de lá vai para o serviço. De qualquer maneira, se mamãe e papai não se importam com você, então o reformatório pode acolhê-lo. Entende? E vai lhe dar alguma coisa para agarrar-se na vida. Certifique-se de receber uma boa educação e vai se divertir lá dentro, você irá ao circo. Eu fiz todas essas coisas. Está ficando frio."

"Meus olhos estão lacrimejando", disse Tammy.

Ela ficou por mais de uma hora. Parecia que poderia ficar o dia inteiro, porque depois que começou a falar, a sra. Tupper não parou mais, só que Tammy precisava voltar ao trabalho. Antes de sair, perguntou se poderia voltar e tomar um chá, ou trazer um lanche.

"Eu adoraria", disse a sra. Tupper.

Tammy entrou em seu Pontiac e foi embora, passando pelo Crandall Park, onde uma vez alimentara os cisnes. A casa era muito menor do que ela se lembrava e menos glamorosa. Não fora bem conservada, e o bairro ao redor estava ficando perigoso. Mas, enquanto Tammy estava no vestíbulo, sua mãe desceu correndo pelas escadas, dizendo que não gostava de ficar lá porque a casa era assombrada e, quando Tammy estava na cozinha, sua avó a chamou para ajudá-la com a roupa, e naqueles momentos ela se sentiu perto delas novamente.

O Front Porch Café ficava no térreo de um edifício de tijolos com um primeiro andar queimado, ao lado da interestadual, perto do centro de Akron. Lá dentro, cinquenta pessoas estavam sentadas às mesas, algumas mulheres negras e brancas e muitos homens negros, muitos deles ex-presidiários. Miss Hattie estava lá, com uma grande foto de Obama em sua camiseta. Tammy estava em pé diante de uma tela, de jeans e uma camisa longa e folgada de tecido sintético com espirais roxas e brancas. Seu cabelo estava curto e pintado com henna no alto.

Dois dias antes, ela estivera num centro comunitário em Cleveland, falando sobre Seguridade Social e Medicare para uma sala cheia de pessoas idosas, as mulheres escutando, os homens jogando dominó. Estava com uma de suas líderes em Cleveland, Miss Gloria, que tinha 71 anos e deveria falar sobre a vida com benefícios de aposentadoria e que eles estavam sob ameaça, mas, como não conseguiam ouvir muito bem Miss Gloria, Tammy teve de fazer a maior parte da palestra, enquanto montava o projetor que carregava a fim de mostrar um vídeo sobre os irmãos Koch, Charles e David, que eram exibidos em um desenho animado como duas cabeças que crescem de um polvo e, depois do vídeo, uma das mulheres, chamada Linda, perguntara: "De onde vêm esses dois irmãos Koch? Por que não ouvimos falar deles antes?". Outra mulher, chamada Mabel, havia dito: "Os irmãos Koch vão fazer os negros pagar a conta". Depois de Cleveland, Tammy teve uma reunião do Conselho de Política Alimentar em Youngstown, e então precisou preparar uma apresentação para uma conferência sobre saúde das minorias. Em meio a tudo isso, aprontava-se para seu casamento na praia, perto de Tampa, com um carpinteiro chamado Mark, um cara que conhecera quando estavam na East High School, e de repente o tio de Mark, de East Cleveland, tinha aparecido com problemas financeiros, e assim o tio estava agora morando com eles em sua casa em Liberty.

Ela estava cansada.

"Eu cresci em um lugar onde podia sentar na minha varanda e sentir o cheiro de enxofre no ar", contou Tammy ao grupo reunido no Front Porch Café. "E todo mundo naquela comunidade trabalhava. Éramos 150 mil pessoas naquela época. E adivinhem? Um dia, os empregos foram embora. Em setembro de 77, as usinas pararam de funcionar. Perdemos mais de 50 mil postos de trabalho num período de dez anos. Tive a sorte de conseguir um emprego na Packard. Onze mil empregos em seu auge, diminuídos para 3 mil, e quando todos nós a deixamos, sobravam menos de seiscentos empregos. Só quero que vocês saibam que a história de Youngstown é típica de todas as antigas cidades industriais dos Estados Unidos."

O mapa de Youngstown pequisado pelo MVOC foi projetado na tela, com a zona leste parecendo um mar de verde. "A casa em que minha avó trabalhou muito duro, limpando o chão, lavando roupa e cozinhando para que pudéssemos ter um lar — esse lar fica agora em uma rua onde restam quatro casas. Duas delas estão vazias, e uma dessas é a nossa. A maioria da nossa comunidade vive assim."

Tammy estava usando anotações que fizera no dia anterior, transformando sua história de vida em um discurso, a fim de ensinar as pessoas do grupo a contar suas próprias histórias e amarrá-las a uma campanha durante a eleição presidencial por melhores empregos em Ohio.

"Quando olhamos para os nossos filhos e o flagelo que se abateu sobre nossas comunidades, como podem atacar continuamente empregos sindicalizados bem remunerados, como os que perdemos na Packard Electric? Ninguém jamais poderia me dizer que eu não iria me aposentar naquele emprego. Precisamos de empregos em Ohio. Precisamos de empregos que paguem um salário mínimo em Ohio. Os empregos são o tecido conjuntivo de tudo o que nos rodeia."

Em 2012, os empregos estavam voltando lentamente a Ohio, alguns deles na região em torno de Youngstown: trabalho na exploração de gás natural do xisto de Utica, encontrado bem debaixo do vale do Mahoning; novos turnos na fábrica da GM no noroeste da cidade; o trabalho de manufatura em fábricas de autopeças; até mesmo alguns empregos em usinas siderúrgicas. Até então, porém, as novas oportunidades não haviam chegado às pessoas que mais necessitavam, como os homens e mulheres pobres e desempregados crônicos que ainda moravam em Youngstown, especialmente aqueles — como tantos que estavam no Front Porch Café — que haviam passado um tempo na prisão. O MVOC não tinha uma estratégia de desenvolvimento econômico. Sua campanha por empregos simplesmente apelava aos empregadores privados para que contratassem gente da cidade em primeiro lugar e dessem aos ex-criminosos uma chance, e ao governo para ser o empregador como último recurso.

"Quando engravidei, isso partiu o coração da minha avó", disse Tammy, encerrando seu discurso. "Eu queria ter certeza de que terminaria o ensino médio, porque sabia que era a única maneira de dar à minha filha uma vida melhor. Tenho três filhos adultos que criei em nossa comunidade, e todos eles foram embora. Youngstown poderia ser um lugar maravilhoso para viver de novo — deveria ser."

Tammy estava tão ocupada em seu trabalho de organização que mal teve tempo de fazer propaganda para a eleição. Mas em 5 de novembro passou duas horas indo de porta em porta com Kirk Noden na região do Lincoln Park, na zona leste, onde havia crescido. Havia um boato de que um papel enganador estava circulando no bairro, dizendo às pessoas que poderiam assiná-lo como substituto para a votação. Então Tammy perguntava a todos que encontrava se já tinham votado, ou pretendiam votar no dia seguinte, ou precisavam de uma carona para ir às urnas. Para sua surpresa, o entusiasmo por Obama era ainda maior do que em 2008, sem aquela preocupação sobre o país estar pronto para um presidente negro e se ele sobreviveria.

E na noite seguinte, quando ele foi reeleito, Tammy viu-se ainda mais emocionada do que na primeira vez. Ela ficara presa na mecânica diária da disputa, do fechamento das urnas em Ohio, o medo de que Obama pudesse perder. Chegara mesmo a pensar na eleição de forma negativa: se ele perdesse, as pessoas que ela havia ajudado a recrutar e treinar, gente como Miss Hattie e Miss Gloria e os homens do Front Porch Café, poderiam achar que o trabalho era em vão, e alguns anos de sua vida estariam perdidos. Tammy não se permitira pensar sobre o que significaria se ele ganhasse. E quando acabou, ela pensou: "Meu Deus, isso significa que temos uma chance de fazer alguma coisa de verdade".

Dean Price

Um dia, no primeiro semestre de 2011, na época em que parou de ir à Red Birch, Dean estava sentado no escritório de desenvolvimento econômico do condado de Rockingham, dando uma olhada nos escritos que estavam em exposição, quando encontrou um estudo realizado por um professor da Universidade Estadual dos Apalaches, em Boone, sobre os resíduos de óleo de cozinha na Carolina do Norte. Uma tabela mostrava a população de cada um dos cem condados do estado, o número de restaurantes em cada um e os galões de óleo de cozinha que esses restaurantes jogavam fora. Em cada condado, mesmo os menores e mais pobres, a quantidade de óleo para cada homem, mulher e criança era de cerca de três ou quatro galões por ano, algo em torno de quinze a dezoito litros. Havia uma correlação direta entre a quantidade de óleo de cozinha jogado fora por um condado em um ano e a quantidade de combustível que os ônibus escolares usavam nesse mesmo ano.

Dean ergueu-se em sua cadeira. Exatamente como quando leu pela primeira vez sobre o pico do petróleo, seus joelhos fraquejaram e ele cambaleou para trás. Desde que deixara a Red Birch e começara a trabalhar por conta própria, procurava alternativas para o óleo de canola, que não dava lucro enquanto a gasolina estivesse abaixo de cinco dólares o galão. Era por isso que a Red Birch tinha um modelo de negócio fracassado — Dean dizia isso para quem quisesse ouvir. Por outro lado, o óleo de cozinha usado era barato: alguns restaurantes cobravam cinquenta centavos por galão para retirá-lo dos barris nos fundos e levá-lo dali, alguns davam de graça e outros até pagavam para que fosse removido. Frango frito, fígado e moela, carne de porco desfiada, peixe, bolinhos de milho, quiabo frito, batatas fritas — quase tudo que se comia nos restaurantes da Carolina do Norte era feito em óleo vegetal marrom-avermelhado brilhante que borbulhava em fritadeiras profundas de metal. E todo aquele óleo tinha de ser descartado.

As empresas que levavam o óleo eram chamadas de coletoras. Além do óleo de restaurantes, também coletavam carcaças de animais — porcos, ovelhas e vacas de abatedouros, vísceras jogadas fora por açougues e restaurantes, gatos e cães sacrificados em canis, animais mortos de clínicas veterinárias, animais mortos de jardins zoológicos, animais atropelados. Pilhas de animais eram transportadas para a unidade de processamento e jogadas em grandes recipientes para moagem e trituração; depois, tudo era despejado em panelas de pressão, onde a gordura se separava da carne e dos ossos em fogo alto. A carne e os ossos eram pulverizados e transformados em farinha de proteína que entrava nos alimentos enlatados para animais. A gordura animal era transformada em graxa amarela, que era reciclada para batons, sabão, produtos químicos e alimentos para animais. Assim, vacas comiam vacas, porcos comiam porcos, cães comiam cães, gatos comiam gatos, e os seres humanos comiam a carne alimentada com carne morta, ou a espalhavam em seus rostos e mãos. A coleta e o beneficiamento de subprodutos animais eram uma das indústrias mais antigas do país, remontando à época do sebo, da banha, da luz de velas, e uma das menos comentadas. Um livro sobre o assunto tinha como título *Rendering: The Invisible Industry* [Coleta de resíduos sólidos: a indústria invisível]. Era o tipo de serviço nojento, mas essencial, como os esgotos, mas ninguém queria pensar nele. As empresas praticamente regulavam-se a si mesmas, e as fábricas eram construídas longe das habitações humanas, e gente de fora quase nunca tinha permissão para entrar, ou mesmo sabia que existiam, a menos que o vento soprasse na direção errada.

As coletoras transformavam o óleo de cozinha usado em graxa amarela, mas tinha um uso diferente do produzido pela gordura animal, que as empresas estavam apenas começando a descobrir: como ficava gelatinoso a temperaturas mais baixas do que a gordura animal e queimava limpo, o óleo era ideal para a produção de combustível.

Quando leu o estudo da Estadual dos Apalaches e viu o gráfico que mostrava a população e os litros de óleo de cozinha usados condado por condado, Dean de repente juntou as coisas. Cada cantinho da Carolina do Norte tinha as sementes de uma indústria de biodiesel. E, se isso valia para a Carolina do Norte, valia também para o Tennessee e o Colorado.

"Isso remonta a Gandhi", disse Dean. Ele comprara um livro intitulado *The Essential Gandhi* e lera sobre *swadeshi*, que significa autossuficiência e independência. "Gandhi disse que era um pecado comprar de seu vizinho mais distante e negligenciar seu vizinho mais próximo. Não se trata de produção em massa, mas de produção pelas massas. Cada faculdade comunitária em que falo quer iniciar um projeto de biocombustíveis, mas não pode porque não tem a matéria-prima — todos os estágios estão dominados por grandes empresas. Será preciso uma tecnologia disruptiva para atacar o elo mais fraco da cadeia. O óleo de cozinha usado é o elo mais fraco. Trata-se de uma indústria antiquada, arcaica, com 130 anos de existência, fabricantes modernos de rodas para carroças. Eles sabem que a vida útil em seu velho plano de negócios está chegando ao fim, porque têm a única fonte de energia em todas as comunidades para biocombustíveis."

Em sua estante havia um volume chamado *The Prosperity Bible* [A Bíblia da prosperidade], uma antologia de textos clássicos sobre os segredos da riqueza. O segundo livro preferido de Dean depois de *Pense e enriqueça* era *Acres of Diamonds* [Acres de diamantes], uma palestra que um ministro batista chamado Russell Conwell publicou em 1890 e que ele proferiu pelo menos 6 mil vezes antes de sua morte, em 1925. Conwell fora capitão do exército da União, expulso por abandonar o seu posto na Carolina do Norte, em 1864. Ele passou a escrever biografias de campanha de Grant, Hayes e Garfield e, mais tarde, tornou-se pregador na Filadélfia. A palestra que o deixou famoso e rico — suficientemente rico para fundar a Universidade Temple e tornar-se seu primeiro reitor — baseava-se numa história que Conwell afirmava ter sido contada por um guia árabe que contratou em Bagdá, em 1870, para levá-lo às ruínas de Nínive e da Babilônia. Na história, um fazendeiro persa chamado Al Hafed recebia a visita de um sacerdote budista, que lhe dizia que os diamantes eram feitos por Deus a partir de gotas congeladas de luz solar, e que ele sempre os encontraria em "um rio que corre sobre areia branca entre montanhas altas". Então Al Hafed vendeu sua fazenda e saiu à procura de diamantes, e sua busca levou-o até a Espanha, mas ele nunca encontrou diamante algum. Por fim, em desespero e em trapos, jogou-se ao mar, ao largo da costa de Barcelona. Enquanto isso, certa manhã, o novo proprietário da fazenda de Al Hafed levou seu camelo para beber água e viu nas areias brancas de um riacho raso uma pedra que faiscava: a fazenda estava sobre os diamantes — acres deles — da mina de Golconda, o maior depósito de diamantes do mundo antigo.

Havia duas lições na palestra de Conwell. A primeira era dada pelo guia árabe: em vez de buscar riqueza em outro lugar, cave em seu próprio jardim e a encontrará ao seu redor. A segunda foi acrescentada por Conwell: se você é rico é porque merece sê-lo; se você é pobre é porque merece sê-lo. As respostas estão em sua mente. Era também o que pensava Napoleon Hill: havia um elemento divino no ser humano, a doença vinha da mente e podia ser curada pelo pensamento certo. Chamava-se Novo Pensamento, uma filosofia da Era Dourada de Carnegie e Rockefeller, um período de extremos de riqueza, tal como a época em que Dean vivia. William James chamou essa filosofia de "movimento Cura da Mente". Ela exercia uma atração profunda sobre Dean.

Depois de viajar à procura de riqueza, Dean voltara para sua fazenda — ao contrário do antigo persa — e ali buscou sua fortuna. Acres de diamantes! Eles deviam estar ao seu redor, bem debaixo do pé — atrás do balcão da lanchonete P&M, na rodovia 220, onde ele parava para o almoço, na cozinha do Fuzzy's Bar-B-cue, em Madison, e nas fritadeiras do Bojangles', ao lado de sua casa, aquela que havia construído e depois passou a odiar.

Acres de diamantes!

Dean começou a pensar em uma forma de afastar aquelas empresas arcaicas e obscuras de coleta e beneficiamento de seu óleo de cozinha usado. Muitos dos maiores restaurantes e redes de lanchonetes da Carolina do Norte e da Virgínia tinham contratos de longa data que pagavam a uma empresa gigantesca, a Valley Proteins, para levar o óleo. Outros simplesmente o davam para qualquer coletora local que o levasse embora. Dean teria que encontrar um jeito de fazer com que todos os restaurantes lhe dessem o óleo.

Quando o Katrina atingiu a Costa do Golfo, as escolas públicas da Carolina do Norte tiveram de fechar pouco depois por falta de diesel para os ônibus escolares. Cada condado do estado contava com uma frota de ônibus, e cada um desses ônibus funcionava a diesel. No início do século XXI, isso custava cinquenta centavos de dólar por galão; no início de 2011, já custava mais de quatro dólares. Isso era sustentável? Milhões de dólares queimados em combustível para escolas que estavam sofrendo a pior crise orçamentária em décadas, demitindo professores e assistentes no meio de uma recessão? Dean leu um artigo sobre uma menina de nove anos de idade que morava com a mãe numa estrada rural do condado de Warren e precisava andar um quilômetro e meio para pegar o transporte escolar, pois o ônibus não tinha mais combustível para buscá-la em casa.

As escolas públicas eram muitas vezes o maior empregador do condado. Elas ofereciam a porta de entrada para o sonho americano. Eram o futuro do país. Dean achava que, se conseguisse ter as escolas ao seu lado, poderia pôr as mãos em todo aquele óleo de cozinha usado. E imaginou uma maneira de fazê-lo.

E se cada condado da Carolina do Norte fabricasse o próprio biodiesel para seus ônibus escolares? Pense em quanto dinheiro dos contribuintes poderia ser economizado, quantos professores poderiam permanecer nas salas de aula, quanto as crianças poderiam ser mais saudáveis, quanto o meio ambiente ficaria mais limpo. Tudo o que seria preciso era uma matéria-prima confiável e uma refinaria relativamente barata. E se Dean fosse de condado em condado e se oferecesse para coletar o óleo do restaurante local e transformá-lo em combustível para ônibus escolares em uma instalação que o município construísse? Mais para a frente, com o equipamento certo, ele poderia esmagar sementes de canola para transformá-las em óleo de grau alimentício, vendê-la aos restaurantes, recolher o óleo usado e convertê-lo em combustível. Desse modo, os agricultores locais entrariam no circuito, e o óleo seria usado duas vezes.

Seria como entregar baldes de dinheiro às escolas. Os restaurantes iriam todos querer participar e ganhar o crédito por ter ajudado as crianças. Um dia, Dean criou a metáfora perfeita para o seu projeto. Iria chamá-lo de "o arrecadador de fundos definitivo das escolas".

Ele começou perto de casa. Não foi fácil chegar aos comissários do condado de Rockingham — seus funcionários existiam para mantê-lo longe —, mas com persistência, no centésimo primeiro golpe do martelo, conseguiu marcar uma data para a sua apresentação. Os comissários ficaram entusiasmados, e uma pequena nota sobre o tema saiu no jornal de Greensboro, mas depois Dean não foi mais procurado e percebeu que eles não tinham comprado a ideia. Algumas semanas mais tarde, topou com o presidente da comissão na lanchonete P&M, na 220, e ele lhe disse: "Recebi um monte de e-mails de empresários locais dizendo que agora não é o momento para fazermos isso".

"Quem são esses empresários?", perguntou Dean.

"Você sabe que não posso dizer."

"Por que você não pode me dizer?"

Só podia ser seu inimigo, Reid Teague, o magnata do petróleo local, que havia cortado o combustível para seu posto de caminhões de Bassett, o expulsara do negócio e depois foi atrás de sua casa. Teague provavelmente vira o artigo no jornal e ligou para o comissário. Dean não tinha certeza, mas acreditava nisso. Um profeta era sempre um pária em sua própria terra. Graças a Deus, havia 99 outros municípios na Carolina do Norte.

Em um depósito de carros usados, Dean pagou 3500 dólares por um Honda Civic 1997, com 315 mil quilômetros rodados e um ar-condicionado quebrado e começou a levar sua ideia para todo o estado, à procura de acres de diamantes, dos Apalaches à planície costeira.

Dean tinha um apartamento em seu porão que alugava por 225 dólares por mês para um rapaz de 25 anos chamado Matt Orr. Matt crescera na região, teve mais do que sua cota de bebidas, cigarros e festas, depois entrou para o Exército a fim de se disciplinar e serviu no Iraque em 2006 e 2007. Os Estados Unidos pareciam lindos depois de Tikrit — na viagem com seu pai do aeroporto Greensboro para o condado de Stokes, Matt viu árvores, colinas e relva verde, e sentiu que estava acordando de um pesadelo. No entanto, ele chegou em casa com um olhar perdido no infinito e sem perspectivas de emprego remunerado. Foi contratado por uma loja de autopeças — havia sido mecânico na 25ª Divisão de Infantaria —, mas nunca aumentaram seu salário acima de 7,75 dólares por hora. Ele deixou o emprego e trabalhou por pouco tempo em uma fábrica de tubos de cobre, a mesma em que Dean trabalhara depois do colégio, mas pagavam a Matt oito dólares por hora, menos do que Dean ganhava em 1981. Depois de largar também esse emprego, Matt conseguiu uma vaga no Kmart de Madison como "gerente de prevenção de perdas", o que significava passar dez horas por dia à procura de ladrões de loja e pôr os que capturava em detenção não violenta, inclusive um desempregado de quarenta anos que estava tentando roubar uma barraca porque sua mãe o expulsara de casa. Não era o que Matt queria voltar a fazer — esperava ter coisa melhor —, mas não podia recusar dez dólares por hora. Então o Kmart reduziu seu salário para 8,50.

O que realmente deprimia Matt era como tudo havia ficado monetarizado nos Estados Unidos, tratava-se apenas de obter o maior lucro com o menor custo. Era tudo eu, eu, eu, e ninguém queria ajudar ninguém. Os lobistas e os políticos eram todos corruptos, tirando tudo daqueles que tinham o mínimo. A coisa que mais gostava de fazer quando estava sozinho no porão da casa de Dean era relaxar com uma cerveja e assistir a episódios antigos de *The Andy Griffith Show*. O país era melhor naquela época. Se pudesse escolher a época em que gostaria de ter crescido, teria sido nos anos 1950, que foram o último grande momento dos Estados Unidos. Ele odiava dizer isso, mas era verdade.

Dean tentou fazer tudo o que podia por Matt, porém, depois que ele passou cinco meses sem poder pagar o aluguel, teve de lhe pedir para sair.

The Andy Griffith Show ainda era popular na região (mesmo depois de Andy ter feito um anúncio para o Obamacare), com reprises todas as tardes, porque o modelo para Mayberry R.F.D. era a cidade de Mount Airy, na fronteira com a Virgínia — agora apenas mais uma cidade têxtil em crise que tentava manter uma aparência pitoresca na Main Street por causa dos turistas, com as vitrines exibindo cartazes, fotos e recordações onde apareciam aqueles rostos todos brancos, simplórios e reconfortantes do programa. No final de julho, poucos dias depois de sua audiência sobre falência em Greensboro, Dean fez uma viagem de uma hora de carro até Mount Airy para ver uma mulher da comissão da cidade. Ele havia tentado por quatro meses fazer com que um condado endossasse sua proposta, viajando por todo o estado, conversando com autoridades em pelo menos trinta condados, sem sucesso. Eles eram como lêmingues, aguardando o primeiro saltar, mas alguma coisa os detinha.

Dean não falava com Gary havia meses. Não queria que ele soubesse da ideia nova, porque, na cabeça de Dean, Gary era um pirata, um pirata moderno. Qualquer ideia que Dean tivesse, Gary a roubava e reivindicava como sua. Isso remetia ao que Napoleon Hill escrevera sobre a aliança que criava a figura do "Mentor" — ele e Gary jamais a tiveram. Gary não acreditou no que Dean lhe disse sobre a terceira mente. E Gary era um republicano do Tea Party. Uma vez, quando Dean estava tomando umas cervejas com um plantador de tabaco, o tema das parcerias surgiu. "Parcerias são boas para duas coisas", disse o agricultor: "Dançar e foder". Por ora, Dean estava por conta própria.

A mulher em Mount Airy se chamava Teresa Lewis. Eles se encontraram no escritório dela, em um shopping center longe do centro da cidade, onde

Teresa fazia um serviço temporário. Estava na casa dos cinquenta anos, cabelos loiros tingidos, terninho azul e pérolas. Havia um cartaz de Elvis na parede e fotos de John McCain e do senador republicano do estado. Dean pôs os potes de apenas de canola e óleo sobre a mesa de Teresa e explicou sua ideia.

"É realmente um esforço comunitário de base", disse ele, "que envolve não apenas os agricultores, mas os proprietários de restaurantes, o sistema de escolas e o governo."

"Bem, Dean", disse Teresa, numa fala ofegante, "o que impediria alguém de fazer isso? Não parece ter um lado negativo."

"Não tem."

"Somos uma grande comunidade agrícola. O tabaco construiu todos os prédios desta cidade." Teresa sorriu. "Mas, Dean, você usou duas palavras — 'sustentabilidade' e 'verde' — que as pessoas daqui não gostam."

Teresa deu a Dean uma lição sobre a política local. Ela era republicana, evidentemente, mas do tipo Câmara de Comércio, Fundo Unido, melhoria cívica, não uma do Tea Party. Em 2010, havia perdido a eleição para prefeito de Mount Airy para uma republicana muito conservadora — uma ex-operária têxtil e fã de Glenn Beck —, e o Tea Party havia tomado o conselho de comissários do condado de Surry. Na comissão da cidade, uma proposta para instituir a coleta de lixo reciclável havia inflamado os ânimos em ambos os lados, com alguns adversários chamando aquilo de esforço liberal, verde e governista para impor uma carga aos contribuintes de Mount Airy, e Teresa dera o voto decisivo a favor da medida. Ela ainda parecia ferida pelas batalhas recentes.

"As pessoas aqui gostam de 'poupança', gostam de 'agricultura', gostam de 'receber restituição'", disse Teresa. "E gostam de 'fontes alternativas'. 'Alternativa' não provocará a mesma reação que 'sustentabilidade'."

"Sim, senhora."

"Você está diante de cinco comissários do condado da última eleição, todos muito conservadores", contou ela. "Eu gosto de você, só estou avisando que essas palavras não são populares."

Teresa disse que ajudaria Dean a levar sua ideia à Comissão do Condado de Surry, mas semanas se passaram e não houve nenhuma definição.

Dean rodou 80 mil quilômetros no Honda usado. Atravessou o comprimento e a largura do estado com seus frascos, usando seu boné de beisebol vermelho da Coca-Cola que já estava cor-de-rosa. Falou para quem quisesse ouvir. Conversou com os hippies na Piemont Biofuels, uma cooperativa de propriedade dos trabalhadores próxima de Chapel Hill — a Carolina do Norte próspera e progressista, para onde se mudavam pessoas de outros estados —, e falou com um membro do conselho escolar de Greensboro que era tão de direita que não tinha nem certeza de que deveria haver escolas públicas.

Conversou com Eva Clayton, uma deputada negra aposentada do condado de Warren. Sentaram-se em seu escritório em Raleigh e Dean disse: "Da maneira como vejo as coisas, essa economia está demonstrando que não pode prover a quantidade de empregos necessários para a população atual. Portanto, precisamos começar a pensar de modo diferente, e acho que essa nova economia verde é de fato uma mentalidade diferente, e não consigo ver essa economia começando de outra forma a não ser com uma fonte de energia", e Eva Clayton, que era baixa, elegante e séria, respondeu: "Hã-hã. Qual é o pedido?". E Dean disse: "Pedimos que os proprietários de restaurantes façam parte desse movimento, doando ou vendendo o óleo com desconto. A segunda coisa é trabalhar com os conselhos escolares, para que eles façam os caras das garagens de ônibus introduzir esse novo combustível nos ônibus escolares. Essa é a semente, o ponto de partida. Daí vamos para a canola". E Eva Clayton disse: "Estamos pedindo aos agricultores para plantar?". E Dean respondeu: "Para plantar canola. Vamos construir uma instalação de moagem de pequena escala para obter óleo da semente". E Eva Clayton, pegando os frascos de Dean e deslizando-os sobre sua mesa de conferência, disse: "Você vai fazer os agricultores cultivarem isso". E Dean respondeu: "Sim, senhora. Para convencê-los a cultivar isso é só uma questão de dinheiro". E Eva Clayton disse: "Eu vejo um cavalheiro que tem uma ideia que pode ajudar essas pessoas em dificuldades, mas o problema é agora — 'eu preciso de comida agora, eu preciso para pagar as contas agora' —, e essa ideia está a um ou dois anos de distância". Eva Clayton finalmente sorriu. "Mas a esperança vem dessas ideias, de pessoas dizendo que podemos fazer melhor."

Ele falou em uma feira de empregos verdes, num arsenal reformado de Warrenton, diante de um grupo de trezentas pessoas à procura de trabalho, 80% delas negras. Havia feito uma pesquisa antes de ir a Warrenton e tinha lido sobre Soul City, que ficava a apenas oito quilômetros da cidade. Soul City foi fundada na década de 1970 por um ativista negro chamado Floyd McKissick, com a ajuda de Eva Clayton e seu marido, em 2 mil hectares de campos de tabaco pobres. Destinava-se a ser uma comunidade multirracial autossuficiente, com moradia planejada para 18 mil pessoas, e o governo Nixon entrou com uma verba federal no âmbito do programa Cidades-Modelo depois que McKissick se filiou ao Partido Republicano — o que enfureceu o pai de Dean, que odiava a ideia da Soul City —, mas a população nunca passou de duzentas pessoas, e nenhum negócio se estabeleceu lá. Em vez disso, Soul City teve uma morte lenta, e em 2011 havia apenas um posto de saúde vandalizado e algumas casas de dois quartos em ruas chamadas de Libertação e Revolução, ao lado de plantações de milho em barro vermelho.

Dean leu sobre tudo isso, ficou entusiasmado e, na feira de empregos verdes, levantou-se e declarou: "Meu nome é Dean Price, mas quero que vocês me chamem de Green Dean. Na minha opinião, um dos maiores homens que já viveu foi Martin Luther King". Se seu pai ouvisse isso! Quando o Congresso estava debatendo se deveria decretar feriado nacional o dia em que King nasceu, o pai dissera: "Se matarem mais quatro, podem dar a eles uma semana inteira". Dean sempre pensara que King era um líder negro na melhor das hipóteses, não um líder de todos os homens, mas sua opinião havia mudado nos últimos anos, e agora, diante da plateia majoritariamente negra, que nunca devia ter ouvido um homem branco com um sotaque sulista dizer esse tipo de coisa, ele prosseguiu: "Martin Luther King disse uma vez: 'Nós todos viemos para cá em navios diferentes, mas estamos no mesmo barco agora', e ele ouviu um suspiro na multidão. "Existe outro homem que veio para o condado de Warren há quarenta anos chamado Floyd McKissick." Outro suspiro, das pessoas mais velhas da plateia. "Floyd McKissick também tinha um sonho, que era construir uma cidade para todos os homens — brancos, amarelos, pretos, marrons, verdes —, para que pudessem trabalhar juntos, com oportunidades iguais para todos. E eu estou aqui para dizer que o sonho ainda está vivo! Floyd McKissick era um visionário. Ele estava nadando contra a corrente, mas a maré virou e estamos nadando a favor, porque a energia barata está acabando. A energia barata possibilitou a globalização, e o que vai possibilitar o reverso da globalização será o alto custo da energia, e isso remonta a Gandhi. O líder indiano disse que era um pecado comprar de seu vizinho mais distante e esquecer do seu vizinho mais próximo."

E contou-lhes como poderiam produzir a própria energia bem ali, em um dos condados mais pobres da Carolina do Norte.

Eles adoraram o discurso de Dean. Depois disso, passaram a chamá-lo de "Green Dean! Green Dean!". Um homem negro idoso de olhos azuis lhe disse: "Se eu tivesse 1 milhão de dólares, poria em sua ideia". Acres de diamantes no condado de Warren. Mas o conselho de comissários não tinha o mesmo senso de urgência, passou meses examinando a ideia sem tomar nenhuma decisão, e o discurso de Dean não deu em nada.

Ele conversou com Kathy Proctor, uma mulher branca de 55 anos de idade, mãe solteira de duas filhas, que morava perto de High Point e havia perdido o emprego na fábrica de móveis durante os resgates financeiros dos bancos. Com o dinheiro do seguro-desemprego, ela voltara a estudar biotecnologia na faculdade comunitária de Winston-Salem, não somente para começar uma nova carreira, mas para servir de exemplo a suas filhas. Um dia, o presidente Obama visitou sua escola para falar sobre reciclagem e fabricação e, quando ele entrou no laboratório de Kathy e perguntou se alguém tinha uma história, Kathy contou a dela. Qual não foi seu espanto ao ser convidada por Michelle Obama para assistir ao discurso do Estado da União de 2011 (e ela nem havia votado no marido da sra. Obama em 2008, mas poderia muito bem fazer isso na próxima vez). Quando o presidente mencionou o nome de Kathy Proctor em seu discurso, ela ficou tão surpresa que as câmeras captaram uma mulher corpulenta de cabelo escuro liso voltando-se para as pessoas sentadas ao seu lado no camarote da primeira-dama e dizendo: "Essa sou eu".

Quando Dean foi visitar Kathy Proctor e sentaram-se juntos na sala de estar apertada e decorada com peças pintadas de preto feitas nas fábricas extintas em que ela trabalhara toda a sua vida, Kathy tinha sido contratada para atuar no controle de qualidade em um centro on-line de distribuição de vitaminas 24 horas. Estava ganhando 30 mil por ano — menos do que na fábrica de móveis, e não era o trabalho de laboratório que almejava com seu diploma, mas era melhor do que o salário mínimo, melhor do que viver nas ruas, pagava suas contas.

Dean contou que ele também havia conhecido Obama e depois falou sobre seu projeto.

"Eu não sabia sobre esses biocombustíveis", disse Kathy, uma mulher animada e curiosa.

"Comecemos uma nova indústria", disse Dean com uma risada.

"Poderíamos. Estou interessada nisso. Está no ponto para decolar. Há quanto tempo você vem trabalhando nisso, Dean?"

"Desde 2005 — e tem sido uma luta."

A Casa Branca convidara Kathy para ouvir Obama falar em uma faculdade comunitária de Greensboro no dia seguinte. "Se eu conseguir uma chance de falar com o presidente amanhã, vou mencionar o projeto para ele."

Dean e Kathy fizeram um gesto de cumplicidade, batendo com as palmas das mãos. Mas ele já não esperava muito do presidente. Na Red Birch, pensava que a mudança viria com a eleição de Obama, ou que Tom Perriello ajudaria a fazer isso acontecer. Do jeito que o país estava polarizado, Obama teve sua melhor chance quando tinha a maioria no Congresso, mas não conseguiu apoio suficiente para aprovar o mecanismo de *cap and trade*. Obama fracassara, e Perriello fora trabalhar para um *think tank* em Washington. A mudança não viria de novas leis. Não viria de Washington ou de Raleigh. Talvez viesse de Stokesdale. O país estava emperrado, e nenhum político podia resolver isso. Seria preciso um empreendedor. "É como uma represa que sofre uma rachadura e a água começa a vazar aos poucos, e não demora para que toda a barragem venha abaixo, e eu acho que é assim que acontece com essa economia. E aquela rachadura é a relação entre a empresa coletora e o dono do restaurante."

Essa era a crença de Dean, a sua fé. Aos 48 anos de idade, sem emprego, sem sócio, quase nenhum dinheiro, indo de condado em condado e falando para centenas de pessoas, algumas mordiscadas, mas nenhuma mordida sólida em sua isca — aqueles meses foram o teste mais forte para sua fé. Talvez ele não soubesse como falar com os burocratas dos condados. Eles eram ainda mais cautelosos do que os agricultores, sabendo que precisavam de ajuda, mas com medo de dar o primeiro passo em algo que não podiam ver — o que era a própria definição de fé. Às vezes, quando estava descrevendo sua visão, Dean se empolgava demais e começava a perdê-los. Um de seus folhetos dizia: "Os dólares ganhos com o suor do rosto que pagamos em impostos vão sustentar terroristas e jihadistas, as mesmas pessoas com quem estamos em guerra. Enriquecemos as vidas deles, enquanto lutamos para manter nossa infraestrutura básica"; isso assustava alguns administradores escolares.

Uma vez, quando estava no condado de Franklin, seu filho Ryan lhe telefonou da escola. Um adjunto do xerife estava à procura de Dean; ao tentar entregar uma intimação civil, encontrou a porta da casa entreaberta e ficou preocupado que tivesse havido um arrombamento. A intimação era de uma empresa de alimentos que não sabia da falência da Red Birch de Martinsville. A mãe de Dean não conseguiu esconder sua preocupação. Aquilo não era um pouco louco? Quando ele iria ganhar algum dinheiro? Não estava na hora de desistir e arranjar um emprego?

E tudo ao seu redor era decadência.

Um dia, em outubro, Dean rodava pelo condado de Forsyth e parou em um pequeno lugar chamado Rural Hall, onde ainda realizavam leilões de tabaco na Old Belt Farmers Co-Op — uns dos últimos do estado, se não do país. Era o fim da temporada, e o armazém cavernoso com o cheiro forte do tabaco impregnado no ar estava quase vazio, e seis ou oito homens com camisas polo andavam para lá e para cá por fileiras de fardos de mais de um metro de altura de tabaco. À medida que avançavam de fardo em fardo, os compradores pegavam punhados de folhas marrom-dourado e o leiloeiro anunciava um preço por libra — "dólares quinze dólares dez dez dólares dez dez dez dólares dez dez dólares cinco cinco dólares cinco" — e um dos compradores, um homem da Bailey's Cigarettes na Virgínia, falou "oitenta", e o leiloeiro disse "oitenta, Bailey", e o escrevente anotou em um pedaço de papel e o jogou em cima do fardo. O outro comprador era de Kentucky. "'Baco paga as contas", estava dizendo. "Disseram-me isso quando eu era um garotinho, e o resto é conversa fiada." Alguns dos homens vieram somente para assistir, como Dean, agricultores aposentados e gente do armazém que não conseguiam abandonar o sistema.

O jovem fazendeiro que estava vendendo o tabaco apoiou-se em um fardo a certa distância e observou os homens mais velhos de camisas polo. Eles estavam leiloando a parte de sua colheita que a Japan Tobacco International, a grande empresa de Danville com quem tinha um contrato, não quis. O nome do fazendeiro era Anthony Pyrtle, e ele disse que com o preço do diesel naquele ano seria sorte se tivesse algum lucro. Seu amigo de infância Kent Smith viera para ajudar a descarregar os fardos. Smith trabalhava numa fábrica de cobre ganhando 14,50 dólares por hora. "Eu costumava pensar que ele tinha sorte de não precisar trabalhar na fábrica", disse Smith. "Agora, acho que estou em situação melhor do que ele."

Pyrtle ouvira falar sobre Dean e a Red Birch. Dean falou: "Este país deveria pagar seis dólares por galão de biodiesel, em vez de mandar três dólares para a Arábia Saudita".

"Eu mudaria em um minuto", Pyrtle disse, "e plantaria milho ou qualquer matéria-prima de combustível que pudesse encontrar."

Dean saiu da cooperativa Old Belt Farmers e entrou em seu Honda. Quando era menino, os leilões eram uma festa regional — a excitação, o dinheiro na mão, as compras de Natal. Os armazéns de tabaco fervilhavam de gente que vinha para se encontrar e falar de política. Mas o leilão ultimamente era uma coisa rápida e suja, um evento particular com uns poucos espectadores, e Anthony Pyrtle esperava apenas não perder dinheiro.

Talvez para se adequar ao seu estado de ânimo, Dean voltou para casa pelas estradas vicinais do condado de Stokes. O administrador do condado lhe dissera que 30% das pessoas de Stokes não conseguiam pôr comida na mesa, e que a taxa de suicídio era o dobro da média nacional. O contador de Dean morava em Stokes, e seu enteado perdera oito amigos desde o colégio, três por suicídio. Dean atravessou a cidade de Walnut Cove e estacionou no Ministério de Assistência de East Stokes. Havia um armazém de distribuição de alimentos na frente, com produtos enlatados e sacos de ração para animais nas prateleiras de madeira compensada, e na geladeira havia carne de veado moída doada por caçadores locais. A senhora que dirigia o lugar lhe disse que na semana anterior um policial que foi baleado no cumprimento do dever e estava recebendo indenização por acidente de trabalho, mas não queria ser aposentado por invalidez, viera em busca de comida. O mesmo fizera uma estenógrafa do tribunal que quebrara a mão. Uma placa no escritório informava: "Devido à falta de fundos, NÃO haverá nenhuma assistência de combustível ou querosene este ano. Estamos fazendo todo o possível para manter nosso armazém cheio. Por favor, tomem outras providências para obter ajuda para a questão do aquecimento o mais rápido possível". Uma mulher obesa com tubos de oxigênio nas narinas e um vale-roupa na mão estava esperando por uma camisa de tamanho extra grande. Ela disse: "Somos uma família de nove pessoas e estamos bem". A senhora responsável disse a Dean: "Como está vendo, vivemos numa economia em que um pneu furado ou um mês sem salário pode alterar o mundo de quase todos".

Ao sair de lá, Dean sentiu um estremecimento. Que Deus o livrasse e guardasse. Depois que acontecia com você, era quase impossível sair. E pensar em quantas vezes acreditou estar prestes a encontrar seu caminho, para no último minuto dar para trás e descobrir que estava mais longe do que nunca. Na volta para casa, um velho hino religioso não saía de sua cabeça.

Como são tediosas e insípidas as horas
Em que já não vejo Jesus!
Perspectivas doces, pássaros doces e flores doces
Perderam todos a doçura para mim.

Tediosas e insípidas. Ele sentiu frio e começou a chorar. Então uma voz como aquela de seu sonho sobre a velha carroça falou: "Esta é a única maneira que vai funcionar".

E então seu caminho se abriu.

Numa noite de outubro, Dean estava lendo *A Bíblia da prosperidade* quando se deparou com uma frase de Ralph Waldo Trine, um autor do século xix. Ela dizia: "Nunca vá atrás da segunda coisa em primeiro lugar".

De repente, ocorreu-lhe por que estava tendo tantos problemas com as escolas. Ele estava atrás da segunda coisa em primeiro lugar — dizendo a elas que poderiam fazer seu próprio combustível para os ônibus se o condado construísse um reator de 450 mil dólares. Mas os condados não tinham dinheiro e, de qualquer modo, o projeto era arriscado e complicado demais para que o entendessem, especialmente quando ele começava a falar da fase seguinte, com as culturas de canola e óleo de cozinha. Teve de explicar isso três vezes a Eva Clayton, e mesmo assim não estava certo de que ela havia compreendido. Estava tudo errado. A primeira coisa era obter o maldito óleo! Caso contrário, como iria saber que tamanho de refinaria o condado precisaria construir? Ele deveria simplesmente dizer às escolas que iria recolher o óleo de cozinha dos restaurantes em nome delas, vendê-lo a uma empresa de biodiesel e dar-lhes a metade dos lucros. O dinheiro poderia ser usado para manter os professores em sala de aula ou qualquer outra coisa que quisessem. Uma simples doação em dinheiro, uma arrecadação de fundos para a escola — eis uma metáfora que eles poderiam entender. E os donos de restaurante locais também entenderiam e, por isso, venderiam seu óleo para Dean. Construir uma refinaria, fabricar o combustível, fazer os agricultores plantarem canola — tudo isso poderia vir depois.

Na época em que teve essa revelação, Dean conheceu um homem chamado Stephan Caldwell. Ele tinha 32 anos, era de uma pequena cidade do Ohio, filho de um cirurgião-dentista e plantador de maçãs. Havia iniciado uma carreira na publicidade em Raleigh, mas a atividade fora duramente atingida pela crise financeira, então decidiu sair do ramo e trabalhar com aquilo que sempre amou — máquinas e agricultura. Seu interesse o levou ao biodiesel, e ele montou uma pequena empresa de reciclagem de resíduos de óleo chamada Green Circle, alugando uma oficina de um soldador aposentado chamado Barefoot, a menos de dois quilômetros de um abatedouro de suínos, nas terras agrícolas solitárias do condado de Johnston. Quando Dean conheceu a Green Circle, achou que a fábrica de Stephan se parecia com a Red Birch, apenas o lugar era outro — o cheiro era o mesmo.

Todos os fabricantes de biodiesel no Piedmont conheciam a Red Birch. O que havia chegado aos ouvidos de Stephan não era bom — a Red Birch não pagava os agricultores e vendia combustível ruim. Mas ele gostava da paixão de Dean Price e não queria culpá-lo pelo que considerava ser um pecado de outros. Tranquilo e trabalhador, Stephan sobrevivia a duras penas graças a contratos com um punhado de restaurantes das proximidades de Raleigh, e as longas horas que passava bombeando óleo usado estavam pressionando seu casamento.

Dean veio com uma ideia que prometia muito mais do que Stephan poderia fazer por conta própria. E Stephan entrou com a infraestrutura — fábrica, equipamentos, caminhão — que Dean não tinha. Ele também era formado em design gráfico e, quando Dean lhe contou sobre sua revelação, Stephan passou o fim de semana elaborando um folheto colorido de verde e amarelo intitulado "Biodiesel para escolas", que explicava o novo conceito com simplicidade e clareza, de tal forma que qualquer idiota de um burocrata podia ver que aquilo era a coisa certa a fazer.

Durante o feriado de Ação de Graças, Dean e Stephan decidiram transformar a Green Circle numa sociedade. Dean achava que ela devia ser dividida em 70-30 a seu favor, uma vez que o modelo de negócios de Stephan estava fracassando, mas Stephan o convenceu de que, com 55-45, eles ficariam mais parecidos com sócios de verdade. Munido com o folheto, Dean voltou a algumas das autoridades com que se reunira no início do ano, em alguns casos, oito ou nove vezes. Pouco antes do Natal, telefonou a um especialista em agricultura do Conselho de Educação do condado de Pitt, com quem conversara em abril e nunca mais teve notícia. "Eu estava errado", Dean lhe disse. "Voltei atrás e aprendi com meus erros. Agora estou com a coisa certa. Deixe-me fazer minha nova apresentação."

O condado de Pitt fica no leste da Carolina do Norte. Ao contrário do Piedmont, é plano, e sabe-se que a costa está por perto por causa da luz prateada brilhante, mas como o Piedmont viu o tabaco desaparecer e tinha três coisas que Dean considerava vitais para o sucesso de sua ideia: terras agrícolas em pousio, distâncias longas para serem percorridas por veículos e muitos restaurantes em Greenville, a sede do condado. Entre o Natal e o Ano-Novo, conseguiu uma reunião com o diretor financeiro das escolas do condado, que ouviu atentamente antes de exclamar "é engenhoso!". Essas palavras foram um bálsamo para o coração de Dean. Ele ainda precisava vender a ideia para uma dúzia de outras autoridades, e elas tentaram encontrar todos os furos que podiam, querendo se certificar de que as escolas não estavam negociando com algum caloteiro ou rebelde incontrolável. Mas, em 5 de março de 2012, o conselho escolar do condado de Pitt votou por unanimidade a favor de fazer um acordo com a Green Circle, dividindo os lucros da venda do óleo depois que a empresa cobrisse seus custos. Demorou um ano inteiro para que Dean conseguisse sua primeira vitória.

Ele estava lendo uma biografia de Steve Jobs, que falava sobre o ar rarefeito que se respira quando se tem uma ideia que se sabe que vai mudar o mundo e ninguém sabe disso ainda. Ele acreditava que era esse o ponto em que estava. O condado de Pitt e a Carolina do Norte poderiam ser o Vale do Silício da indústria de biocombustíveis. Estavam dando início a um boom econômico. Acres de diamantes em Greenville.

Era estranho como uma ideia tinha de se apequenar para que alguém lhe desse uma chance. Uma arrecadação de fundos escolar — como se Dean fosse um vendedor de massa para biscoito de chocolate. Mas foi nisso que ele teve de se transformar. O trabalho não poderia ter sido menos auspicioso, menos parecido com a criação do Apple II. Dean foi de restaurante em restaurante. Conversou junto ao balcão com o gerente do Denny's: "Nós pegaríamos o óleo gratuitamente e você ficaria com toda a boa publicidade que vem junto, basta que todos os pais saibam que o Denny's está apoiando as escolas". Na cozinha de um restaurante tailandês, o proprietário perguntou: "Você é professor?". Dean respondeu: "Com as escolas, estamos promovendo este programa e tentando economizar dinheiro, e também tentando iniciar uma nova indústria no condado de Pitt". Ele passou duas horas com a mãe do dono da maior churrascaria de Greenville, sem sucesso. Os restaurantes chineses foram os mais fáceis de aliciar, porque os proprietários estavam ansiosos para fazer parte da comunidade. Em junho de 2012, já contava com 93 restaurantes. Em agosto, a Green Circle já bombeava cerca de 7500 litros por semana.

Num início de noite, os dois sócios saíram na picape de Stephan. Entraram em um shopping e estacionaram nos fundos de uma churrascaria. Stephan entrou pela cozinha, passou pelas fritadeiras que borbulhavam e foi até o pequeno escritório de Freddy, o gerente, onde uma placa anunciava TENHO ORGULHO DE SER CAIPIRA, recebeu as chaves, e saiu novamente para abrir o depósito de concreto onde o restaurante guardava sete tonéis de metal cheios de óleo usado. Ele e Dean puxaram uma mangueira do tanque que estava na caçamba da picape e enfiaram a ponta que sugava no primeiro dos tonéis e começaram a bombear. O óleo era marrom-escuro, salpicado com pedaços de gordura animal, o brilho do óleo no topo do tonel girava como galáxias em um céu noturno. Do outro lado do depósito havia tonéis cheios de pedaços de porco — espinhas dorsais, paletas, pés — que seriam recolhidos por uma grande empresa de processamento. O ar tinha o cheiro de carne queimada que começava a apodrecer. Tudo estava pegajoso de óleo seco — os tonéis, a mangueira, a caçamba da picape, as mãos. A viscosidade lembrava Dean do alcatrão que ficava em suas mãos quando cortava folhas de tabaco na infância. Depois de tantos meses pensando e falando, ele estava feliz por fazer um trabalho manual.

Um vazamento de ar na bomba de Stephan esticou os vinte minutos de trabalho para uma hora e meia, mas eles foram embora com 900 litros de óleo de cozinha usado, pelos quais pagaram 108 dólares, e que lhes faria ganhar 2,50 por galão, seiscentos dólares, de uma empresa de biodiesel. O plano era conseguir chegar ao ponto em que pudessem eles mesmos transformar o óleo em combustível.

Saíram com um tanque cheio de resíduos de óleo de cozinha na caçamba e Dean olhou pela janela para todos aqueles restaurantes. Devia ter uns três ou quatro em cada shopping center. E se pensasse no hospital, na universidade, no estádio de futebol — meu Deus!

"Diabos, eles estão por toda parte", disse ele. "Olhe para todo aquele óleo. Nós vamos pegá-lo, cara. Nós vamos pegá-lo."

"Estamos começando por baixo", disse Stephan. "Um dia, vamos agradecer por isso."

"É assim que você vai ficar rico, cara!"

Dean sabia exatamente o que faria com sua fortuna, depois de ganhá-la. Ele sabia disso havia anos, embora só tivesse falado para duas pessoas, sempre reservando-o para ser seu último pensamento à noite, antes de adormecer. Primeiro, construiria uma casa enorme, uma mansão, como a de Moses Cone, o barão do brim do século XIX de Greensboro, com vista para as montanhas Blue Ridge, com empenas e águas-furtadas e enormes varandas, tudo pintado de branco. Dean estaria fora da rede elétrica, com aquecimento e ar-condicionado geotérmicos e painéis solares no telhado.

Depois, encheria essa casa com crianças abandonadas. A casa estaria numa fazenda, uma fazenda de trabalho, para que ele pudesse ensinar a essas crianças rejeitadas as habilidades e a ética daquela vida — ensiná-las a ser cultivadores da terra de quem falava Thomas Jefferson, os cidadãos mais valiosos, os mais vigorosos, os mais independentes, os mais virtuosos.

E ele sabia onde poria a casa: na fazenda de tabaco Price, ali na colina, perto do jazigo onde quatro gerações da família Price estavam enterradas, sendo o último seu pai, "apenas um pecador salvo pela graça". Um dia, Dean também seria enterrado lá. Ele tinha receio de pôr a casa em cima daquela terra. Sua mentalidade de pobreza vinha de lá, daquela família. Ele tentara arrancar as ervas daninhas e regar as sementes, mas, quando chegava perto daquelas sepulturas, elas traziam a mentalidade de volta. Por outro lado, não era essa exatamente a razão para construir a casa lá? Não era onde ele finalmente obteria sua liberdade? E, embora fosse perder seu pedaço da fazenda da família para uma venda de execução de hipoteca, porque seu processo de falência fora reaberto, e seu inimigo, o homem do petróleo, estava atrás do único bem que restara a Dean, que era a terra — nada disso importava. Ele ainda tinha o sonho de construir uma grande casa branca e enchê-la de crianças. Ainda conseguiria reaver suas terras.

Uma nota sobre as fontes

Este livro baseia-se em centenas de horas de entrevistas com as pessoas cujas histórias ele conta, e com outras que compartilharam informações e conhecimentos, complementados por fontes escritas, das quais as mais significativas estão listadas a seguir. Os esboços biográficos de pessoas famosas basearam-se inteiramente em fontes secundárias, em especial as mencionadas abaixo; às vezes, os esboços parafraseiam ou citam as palavras dos retratados tal como encontradas em livros, artigos e músicas. As colagens que compõem os pequenos textos sobre os anos recorrem a uma variedade de fontes — jornais, revistas, livros, discursos, canções, propagandas, poemas, filmes, programas de televisão —, tudo escrito, publicado, gravado ou exibido no ano em questão. (A lista pode ser encontrada em www.fsgbooks.com/theunwinding.) Embora seja de ponta a ponta uma obra de não ficção, este livro tem uma dívida literária para com os romances da grande trilogia de John Dos Passos, *USA*, publicada na década de 1930 e que merece ser redescoberta.

NARRATIVAS

DEAN PRICE E O PIEDMONT

TULLOS, Allen. *Habits of Industry: White Culture and the Transformation of the Carolina Piedmont.* Chapel Hill: University of North Carolina Press, 1989.

JEFF CONNAUGHTON E WASHINGTON, D.C.

BIDEN, Joe. *Promises to Keep.* Nova York: Random House, 2008.

CONNAUGHTON, Jeff. *The Payoff: Why Wall Street Always Wins.* Westport: Prospecta, 2012. O autor deu generosamente acesso a uma primeira versão.

KAISER, Robert G. *So Damn Much Money: The Triumph of Lobbying and the Corrosion of American Government.* Nova York: Vintage, 2010.

TAMMY THOMAS E YOUNGSTOWN

BLUESTONE, Barry; HARRISON, Bennett. *The Deindustrialization of America: Plant Closings, Community Abandonment, and the Dismantling of Basic Industry.* Nova York: Basic Books, 1982.

BUSS, Terry F.; REDBURN, F. Stevens. *Shutdown at Youngstown: Public Policy for Mass Unemployment.* Albany: SUNY, 1983.

DIAMOND, Stephen F. "The Delphi 'Bankruptcy': The Continuation of Class War by Other Means". *Dissent*, primavera de 2006.

KENNEDY, David M. *Freedom from Fear: The American People in Depression and War, 1929--1945.* Nova York: Oxford University Press, 1999.

LINKON, Sherry Lee; RUSSO, John. *Steeltown U.S.A.: Work and Memory in Youngstown.* Lawrence: University Press of Kansas, 2002.

RUSSO, John. "Integrated Production or Systematic Disinvestment: The Restructuring of Packard Electric". Artigo não publicado, 1994.

SAFFORD, Sean. *Why the Garden Club Couldn't Save Youngstown: The Transformation of the Rust Belt.* Cambridge, MA: Harvard University Press, 2009.

PETER THIEL E O VALE DO SILÍCIO

ARRISON, Sonia. *100 Plus: How the Coming Age of Longevity Will Change Everything, from Careers and Relationships to Family and Faith.* Prefácio de Peter Thiel. Nova York: Basic Books, 2011.

JACKSON, Eric M. *The PayPal Wars: Battles with eBay, the Media, the Mafia and the Rest of Planet Earth.* Los Angeles: World Ahead Publishing, 2010.

KIRKPATRICK, David. *The Facebook Effect: The Inside Story of the Company That Is Connecting the World.* Nova York: Simon & Schuster, 2011.

LIVINGSTON, Jessica. "Max Levchin". In: _____. *Founders at Work: Stories of Startups' Early Days.* Nova York: Apress, 2008.

MEZRICH, Ben. *The Accidental Billionaires: The Founding of Facebook*. Nova York: Anchor, 2010.

SACKS, David O.; THIEL, Peter A. *The Diversity Myth: Multiculturalism and Political Intolerance on Campus*. Oakland, CA: The Independent Institute, 1998.

TAMPA

FLORIDA, Richard. *The Great Reset: How New Ways of Living and Working Drive Post-Crash Prosperity*. Nova York: HarperCollins, 2010.

KATZ, Alyssa. *Our Lot: How Real Estate Came to Own Us*. Nova York: Bloomsbury, 2010.

KERSTEIN, Robert J. *Politics and Growth in Twentieth-Century Tampa*. Gainesville: University Press of Florida, 2001.

REYES, Paul. *Exiles in Eden: Life Among the Ruins of Florida's Great Recession*. Nova York: Henry Holt, 2010.

ESBOÇOS BIOGRÁFICOS

NEWT GINGRICH

CLYMER, Adam. "The Teacher of the 'Rules of Civilization' Gets a Scolding". *New York Times*, 26 jan. 1997.

GILLON, Steven M. *The Pact: Bill Clinton, Newt Gingrich, and the Rivalry That Defined a Generation*. Nova York: Oxford University Press, 2008.

GINGRICH, Newt. *Lessons Learned the Hard Way*. Nova York: HarperCollins, 1998.

_____. *To Renew America*. Nova York: HarperCollins, 1999.

GINGRICH, Newt; DRAKE, David; GINGRICH, Marianne. *Window of Opportunity: A Blueprint for the Future*. Nova York: Tor Books, 1984.

RICHARDSON, John H. "Newt Gingrich: The Indispensable Republican". *Esquire*, set. 2010.

SHEEHY, Gail. "The Inner Quest of Newt Gingrich". *Vanity Fair*, set. 1995.

OPRAH WINFREY

HARRISON, Barbara Grizzuti. "The Importance of Being Oprah". *New York Times Magazine*, 11 jun. 1989.

KELLEY, Kitty. *Oprah: A Biography*. Nova York: Three Rivers, 2011.

LAWRENCE, Ken. *The World According to Oprah: An Unauthorized Portrait in Her Own Words*. Kansas City, MO: Andrews McMeel, 2005.

RAYMOND CARVER

CARVER, Raymond. *Fires: Essays, Poems, Stories*. Nova York: Vintage, 1984.

CARVER, Raymond. *What We Talk About When We Talk About Love: Stories*. Nova York: Vintage, 1989.

_____. *Where I'm Calling From: Stories*. Nova York: Vintage Contemporaries, 1989.

GENTRY, Marshall Bruce; STULL, William L. (orgs.). *Conversations with Raymond Carver*. Jackson: University Press of Mississippi, 1990.

SKLENICKA, Carol. *Raymond Carver: A Writer's Life*. Nova York: Scribner, 2010.

SAM WALTON

ORTEGA, Bob. *In Sam We Trust: The Untold Story of Sam Walton and How Wal-Mart Is Devouring America*. Nova York: Crown Business, 1998.

WALTON, Sam; HUEY, John. *Sam Walton, Made in America: My Story*. Nova York: Doubleday, 1992.

COLIN POWELL

DEYOUNG, Karen. *Soldier: The Life of Colin Powell*. Nova York: Knopf, 2006.

JUDIS, John B. *The Paradox of American Democracy: Elites, Special Interests, and the Betrayal of Public Trust*. Nova York: Routledge, 2001.

POWELL, Colin L.; PERSICO, Joseph E. *My American Journey*. Nova York: Ballantine, 1996.

ALICE WATERS

MCNAMEE, Thomas. *Alice Waters and Chez Panisse: The Romantic, Impractical, Often Eccentric, Ultimately Brilliant Making of a Food Revolution*. Nova York: Penguin, 2008.

WATERS, Alice; DUANE, Daniel. *Edible Schoolyard: A Universal Idea*. San Francisco: Chronicle Books, 2008.

ROBERT RUBIN

COHAN, William D. *Money and Power: How Goldman Sachs Came to Rule the World*. Nova York: Doubleday, 2011.

_____. "Rethinking Robert Rubin". *Bloomberg Businessweek*, 30 set. 2012.

HACKER, Jacob S.; PIERSON, Paul. *Winner-Take-All Politics: How Washington Made the Rich Richer — And Turned Its Back on the Middle Class*. Nova York: Simon & Schuster, 2010.

MCLEAN, Bethany; NOCERA, Joe. *All the Devils Are Here: The Hidden History of the Financial Crisis*. Nova York: Portfolio/Penguin, 2010.

REICH, Robert B. *Locked in the Cabinet*. Nova York: Vintage, 1998.

RUBIN, Robert E.; WEISBERG, Jacob. *In an Uncertain World: Tough Choices from Wall Street to Washington*. Nova York: Random House Trade Paperbacks, 2004.

JAY-Z

GREENBURG, Zack O'Malley. *Empire State of Mind: How Jay-Z Went from Street Corner to Corner Office*. Nova York: Portfolio/Penguin, 2011.

JAY-Z. *Decoded*. Nova York: Spiegel & Grau, 2011.

_____. "December 4th". In: _____. *The Black Album*. Roc-A-Fella/Def Jam, 2003.

_____. "Empire State of Mind". In: _____. *The Blueprint 3*. Roc Nation, 2009.

_____. "Rap Game/Crack Game", "Streets Is Watching", "You Must Love Me". In: _____. *In My Lifetime Vol. 1*. Roc-A-Fella/Def Jam, 1997.

_____. "Can I Live", "Dead Presidents II", "D'Evils", "Regrets", "22 Two's". In: _____. *Reasonable Doubt*. Roc-A-Fella, 1996.

_____. "Brooklyn Go Hard". Roc-A-Fella/Def Jam, 2008

_____. "Glory". Roc Nation, 2012.

SANNEH, Kelefa. "Gettin' Paid". *New Yorker*, 20 ago. 2001.

TOURÉ. "The Book of Jay". *Rolling Stone*, 15 dez. 2005.

WEST, Kanye. "Diamonds from Sierra Leone". In: _____. *Late Registration*. Roc-A-Fella/Def Jam, 2005.

ANDREW BREITBART

BEAM, Christopher. "Media Is Everything. It's Everything". *Slate*, 15 mar. 2010.

BREITBART, Andrew. *Righteous Indignation: Excuse Me While I Save the World!* Nova York: Grand Central Publishing, 2011.

DALEY, Chris K. *Becoming Breitbart*. Claremont, CA: Chris Daley Publishing, 2012.

MEAD, Rebecca. "Rage Machine". *New Yorker*, 24 maio 2010.

ELIZABETH WARREN

ANDREWS, Suzanna. "The Woman Who Knew Too Much". *Vanity Fair*, nov. 2011.

BIERMAN, Noah. "A Girl Who Soared, but Longed to Belong". *Boston Globe*, 12 fev. 2012.

KREISLER, Harry. *Political Awakenings: Conversations with History*. Nova York: The New Press, 2010.

SULLIVAN, Teresa A.; WARREN, Elizabeth; WESTBROOK, Jay Lawrence. *As We Forgive Our Debtors: Bankruptcy and Consumer Credit in America*. Nova York: Oxford University Press, 1989.

_____. *The Fragile Middle Class: Americans in Debt*. New Haven, CT: Yale University Press, 2000.

TOOBIN, Jeffrey. "The Professor". *New Yorker*, 17 set. 2012.

WARREN, Elizabeth. *The Daily Show with Jon Stewart*. Comedy Central, 15 abr. 2009 e 26 jan. 2010.

WARREN, Elizabeth; TYAGI, Amelia Warren. *The Two-Income Trap: Why Middle-Class Mothers and Fathers Are Going Broke*. Nova York: Basic Books, 2003.

Agradecimentos

Sou grato às pessoas cujas vidas compõem o cerne deste livro.

Pela ajuda no caminho agradeço a George e Page Gilliam, de Charlottesville; Sherry Lee Linkon e John Russo, de Youngstown; Barbara Price, de Stokesdale, na Carolina do Norte; aos repórteres e editores do *Tampa Bay Times*; e especialmente a Pancho Sanchez, de Tampa, e a sua família. Obrigado também a Gary Smith e à Academia Americana, em Berlim, por uma Bolsa Holtzbrinck em 2009, e a Jean Strouse e o Cullman Center, na Biblioteca Pública de Nova York, pelo convite para fazer as Joanna Jackson Goldman Memorial Lectures de 2011 sobre Civilização e governo americanos.

Pela ajuda especializada de diferentes tipos, agradeço a Nancy Aaron, Kathleen Anderson, Neil Belton, Julia Botero, Lila Byock, Peter Canby, Ray Chipault, Rodrigo Corral, Tom Ehrlich, Jiayang Fan, Tim Farrell, Amy Hanauer, Stephen Heintz, Henry Kaufman, Alissa Levin, Jonathan Lippincott, Rebecca Mead, Ellie Perkins, Chris Peterson, Chris Richards, Nandi Rodrigo, Ridge Schuyler, Jeff Seroy, Michael Spies, Scott Staton, Julie Tate, Matthew Taylor, Sarita Varma, Jacob Weisberg, Dorothy Wickenden, Laura Young e Avi Zenilman. Sou especialmente grato a Sarah Chalfant, Jonathan Galassi, David Remnick, Alex Star e Daniel Zalewski — não existe ninguém melhor.

Jamais poderei saldar minha dívida para com os amigos e membros da família cujas ideias, sugestões e entusiasmo me sustentaram durante os anos de trabalho — Daniel Bergner, Tom Casciato, Bill Finnegan, Kathy Hughes, Carol Jack, Michael Janeway, Ann Packer, Nancy Packer, Eyal Press, Becky Saletan, Bob Secor, Marie Secor e, em especial, Dexter Filkins; e sobretudo a Laura Secor, que torna tudo possível.

ESTA OBRA FOI COMPOSTA POR OSMANE GARCIA FILHO EM MINION E
IMPRESSA PELA GRÁFICA BARTIRA EM OFSETE SOBRE PAPEL PÓLEN SOFT
DA SUZANO PAPEL E CELULOSE PARA A EDITORA SCHWARCZ
EM JUNHO DE 2014